- 内蒙古地区社会历史文化研究基地

- 内蒙古自治区直属高校基本业务费项目
  "铸牢中华民族共同体的内蒙古历史学贡献"

- 内蒙古大学中国史学科平台建设项目

- 中国史一流培育学科建设项目

- 内蒙古古代各民族交往交流交融史研究

- 国家社科基金青年项目"奚族碑刻的整理与研究"
  （18CZS051）结项成果

内蒙古大学中国史研究丛书

奚族碑刻整理与研究

王丽娟 著

Xizu Beike Zhengli Yu Yanjiu

人民出版社

责任编辑：宫　共

封面设计：姚　菲

图书在版编目（CIP）数据

奚族碑刻整理与研究 / 王丽娟著. -- 北京 ：人民
出版社，2024. 7. -- ISBN 978-7-01-026782-1

Ⅰ. K877. 424

中国国家版本馆 CIP 数据核字第 2024012UA5 号

奚族碑刻整理与研究

XIZU BEIKE ZHENGLI YU YANJIU

王丽娟　著

人民出版社 出版发行

（100706　北京市东城区隆福寺街 99 号）

北京中科印刷有限公司印刷　新华书店经销

2024 年 7 月第 1 版　2024 年 7 月北京第 1 次印刷

开本：710 毫米×1000 毫米 1/16　印张：21.75

字数：334 千字

ISBN 978-7-01-026782-1　定价：66.00 元

邮购地址 100706　北京市东城区隆福寺街 99 号

人民东方图书销售中心　电话（010）65250042　65289539

目　录

下编　专题研究

附　录

前　言

一

　　奚族是中国古代北方民族。奚，又称库莫奚，首见《魏书》。《魏书》卷100、列传第88有《库莫奚传》，为奚族的第一部专传。《北齐书》始称为"奚"，《隋书》正式以"奚"为名，《隋书》卷84、列传第49北狄有《奚传》。隋代以后多以"奚"见载于历代文献。奚族源出宇文鲜卑，属东胡系统。其地域与契丹毗邻，早期主要活动于今内蒙古西拉木伦河流域，至辽代，大体以今内蒙古老哈河流域为活动中心。奚族自南北朝时期见于史册，经隋、唐、五代、辽、宋、夏、金、元，历时近千年，经历了成长、发展、壮大、衰落的变迁过程，直到融入其他民族。在为期不短的历史时期内，奚族与东魏、西魏、北齐、隋、唐等中原政权均存在政治、经济、文化等多方面、程度不同的往来，与契丹、突厥、回纥等周边民族也存在或友好或战争的关系。辽代，奚族处于契丹贵族的统治之下，拥有较为显赫的政治地位。金代，为数不少的奚人活跃于政治舞台，扮演着重要角色。元代，奚族作为一个民族个体已经退出历史舞台，但文献中仍有奚人的记载。

　　奚族在近千年的发展历程中与周边政权、民族、地区发生了多层面、多维度的联系，在中国古代北方民族史、中国古代北方民族关系史、中国古代疆域史上占有重要的地位。奚族主要活动于中国历史上南北交错的长城地带，促进了中原地区与北部疆域、汉族与北方民族多种类、多渠道的互动与交融，在中国古代统一多民族国家的形成过程中起到过不可忽视的作用。奚族创造的丰富的物质文化与精神文化是中国古代多民族文化不可或缺的组成部分，是中华文明的一部分。奚族的历史生动诠释了中国悠久的历史是各民族共同书写的，中国灿烂的文化是各民族共同创造的。

二

4—13 世纪的历代文献，包括正史、典章体、会要体和大型类书均对奚族有或详或略的记载。以往研究者主要依据这些记载研究奚族历史。不可否认的是由于文献的编撰时间有早有晚，作者所处的时代不同，各自对资料的掌握程度、史德、史才、史识、史观等方面有所差异，致使一些价值不高的，甚至误记的史料也有留存，从而导致奚族历史中一些较为重要的问题至今无人问津或众说纷纭，难以取得一致的认识。奚族碑刻的相继出现为奚族历史研究提供了新的史料依据和有效的研究途径。在目前所见的奚族碑刻中，有的内容为史书所未载，可以填补奚族历史的空缺；有的可与文献史料相互参证或者纠正文献史料中的误记。这些碑刻对考察奚族历史起到补充、证明、纠错的作用，具有珍贵的史料价值。

从目前的研究状况看，学界对奚族碑刻的整理与研究较为薄弱。就研究维度讲，有的碑刻尚未被研究者所关注，多是对某一碑刻或是几件碑刻的研究，缺乏对奚族碑刻全面、系统的考察。就研究内容讲，多是对碑刻的出土情况、形制、价值的大体论述，或是对碑的篆刻时间、志主生平、仕宦的考证，对碑刻所蕴涵的其他历史信息发掘不深入。从研究方法上看，多是针对碑刻自身的研究，碑刻资料与文献史料或其他相关学科资料结合不充分。因此，对奚族碑刻进行全面、系统的收集、挖掘、整理和研究，十分必要，具有重要的研究意义与学术价值。

三

本书包含上、下两编：上编为奚族碑刻汇编；下编为专题研究。"奚族碑刻汇编"部分全面收集奚族碑刻，分为奚族碑刻和奚族相关碑刻两部分，根据碑刻篆刻的时间顺序排比、校勘。对其中较为重要或有必要者，进行碑刻资料之间、碑刻资料与文献史料之间的互注。"专题研究"部分深入发掘奚族碑刻中所蕴涵的历史信息，即通过对这些碑刻的系统掌握，提炼、总结四个重点问题，对一些至今未被关注或难以取得一致看法的问题作深入研究。

奚族碑刻汇编共计收录碑刻 83 块，其中奚族碑刻 21 块，奚族相关碑刻 62 块。时间跨度为公元 517 年至 1208 年，为期 691 年。奚族碑刻中有唐代奚人碑刻 16 块，辽 4 块，金 1 块。奚族相关碑刻的时期分布情况为北魏 1 块，唐 42 块，辽 15 块，南宋 2 块，金 2 块。综合统计来看，在 83 块碑刻中，唐代 58 块，辽 19 块，金 3 块，南宋 2 块，北魏 1 块。唐代碑刻数量约占碑刻总数的 70%。奚族碑刻即碑刻主人为奚人者，一是碑刻中明确记载其主人为奚人；二是通过文献史料和相关碑刻资料得出其主人为奚人。奚族相关碑刻即与奚族或奚人直接相关者，情况有三：其一，奚人的妻子或姻亲之碑刻；其二，记载有"库莫奚""奚族""奚人"等字样的碑刻；其三，记载有"奚""两蕃""两番""两藩""饶乐都督府"等字样，且明确指代奚族的碑刻。

专题研究共探讨四个问题：第一，奚族碑刻的价值评判。奚族碑刻计 83 块，可谓为数不少，通过细致地整理、编排、辨析，给予科学、合理的评价十分必要，是奚族碑刻及相关问题研究的前提和基础。第二，唐代奚人的华夏认同与融入统一多民族国家。唐代奚人碑刻中明确记述了其族属为黄帝后裔，还有部分碑刻用主人所居地域代替其族属，与文献记载的奚族为东胡系北方民族存在明显差异，反映了唐代奚人的民族认同问题。这种民族认同有其特定的历史因素和时代背景，是奚族向心于唐朝和唐朝凝聚力的深刻体现，也是中国古代多民族汇聚融合的有力例证。第三，奚族质子及其体现的时代背景和民族关系。2014 年《奚国质子热瑰墓志》的公布，为奚族质子问题提供了直接证据。深入解读该墓志和文献史料，可对唐代奚族质子的相关问题有深刻认知。第四，以多民族通婚为主要特征的奚人的婚姻状况。婚姻是文化习俗的重要组成部分。充分结合碑刻资料和相关文献史料，可对唐代至辽代奚人的婚姻状况及其主要特征有较为系统的认识。

上编　奚族碑刻汇编

一、奚族碑刻

公元七三〇年　唐玄宗开元十八年
奚国质子热瓌墓志

【志盖】 大唐故奚质子右威卫将军热瓌墓志铭

【概况及出处】 该墓志 2005 年出土于陕西省西安市西三环北石桥村唐墓。青石质，志盖方形，盝顶，四刹线刻宝相花，顶边长 40 厘米，底边长 56 厘米，厚 12 厘米。志盖中间阴刻 4 行 16 字篆书"大唐故奚质子右威卫将军热瓌墓志铭"，侧边刻有忍冬卷草花纹。志石呈方形，四侧线刻 S 形卷枝花，边长 56 厘米，厚 11 厘米。志文楷书书写，15 行，满行 19 字，共计 255 字，字间隐约可见细线界格。墓志概况、志文参见张小丽：《西安市唐故奚质子热瓌墓》，《考古》2014 年第 10 期，志文同时参见葛承雍：《西安唐代奚族质子热瓌墓志解读》，《考古》2014 年第 10 期。

【志文】 大唐故奚质子[1]、右威卫将军[2]、员外[3]置宿卫[4]、右羽林 / 军[5]上下，热瓌[6]乚[7]/原夫轩丘有子，朔垂分王，代雄辽碣，厥胤繁昌。候 / 月开弦，空闻故事，占风入款，已契前修，故能钦 / 我皇明，归诚紫阙。遽参衣缨之列，早渐华 / 质之风，沐浴圣恩，亦已旧矣，金日磾[8]之 / 内 / 侍，方藉宠私，呼韩耶[9]之远归，如何沦谢；呜呼哀哉，/以开元十八年七月五日遘疾终于醴泉里[10]第，享 / 年廿六，即以其年七月廿日迁窆于昆明原[11]，礼也。/蚁幕象车，咽箫笳而不进；牛冈马腊，思松楸而已 / 行。永眷芳猷，理存刊勒。词臣衔命，乃作铭云：/

　　轩后之胤，称雄塞墉，巍巍碣石，森森辽川，藉彼灵／秀，诞兹忠贤，弃矛甲于天外，为爪牙于阙／前，始披诚于丹棘，俄促寿于黄泉，故国悠尔新坟／肖然，想音容于拱木，刻贞石于荒埏[12]。／

【注释】

　　[1] 唐太宗时期，唐朝在北疆地区战事减少以后，以"羁縻"与友好的政策对待北方各民族。为了增进双方的关系，这些民族会选派贵族子弟入唐，担任宫禁宿卫之职。热瓘即奚族派遣至唐的质子。见《旧唐书》卷194上《突厥传上》《旧唐书》卷8《玄宗纪上》。

　　[2] 右威卫将军，从三品。唐置左右威卫"上将军各一人，大将军各一人，将军各二人。掌同左右卫。凡朔府之翊卫、外府羽林番上者，分配之。凡分兵主守，则知皇城东面助铺"。见《新唐书》卷49上《百官志四上》。

　　[3] 员外，即员外官，唐代官职，指法定数额之外的官职人员，主要授予对象和范围时有变化，周边少数民族首领或部落核心人物是被授予这一官职的主要群体。见《通典》卷19《职官一》《旧唐书》卷42《职官志一》《唐会要》卷67《员外官》。

　　[4] 宿卫，即在宫中值宿，担任警卫。《唐律疏议》载："宿卫者，谓大将军以下、卫士以上，以次当上，宿卫宫殿。"见刘俊文：《唐律疏议笺解》卷7《卫禁》，中华书局1996年版，第562页。

　　[5] 右羽林军，唐高宗龙朔二年（662），设左右羽林军，负责护卫皇帝安全。见《旧唐书》卷44《职官志三》。

　　[6] 热瓘（705—730），奚族派遣至唐廷的质子。其人不见于正史记载，热瓘墓志是目前获知其身份和事迹的唯一依据。

　　[7] Ｙ该符号位于句首"大唐故奚质子右威卫将军员外置宿卫右羽林军上下热瓘"之后，其后为空格（见图一奚国质子热瓘墓志拓片，拓片源自张小丽：《西安市唐故奚质子热瓘墓》，《考古》2014年第10期）。葛承雍认为汉文墓志刻写的这一符号，"是奚保留的本民族题名、带奚部落标记的质子合璧式姓名、身份尊称或荣宠称谓标识，还是双语制或双名制，还需要探讨"（《西安唐代奚族质子热瓘墓志解读》，《考古》2014年第10期）。从行文结构看，该符号处于首句末端，下文另起一段；

从写作内容看，该符号没有体现实际含义。因此，这一符号为碑别字存在很大的可能性。

[8] 金日磾，西汉时期武帝、昭帝朝名臣，封秅侯，本为匈奴休屠王太子。见《汉书》卷 68《金日磾传》。

[9] 呼韩耶，即匈奴呼韩邪单于。挛鞮氏，名稽侯珊，虚闾权渠单于之子。公元前 58—前 37 年在位。呼韩邪单于时期，曾依附于西汉，并迎娶王昭君为"宁胡阏氏"。见《汉书》卷 94 上《匈奴传上》《汉书》卷 94 下《匈奴传下》。

[10] 醴泉里，即醴泉坊，本名承明坊。开皇二年（582）缮筑此坊，忽闻金石之声，因撅得甘泉浪井七所，饮者疾愈，因以名坊。见（清）徐松撰，李健超增订：《唐两京城坊考》卷 4《西京》，三秦出版社 2006 年版，第 227 页。

[11] 昆明原，今陕西省西安市昆明路。

[12] 墓志作者应为唐代官方著作局。据《唐六典》："著作郎，掌修撰碑志、祝文、祭文，与佐郎分判局事。"见（唐）李林甫等撰，陈仲夫点校：《唐六典》卷 10"秘书省著作局"条，中华书局 2014 年版，第 302 页。

（图一）

公元七六六年　唐代宗永泰二年
李宝臣纪功碑

【概况及出处】李宝臣纪功碑，即《大唐清河郡王纪功载政之颂》碑，位于河北省石家庄市正定县城燕赵大街西侧。此碑刻立于唐永泰二年（766），王佑撰文，王士则书并篆额。碑为青石质，坐北面南，高大巍峨。

碑首作半圆形，六龙相交，高 2.31 米，宽 2.62 米，厚 0.72 米。碑身高 4.81 米，碑身磨四角，磨角部位阴线刻缠枝牡丹，背面亦然。龟趺座半埋地下，长 4.15 米，宽 2.14 米。笏板形碑额，阴刻篆书"大唐清河郡王纪功载政之颂"3 行 12 字。碑正面阴刻大字楷书 29 行，满行 55 字，共计 1398 字，现存 1007 字。《金石萃编》《常山贞石志》《八琼室金石补正》等文献对该碑有载。墓志概况参见郭玲娣、樊瑞平、杜平：《唐李宝臣纪功碑考述》，《文物春秋》2005 年第 5 期。碑文参见（清）董诰等编：《全唐文》，中华书局 1983 年版，第 4483—4485 页；（清）董诰等编，孙映逵等点校：《全唐文》，山西教育出版社 2002 年版，第 2658—2659 页。

【碑文】成德军节度使开府仪同三司检校尚书右仆射兼御史大夫恒州刺史充管内度支营田使清河郡王李公纪功载政颂并序

惟天正明命，圣人保成，允宁万邦，克易我涁。呜呼！君非臣无以化化，臣非君无以赞赞。明明君臣，品□□□阴阳载□草木咸□兆人康□。壬寅岁，宝应皇帝[1]嗣位，敬统旧服，惠周于下，下罔不格。冬十一月，我亚相公忠志[2]率东诸侯□出复命，元元以贞，集太和也。先是禄山构乱，朋毒中夏，□政恤刑，覆忠良，殖奸宄，蒸人侧侧不贰率乃戮。公越在东土，受制宇下，为侯于恒，克衰复宁，遏在王室，诞宣我化，靡□尔凶，敷闻帝庭，奉若元命，帝曰休才，正侯良才，授恒州[3]刺史，封密云郡[4]公，表献臣也。越二年，思明肆虐，群侮王度，擅煞无人，薄三川，威五长，搢绅管管不自即乃工。公执在厉阶，登若股上，罔咈祗命，命我亚□□□我□□恤遗□人心□□□德式（阙。）庶欲归于本朝。朝廷嘉茂功，锡丕命，授礼部尚书[5]兼御史大夫[6]成德军节度使[7]清河郡[8]王，赐姓李，改名宝臣。诏曰："懿审奉天威，保乂邦本。"是用司国枢，威惮奸回，政革风俗；是用总朝宪，率宁全赵，开复东土；是用苴白茅，昭崇武功，允正师长；是用援□□□□维城宗我姓□□□□本尔名铭之景钟，以宪于后。公固让不获，祗奉天之明命。惟祖惟父，佐世有勋，享禄无及，公大其门。公天委全德，□□有邦，忠孝刚义，明直□亮，家用自我，位叙宜才。初，公牧恒，元年伪也，伪师克恒，恒不堪命，群盗众聚于野，□□□□□□罔极公张官具政，明武殄暴，暴服如□人誋不虞，庐庐旅旅，以晏以处。士驯业，农力穑，工就务，商通货，四者各正，尔下日用，乃以□□二年春，群吏更告公曰："潩滠会流，暨于城下，天雨淫降，鸿湧泄岸，波积如阜，奔贯乃雉，胥恐为鱼，其日固久。"公以聚人欲经□□启导流□□天造层城巇巇，居人坦坦，□德合于无疆。冬十月，公告成于先帝。洎庆绪嗣凶，自洛奔邺，修好于公，公不□□□□折□□□得请命焉。惟三年二月，上以思明作藩于蓟，临长于恒。夏四月，思明笃叙不供，贼镇威众，俾公如蓟，将贼公也。公执忠起□□□加害，殆六月，恒□□复公□□惟四年夏大旱，滁滁甫田，百谷如焚。人曰祈土龙，公曰非旱备，乃贬躬之食，勤人之□□神□寅□朝而雨□□□□□□□□大□恒有年也。惟□□□秋，两旬有五日，匪害稼，不书政。冬十一月，思明外公，以其党辛万宝[9]张军□□伺间焉。惟□□一月□□□□临公自下流毒黐□□□延于平人人用斋咨涕洟，吁公如天。公曰："不戢乃暴，负乃人。"夏四月，戮万宝于□门。敦行王法，保和□极□□□朝义□逆宗公主五州之侯。或曰厚赋人，公尽人蒿焉。封政不赋，乃耸善抑恶，发滞幼佚，藏惠昭利，六教既□孳等心。于是文访于易，易奖之；文访于定，定宗之；文访于深，深修之；文访于赵，赵齐之。克谐五州[10]，允奉如一。虏不我制，公用哆然。惟八年□□月，公大开山东，受命王也。初，朝义播亡，系命于公。自公归朝，是翦厥翼。翌日，公会王师于赵郊，恭行伐□独夫惴惴，天用剿焉。时戎羯饮化，爰方启行。夫戎性嗇贪蔑煞，俘轶殚宝，虔刘暴骨，厚厉于怀人。南自相、魏、邢、贝，东至沧、德、瀛、鄚，匹夫匹妇，荡在草莽，越践公境，宣服公威，惕惕瞿瞿，摄进成序，若公在首。五州之人无荒宁，风行于冀，冀亿之境愿附公。昭请于上，上集下望，申命用良，冀人熙熙，嗜化永休。惟九年冬，帝念宗臣，特拜右仆射[11]，端武主戎，总经外政，钦酌彝典，敬扬天心。系公德载于人，人以蕃殖，翼赞三主，铺敦四凶，圣咨乃贤，神被乃禄。其惟有终旨才，恒中耆老贾审祥等师锡言曰："奸臣反常，迭起东土，人用塛斁，殆无指告。惟公牧恒，天眷尔下。尔有君臣公正，尔有父子公保，尔有灾厉公莫，尔有稼穑公成。微公畴依，恒大阰也。"赓曰："昭茂德，崇丰碑，阜成于文，庶永于世，克建乐石，勖扬颂声。"颂曰：

惟君配天，惟臣配君。蟜蟜我公，为君武臣。翼赞皇家，奄有世勋。大盗嚣嚣，荒我东鄙。孔填不夷，元元靡恃。恒人保公，乃有父子。我疹载惩，我年载登。我用有孚，尔无不承。贞石峨峨，永以垂颂，惟公之德不崩。

【注释】

[1] 宝应皇帝，指唐代宗。公元 762 年四月，唐代宗李豫被权臣李辅国、程元振等拥立即位，年号宝应。见《旧唐书》卷 11《代宗纪》。

[2] 忠志，即李宝臣，唐朝藩镇将领。又名张忠志、安忠志。唐代宗宝应元年（762），以恒州为成德军，赐张忠志名李宝臣，并任成德军节度使。唐德宗建中二年（781）卒，赠太保。见《旧唐书》卷 142《李宝臣传》《新唐书》卷 211《李宝臣传》及《李宝臣碑》。

[3] 恒州，唐高祖武德四年（621），河北地区平定，改为恒州，徙治真定。唐玄宗天宝元年（742），更为恒山郡。唐肃宗乾元元年（758），复为恒州。见《旧唐书》卷 39《地理志二》《新唐书》卷 39《地理志三》。

[4] 密云郡，唐属檀州。本名安乐郡，唐玄宗天宝元年（742）更名为密云郡。见《新唐书》卷 39《地理志三》。

[5] 礼部尚书，正三品。唐高宗龙朔年间改为司礼太常伯；唐睿宗光宅年间改为春官尚书；唐中宗神龙年间复旧。掌天下礼仪、祭享、贡举之政令。见《旧唐书》卷 43《职官志二》。

[6] 御史大夫。御史台长官，掌管监察执法。《武德令》定为从三品。唐武宗会昌二年升为正三品。见《旧唐书》卷 44《职官志三》。

[7] 成德军节度使，唐代宗宝应元年（762）置。领恒、定、易、赵、深五州，治恒州。广德元年（763）增领冀州。见《新唐书》卷 66《方镇表三》。

[8] 清河郡，唐高祖武德四年（621）平窦建德，于隋清河郡地置贝州。唐玄宗天宝元年（742），复为清河郡。见《旧唐书》卷 39《地理志二》《新唐书》卷 39《地理志三》。

[9] 辛万宝，史思明部将。唐肃宗乾元二年（759），李宝臣叛投史思明，被任

命为工部尚书、恒州刺史、恒赵节度使,与辛万宝一同守卫恒州。史思明死后,李宝臣不肯侍奉史朝义,使裨将王武俊杀万宝,挈恒、赵、深、定、易五州以献于唐。见《新唐书》卷 211《李宝臣传》。

[10] 五州,即成德军节度使所领恒、定、易、赵、深州。

[11] 右仆射,唐设左右仆射各一员,从二品。掌统理六官,纲纪庶务,为尚书令之副。自尚书令省之后,仆射总判省事。御史纠劾不当,兼得弹之。唐高宗龙朔二年(662),改为左右匡;唐睿宗光宅元年(684),改为文昌左右相,唐玄宗开元元年(713),改为左右丞相,天宝元年(742),复为左右仆射。见《旧唐书》卷43《职官志二》。

公元七八一年　唐德宗建中二年
李宝臣碑

【概况及出处】 该碑唐永泰二年(766)后立,位于河北省石家庄市正定县隆兴寺御书楼前。也有研究者认为该碑刻立于建中二年(781)正月至十二月之间。碑高 1.56 米,宽 1.48 米,存 16 行,行 14 字,行书,现存186 字。碑刻概况及拓片收录于冯金忠、陈瑞青:《唐成德军节度使李宝臣残碑考释》,《中国历史文物》2009 年第 4 期。

【碑文】 大唐成德(缺)七州节度观察处置等使(下缺)。/(上缺)额金紫光禄大夫、门下侍(下缺)。/上柱国、齐国公王缙[1]□(下缺)。/

(上缺)赵之地常山,磅礴乎其(下缺)。/豪(上缺)名宝臣,字为辅,世居柳城[2]。豪(下缺)。/曾祖素皇[3],左骁卫大将军[4](下缺)。/信之业,虎视戎狄,鹰扬边鄙,出阵攻(下缺)。/幼有志气,又多敏悟,量大言阔,出于(下缺)。/为名将张锁高[5]所重,以致远期之一(下缺)。/五六俘一人而旋,勇夫愕眙,猛将心(下缺)。/之就擒,多掉鞅之眼,有请绳之志,功(下缺)。/知无不言。上爱其材,将有意(下缺)。/礼乐。吕望六韬之术,管仲九合之□。(下缺)。/人怙乱,君子用晦则思宏图者,不□(下缺)。/家室握兵,有禁暴之德,导河除垫溺(下缺)。/□□□□义□□□

（下缺）。／

【注释】

[1] 王缙（702—781），字夏卿，河东蒲州人，唐代著名诗人王维之弟。历任工部侍郎、左散骑常侍、黄门侍郎、同平章事、侍中、河南副元帅、幽州卢龙节度兼太原尹、北都留守、河东节度，营田观察使等职，亦以文章、书法知名于世。见《旧唐书》卷118《王缙传》《新唐书》卷158《王缙传》。

[2] 柳城，唐高祖武德元年（618），改隋柳城郡为营州总管府，领辽、燕二州，领柳城一县。武德七年（624），改为都督府，管营、辽二州。唐玄宗天宝元年（742），改为柳城郡。唐肃宗乾元元年（758），复为营州。室韦、靺鞨诸部，并在柳城县东北。远者六千里，近者二千里。西北与奚接界，北与契丹接界。见《旧唐书》卷39《地理志二》。

[3] 曾祖素皇，《新唐书》称李宝臣曾祖名素。见《新唐书》卷75下《宰相世系表五下》。

[4] 左骁卫大将军，骁卫，古称骁骑。唐初设左右骁卫府，唐高宗龙朔年间去"府"字，改为左、右武威，唐中宗神龙年间复为骁卫。左右骁卫各设大将军一员，正三品，执掌宫廷警卫。大朝会在正殿之前，则以黄旗队及胡禄队坐于东西廊下。若御坐正殿，则以其队仗次立左、右卫下。见《旧唐书》卷44《职官志三》。

[5] 张锁高，两《唐书·李宝臣传》称其为范阳将领，李宝臣曾为其假子。见《旧唐书》卷142《李宝臣传》《新唐书》卷211《李宝臣传》。除两《唐书》外，正史中记锁（琐）高一名还有两处，开元中，奚族首领有琐高者，与李诗一同归降唐朝；史思明诱杀的奚族良将也称琐高。分别见于《旧唐书》卷199下《奚传》《新唐书》卷225上《史思明传》。

公元七八一年　唐德宗建中二年
张孝忠山亭再葺记

【概况及出处】碑刻高五尺一寸二分，广三尺一寸五分。行书，26行，行存45—46字，现共存828字。篆额题唐易州刺史张公山亭再葺记12字。

在易州（治所在今河北省保定市易县）。碑刻概况及碑文参见（清）陆增祥：《八琼室金石补正》，上海古籍出版社 2020 年版，第 1083—1085 页。碑文同时参见（清）董诰等编，孙映逵等点校：《全唐文》第七册《唐文续拾》，山西教育出版社 2002 年版，第 6697 页；国家图书馆善本金石组编：《隋唐五代石刻文献全编》（一），北京图书馆出版社 2003 年版，第 463—465 页。

【碑文】大唐光禄大夫、试太子宾客使、持节易州诸军事、兼易州刺史充高阳军使、兼御史中丞符阳郡王张公再葺池亭记。

判官兼掌书记、朝散大夫行司士参军王璿[1]（缺）

上谷[2]，古之郡名。昔韩魏列土，郡即燕国南都之地也。昭王霸有幽蓟，雄据朔易。殆秦并天下，朝市沦替。汉魏已降，空余（缺）侯，或封地为城，树□藩屏，因旧台榭，濬为池沼，□□以社邑邑也。今兹山亭，互为陈迹，稽之□代，考诸典建，则图籍不书（缺）。风雨所虃，倾颓靡葺。我故相国司空、赠太傅李公[3]，自首除奸臣，秉节恒岳，地方千里，带甲数万，择良将以揔戎，任良牧以守郡。得御（缺）阳郡王张公，曰孝忠[4]，剖符于兹，逮今三祀。戊午岁，天作霪雨，害于粢盛，人多道殣，邑无遗堵。王之来也，其一之岁，（缺）郭理疆场，缉逋亡邮鳏寡，躬问疾苦，坐不安席，志通邻好，忧人阻饥。使屡空之家无不自给，负米之孝知其所归。况征敛（缺）输纳重轻之法，人吏一变，奸欺绝源。老幼相携，归府如市。此乃事不师古，抑谓王命惟新。寇盗既除，囹圄亦殄。其（缺）以营垒湫隘，首渠□□杂处。观寺军人、部曲寄于闾阎，缋黄酷于腥羶，里巷厄于争斗。王于是相地建营，训以□（缺）□□□□□未□厌。库犹□积其军实，或时朽蠹，是以菽粒聚于桑门，尘滓秽其毫相。王大葺仓庾，纳如京坛，启□（缺）景福。比及三年，兵自戢，民自安，众自和，财自阜。然后散利薄征，缓刑宽疾，况听政之位有关。王听补外馆之地不（缺），王能□厚其墙垣，壮其栋宇。□门可以纳币，高视可以临人。甘棠肃□，讼庭无事。或时陟层台以观云物，下西亭以玩鱼（缺）池。审曲面势，乃匠新意，革旧规，必将掉扁舟，垂钓钩□凫鸥独游遨。吏则止水，可为江湖，一马可齐天地。向若犒师亨士（缺），使文武毕会，尊卑有序，则斯亭也。坐不得接□，□不得旋踵。我王智深天机，神与心计，而能力役焉。获斧斤（缺）利之泉，拔有害之木。外益其□，内狭其流，如驱鬼神，若斡造化，则壶中江汉在我浅深，掌上蓬莱因吾盈缩。然后削培塿（缺）□洞之新开，饰檐楹之旧制，虽奇特之状至丽，而平易之功至寡。其广也，可以回车舆；其博也，足以列冠盖。幽足以栖隐（缺），神暇□以言诗，静可以叙事。梢梢松响，眈眈柳阴，长疑九秋，不知三伏。夏五月，王以居相国□□□□□□□宴久之□君父之礼，礼□□乎心□□□□□□境回净域，地变禅宫，因请律仪，谓（缺）□□□□□□□□实□□□□兆也。□在□□于泉亭□献诸晡飧。王（缺）□□□□□□□□□□□□□□□□□□□□□□□岁来□□所以泄污潦也。义不有命尔（缺）□□□□□□□水西□□□□□□□□□□□□□□□□□恻隐□如此□□大□□志必尽家邦（缺）□□□□□□□□□□□□□□□□□□□□□不□皆战。曾顾谓璿曰：兹郡□（缺）□□□□□□□□□□□□□□□□□□□而见其增修濬抒独有此地郡之遗阙（缺）□□□□□□□□□□□受命于座末，其军州文武□寮□诸碑阴□，岁在作噩，月会鹑首，□戊辰功毕。□（缺）□□□□□□□□□□□□□□□□□□□□□□郎□□□□□□□□□镌（缺）。

【注释】

[1] 王璿，字希琢，唐武周时期同凤阁鸾台平章事。见《新唐书》卷4《则天顺圣武皇后本纪》《新唐书》卷72《宰相世系表二中》。

[2] 上谷，地名。战国燕始置上谷郡，秦汉因之。唐初就上谷郡置易州，治所在今河北省易县境内，范围大约今河北省易县、满城、徐水，容城之地。其地在京师东北2340里，至东都1463里。见《旧唐书》卷39《地理志二》。

[3] 李公，即李宝臣。

[4] 孝忠，即张孝忠（730—791），唐朝中期藩镇将领。见《旧唐书》卷141《张孝忠传》《新唐书》卷148《张孝忠传》。《张孝忠墓志》见《权德舆诗文集》《文苑英华》《全唐文》等文献。

公元七八二年　唐德宗建中三年
张茂昭[1]功德碑

【概况及出处】王璘撰并行书，唐建中三年（782）立。原碑及碑文今已不见。(宋）赵明诚撰，金文明校证的《金石录校证》对此碑有所提及（中华书局 2019 年版，第 165 页）。

【注释】

[1] 张茂昭，张孝忠之子。见《旧唐书》卷 141《张孝忠附张茂昭传》《新唐书》卷 148《张孝忠附张茂昭传》。《张茂昭墓志》见《权德舆诗文集》《全唐文》。

公元七九一年　唐德宗贞元七年
张孝忠墓志

【出处】志文参见（唐）权德舆撰，郭广伟校点：《权德舆诗文集》，上海古籍出版社 2008 年版，第 183—188 页；（宋）李昉等编：《文苑英华》卷 874《碑》，中华书局 1966 年版，第 4610—4612 页；（清）董诰等编：《全唐文》卷 496《权德舆十四·张孝忠墓志》，中华书局 1983 年版，第 5057—5060 页；（清）董诰等编，孙映逵等点校：《全唐文》卷 496《权德舆十四·张孝忠墓志》，山西教育出版社 2002 年版，第 2997—2998 页。

【志文】唐故义武军节度使营田易定等州观察处置使开府仪同三司检校司空同中书门下平章事范阳郡王赠太师贞武张公遗爱碑铭并序

维唐十二叶，皇帝纂大统，建大中，始初清明，敷佑下土，稽四征六服之理，阅先正宗臣之籍，流庆斯复，遗风可怀。繇是博陵上谷列侯、二千石、元僚、司武、从事、亚旅，上其故府太师贞武公功德，请铭于碑，以示厥后。乃诏小司徒臣德舆[1]，因地域之名物，酌军师之宪令，举而叙之云：

公讳孝忠，字孝忠，其先燕人[2]。八代祖奇，北齐右北平[3]太守，封右北平王，齐季丧乱，寔开边隙，代有长技，轶于外区。曾王父靖，乙失活部[4]落节度使。王父逊，部落刺史。父谧，早袭先职，来朝上京。星环北极，输君长之贽币；鹏变南溟，发边关之导译。拜开府仪同三司。他日以公之勤，累赠至户部尚书[5]。公雄姿正志，沉毅英达，传兵符于百胜，袭王爵于九代。年未弱冠，入侍明庭，才为异伦，射必命中，以日磾之信爱，受秦仲之车服，自他有耀，至是来归。时玄宗御天下四十余载，习文事而去武备，人不知战，恬于已然。幽陵首祸，谷洛怪骇，公迹染污俗，心坚本朝，岂求生以害仁，将蹈难以明义。史羯继乱，犹居劫中，质其所恃，无路自奋。间道旁午，密陈嘉猷。俄而成德军节度李宝臣，锡姓抚封，同信臣之任，就义若渴，推心于公。综其都军，以壮支郡，乃策崇勋，累居大官。凡军师之禁令，攻守之奇正，成德之重，必咨于公。邻帅猖蹶，皇赫问罪，公出自上谷，觇于贝丘。寇徒六万，将犯中冀，乘辕外向，方阵而前。公以驷介千数，飚驰急击，深入其阻，夹攻其坚。敌人力屈，昏夜引去。迁御史中丞[6]，封范阳郡[7]王，寻拜易州[8]刺史，加太子宾客[9]。以军之辑睦移于郡，以郡之班制叶于军，文理武毅，交修四畅，师贞人和，为列郡表仪。

　　初，公与宝臣感慨于少年之场，周旋于多难之际，迎导善气，切劘良规，若磁有斟，如热斯濯，异时自代，前定于公。且曰："舆师之心，勠力之冠也。"俄然寝疾，瘖不能言，犹以手指北，瞪然注目。既而恶子阻命，阴交匪人，因丧以干纪，专地而图祸，公骤谏不入，飞章上陈，请以州兵，首遏乱略。优诏拜工部尚书[10]兼御史大夫、恒州刺史、成德军节度使。一人注意，四履专征，纠合诸侯，连收城县。败之于束鹿，走之于常山，以至斩首，且无遗策。转兵部尚书[11]、易州刺史、易定沧等州节度观察使，锡军号曰"义武"。时三分恒阳之地，录功有差，而群帅侈心，或怀觖望，太行而东，疆场日骇。且有从约，皆为假王。公居其腹心，守正持重，玉立于磷缁之际，鸡鸣于风雨之中，静柯劲草，在我而已。彼朱滔[12]者，以燕啖公，夸大煽结，诪张指斥。公乃出和门以莅众，援皦日以誓公。义利之间，死生不惑。且曰："县官之所以赋军宿兵，下尺一之诏者，在排难捍患而已；吾徒之所以乘坚驱良，佩丈二之组者，在毕力致命而已。碎首涂地，吾无悔焉。"一心事王，四面受敌。俄属京师急变，銮辂时巡。时太师西平王[13]以禁兵自魏来援于我。于是与公决策，赴行在所。公素约以伯仲，又申之婚姻。分锐师，选良将，授以赴蹈，使居颜行。断金之契，匪石不转。定山东为已任，坐制群疑；清毂下为前筹，行拔大憝。赤诚相照，血涕交颐。西平繇是建大勋，立大烈。而公亦静深以制动，贞厉以代谋。使其从散约解，无亡矢遗镞之费者，公之功也。前此拜尚书左仆射，至是同中书门下平章事。贞元元年，就加司空[14]。凡受律行师，十有一岁。承宁诸侯，减黜不端。动有节制，人斯爱戴。赠助其供养，赙补其礼丧。拊循接礼，劳徕安辑。辅以正德，而不怵于邪；济以守忠，而不回于利。章灼卓异，有初有终。其居凉国太夫人忧也，手植松槚，倚庐于墓。感致瑞祉，诏旌其门。终身之哀，加人一等。不遗故旧，皆以器使。戏下多善吏，庭中无留事。虽古人之威怀，无以过焉。春秋六十二，以七年三月感疾薨于位。德宗皇帝不视朝三日，册赠太傅[15]，诏郎吏吊祠，礼赙有加。其后累赠太师，易曰"贞武"，追封上谷郡王。

《易》之《大有》曰："信以发志。"《礼》之《中庸》曰："诚之不可掩。"惟公推本于是，暗然而彰。德宇宏大，色容厉肃，长才经武，奇表出伦。乔枝戛云以直上，雄剑发匣而耀颖。始以天宝十载受诏即戎，授范阳郡洪源府右果毅。破九姓突厥，改上党郡漳源府折冲。乾元初，转左领军卫翊府左郎将，实镇飞狐之地。宝应中，拜左武卫大将军，加金印紫绶。历左金吾大将军兼太仆卿殿中监。以至于专席宾护，剖符建牙，载居六官，乃进左揆，燮和鼎任，平理水土，真食大封，异姓而王。积功伐以崇厚，履信顺而光大。壮武之后，远继公台，富平之门，时推德器，岂徒然哉？嗣子今司徒、同中书门下平章事、延德郡王茂昭，以全才休绩，保大宣力，戴翼天子，抚征诸侯。常以工部尚书建旟博陵，以刑部尚书循方伯之职。特诏所理郡为大都督府。历左仆射、司空，丞居代官。南北军卫，爪牙上将，同气分职，宠冒一时。侯王则银黄相映，子弟乃金垛对起。流光贻训，其信矣乎！二十年，延德王以介圭四牡，来朝京师。德宗沃心嘉叹，燕喜蕃锡，如韩侯、申伯故事。顺宗继明，崇德报功，乃居台宰，进掌邦教。敦喻还镇，涕洟就涂。今皇帝以道御天下，烛明理本。间岁再入觐，为守臣龟龙。乞留京师，以奉朝请。坚若金石，激于肺肝。服勤王家，丕赫宸睠，感念勋节，顾怀义方。直以郑武公、桓公、汉韦平父子，古先懿铄，举集公门。二邦幼艾，千夫长、百夫长，沐浴风烈，怵惕慕思。是仪古式，以永光耀，斯不朽之事也。拜君命之辱，而传信焉。铭曰：

天秉日星，亦有风霆。君用文德，亦资武力。太师矫矫，生我王国。时或艰屯，师惟壮直。大蹇朋来，其心不回。好谋而成，义路乃开。博陵上谷，地直析木。既夷狡童，则理长毂。威谋抗励，命赐渥缛。回回盗泉，嗷嗷嘉玉。凡我所履，与之丰福。士皆贾余，人以仰足。雕戈衮章，裕此一方。追锡吊祠，礼优职丧。司徒袭庆，道叶仁圣。三朝戴君，皆受四命。觐礼煌煌，嘉献洋洋。湛露彤弓，威仪有光。甘棠蔽芾，邵伯所憩。缁衣改为，郑国之诗。仍代休烈，邦人戴之。永言置怀，乃刻斯碑。

【注释】

[1] 德舆，即权德舆（759—818），今甘肃省秦安县人，唐朝文学家、宰相。见《旧唐书》卷148《权德舆传》《新唐书》卷165《权德舆传》。

[2] 燕人，即燕国人。燕国（前1044—前222），春秋战国时期诸侯国。《战国策·燕策一·苏秦将为从北说燕文公》记载燕国的疆域"东有朝鲜、辽东，北有林胡、楼烦，西有云中、九原，南有滹沱、易水"。置有上谷、渔阳、右北平、辽西、辽东五郡。

[3] 右北平，即右北平郡，战国时期燕国置。西汉治平刚县平刚城（今内蒙古自治区宁城县甸子镇黑城村黑城古城），隶属于幽州刺史部。曹魏将右北平郡更名为北平郡。《太平寰宇记》对其建制沿革有记载。

[4] 乙失活部，契丹早期部落。内附于唐，武则天万岁通天元年（696），唐置信州，隶营州都督，处契丹乙失活部。见《新唐书》卷43下《地理志七下》。

[5] 户部尚书，正三品，主管全国土地、财政事务。隋开皇三年（583）称为民部尚书。唐贞观二十三年（649）改为户部尚书，其后名称又有变化，神龙元年（705）复故，下辖户部、度支、金部、仓部四司。见《旧唐书》卷42《职官志一》《旧唐书》卷43《职官志二》《唐会要》卷58《户部尚书》。

[6] 御史中丞，《武德令》，从五品上。《贞观令》，加入正五品上，五年又加入

四品。如意元年复旧也。监察百官之职。见《旧唐书》卷 42《职官志一》。

[7] 范阳郡，隋为涿郡。唐武德元年（618），为幽州总管府，七年（624），改为大都督府，又改涿县为范阳，天宝元年（742），改范阳郡。郡治在涿县（今河北省涿州市境），辖境约今北京市大部分地区、天津市、河北省部分地区。见《旧唐书》卷 39《地理志二》。

[8] 易州，隋上谷郡。唐武德四年（621），讨平窦建德，改为易州，领易、涞水、永乐、遂城、道五县。天宝元年（742），改为上谷郡，乾元元年（758），复为易州。见《旧唐书》卷 39《地理志二》。

[9] 太子宾客，正三品。唐高宗显庆元年（656）始置。掌侍从规谏，赞相礼仪。见《旧唐书》卷 44《职官志三》。

[10] 工部尚书，正三品。隋初改置工部尚书。唐高宗龙朔年间为司平太常伯，唐睿宗光宅年间改为冬官尚书，唐中宗神龙年间复旧也。掌天下百工、屯田、山泽之政令。见《旧唐书》卷 44《职官志三》。

[11] 兵部尚书，正三品。隋曰兵部尚书。唐高宗龙朔年间改为司戎太常伯，唐高宗咸亨年间复也。掌天下武官选授及地图与甲仗之政令。见《旧唐书》卷 44《职官志三》。

[12] 朱滔（746—785），今北京市昌平区人。幽州节度使朱泚之弟。见《旧唐书》卷 143《朱滔传》《新唐书》卷 212《朱滔传》。

[13] 太师西平王，即王武俊（735—801），唐中期藩镇将领。见《旧唐书》卷 142《王武俊传》《新唐书》卷 211《王武俊传》。

[14] 司空，三公之一，正一品。大祭祀时，司空行扫除。见《旧唐书》卷 43《职官志二》。

[15] 太傅，唐置太师、太傅、太保各一员。谓之三师，并正一品。三师，训导之官，天子所师法，大抵无所统职。然非道德崇重，则不居其位。无其人，则阙之。见《旧唐书》卷 43《职官志二》。

公元八一一年　唐宪宗元和六年
张茂昭墓志

【出处】 志文参见（唐）权德舆撰，郭广伟校点：《权德舆诗文集》，上海古籍出版社 2008 年版，第 321—325 页；（清）董诰等编：《全唐文》卷 505《权德舆二十三·张茂昭墓志》，中华书局 1983 年版，第 5140—5142 页；（清）董诰等编，孙映逵等点校：《全唐文》卷 505《权德舆二十三·张茂昭墓志》，山西教育出版社 2002 年版，第 3044—3045 页。

【志文】 唐故河中晋绛慈隰等州节度使支度营田观察处置等使开府仪同三司检校太尉兼中书令河中尹上柱国延德郡王食邑三千户赠太师张公墓志铭并序

元和五年冬十二月戊寅，太尉兼中书令延德郡王自河中来朝。明年春二月景子，发疡薨于京师务本里第[1]，春秋五十。皇帝不视朝五日，册赠太师。冬十月乙酉，归全于万年县少陵原[2]。嗣子检校工部尚书兼右金吾卫将军[3]克让[4]，毁瘠号慕，没于倚庐之中，追命尚书右仆射。次子太仆少卿克恭[5]、检校右散骑常侍驸马都尉克礼[6]等，泣遵理命，用诚信襄事，举书公之大绩大烈，请刻石以识云。

公讳茂昭，字丰明，其先燕人。九代祖奇，北齐右北平太守，因封其地，代袭王爵，违难出疆，雄于北方。曾祖逊，乙失活部落刺史。祖谧，皇开府仪同三司、平州刺史，赠太子太傅。父孝忠[7]，皇义武军节度、易定等州观察处置等使、检校司空、同中书门下平章事、上谷郡王，赠太师，谥曰贞武。惟公承太傅贞武之遗烈，受严凝温厚之全性，戴翼其代，抚征其人，戎容山立，盛气玉色，英风义声，辉耀光明。调鼎七岁，秉圭三觐，爰立于明廷，考终于会朝。卓尔拔乎伦类，沛然满乎观听。凡异姓而王，真食其封。于三公备司空、司徒、太尉之任，于三师历太子太保、太傅之秩，累阶宰职，乃于中书令。名器始终，与勋伐俱。

初，公生当上元、宝应之间，天下兵兴，感激代故，间关力用。始自掾曹宫卫，以至卿寺台阁，金艾采饰，祇庸显明，宝臣物故，成德不靖。公以弱冠偏师，破朝鲜于束鹿；禁旅急病，蓟人挺灾。公以中权衡击，脱西平于清苑。此其裕蛊宣力之章章者。贞元七年，贞武公薨于位。朝廷以公狎贯戎重，可辑宁一方，繇定州刺史起领留府。礼服外除，策勋懋官，统节制之师，修方伯之职。累丁赵国、魏国二太夫人忧，丧祭情理，一其哀敬，凡三夺齐斩，以从王事。孝文当阳，考礼述职，瞻斧扆于法座；顺宗继明，保乂齐信，执壤奠于翌室；今上报本，侍祠肃事，奉圭币于泰坛。至于浃洽邢魏，优游平勃，错综事典，习通仪制，树善于庙堂，陈谟于穆清，迥出功臣之表，实行宰相之事矣。

前年冬，诏武库禁兵，会诸侯之师于常山，分道并出。卤帅师，绝太行，越飞狐。是日北道，以公为主。于是创厩置以辟硗陋，悉刍米以给赋舆。军尉裨校，待之满志，供具宴饩，无非加等。亦既压境，士皆贾余，公与群帅屈指环城有日矣。恒人以步骑二万，踰木刀沟，为从衡七里之阵，来薄于城。公擐甲出壁门，径当其锋，俾其子克让与犹子克俭[8]、甥陈楚[9]等分角之，设左右翼以待之。出奇决命，凡数十合，取功于七纵，蓄锐以三捷，席胜鼓行，横尸如陵。方申尽敌之算，俄奉班师之诏。因喟然曰："自五十年间，两河多垒。县官以在宥含垢，怀和万方，推恩息人，延代赐履。或恃长毂，且踰短垣，至有相依若辅车，相求若市贾。虽有长智，不能自还。大丈夫亦当排氛雾而翔庆霄，出樊笼以蚟闉阇。行之自我，仁远乎哉？"姑请军司马于朝，使人狎其理，然后以一方之地图户版，三军之驷介伍符授焉。子文告令尹之政，士蔿传太傅之法，拜章撰日，尽室就途。举代得请，然后有河内之命。麾幢才至于理所，剑履遽来于毂下，沃心体国，指掌论边，慷慨行义，涕洟交感。方受面命，以班诏条，嶷然持重，为守臣表率。其或行不俟驾，干不庭方，清昆夷，埽獯犹，然后销五兵为农器，驱一代为寿域，此公之心也。

嘘夫！以析木之下，将相代家，按节股肱，郡在诸侯王上，而荐绅文吏，拥旄山东。廉风俗于武旅之地，修班制于战争之后。是一举也，而二美行焉。君子以为元和理平之嘉瑞，虽西汉之白麟、黄龙不若也。始公割符，三年而分阃，又四年而进律，以州为都府，而为长吏，又七年而为公。明年作相，最凡盛大，几三十年。君臣极其感会，天下仰其风采。诏葬法赙，率用汾阳王、咸宁王故事。所不至者，殁于中身，岂造于物者不与其全欤？此吾所以当宁流恸，而叹其用之未极也。

夫人卫国夫人李氏，沧州刺史兼御史中丞陵川郡王固烈[10]之女。阀阅庆祉，淑明柔嘉，由内外音徽以大，凡所顾复，皆为善良。克让以劳而贵，以毁而殁。克恭以才能历卿士，克礼以淑令俪夫人。克礼之季曰沙门宏信，宏信之季曰太子舍人克从[11]、少府丞克勤[12]、光禄丞克正[13]等，禀训尚义，执丧知礼。闺门积厚，名教多之。德舆久辱深知，谬参大政，畴庸之命，亲奉圣谟，撰德之词，式藏厚载。铭曰：

太尉兵柄，中书理本。桓桓令君，宣令分阃。行旆摇摇，马鸣萧萧。华衮九命，介圭三朝。乃率赋舆，乃颁诏条。先台谅闇，雾霾蔽晦。词极切劘，义形风概。皇明光宅，绩用章大。恒碣之间，革车所会。蹈厉策勋，推授交代。皇用畴庸，遍登三公。毅然举宗，来自山东。周有申伯，汉称窦融。乃陟其明，于河之中。行道有福，为仁由已。哀荣思福，冠耀终始。少陵为谷，幽宅在此。中南如砺，令闻不已。刻铭泉垆，与天壤俱。

【注释】

[1] 京师务本里第，张茂昭宅第。朱雀门街东第二街，街东从北第一为务本坊。见（清）徐松撰，李健超增订：《增订唐两京城坊考》卷2《外城郭》，三秦出版社2006年版，第55页。

[2] 万年县，京兆府有万年、长安二县，所治寺观、邸第、编户错居。当皇城南面朱雀门，有南北大街曰朱雀门街，东西广百步。万年、长安二县以此街为界，万年领街东五十四坊及东市；长安领街西五十四坊及西市。见（清）徐松撰，李健超增订：《增订唐两京城坊考》卷2《外城郭》，三秦出版社2006年版，第40页。

[3] 右金吾卫将军，从三品。唐置左右金吾卫将军各两名，其职掌宫中及京城昼夜巡警之法，以执御非违。凡翊府及同轨等五十府皆属之。凡车驾出入，则率其属以清游队，建白泽朱雀等旗队先驱，如卤簿之法。从巡狩畋猎，则执其左右营卫之禁。凡翊卫、翊府、同轨、宝图等五十府彍骑卫士应番上者，各领所职焉。见

《旧唐书》卷 44《职官志三》。

[4] 克让，张茂昭之子，见《旧唐书》卷 141《张孝忠传附张茂昭传》《新唐书》卷 148《张孝忠传附张茂昭传》。

[5] 克恭，张茂昭之子，见《旧唐书》卷 141《张孝忠传附张茂昭传》。

[6] 克礼，张茂昭之子，见《旧唐书》卷 141《张孝忠传附张茂昭传》《新唐书》卷 148《张孝忠传附张茂昭传》。

[7] 孝忠，即张孝忠，张茂昭之父。

[8] 克俭，张茂昭之子，见《新唐书》卷 148《张孝忠传附张茂昭传》。

[9] 陈楚，张茂昭之甥。见《旧唐书》卷 141《张孝忠传附陈楚传》《新唐书》卷 148《张孝忠传附陈楚传》。

[10] 固烈，即李固烈，唐中期将领，见《旧唐书》卷 141《张孝忠传》《旧唐书》卷 143《程日华传》《新唐书》卷 213《程日华传》。

[11] 克从，两《唐书》中无记载。

[12] 克勤，张茂昭之子。见《旧唐书》卷 141《张孝忠传附张茂昭传》《新唐书》卷 148《张孝忠传附张茂昭传》。

[13] 克正，两《唐书》中无记载。

公元八一四年 唐宪宗元和九年
张茂宣墓志

【概况及出处】该墓志于唐宪宗元和九年（814）刻，现藏于陕西省西安市大唐西市博物馆，保存较为完整。墓志呈正方形，长 77 厘米，宽 77 厘米，厚 11 厘米，侧面刻有兽首人身十二生肖。志文为楷书阴刻，共 31 行，满行为 31 字，共存 794 字。墓志概况及志文参见李宗俊、周正：《唐张茂宣墓志考释》，《中国边疆史地研究》2015 年第 4 期；［日］村井恭子：《大唐西市博物馆新藏唐〈张茂宣墓志〉考》，董劭伟主编：《中华历史与传统文化研究论丛》（第 2 辑），中国社会科学出版社 2016 年版，第 159—176 页。

【志文】唐故银青光禄大夫检校户部尚书兼光禄卿上柱国上谷郡开国公

赠陕州 / 大都督上谷张府君墓志铭并叙

检校太子右庶子兼循王府长史窦克良[1]篆

故吏文林郎权知光禄寺主薄□□尉陈审[2]书

上谷张公，讳茂宣[3]，字懿明，其先燕人。九代祖奇，仕北齐官至右北平太守、北平王。/ 其后代袭统帅，称强于艮维。至贞武公，因官封于上谷郡家焉。曾祖逊，/ 唐乙失活部落刺史。祖谥，平州刺史、北平郡王、赠太子太傅。烈考孝忠[4]，义武 / 军节度使、检校司空、同中书门下平章事、赠太师，谥曰贞武。其勋绩、义烈，蔚乎青 / 史。公即贞武之第八子也。生而岐嶷，少多大略，博通经史，尤精韬钤、太遁之学。性 / 重义好施，不事生业，善左右射，弯弓数百斤，贞武公大奇之，抚其背曰："尔必大吾 / 门也。"因以名闻，授太子通事舍人[5]，转太常寺主薄[6]。建中末，妖竖构乱，/ 德宗皇帝西幸奉天。贞武公乃俾公朝于行在。伏奏之日，诏赐从容，凡所 / 顾问，应对如响。德宗深嘉之，迁太子洗马[7]，仍许归侍。及 / 銮舆反政，公复来朝，换太子右赞善大夫[8]，寻迁海州[9]刺史。既为方伯所制，莫展 / 字人之术，乃弃官还京师。历□□嘉王二府长史，稍迁虔王傅[10]。虽梁园置醴，而利 / 刃犹匣。改太仆少卿[11]，位亚九列，职司五辂，在公未几，能事已彰，除右羽林军将军[12]。/ 顺宗皇帝登极，念羽卫之勤，诏兼御史中丞。/ 今天子即位，宠三朝之旧，特加御史大夫，而累上表章，亟论边事，拜左金吾将军，/ 转鸿胪卿，并兼御史大夫。元和七年春，以本官加检校工部尚书，充持节入回鹘 / 使。奉命星驰，车无停轨，曾未累月，达单于庭。时虏之酋长方肆傲慢，公抗节直 / 进，谕之礼义，以三寸舌挫十万虏。虏于是屈膝受诏，遣使纳贡，来与公俱。八 / 年春，复命，诏授检校户部尚书兼光禄卿[13]。明年三月廿七日，寝疾，薨于怀远 / 里之私第，春秋四十有六。九月廿三日，诏赠陕州大都督[14]。冬十月己酉，葬于京兆 / 之少陵原。南阳郡夫人许氏，性□□。长子尚舍直长曰弘矩；嗣子太子通事舍人曰 / 弘规；次曰仆寺主薄弘简；次曰弘□；次曰弘亮；次曰岳王府参军弘度。咸温恭 / 仁，饰躬履善。嗟乎！公蕴文武之材，怀贞义之节，足可以安边塞，威戎狄。今则已 / 矣，天可问耶？宜乎书于金石，式纪遗烈。铭曰：/

赫矣祖宗，勋绩隆崇。惟公嗣之，载扬英风。德义居心，礼乐在躬。辩而能讷，庄而能 / 同。

虚白有地，还丹无术。东流逝水，西归落日。原氏之阡，滕公之室。遗令空在，藏经 / 永毕。

前对青□，□连凤城，川原古色，草木秋声。泉冷灯暗，山空月明。纪勋华 / 于贞石，托不□□□名。/

【注释】

[1] 窦克良，唐寿昌公主驸马，《新唐书》卷 83《诸帝公主传》称唐代宗李豫女寿昌公主下嫁光禄少卿窦克良。

[2] 陈审，正史中无记载。

[3] 张茂宣（769—814），张孝忠第八子。两《唐书》之《张孝忠传》和其他正史中无记载。《张孝忠夫人神道碑》中有载。

[4] 孝忠，即张孝忠。

[5] 太子通事舍人，正七品下，见《旧唐书》卷 42《职官志一》。

[6] 太常寺主簿，从七品下，见《旧唐书》卷 44《职官志三》。

[7] 太子洗马，从五品上，见《旧唐书》卷 42《职官志一》。

[8] 太子右赞善大夫，唐置右赞善大夫五人，正五品上，见《旧唐书》卷 44《职官志三》。

[9] 海州，隋东海郡。武德四年（621），置海州总管府。天宝元年（742），以海州为东海郡。乾元元年（759），复为海州。见《旧唐书》卷 38《地理志一》。

[10] 虔王傅，唐亲王府置傅一人，从三品。汉官有王傅、太傅，魏、晋后唯置师，国家因之，开元改为傅。见《旧唐书》卷 44《职官志三》。

[11] 太仆少卿，唐太仆寺置少卿二人，从四品上。凡国有大礼及大驾行幸，则供其五辂属车之司。凡监牧羊马所通籍帐，每岁则受而会之，以上尚书驾部，以议其官吏之考课。凡四仲之月，祭马祖、马步、先牧、马社。见《旧唐书》卷 44《职官志三》。

[12] 右羽林军将军，正三品。唐高宗龙朔二年（662），置左右羽林军。见《旧唐书》卷 42《职官志一》《旧唐书》卷 44《职官志三》。

[13] 光禄卿，唐光禄寺置卿一员，从三品。卿、少卿之职，掌邦国酒醴、膳羞之事，总太官、珍羞、良酝、掌醢四署之官属，修其储备，谨其出纳。《旧唐书》卷44《职官志三》。

[14] 大都督，唐大都督府置都督一员，从二品。《旧唐书》卷44《职官志三》。

公元八一八年　唐宪宗元和十三年
李惟简墓志

【出处】志文参见（唐）韩愈撰，马其昶校注，马茂元整理：《韩昌黎文集校注》，上海古籍出版社1986年版，第462—466页；（唐）韩愈著，刘真伦、岳珍校注：《韩愈文集汇校笺注》，中华书局2010年版，第2133—2135页；（清）董诰等编：《全唐文》卷565《韩愈十九·李惟简墓志》，中华书局1983年版，第5720—5721页；（清）董诰等编，孙映逵等点校：《全唐文》565《韩愈十九·李惟简墓志》，山西教育出版社2002年版，第3378页。

【志文】凤翔陇州节度使李公墓志铭

公讳惟简[1]，字某，司空平章事赠太傅[2]之子。太傅初姓张氏，肃宗时，举恒、赵、深、冀、易、定六州战卒五万人、马五千匹以归听命。天子嘉之，赐姓曰"李"，更其名"宝臣"，立其军，号之曰"成德"，由是姓李氏。太傅薨，公兄弟让嗣，公竟弃其家，自归京师。及兄死家覆，有司设防守。德宗如奉天，守卒出公，即驰归，与母韩国夫人郑氏拜诀，属家徒随走所幸，道与贼遇，七斗乃至。有功，迁太子谕德，加御史中丞。从幸梁州[3]，天黑失道，识焦中人声，得见德宗于鳌屋[4]西。上曰："卿有母，可随我耶？"曰："臣以死从卫。"及幸还，录功，封武安[5]郡王，号"元从功臣"，图其形御阁，而以神威将军居北军卫；久乃加御史大夫。丁韩国忧去官，累迁神威大将军，加工刑二曹尚书、天威统军，又改户部尚书、金吾大将军[6]。有长上万国俊者，以军势夺兴平人地，吏悼莫敢治。及公为金吾，兴平人曰："久闻李将军为人公平，庶能直吾屈。"即赍县牒来见。公发视，立杖国俊废之，以地还兴平人。闻者莫不称叹。于是天子以公材果可任用，治人将兵，无所不宜；元和六年，即以公为凤翔[7]、陇州[8]节度使、户部尚书兼凤翔尹。陇州地与吐蕃接，旧常朝夕相伺，更入攻抄，人吏不得息。公以为国家于夷狄当用长算，边将当承上旨，谨条教，蓄财谷，完吏农力以俟；不宜规小利，起事盗恩，禁不得妄入其地。益市耕牛，铸镈、钗、锄、釢，以给农之不能自具者。丁壮兴励，岁增田数十万亩。连八岁，五种俱熟，公私有余。贩者负入褒、斜，船循渭而下，首尾相继不绝。十三年，公与忠武军节度使司空光颜、邠宁节度使尚书钊俱来朝，上为之燕三殿，张百戏，公卿侍臣咸与。既事敕还，公因进曰："臣幸得宿卫二十余年，今年老斥外任，不胜慕恋，愿得死辇下。"天子加慰遣焉。还镇告疾，其夏五月戊子薨，年五十五。讣至，上悼怆罢朝，遣郎中临吊，赠尚书左仆射[9]。以其年十一月景申，葬万年凤栖原。夫人博陵郡崔氏，河阳尉镐之孙，大理评事可观之女，贤有法度。公有四子[10]：长曰元孙，三原尉；次曰元质，彭之濛阳尉；曰元立，兴平尉；曰元本，河南参军，皆愿敏好善。元立、元本皆崔氏出。葬得日，嗣子元立与其昆弟四人请铭于韩氏，曰："先人常有托于夫子也。"愈曰："太傅功在史氏纪，仆射以孤童囚羁京师，卒能以忠为节自显，取爵位，立名绩，使天下拭目观，父母与荣焉。既忠又孝，法宜铭。"铭曰：

太傅之显，自其躬兴；仆射童羁，孰与之朋。遭国之难，以节自发；致其勤艰，以复考烈。孝由忠立，爵名随之；铭此玄石，维昧之诒。

【注释】

[1] 李惟简（764—818），李宝臣第三子。见《旧唐书》卷142《李宝臣传附李惟简传》《新唐书》卷211《李宝臣传附李惟简传》。

[2] 司空平章事赠太傅，指李宝臣。

[3] 梁州，隋汉川郡。唐高祖武德元年（618），置梁州总管府，管梁、洋、集、兴四州。武德七年（624），又改总管府为都督府。唐玄宗开元十三年（725），改梁州为襄州，依旧都督府。开元二十年（732），复为梁州。天宝元年（742），改为汉中郡，仍为都督府。唐肃宗乾元元年（758），复为梁州。唐德宗兴元元年（784）六月，升为兴元府。官员资序，一切同京兆、河南二府。见《旧唐书》卷39

《地理志二》。

[4] 盩厔，隋县。唐高祖武德三年（620），属稷州。唐太宗贞观三年（629），属雍州。武周天授二年（691），属稷州。武周大足元年（701），属雍州。唐玄宗天宝元年（742），改为宜寿县。唐肃宗至德（757）二年三月十八日，复为盩厔。见《旧唐书》卷 38《地理志一》。

[5] 武安，汉县。隋复置，隶属磁州。唐之洺州又为隋之武安郡。见《旧唐书》卷 39《地理志二》。

[6] 金吾大将军，唐高宗龙朔二年（662），改隋之候卫为左、右金吾卫。左、右金吾卫各设大将军一员，正三品。执掌宫中及京城昼夜巡警并充当天子车驾先驱，随从天子巡狩畋猎时，则执其左、右营卫之禁。见《旧唐书》卷 44《职官志三》。

[7] 凤翔，隋为扶风郡。唐高祖武德元年（618），改为岐州，始领雍、陈仓、郿、虢、岐山、凤泉等六县。唐玄宗天宝元年（742），改为扶风郡。唐肃宗至德二年（757）十二月，改置凤翔府，号为西京，与成都、京兆、河南、太原为五京。后罢京名。见《旧唐书》卷 38《地理志一》。

[8] 陇州，即隋扶风郡之汧源县。隋恭帝义宁二年（618），置陇东郡，领县五。唐高祖武德元年（618），改陇东郡为陇州。唐玄宗天宝元年（742），改为汧阳郡。乾元元年，复为陇州。见《旧唐书》卷 38《地理志一》。

[9] 尚书左仆射，唐设左右仆射各一员，从二品。掌统理六官，纲纪庶务，为尚书令之副。自尚书令省之后，仆射总判省事。御史纠劾不当，兼得弹之。唐高宗龙朔二年（662），改为左右匡；唐睿宗光宅元年（684），改为文昌左右相，唐玄宗开元元年（713），改为左右丞相，天宝元年（742），复为左右仆射。见《旧唐书》卷 43《职官志二》。

[10] 李惟简四子中，仅元本见载于两《唐书》，称其轻薄无行，唐穆宗长庆末年，与薛浑私侍襄阳公主，事败，流放岭南。元本有弟李铢，好学多识，有儒者风。李铢，应为此四子之外者。见《旧唐书》卷 142《李宝臣传附李元本传》《新唐书》卷 211《李宝臣传附李元本传》。其他三子元孙、元质、元立皆不见于正史记载。

公元八三八年　唐文宗开成三年
史孝章神道碑

【出处】碑文参见（唐）刘禹锡著，陶敏、陶红雨校注：《刘禹锡全集编年校注》，中华书局 2019 年版，第 2125—2136 页；（清）董诰等编：《全唐文》卷 609《刘禹锡十一·史孝章神道碑》，中华书局 1983 年版，第 6153—6155 页；（清）董诰等编，孙映逵等点校：《全唐文》卷 609《刘禹锡十一·史孝章神道碑》，山西教育出版社 2002 年版，第 3635—3636 页。

【碑文】唐故邠宁庆等州节度观察处置使朝散大夫检校户部尚书兼御史大夫赐紫金鱼袋赠右仆射史公神道碑

仆射名孝章[1]，字得仁，本北方之强，世雄朔野。其后因仕中国，遂为灵武建康人[2]。曾祖道德[3]，赠右散骑常侍，封怀泽郡王。祖周洛[4]，银青光禄大夫、检校太常卿兼御史中丞、北海郡王，赠太子太保。考宪诚[5]，早以武勇绝人，积功至魏博节度使，终于河中、晋、绛、慈、隰等州节度观察使，检校司徒兼侍中河中尹，赠太保。其薨也，大臣中书令晋国公裴氏[6]为之碑。其名益显。公即侍中之元子，母曰冀国夫人李氏。幼而聪悟，父母贤而加爱焉。及长，好学迁善，秀出侪辈，邺下诸儿，号为书生。元和中，太尉愬为魏帅，下令抡材于辕门，取大将家翘秀者为子弟军，列于诸校之上。公独昌言愿效文职，太尉深奇之，遂假魏州大都督府参军。长庆二年，常山众叛，害其帅沂国公田司徒于帐下。沂公发迹于魏，人犹怀之。诏命其子布以尚书授钺，统魏兵问罪于此疆，且报家祸。布既启行，士气不振，涣然内溃，独与冗从之旅，偃旗而归，百愤攻中，卒自引决。先侍中时为中军都知兵马使兼御史中丞，全师在野，哄然推戴之，请为假侯以镇定。中贵人飞驿上闻，穆宗夜召翰林学士草诏书，以真侯命之，实有魏土。从众而合权也。是岁公自摄官转本府士曹参军兼监察御史，赐朱衣银印，推恩以及子也。一旦跪于父母前，进苦言曰："臣窃惟大河之北，地雄兵精，而天下贤士心侮之。目河朔间，视犹夷狄，何也？盖有土者多乘兵机际会，非以义取。今臣家父侯母封，化为贵门，君恩至矣。非痛折节砺行，彰信于朝廷，无以弭识者之讥，瘳明君之意。节著于外，福延于家。乘时蹈机，祸不旋踵。”言讫泣下数行。父俞母赞，天性交感，三心既叶，万众潜化。天子闻而嘉之曰："彼真孝子。"乃授检校太子左谕德[7]兼侍御史[8]，充节度副使[9]。累迁至散骑常侍兼御史大夫，赐金印紫绶。既贰军政，事如命卿，弛张损益，得以参决，潜革故态，人知向方。大和二年，沧景节度使李全略卒，其子同捷窃据故地，诏下以文诰弗革，遂用大刑。先侍中表请率先诸侯，使元子以督战。制曰可。公承君父之命，乃捐其躯，一举而下平原，压沧垒，由是加工部尚书。及王师凯旋，上表愿一识承明庐，诏允之。遂赴北阙下，得觐于便殿。上曰："向吾始征沧州，议者皆曰，彼魏之姻也，虑阴为寇谋，吾发使数辈以侦之。其还也，佥曰："尔父沥款于宾筵，尔母抗词于帘下，愿绝姻以立效，其经始启发，出于尔心。今沧海砥平，策勋之日，宜贵尔三族。命尔父为侍中，迁镇于近地。加尔礼部尚书，析相、卫、澶三州为镇以居之。俾尔一门大荣以夸天下。"公拜稽首，谢父迁，让己爵，礼无违者。翼日下诏于明庭，人咸曰："史氏之宠光，古无有也。"

　　牙旗碧幢，方指东道。侍中以帐下生变闻，泰极而否，当歌而哭。迎柩于路，仰天长号，因葬于洛阳之北邙山，冀国夫人祔焉。寝苫枕块，以所仇同天为大酷。未几，诏举金革之义，起为右金吾将军[10]。累表陈乞，有司以违命督之，舆疾即路。间岁擢授鄜、坊、丹、延等州节度观察处置等使。居四年，迁镇于滑。一岁，入为右领军卫大将军，旋改右金吾大将军，又受钺于郊土。孟秋至治所，首冬遘疾，拜章入觐，不克展和鸾偃革之仪。薨于靖恭里[11]之私第，享龄三十有九，当开成三年十月二十日。上闻而悼之，不视朝一日，赠尚书右仆射。明年二月，归葬于洛都，夫人琅琊王氏祔焉。继室深泽县君博陵崔氏，有一子曰焕[12]，生七年而孤。仆射之丧，自复魄至葬，当门户，备祭祀，建碑表，皆县君之能。且命其家老具事功来请曰："蓥不恤家，而忧幼嗣不知其先人之官业，乞词以传于后也。"君子以为知礼，谨书之。铭曰：

　　斗极之下，崆峒播气。钟于侍中，孔武且贵。奉上致命，宜昌后嗣。

仆射承之，良弓不坠。耳烦钲鼓，心悦文字。虎穴之中，生此骐骥。大和纪元，沧景不虔。子弄父兵，跳踉海壖。有邻阴交，猬起鸡连。诏下薄伐，艮隅骚然。时维侍中，寔统魏师。蓄锐未发，众心危疑。仆射为子，陈谋尽词。兴言涕零，有感尊慈。绝姻效节，精贯神祇。沧波砥宁，王命褒之。乃迁元侯，来镇近畿。乃祚元子，别建旌麾。一门四节，焜耀当时。倏忽变生，魏郊纷披。乔木虽大，盲风不知。干云之台，列缺焚之。哀哀孝嗣，丁此大酷。迎护帏辂，葬于东洛。诉天触地，血染缞服。礼有金革，诏书敦促。不遂枕戈，骤膺推毂。雕阴白马，暨于邠谷。虽荣三镇，不荷百禄。绮纨之间，珪组累累。如彼晨葩，日中而萎。有妻名家，有子稚齿。行号报礼，归空蒿里。洛水之阳，修邙之趾。昭尊穆敬，幽显同理。旧松新柏，亦象乔梓。刻石记功，垂于万祀。

【注释】

[1] 孝章，即史孝章（800—838），字得仁。魏博节度使史宪诚之子。见《旧唐书》卷181《史宪诚传附史孝章传》《新唐书》卷148《史孝章传》。

[2] 灵武建康人，据《新唐书》可知，史宪诚其先内徙灵武，为建康人。见《新唐书》卷210《史宪诚传》。灵武，隋郡名，唐高祖武德元年（618），改为灵州总管府。唐玄宗天宝元年（742），改灵州为灵武郡。至德元年（756）七月，唐肃宗即位于灵武，升为大都督府。乾元元年（758），复为灵州。见《旧唐书》卷38《地理志一》。建康，唐设建康军，在甘州西二百里，管兵五千三百人，马五百匹，隶属于河西节度使。见《旧唐书》卷38《地理志一》。

[3] 道德，即史道德。据《旧唐书》可知，史道德曾任开府仪同三司、试太常卿、上柱国、怀泽郡王。从其子史周洛曾事魏博节度田季安（796—812年在位）来看，史道德当生活于公元8世纪。见《旧唐书》卷181《史宪诚传》。宁夏回族自治区固原市所出土有《史道德墓志》，其墓主人史道德生于隋大业九年（613），卒于唐高宗仪凤三年（678），所任职务则为东宫左勋卫、给事郎、玉亭监、兰池监等。两位史道德的生活时间及职衔均不相符，并非一人。

[4] 周洛，即史周洛。据《旧唐书》可知，史周洛曾事魏博节度田季安（796—812年在位），担任魏博军校。后官至兵马大使、银青光禄大夫、检校太子宾

客、兼御史中丞、柱国、北海郡王。见《旧唐书》卷 181《史宪诚传》。

[5] 宪诚，即史宪诚，唐中期藩镇军阀。少年时曾随军平定平卢叛乱。唐穆宗长庆二年（822），担任魏博兵马使，自称留后。朝廷授其检校司空、河中节度使，封千乘郡公。唐文宗大和三年（829），魏博兵乱时为叛军所杀，追赠太尉。见《旧唐书》卷 181《史宪诚传》《新唐书》卷 210《史宪诚传》。

[6] 中书令晋国公裴氏，指裴度。唐宪宗时，裴度曾督统诸将平定淮西之乱，以功封晋国公。晚年又官至中书令。见《旧唐书》卷 170《裴度传》《新唐书》卷 186《裴度传》。

[7] 太子左谕德，一人，正四品下，掌讽谕规谏。见《旧唐书》卷 44《职官志三》。

[8] 侍御史，四员，为御史台属官，从六品下。掌纠举百僚，推鞫狱讼。见《旧唐书》卷 44《职官志三》。

[9] 节度副使，官名，唐朝设置，为节度使之副职。见《旧唐书》卷 44《职官志三》。

[10] 右金吾将军，唐高宗龙朔二年（662），改隋之候卫为左、右金吾卫。左、右金吾卫各设将军二员，从三品，为大将军之副。同执掌宫中及京城昼夜巡警并充当天子车驾先驱，随从天子巡狩畋猎时，则执其左、右营卫之禁。见《旧唐书》卷 44《职官志三》。

[11] 靖恭里，"靖"一作"静"。唐代宗宝应二年（763），万年县靖恭坊南街柳树上降甘露，有贺表。靖恭里有诸多官员之宅。见（清）徐松撰，李健超增订：《唐两京城坊考》卷 3《西京》，第 154 页。

[12] 焕，即史孝章子史焕。史焕见于《史孝章神道碑》《史孝章墓志》之中，正史中无记载。

公元八三八年　唐文宗开成三年
史孝章墓志

【志盖】唐故邠宁等节度检校户部尚书兼御史大夫赠尚书右仆射北海史

公志铭

【概况及出处】该墓志 2004 年 6 月出土于河南省洛阳市孟津县朝阳镇张阳村，现藏洛阳师范学院。盖盝顶，边长 97 厘米，厚 22 厘米，阴文篆刻"唐故邠宁等节度检校户部尚书兼御史大夫赠尚书右仆射北海史公志铭"。四刹线刻四神图，上玄武，下朱雀，左白虎，右青龙，线条流畅，形象逼真。墓志青石质，边长 92 厘米，厚 19 厘米，楷书 44 行，共计 1785 字，字迹清晰。四侧线刻十二生肖图案。洛阳出土的墓志一般志盖等大，此盒墓志盖大于志 5 厘米。墓志概况及志文参见郭茂育、赵振华：《唐〈史孝章墓志〉研究》，《中国边疆史地研究》2007 年第 4 期。拓片收录于退之：《唐史孝章墓志》，《书法》2017 年第 4 期。

【志文】唐故邠宁庆等州节度观察处置等使朝散大夫检校户部尚书兼御史大夫赐紫金鱼袋赠尚书右仆射北海史公墓志铭并序／

门吏前邠宁庆等州节度判官朝议郎检校尚书水部员外郎兼侍御史上柱国李景先[1]撰／

史氏枝派，或华或裔。在虏庭为贵种，出中夏为著姓，周卿以史佚为族望，卫国则朱驹为宗门。汉复姓有青史氏，著／一家之说，新丰令垂百代之范，降及吴晋，亦封东莱侯。其后子孙繁衍，散食他邑，流入夷落。獯鬻以十氏为鼎甲，蕃／中人呼阿史那氏，即其苗蔓也。公讳孝章，字得仁，其先北海[2]人。曾祖道德，皇太常卿、怀泽郡王。祖周洛，／皇银青光禄大夫、检校太常卿兼御史中丞、北海郡王、赠太子太保。父宪诚，皇晋、绛、慈、隰等州节度观察处置／等使、银青光禄大夫、检校司徒兼侍中、河中尹、上柱国、千乘县开国公、食邑一千五百户、赠太保。

公之出也，实系／天枝，其本葛氏，因功锡姓，附广陵王房。幼而岐嶷，禀阴山之秀；长则忠厚，服儒家之业。越自襁褓，即来邺都，耳倦征／鞞，心慕坟素。一旦启其家君曰："男子发已冠矣，有志未就。不幸所食之粟，非仁者之粟；所处之地，非／天子之地。忝知君臣父子之道，古今逆顺之理。碌碌与群儿辈，暝目为昏迷之鬼，无乃寒心乎。窃愿摄衣鼓箧，往诣／嵩阳山，读古人书，以果素志。"家君怜而弗许。元和中无何，太尉愬索麾下诸将之子，署以亲事，俾卫前后。公挺然 / 不群，请授文职。明日，假魏州大都督府参军。长庆二年，持恩拜本府士曹参军兼监察御史[3]，仍赐绯鱼袋。是时，/ 先侍中代田公布为魏帅。初杖金鼓，方练戈矛，合好于邻封，耀兵于四境。中外疑贰，未知众心。公乃属词，潜达忠 / 款，闻于聪听，朝廷多之。加检校太子左谕德兼侍御史，充副节度使。折将卒于中军，开户牖为南院。宾客宴乐，法 / 令施张、魏之士心，稍稍而变。寻加检校秘书少监[4]兼御史中丞，赐紫金鱼袋。明年，进朝散阶兼大夫[5]。/ 今上即位，嘉其忠勋，迁检校左散骑常侍[6]。

大和二年，沧景节度李全略卒，其子同捷，席父之任，不请命于朝 / 廷。/ 皇帝临轩，震赫天地。先侍中表公专征，以霆斯怒。于是提肘腋之旅，推腹心之信。一战而下平原，再战而摩 / 沧垒；狂童旦夕以授首，羸师疮痍而满身。奋不顾家，勇以见义，慰激之诏，旁午道途。岂谓差之毫厘，不冠竹帛。敌 / 人固非勍者，壮士由是痛之。其年，加工部尚书，复旧职。同捷献俘，诏罢诛讨。累陈章奏，恳请朝天，王人继来，允 / 遂忠恳。对扬之后，龙姿如春，沛然宠锡，加人数等。先侍中名节勋伐，焕于公议，朝廷于是计魏郊之土壤，/ 铠甲之众寡，分裂其地，移隶其军。诏先侍中守本官，为河中节度使。公加礼部尚书，为相、卫、澶等州节度使。/ 受命交代之际，分兵儌扰之间。魏之师徒，翻然不顺，遘祸于豺狼之口，覆族于锋刃之间，公之血属殆无遗矣。/ 相卫之拜，才及洛京。帝命使人以达讣告，泣血茹毒，杖而弗兴，孺慕婴号，哀而不嘎。踰年，/ 恩敕起复右金吾将军，三表陈让，竟夺情理。诏曰居丧徒云执礼，违命岂得遑安，悾悾哀诚，力疾上路，拜恩之 / 日，制削起复，守官如故。六年，白麻授鄜、坊、丹、延等州节度观察处置等使，一年固池隍，二年实窦窖，三年缮戈甲。治 / 宾客，训练卒伍，蠲放逋租，足食足兵，犬戎不敢南牧。公之绩效，琬琰存焉。朝廷陟典方行，耸人为善，加地进律，/ 宜在兹乎！九年秋，白麻守本官，授郑、滑、颍等州节度观察处置等使。至则铲革繁弊，斥去惰游，居未浃旬，大立新政。/ 滑之滨河，厥田沃壤，齐人食力，用以入官。或为水溃，号曰滩地，积岁已来，悉为怙势者所得，齐人不复归之。公莅 / 是邦之越月，尽给罢旺，豪不敢夺。滑之近年，水旱作沴，室闾愁苦，征敛惟艰。公以为克己惠民，天必降福，笔下免/缗钱、刍菽仅五十余万，其恤贫厚下之大略如此。然竟以惩奸瘅恶，颊舌坐腾。不踰年，罢节，为右领军卫大将军[7]、加/户部尚书，旌前能也。诏曰：朕以孝章春秋方少，能自揣摩，中外迭居，以阅诚效。明年，改右金吾卫大将军、充右街/使[8]。朝廷以四夷入贡，安不忘危。轸及边陲，须择将帅。才难之选，非公其谁。三年七月，白麻守本官，授邠、宁、庆等/州节度观察处置等使。属邠之师旅，有名无实，州之廛闬，附影者多。为政之初，必归分理，一日执其尤者二人，奋以/大白挺，斥之他方，一郡之人，惕息知劝。

公年向不惑，终鲜胤嗣，忽忽自叹，虑为天穷。适属是年，并夭二子，悼惜过/礼，疾生于衷。又闻邠之讹言，尝有妖狐为怪。悲伤之内，饮食失时，亦疑阴邪之物，恶人正直，予之今日，力不能胜。以/是媵理荣卫，颇甚错乱，膏肓之祸，其自掇乎。其年十月十三日上表入觐。廿日薨于长安靖恭里之私第，享年/卅九，当开成三年岁次戊午。/皇帝悼之，辍朝一日，赗赠如礼。公之始婚太原王氏，故镇州节度使庭凑[9]之爱女，先公而逝，权窆魏州。四年己/未二月癸丑朔八日庚申，迁祔于河南府河南县张阳村夫之先茔，合故剑也。赵国夫人高氏，虽非公出，养/之如母焉。继夫人深泽县君崔氏，得公之性，待之如妻焉。有男子一人，曰焕，髫龀之岁，已知毁灭。女子一人，曰十/三娘。幽闲之质，尚在孩提。季父金吾将军检校右散骑常侍宪忠[10]，十起之哀，行路所感，一门之痛，骨肉倍加。金吾常/侍以景先三府首僚，千里归葬。尝忝科第，能叙生平，虽未曰文，不愧其请，铭曰：/

三代为将，一身好文。志酬家国，誓报君亲。年华鼎盛，志业日新。生全浩气，没守清贫。虎眉犀额，化为穷尘。天乎/其仁，天乎其不仁。

处士孙继书并篆盖/

【注释】

[1] 李景先，正史中无记载。退之认为，景先必为进士出身。登元和进士第的姚合有五言律诗《寄陆浑县尉李景先》，叙二人初仕时，以微俸相互酬请，饮酒赋

诗之往事。或为同年及第者。见《唐史孝章墓志》，《书法》2017 年第 4 期。

　　[2] 北海，隋置北海郡。隋炀帝大业二年（606），改为北海县。武德八年（625），以北海县属青州。唐玄宗天宝元年（742），改青州为北海郡。唐肃宗乾元元年（758），复为青州。见《旧唐书》卷 38《地理志一》。

　　[3] 监察御史，隶属御史台，唐置十员，正八品上。唐太宗贞观初年，马周以布衣进用。其执掌为监察郡县、屯田、铸钱、岭南选补；知太府、司农出纳，监决囚徒；阅牲牢，省器服，不敬则劾祭官；尚书省有会议，亦监其过谬；百官宴会、习射，亦如之。见《旧唐书》卷 44《职官志三》。

　　[4] 秘书少监，从四品，隋炀帝置。唐高宗龙朔年间改为兰台侍郎，武周天授年间为麟台少监，唐中宗神龙年间复为秘书少监。比置一员，唐睿宗太极初年增置一员。少监为秘书监之副，丞掌判省事。见《旧唐书》卷 43《职官志二》。

　　[5] 朝散阶兼大夫，即朝散大夫，唐为文散官，从第五品下阶。见《旧唐书》卷 42《职官志一》。

　　[6] 左散骑常侍，隋初置散骑常侍四人，从三品，掌陪从朝直。唐高宗武德初，以为加官。唐太宗贞观初，置散骑常侍二人，隶门下省。唐高宗显庆二年（657），又置二员，隶中书省，始有左右之号，并金蝉珥貂。唐代宗广德二年（764）五月，升为正三品，加置四员。唐德宗兴元元年（784）正月，左右各加一员。贞元四年（788）正月敕，依旧四员。常侍掌侍奉规讽，备顾问应对。见《旧唐书》卷 43《职官志二》。

　　[7] 右领军卫大将军，左右领军卫，隋炀帝时为屯卫，唐初改为领军卫，唐高宗龙朔年间改作戎卫，唐睿宗光宅年间改为玉钤卫，唐中宗神龙年间以后复为领军卫。左右领军卫各设大将军一员，正三品。其职掌为大朝会时被青甲铠，弓箭刀盾旗等，分为左右厢仪仗，次立威卫之下。见《旧唐书》卷 44《职官志三》。

　　[8] 右街使，唐设左右街使各一人，隶属左右金吾卫，分察六街徼巡。见《新唐书》卷 49 上《百官志四上》。

　　[9] 庭凑，即王廷凑，唐朝藩镇将领，赠礼部尚书王升朝之子。曾祖为王武俊养子，故冒姓王，世为成德军骑将。唐穆宗长庆元年（821），袭杀魏博节度使田弘正，自称节度留后。朝廷征讨无功后，授其成德节度使。唐文宗大和元年（827），

协助沧州刺史李同捷反叛朝廷，失败后遣使请罪，授检校司徒、成德节度使、太子太傅，册封太原郡公。大和八年（834）去世，累赠太师。见《旧唐书》卷 142《王廷凑传》《新唐书》卷 211《王廷凑传》。

[10]　宪忠，即史宪忠，字元贞，唐魏博节度使史宪诚之弟。唐宪宗年间，曾随军征讨淮西、平卢叛乱。此后历任贝州刺史、陇州刺史、泾原节度使、朔方节度使、振武节度使、金吾大将军等职。晚年入朝官至左龙武统军，封北海县子。年七十一卒，获赠司空。见《新唐书》卷 148《史孝章传附史宪忠传》。

公元八四三年　唐武宗会昌三年
张佑明墓志

【志盖】 大唐故张府君墓志铭

【概况及出处】 该墓志 1989 年出土于河北省保定市涞水县东明义乡东明义村的唐墓中。汉白玉石质，正方形，边长 48 厘米，通高 15 厘米。志盖为盝顶，中部阴刻篆文"大唐故张府君墓志铭"9 字，四周篆刻"子丑寅卯辰巳午未申酉戌亥"12 字，每边 3 字，字间和四刹饰以波浪纹和回纹图案，墓志志面边缘和侧而阴刻波浪纹和回纹图案。志文 20 行，行书，每行字数不等，共计 481 字。墓志概况及拓片见于朱学武：《河北涞水唐墓清理简报》，《文物春秋》1997 年第 2 期。志文同时参见周铮：《张佑明墓志考辨》，《文物春秋》1999 年第 6 期；吴钢主编：《全唐文补遗》（第七辑），三秦出版社 2000 年版，第 414—415 页。

【志文】 唐易州都押衙朝散大夫检校太子宾客上谷郡故张府君墓志序

公讳佑明[1]，其先夏后氏之胤，夏季失国而有阴山焉。公之先祖 / 乙失活，开元中全部归阙。建中中赐姓张，封上谷郡公。伯考讳孝忠[2]，/ 自易州牧。国步多虞，藩臣背化，有诏除恒冀易定沧等五州 / 观察处置等使，所向郡县，未不克从。皇考讳庭光[3]，寻除易州 / 刺史。守政十稔，字人之德，唯天降之。可以秉钧轴，可以为陶师。/ 故太师兵权寄半。公即使君公之令子。公器宇刚毅，言辞洒正，/ 彩曜锦绮，香郁芝木。弱冠之岁，秀而且温。总戎任公署以节 / 度要籍。万里长途，起乎跬步，有隙。弓球是袭，不绝门风。寻 / 署同十将，佩跨之间，便当足武。长庆中，节将柳公审以门望，/ 度以清通，改经略副使[4]、易州都押衙[5]。出入公门，自然肃肃，守职不 / 渝，仅十五霜矣。开成初，州将李公侦公之公，特状论举。元戎 / 即公之从兄，依状改署都押衙。济弱苗而女萝凌空，释锋芒 / 而吴钩敛锷。奈何鲲欲化而鬐折，鹏正抟而翼坠。开成五年四月 / 染疾，月内终于慈善房之私第，享年五十有三。呜呼！公之在也，/ 弁绂朱紫，烂其盈门；公之去矣，蓬茨生苔，可哀哉！有子守行、守礼，号诉过制。夫人北平田氏，躬亲播种，以具涂刍。即以 / 会昌三年九月四日礼窆于先茔西北，就其礼也。乃刊石铭之：/

木中之梓，玉中之英。为林可栋，为器可京。王孙公子，琤然有名。/ 忽矣朝波，冥然夜壑。黯黯白日兮何无晶？萧萧陇树悲风生。/

【注释】

[1] 佑明，即张佑明（791—843），张庭光之子，张英杰之兄弟，正史中无载。

[2] 孝忠，即张孝忠。两《唐书》之《张孝忠传》载孝忠有弟孝节、孝义，未载张佑明之父张庭光。

[3] 庭光，即张庭光，张孝忠从弟，张佑明、张英杰之父，张亮、张政文之祖，张锋之曾祖。张庭光于正史中无记载，见于《张亮墓志》《张锋墓志》。

[4] 经略副使，为经略使之副。唐太宗贞观二年（628），于边州置经略使，掌管军事。见《新唐书》卷49下《百官志四下》。

[5] 押衙，掌管节度使衙门内事务的官员。衙，亦作牙。见《资治通鉴》卷185《唐纪一·唐高祖武德元年》《资治通鉴》卷216《唐纪三十二·唐玄宗天宝六年》。

公元八四七年　唐宣宗大中元年
张亮墓志

【出处】 该墓志拓片见于孙兰凤、胡海帆主编：《隋唐五代墓志汇编》

（北京大学卷第二册），天津古籍出版社 1992 年版，第 112 页。志文同时参见周绍良主编：《唐代墓志汇编》（大中〇〇六），上海古籍出版社 1992 年版，第 2256—2257 页；吴钢主编：《全唐文补遗》（第四辑），三秦出版社 1997年版，第 178—179 页。

【志文】 唐故河阳军节度押衙兼脩武镇遏兵马使马军都教练使金紫光禄大夫检 / 校太子宾客兼监察御史上谷张府君墓志铭并序 /

儒林郎前守棣州蒲台县令上官蒙[1]撰 /

公讳亮[2]，字□，其先上谷人也。曾祖以世乱不纪，皇祖庭光，易州刺史兼御史大夫，祖 / 妣王氏，琅琊郡夫人；皇考英杰[3]，义武军节度押衙兼侍御史，妣颍川陈氏，并道贯 / 仁风，徽猷早茂，名彰清懿，垂裕后昆，至于宠秩封荣，终葬甲子，皆已备诸前志，斯 / 不重载。公天授中和，聪明闲世，卓荦孤秀，气形风云，节操冰霜，志坚金石，端恭处 / 道，静谧居心，抱经济之材，蕴文武之略，奉上以忠孝，抚下以慈仁，加以识用知机，通方叶古，夙心 / 武节，倾慕辕门，二纪于兹，躬勤军伍，凡所更践，其政必行。公始于长庆新载入仕，累赴 / 升迁，而能躬俭祗勤，端恭纲纪，动由礼让，人必知之。及授公出领偏师，而能誓众 / 身先，建功殊效，或托以关河重镇，地接雄藩，斯得于公。奸邪不作，而又擢于爪牙之任，/ 辕门之内，可谓风生。聘礼四方，诚谓不辱君命，及委之以训练师旅，而能发号施令，决 / 策奇方，动静知机，明于胜负，抑又军府剧曹，权总司重，尤难其人。公之所精，简而能 / 理，庭无宿诉，狱绝滞冤，既弘益于藩垣，实歌咏而斯远。公之善理，足以匡辅□时 / 政，宣洽风猷。方期奋翼云霄，获伸高步，无何以景福不永，会寒暑迈疾，殆于绵缀，以大中 / 元年闰三月十六日终于孟州河阳县丰平里之私第也，享龄六十。公有三子[4]：长曰鉥，次曰 / 炼，季曰寿，冠年弱质，皆以仁孝著名，抑又鉥鍊等并就列旌轩，署衙前虞侯之职。自 / 公寝疾，躬执饮膳汤药，昆季必先尝之，面垢体羸，不饰冠带。及公奄息大谢，而发哀 / 陨血，号扣天地，一哭三绝。俄而晦朔遄流，才及终哭，皆迫礼起复之任也。公三女[5]：长曰二十八 / 娘，次曰三十娘，季曰三十一娘，并处子闺仪，哀毁居疚，哭无时也。公夫人太原王氏，盛族 / 仕流也。平生奉公以巾栉，及殁居丧以终礼，抚孤号恸，鬃发毁容，追亡顾存，昼夜是/哭也。公有长兄曰凤翔节度马军都教练使兼御史中丞，以职系远拜，临丧不及也。日月云迈，龟/筮叶吉，先远告期，以其年七月十九日护榇葬于孟州河阳县[6]丰平乡赵村里之北/原礼也。虑他年陵谷之变不以予之鄙，固命载笔，遂略述斯美，刊诸贞石，以纪其年祀焉。铭曰：/

　　贤哉大夫，挺生忠烈，器貌孤标，风姿皎洁。其一。轩冕承家，公侯阀阅，金紫风流，/问望清切。其二。才推经济，德迈前哲，芳誉外彰，清辉内发。其三。洪勋早立，荣宠斯至，/骓骝望远，步于天衢，骐骥思千里而一致。其四。谁谓天地不仁，祸阶将起，遘沉疴而莫瘳，/竟大渐而云已。其五。流景不驻，逝波无返，悲大夜之何长，怨愁光而苦短。其六。临危挥涕，/兴悲嗣子，痛昆友之犹赊，顾孀妻之鸣欷。其七。悠悠白云，茫茫秋水，魄谢泉台，/魂归蒿里。其八。龟筮叶吉，先远届期，既启玄浩，辒辌将迁，薤露哀湲，云惨千里，/风悲九原。万古千秋，长波逝川，刻铭贞石，惟纪亿年。其十。/

【注释】

[1] 上官蒙，时为儒林郎前守棣州蒲台县令，正史中无记载。

[2] 亮，即张亮，张庭光之孙，张英杰之子，正史中无记载。

[3] 英杰，即张英杰，张庭光之子，张亮、张政文之父，张锋之祖。张英杰于正史中无记载，《张锋墓志》作其名为英竭。

[4] 公有三子，即张銶、张炼、张寿，正史中皆无记载。

[5] 公三女，即张二十八娘、张三十娘、张三十一娘，正史中皆无记载。

[6] 孟州河阳县，河阳县，原属怀州。唐高宗显庆二年（657），割属河南府。唐武宗会昌三年（843），又分河南府下河阳、河清、济源、温、氾水五县置孟州，治所在河阳县，孟州为唐上州。见《旧唐书》卷38《地理志一》。

公元八四九年　唐宣宗大中三年
张锋墓志

【概况及出处】该墓志出土于河北省唐县。北京图书馆等单位藏有拓石，拓片长 71 厘米，宽 73 厘米。志文现存 959 字，墓志概况及拓片见于孟繁峰、刘超英主编：《隋唐五代墓志汇编》（河北卷），天津古籍出版社 1991 年版，第 109 页。志文同时参见周绍良主编：《唐代墓志汇编》（大中〇二六），上海古籍出版社 1992 年版，第 2270—2271 页；吴钢主编：《全唐文补遗》（第四辑），三秦出版社 1997 年版，第 183—185 页。

【志文】唐故上谷郡张府君墓志铭并序 /

妹婿摄冀州录事参军兼军事判官陈轩[1]撰 /

府君姓张，其先上谷人也。洎远祖太师致立易定，节制易定，以其树功勋之德望，建军府之 / 基业，肇自隆盛，占于一时，则太师之迹也。恃机关之节操，怀勇略之果决，心志浩大，罕敢俦匹，是以薄 / 清河之旧望，诮范阳之本宗，乃自怆因，依系于上谷，实太师之始也。府君即太师之宗也。/ 曾祖庭光，少立朝班，勋名肃著，早列崇贵，功达金阙，名振朔易，天子佳之，又以北门控 / 扼国之大要，兴元年，拜上谷太守。德重山岳，谅包四维，其来绵远，不及备载。曾祖母夫人王氏，训 / 习家风，传之世代，教其后嗣，实为贤良。祖英竭，不坠动风，绍居崇职，官亦显大，禄尤不绝。/ 祖母夫人陈氏，即司空之女弟[2]，□立慈训，不失母仪。乃□积善之门，岂绝成家之法。父政文[3]，/ 幼习军书，复宗儒学，仁□为行，内外为规，且以官列宪台，职崇军握，兢兢业业，/ 如临春冰，乃公之实录也。长庆元年，□外氏按节博陵，遇幽燕狂寇，率兵而来，劫胁我军，遂选将 / 为敌，以公攻之，是为外扞。陈太保□举之义，古人不避□计矣，汝难辞之。乃赐戎马数十骑，战衣二袭，加以貔虎之众及蛮孤。以孝奉亲，□□不变，乃署永清军使，公遂行。军人笑歌，闾巷嘻嘻，我公来矣！/ 我族安矣！几数会燕卒作版，来以为□是时公虽养□□之众，难排犬羊之件，力殚势折，熟可御之。/赴难报国，岂惮于一死，乃累战不胜，遂殁□镇。縣是公之外氏，□□为恨我生之赤也，虽割妻儿之爱，乃成/军国之勇，鸣戏！真成家报国之士，训□诚孙之义，古□难矣。府君名锋，字子刚，传袭为后，/继先祖也。府君外氏姓纪，儒学传□□强壮之际，幼履军府，累迁崇官，府君自卢尚书领戎，洎韦尚书出镇，两使相计，迭称□□□知军府奏监察，廉俭是先，守法为本，孜孜善道，有/如饥寒。奉亲绝倚门之疑，教弟多仁孝□□□崇，规矩转严，门无杂宾，家绝美膳，其为俭也。/府君夫人史氏，泾源尚书论之长女也。承公□□□□公之轨模，雍雍穆穆，实越辈流，此皆府君之诱/化也。如此方将于飞以蹈荣贵，奈何夫人构□药饵不及，云亡终于延州[4]宁国坊之私第，享年二十有七。/权厝北郊，近欲二载，坟土尚湿。府君□□年华方盛，□发□□不幸短命，以大中二年五月十三日，亦/终于前里之私第，享年四十有一。呜呼！□□哀哀，声凄日夜，□亲无依，吊客悲咽。有男二人[5]，长/曰刘十，次刘十一；女一人，名曰侯五。哀哉孤□□□叫莫及，□□过门，至可哀也。有弟二人[6]：长曰铢，/见充义武军节度衙前虞侯；次曰锡，□家治道。□□□□伤手足之缺折，恨有于之长往，/以大中三年二月十七日，合祔于唐县[7]唐城乡东张村古原之礼也。虑坟阙陵夷，子孙漂泊，乃命亲/友，克石志之。其铭曰：

如竹之贞，如松之坚，□物为蠹，亦能□焉。/府君少年，英而复贤，职越流辈，孰居其先？堂有老亲，家有幼子，尚可爱其生，/鸣可聆其死！高坟峨峨，春草依依，双亲在野，□□同归。往者可哀，存者可悲，/凡日内外，泣涕涟洏。

义武军节度□要、将仕郎、试太常寺太祝李缄[8]书。/

【注释】

[1] 陈轩，张锋妹婿，张政文女婿。时摄冀州录事参军兼军事判官，正史中无记载。

[2] 司空，即陈楚，张茂昭之甥。见《旧唐书》卷141《张孝忠传附陈楚传》《新唐书》卷148《张孝忠传附陈楚传》。

[3] 政文，即张政文，张庭光之孙，张英杰之子，张锋之父，正史中无记载。

[4] 延州，唐中州，隋为延安郡。唐高祖武德元年（618），为延州总管府。唐玄宗天宝元年（742），改为延安郡。唐肃宗乾元元年（758），又改为延州。见《旧唐书》卷38《地理志一》。

[5] 有男二人，即张刘十、张刘十一，正史中皆无记载。

[6] 有弟二人，即张铢、张锡，张政文之子，正史中皆无记载。

[7] 唐县，位于定州西北五十里。隋文帝开皇十六年（596）时归属定州。见《太平寰宇记》卷62《河北道十一·定州》。

[8] 李缄，字德高，唐代书法家，两《唐书》中无传。

公元八六二年　唐懿宗咸通三年
史宪忠碑

【出处】 该碑今或不存，所存碑文见于（宋）陈思纂辑：《宝刻丛编》，新文丰出版公司编辑部编：《石刻史料新编》（第一辑第二十四册），新文丰出版公司1977年版，第18234页。

【碑文】 赠司空史宪忠碑

裴坦撰，李从诲[1]正书，叶泳[2]篆额，咸通三年立，京兆金石录。

【注释】

[1] 李从诲，正史中无记载。唐代杜牧所作《李朋除刑部员外郎李从诲除都官员外郎等制》收录其事迹，称："天平军节度副使朝议郎检校尚书祠部员外郎兼侍御史赐绯鱼袋李从诲，宗室子弟，美秀而文，尝经磨涅，不改坚白……可守尚书都官员外郎，散官如故。"见（清）董诰等编，孙映逵等点校：《全唐文》卷748《杜牧·李朋除刑部员外郎李从诲除都官员外郎等制》，中华书局1983年版，第7749页。

[2] 叶泳，正史中无记载。

公元八八三年　唐僖宗中和三年
张达墓志

【概况及出处】 该墓志于 1949 年后在河北省保定市定兴县高里易上村出土。现藏定兴县文物保管所。长 47 厘米、宽 47 厘米、厚 8 厘米。正文 19 行，行 14—26 字不等，共计 378 字。正书。周边为水波纹。盖佚。志文及拓片见中国文物研究所、河北省文物研究所编：《新中国出土墓志》河北（壹）上册，文物出版社 2004 年版，第 142 页。

【志文】 唐故前振武金河县丞上谷郡张府君墓志铭并序 /

府君讳达[1]，字通远，轩辕之胤嗣，上谷之名家。祖孝忠[2]，/ 皇任义武军节度使、开府仪同三司、检校司空、同平章事、上 / 谷郡王，赠太师。考茂和[3]，皇任宁远将军、守左威卫大 / 将军。大名之族，累世勋庸，金紫轩裳，无以俦比。以中和二年 / 夏六月十五日，遘疾奄终于易州[4]易县易上之私第，享龄七十有 / 三。即以中和三年十月一日，殡于易上之西原新茔，礼也。府君之令 / 问，元于士林。其入仕也，表乎清廉；其在家也，崇乎孝友。/ 百氏在掌，六经满怀。礼义为立身之阶，勤恪为从政之本。嗣子七人[5]，三人秀而不实，早亡归于泉路。次子，/ 居郇、安汶、安嗣、安随等，号天叩地，泣血增哀，欲 / 报之恩，昊天罔极。呜呼！苴麻备设，返吊鹤之亲临；茔域式 / 修，期猛兽之同卫。夫人彭城刘氏，天资令淑，德备坤维，卓 / 立母仪，克光女史。抚孤昼哭，血泪哀悲，何期上仓不吊，祸降 / 斯门，荣乐之中，忽闭长夜。以平生知已，见托斯文，/ 愧无黄绢之词，岂尽至人之美。铭曰：/

仕州县兮曳珪组，倏沦已兮变今古。/ 孤子哀哀泣无怙，陇月亭亭色偏苦。/ 共惜奇材瘗泉户，惟有清词永堪睹。/

【注释】

[1] 达，即张达（810—882），张孝忠之孙，张茂和之子，于正史中无记载。

[2] 孝忠，即张孝忠，张茂和之父，张达之祖父。据《旧唐书》卷 141《张孝

忠传》《新唐书》卷 148《张孝忠传》可知，张孝忠曾为张茂和聘朱滔之女为妻。

[3] 茂和，即张茂和。据《旧唐书》卷 141《张孝忠传附张茂和传》《新唐书》卷 148《张孝忠传附张茂和传》可知，张茂和历任左武卫将军、淮西都押衙、诸卫将军，与《张达墓志》所载宁远将军、守左威卫大将军有异。

[4] 易州，唐中州，隋为上谷郡。唐高祖武德四年（621），讨平窦建德，改为易州，领易、涞水、永乐、遂城、乃五县。唐玄宗天宝元年（742），复为上谷郡。唐肃宗乾元元年（758），又改为易州。

[5] 嗣子七人，即张居郿、张安汶、张安嗣、张安随，皆不见于正史记载。其余三人早亡，姓名不详。

公元九二三年　辽太祖天赞二年
大王记结亲事碑

【概况及出处】 该碑 1974 年秋出土于内蒙古自治区赤峰市宁城县存金沟乡喇嘛沟门村，现藏内蒙古自治区赤峰市宁城县辽中京博物馆。碑身上圆下方，高 100 厘米，宽 35 厘米，厚 11 厘米，碑下部有高 7 厘米的梯形石榫，应有碑座。刻于辽太祖天赞二年（923）。碑额题"大王记结亲事"六个楷体汉字，碑文由左向右竖行汉文书写，碑身正面刻 10 行，右侧面刻 3 行，背面刻 13 行，左侧面刻 1 行，共 27 行，每行字数不等，现存共计 897 字。碑刻概况及拓片见于李义：《内蒙古宁城县发现辽代〈大王记结亲事〉碑》，《考古》2003 年第 4 期。碑文同时参见李义：《辽代奚"大王记结亲事"碑》，《中国古都研究（第十八辑下册）——中国古都学会 2001 年年会暨赤峰辽王朝故都历史文化研讨会论文集》，2001 年，第 63—71 页；向南、张国庆、李宇峰辑注：《辽代石刻文续编》，辽宁人民出版社 2010 年版，第 1—2 页。

【碑文】 大王记结亲事

天赞二年五月十五日，记稤免下媍女及求妇据。下却羊、马、牛等具随头下分析如后：/ 大王[1]言：我年老。我从十六上别父，我弟稤吒年小，并不得父母悉（媳）妇，我成长后，遂与弟下 / 羊、马、牛等，求稤免并儿郎悉（媳）妇。并是我与六畜求到。其弟把父母大帐，有好弱物，并在弟处，我处无。/记娉安祖哥女与契丹素舍利[2]，所得诸物并在弟穊吒处，合与他者，并还他讫。/又记与娄呵阿拨作亲。先娉与女掘劣，所得羊、牛、马头匹，并是弟穊吒受却据。女掘劣死后，/弟穊吒合更与他续亲女。又为自无续亲女与他。我虽是弟兄，我另坐其。娄呵阿不欲绝亲情，/遂言：与大王羊三百口，牛、马卅头匹，求女苏乎酌。大王言：所与我羊、马，便准取（娶）前掘劣女奥渠吕，/元如此言定。昨赤眼年举去来，娄呵阿言：不曾与大王羊、马、牛，遂却。右赤眼年举与来人眼/年窨舍利，同去问苏古阿拨。其苏古阿拨言：实与他大王羊三百，牛、马卅头匹，寻大王实言/折取（娶）前女奥渠吕，今回何讳称不知？如此政（证）对定，遂拈鼻子，与瞎年窨舍利把为据。/又记娉穊免女挠回折与袍都夷离已，得羊六百口、牛、马六十头匹，寻与他金腰带及较具银，衣服绫采并/随女去，诸物并一一还足，并不欠少一件。/又记娉啮遐者女与如乎礼太糯羊，得羊五百，牛、马五十头匹。合与伊硬软物，衣服绫采并还足，一无欠少。/□□□□□□□□□□□下却羊三百口，牛、马卅头匹，合得金腰带一条，较具二，衣服绫䌽廿件，并不缺。/□□□□□□求穊免下却羊三百，牛、马卅头匹，合得金腰带一条，较具二，衣服绫采廿件，并不缺。/又记与儿□□□□□妇与奥辇卖羊七百口，牛、马七十头匹。元商量却，还以川锦五匹，又锦五匹，银/炼银五定（锭），脚银一定（锭），较具二副，重绫一十四，吴绫一十四，袄子卅领，并冬夏衣，并不得来，不依元商量。/事□□□□□□□□□于辖剌辖处求到，用却大王麋子买到牛卅。/又记与同□□舍官人求妇于阿束忽处，下却羊五百口，牛、马五十头匹。/第二□于□□□哥处，用却大王麋子买到牛廿头，求朝拨。/又记□□□□□□□于袍古舍利处，下却羊三百口，牛、马卅头匹。欠金腰带一、较具二、衣服一十件。/又记□□子□之初，于□□舍利处，下却羊三百口，牛马卅头匹。/又记与□□□□□□作亲，得羊三百口，牛二头。应合与硬物三件，衣服绢帛廿件。并与他足。/又记与□□□□□□□□得羊、牛。应合与他硬软物，并还他。后与伊别肠女。/又记大王阿□没□官人下羊、马、牛等，与实失郎王下撒蟒官人求葛扬徒处苏母名掘／劣免。其指疑官人偷的。皇帝言着藏（赃）物。与自家充下羊马酬答。遂破车帐。子孙莫忘。／据此事，我也眼不见，身（心）不泛（烦）来。只是我母曾向我道，我肚里不忘却，遂记石上。

【注释】

[1] 大王，应指奚王勃鲁恩。天赞二年（923），勃鲁恩被任命为奚王。见《辽史》卷2《太祖纪下》。

[2] 舍利，契丹语，"郎君"之义，契丹官名。契丹豪民要裹头巾者，纳牛十头、马百匹乃给官名曰舍利。后遂为诸帐官，以郎君系之。见《辽史》卷116《国语解》。

公元一〇七〇年　辽道宗咸雍六年
萧福延墓志

【志盖】 故上大夫墓志铭之记

【概况及出处】 该墓志1992年8月出土于河北省平泉县柳溪乡马架子村八旦沟自然村。发现时已断裂成数块，志盖长79厘米，宽76.5厘米，周边厚7厘米，中间厚15厘米。志盖顶部篆书9字，为"故上大夫墓志铭之记"。墓志长、宽与志盖相同。志文楷书书写，31行，首行81字，余30行字数不等，满行35字，现存777字。墓志概况及志文参见张守义：《平泉县马架子发现的辽代墓志》，《文物春秋》2006年第3期；向南、张国庆、李宇峰辑注：《辽代石刻文续编》，辽宁人民出版社2010年版，第131—132页。

【志文】 保节宣徽使、镇东军节度、越州管内观察处置等使、崇禄大夫、检校太师、同中书门下平章事、行越州大都督府长史、兼御史大夫、上柱国、兰陵郡开国公、食邑四千三百户、实封四百三十户萧公墓志铭并序。／

征事郎、守右拾遗、直史馆、上骑都尉、京兆县开国子、食邑五百户杜公谓撰。／

　　咸雍六年夏五月七日丙申，宣徽使、同中书门下平章事萧公[1]，薨于长春州之近郊，享年五/十有五。/天子闻讣，临轩震悼，辍视朝两日，赙赠含襚率用如等。仍□使□□都虞侯、邢州□□□察/使、检校太傅马世英[2]持节以职祭葬。越其年十月三日庚□，备卤簿鼓吹旌旗□□□□之/神柩。翌日辛酉葬于马盂山，从先尚书茔于西原，礼也。□□□□字其昌，其先汉相□□之/后。自梁帝开国而下，其后门阀显赫，代有其人，国史□□，□□□载，此不复叙。大王父讳。/王父讳，故尚书左仆射。烈考讳，故工部尚书。妣耶律氏，□襄城郡/主。公即尚书之第二子也。公□生民之秀，坦圹世之度。幼而歧嶷，长而敦敏。出王□之贵□，/有公台之全器。仁孝温厚，得于□然。重熙四年，起家授左千牛卫将军[3]，加检校工部尚书。/十五年，特授镇国军节度使、永兴官使，岁中改授彰义军节度使。十九年，加检校太傅□□/乾州。二十二年，复授延庆官使、□□□卫□将军。/今上嗣位，改授崇德官使。清宁□□□□涿州军州事□，改宣徽使、左金吾卫上将军。咸雍/元年，以霅诸部地方千余里，□□十万，风俗豪滑，尤为难治，朝廷议择勋戚以专统□。/册公为奚王[4]，逮至治所，军靖□□□境之闻欢声一振。号令严肃，威惠两行。民阜业而安□，/□苛吏望风而凛然。知禁□□□□以善□闻。次年驿诏赴/阙，拜同中书门下平章事，□□□□□□□保节□宁功臣，燮调大□以正法居□□，□□/洪猷以雅议达于上。六年，/銮舆北狩，诏公从于/行在。凡游猎宴会未曾□□。俄以忧□□□□□□□使太医日至其第，有加无瘳，至于/奄忽。呜呼哀哉！公娶漆水耶律氏[5]，出华茂之族，挺雍和之□。慈惠谦敬，为世所重。有子五人[6]：/长曰郑留，次曰玉留，次曰柒里钵，次曰胡都钻，次曰乙信，皆□□雄伟，有祖先之遗风。昆弟/三人：□曰福善[7]。西南路招讨使、兼中书令、岐王；仲即公也；季曰福德[8]，宿直官。秋七月公之兄/岐王，爱□懵学，俾书遗烈，不敢固让，谨为铭曰：/

　　汉相而下，忠孝其彰。梁帝之后，世家益昌。/本大叶茂，源深流长。洎公之出，厥德其光。/庆传戚阃，粹禀坤乡。贵升相合，雄制侯邦。/彼天不吊，丧国之良。旌旗色惨，铙鼓音伤。/荒草铺雪，寒松迭霜。公之去

兮何在，/水悠悠兮山苍苍。/

【注释】

[1] 萧公，即萧福延，辽道宗时期官员，曾任奚王一职。其人未见《辽史》和《契丹国志》记载，其事迹可见《欧阳修全集》卷5《内制集》《续资治通鉴长编》卷177、《宋史》卷13《英宗纪》《全辽文》卷8《萧福延造经题记》等文献。

[2] 马世英，《辽史》中无记载。

[3] 左千牛卫将军，从第三品。唐代官职，辽朝沿袭。见《旧唐书》卷44《职官志三》。

[4] 奚王，奚王府的最高首领，也被作奚帅、酋长、长、帅、奚六部长、奚六部大王。见《旧唐书》卷3《太宗纪下》《旧唐书》卷17下《文宗纪下》《旧唐书》卷199下《奚传》《新唐书》卷219《奚传》以及《辽史》中奚王专传。

[5] 耶律氏，指契丹皇族。唐朝末年，奚族诸部落逐渐被契丹征服。契丹统治者为取得奚族贵族阶层的支持，与之通婚。奚有五王族，世与辽人为婚，见《金史》卷67《奚王回离保传》。

[6] 萧福延诸子中仅乙信见于《辽史》卷28《天祚皇帝二》《辽史》卷100《耶律章奴传》《金史》卷133《耶律余睹传》，其余皆不见于正史记载。

[7] 福善，《耶律庆嗣墓志》有载。据考证，萧福善即奚王萧韩家奴。见张守义：《平泉县马架子发现的辽代墓志》，《文物春秋》2006年第3期；陈晓伟：《奚王萧福延墓志三题》，《宋史研究论丛》（第11辑），河北大学出版社2010年版。

[8] 福德，《辽史》中无记载。

公元一〇八九年　辽道宗大安五年
萧孝忠墓志

【概况及出处】 该墓志1954年出土于辽宁省锦西县西北孤山村。志石方形，边长66厘米，刻契丹文18行，行字数不等。志盖背面刻汉文18行，行字数不等，共计228字。墓志概况及志文参见向南：《辽代石刻文编》，河北教育出版社1995年版，第416—417页。拓片见刘谦：《辽宁锦西西孤山出土的辽墓墓志》，《考古通讯》1956年第2期。志文同时参见陈述辑校：《全辽文》，中华书局1982年版，第232—233页；阎凤梧编著：阎凤梧主编：《全辽金文》（上），山西古籍出版社2002年版，第858页；爱新觉罗·乌拉熙春：《爱新觉罗恒煦先生と契丹大字'萧孝忠墓志'》，《爱新觉罗·乌拉熙春女真契丹学研究》，松香堂书店2009年版，第277—284页。

【志文】南赡部州、大辽国锦州界内胡僧山西廿里北撒里比部/落、奚王府[1]东太师所管、刺史位烈虎衙内孙铁林/军厢主、男乾宁军火师、静江军节度使萧孝忠[2]，/前娭先掩泉台，所生一男名郑哥。次妻琴弦续断，/所生一男名阿乃。第三夫人南大王帐分女，所生儿女四，/长名冬女，次名天王女，幼名观音女，一男名药师奴。/第四娭东刺史位女，漆水郡夫人，并无儿女。第五/汉儿小娘子苏哥，所生一女，名石婆。夫人等莫不/容多艳冶，性禀淑贤。奈福善之无征，而有斯/疾。纵良医之不验，今也则亡。岂不欲垂后裔庆/延子孙，谋刊录于贞珉矣。/

大安五年岁次己巳十二月一日丁酉朔二十五日辛酉日辛时葬讫。/

【注释】

[1] 奚王府，位于辽中京大定府（今内蒙古自治区赤峰市宁城县大明城）附近，管辖奚族主体部落。最高首领为奚王。奚族诸部相继归降契丹后，契丹待之"拟于国族"，并世代与之联姻。辽太祖耶律阿保机遵循"各安旧风，狃习劳事"的原则，在奚境设立奚王府。奚王府与南大王府、北大王府和乙室王府并为辽朝的四大王府。见《辽史》卷32《营卫志中》《辽史》卷45《百官志一》《金史》卷67《奚王回离保传》。

[2] 萧孝忠之名，《辽史》卷81有传，称其尚越国公主，历任殿前都点检、北府宰相、东京留守、北院枢密使，重熙十二年（1043）卒，被追封楚国王。《辽史·萧孝忠传》的记载与《萧孝忠墓志》不符，可知二者名字相同，并非一人。该墓志主人萧孝忠未见正史记载。

公元一〇九二年　辽道宗大安八年
萧京墓志

【出处】该墓志现藏于内蒙古自治区赤峰市博物馆。志石长83厘米、宽79厘米、厚12厘米，现存785字。志文参见任爱君、任笑羽：《辽代奚王萧京墓志铭文释读》，《辽宁师范大学学报》2020年第5期。

【志文】左龙虎卫上将军前六节度奚王燕京统军使金紫崇禄大夫检校太保食邑五千二百户食实封七百五十户开国公萧京墓志铭并引

　　登仕郎守秘书省秘书郎知大定府劝农县事武骑尉王正臣撰

　　大王姓萧氏，讳京[1]，白霫[2]人也。本实失王七代之孙，五帐之贵者。高、曾二/祖任重常衮，勋业优隆，子孙蕃茂。父□韵，位至林牙，盛德冠时，阴功贻/后。而生大王，天赋聪敏，幼嗜文学，逮夫成冠，得以立身，束带阙廷，司/主牌玺，夙兴夜寐，心小忧深。暨乎壮室，委以专城，领武州郡政，威雄朔/镇，名振宋邻。所决是非，躬览册制，法家不能舞其文，案吏不能诬其理。/上达贞干，骤历官联同知东京户部事。心计调度，力勤出纳，帑藏羡余，/缗粟红朽，复承委寄荣，遂甄升任同知上京留守事。益励精勤，常加诫/谕，固深诸夏之根，鼓舞四方之则，遂致北阙无忧西娄。更任金吾详/稳，两授案察，代天讯刑，雪冤拔滞，终而敷奏，罔不允俞。任燕京步军都/指挥使，分司列局，难在兵戎，延宾待士，不忘俎豆，礼乐暨精，丝纶旋降。/命出使南宋，及还騑牡，特劳金罍，宏着声名，难拘阶陛，匪侯九迁之宠，/超加一字之封，正拜奚王。法确令下，风恬俗熙，千里地广，五年绩成。/自夫从政，历事两朝，迨踰四纪，修己立无过之地，措时建太平之阶。无/何改授燕京统军使，威德未弘，膏肓遘疾，时年六十有九。大安八年六/月七日，薨于燕京统军司公廨。八月一日，枢进至乡。九月二十九日，劝/农县西，不啻一舍，前夫人之先茔，祔而葬之。夫人二：前夫人，宗族之贵，/□□之纯，先勒铭焉，此不存矣；后夫人乙里娩，贞善有闻，包容积行，至/□□縶之祀，肇绣之工，无以加焉。男子二人：

长曰谋也里，习贤之教踵 /□□□文明代遭□，□居馆阁，严君告奏，留侍庭闱；次曰郭家奴，体昃瑰 /□，□□深厚，上所称嘉，职□扞卫。女子三人：孟曰那演，孝禀天诚，行 /□□□颂，助丧尽物，近贵千缙，恪礼事神，靡遑四体；仲曰庆姐；季曰刘家 /□□□，以不幸亡矣，无所采实。孙男四人，孙女三人，调遵庭训，柔习闺仪。/□□□内外之戚，悲哀之恸，资荐之虔，备述懿迹，托纪贞珉。正臣忝于制锦 /□□□，同布政之才强以为铭，微人柱擎天之作。铭曰：/

□□□闵，直矣瑜瑕。贵而无□，富而不奢。填壑施惠，轻琚报□。□□□杀，朋来百嘉。□内制外，忧公如家。尧契筋力，刘韩爪牙。□□□□，□波逝遐。高穹台暝，龊厦柱邪。生兮五百，兴国荣华。□□□□，□□□□。其葬秋者，是时嘉耶。不筮宅者，先茔告耶。□□□□，□□□□。悲吟苦吊，山猿木鸦。福流子孙，支派益加。

【注释】

[1] 京，即萧京（1024—1092），白霫人。曾任奚王、燕京统军使等职。正史中未见记载。（南宋）李焘《续资治通鉴长编》卷 419 宋哲宗元祐三年（1088）十二月丁卯条称其曾作为辽朝使臣前往宋朝贺正旦，与志文相符。

[2] 白霫，中国古代北方民族，《通典》卷 199 铁勒诸部之后有《白霫传》，《旧唐书》卷 199 下《铁勒传》中有白霫一支，《新唐书》卷 217 上《回鹘传上》铁勒诸部中白霫一支，《新唐书》卷 217 下《回鹘传下》铁勒诸部之后有《白霫传》。

公元一一八五年　金世宗大定二十五年
萧资茂墓志

【概况及出处】该墓志 1998 年在北京市平谷区黄松峪乡軚子坟村出土，现存于平谷区黑豆峪村碑林。志石长 80 厘米，宽 79 厘米。志文楷书 20 行，满行 19 字，现存 259 字。墓志概况及志文参见北京市文物局编：《北京辽金史迹图志》下册，北京燕山出版社 2004 年版，第 205 页；周峰：《金代萧公建家族两方墓志铭考释》，北京辽金城垣博物馆编：《北京辽金文物研究》，北京燕山出版社 2005 年版，第 233—238 页。

【志文】大金故达撒山行军谋克、孛谨萧公墓志铭并序

归德将军、尚书礼部员外郎兼翰林修撰、同知制诰、国史院编修官耶律履[1]撰并书

公讳资茂[2]，姓萧氏，奚五帐[3]族人也。皇曾祖勔，辽西京留守。皇祖讳公建，仕圣朝，以京兆□□□□□管致仕，系官金紫光禄大夫。皇考讳谦，以□□军节度使致仕，系官荣禄大夫。妣刘氏，封□□□夫人。兄弟三人，公最长，体貌魁伟，特……氏谢世，弟妹皆幼，公抚……朝廷以金紫府君有功，授谋克[4]……公平廉慎，人赖其德。正隆时海陵……以公领行军谋克。五年，盗据东……致讨，公与弟资义、资艾[5]偕行。既……舟坏，与资义同溺而卒。无子，资……权厝于容城之三台乡，以大定廿五……日葬于渔阳醴泉乡先茔。铭曰：

聪明友爱，惟公之□。人怀其惠，惟公之□。龟玉之毁，抑天之命。盘山蓊郁，神之所□。

【注释】

[1] 耶律履（1131—1191），契丹人，字履道，辽东丹王耶律突欲的第七世孙，元代重臣及著名文人耶律楚材之父。博学多艺善于作文，曾为金朝尚书礼部侍郎，兼翰林直学士、参知政事，掌管刊修《辽史》。见《金史》卷 95《移剌履传》。

[2] 资茂，即萧资茂，金代奚族五帐族人。祖父萧公建，祖母耶律氏，父亲萧谦，在《耶律氏墓志》中有载，可相参证。正史中无记载。

[3] 奚五帐，即奚族的主体部落。北朝后期，奚族有五个部落，为辱纥主、莫贺弗、契个、木昆、室得。唐代，奚族五部为阿会部、处和部、奥失部、度稽部和元俟折部。五代时期，奚族五个部落为阿荟部、啜米部、奥质部、奴皆部、黑讫支部。辽初，奚族五部为伯德部、楚里部、奥里部、遥里部和梅只部。经过辽朝的改编，奚族的部落数量有所变化，但奚五部始终是奚族的主体部落。金朝，奚有五姓，为遥里氏、伯德氏、奥里氏、梅知氏、揣氏，应由辽代奚族五个部落转化而来。见《周书》卷 49《库莫奚传》《旧唐书》卷 199 下《奚传》《五代会要》卷 28《奚》《辽史》卷 33《营卫志下》《金史》卷 67《奚王回离保传》。

[4] 谋克，金朝军政合一的基层政权单位。诸谋克，从五品，掌抚辑军户、训练武艺。惟不管常平仓，余同县令。金初，部众之民，壮者皆兵。其部长曰孛堇，行兵则称曰猛安、谋克，从其多寡以为号，猛安者，千夫长也，谋克者，百夫长也。谋克之副曰蒲里衍，士卒之副从曰阿里喜。见《金史》卷 44《兵志》《金史》57《百官志三》。

[5] 资义、资艾即萧资义、萧资艾，正史中无记载。

二、奚族相关碑刻

公元五一七年　北魏孝明帝熙平二年
元苌墓志

【概况及出处】该墓志 2003 年春出土于河南省济源市，现藏于河南省博物院。志石高、宽均 79 厘米。志文 26 行，满行 26 字，正书，有浅线纵横界格。志盖缺。墓志概况及拓片参见刘莲香、蔡运章：《北魏元苌墓志考略》，《中国历史文物》2006 年第 2 期；宫万松、宫万瑜：《济源出土的北魏宗室元苌墓志铭考释》，《中原文物》2011 年第 5 期。

【志文】魏故侍中镇北大将军定州刺史松滋成公元君墓志铭 /

使持节、散骑常侍、都督雍州关西诸军事、安西将军、雍州刺史、松滋 / 公，姓元，讳苌[1]，字于巅，河南洛阳宣平乡永智里人也。/

太祖平文皇帝六世孙，高凉王之玄孙，使持节、散骑常侍、征南将军、/ 肆州刺史、襄阳公之孙，使持节羽真辅国将军、幽州刺史、松滋公之 / 世子也。皇兴二年，召补大姓内三郎，自袭爵松滋公，历镇远将军。太 / 和十二年，代都平城改俟勤曹，创立司州，拜建威将军、畿内高柳太 / 守，俄迁辅国将军、北京代尹。十六年，蠕蠕犯塞，以本官假节征虏将 / 军、北征西道别将。十七年，皇宇徙构。迁洛之始，留公后事，镇卫代都，/ 授持节、平北将军，摄总燕方，仍持节本将军怀朔镇都大将。廿一年，/ 高祖孝文皇帝南讨江杨，从驾前驱，董帅前军，北讨高车、东征奚寇 / 二道都将。[2]景明元年，营构太极都将、持节镇远将军、抚真镇都大将、/ 持节辅国将军、

都督南征梁城寿春之钟离、太中大夫兼太常卿、散／骑常侍、使持节抚慰北
菌三州七镇新附蠕蠕。衔命北巡大使、使持／节、都督恒州诸军事、征虏将
军、恒州刺史、北中郎将，带河内太守。永／平中，河南尹、河南邑中正、
侍中、度支尚书，铨量鲜卑姓族四大中正，／使持节、散骑常侍、都督关西
诸军事、安西将军、雍州刺史。公历奉五／帝，内任腹心，外蕃维扞。如何
遘疾，台华凤掩。延昌四年，岁在乙未，秋／七月壬寅朔，十有一日壬子，
薨于位，春秋五十有八。册赠使持节、侍／中、镇北大将军、定州刺史。朝
议安民立政，谥曰成公。熙平二年，岁次／丁酉，二月壬辰朔，廿九日庚
申，窆于河内轵县岭山之白杨邬。志曰：／

　　天监魏录，神固帝族。载挺雄英，或照金玉。逸性霞褰，烈气霜烛。
孝睦／绝伦，忠贞冠俗。自家形国，秉律维城。三翊皇旬，再尹神京。外
绢端揆，／内燮枢局。功匡地义，智济天经。政委良牧，治在振民。作镇开
辅，垂化／旧秦。清明照日，威猛凝神。德音唯永，晖光载新。善绩方融，
甘泉且竭。／亭夏摧梁，先秋落月。存名既易，追宠已发。金石可志，声明
不歇。／

【注释】

　　[1] 元苌（458—515），北魏宗室官员，平文皇帝拓跋郁律六世孙，松滋侯拓
跋平之子。见《魏书》卷14《神元平文诸帝子孙列传》。

　　[2]"太和二十一年，高祖孝文皇帝南讨江扬，从驾前驱，董帅前军，北讨高
车，东征奚寇二道都将。"元苌东征库莫奚一事于正史中无载。《魏书·库莫奚传》
载，库莫奚"二十二年，入寇安州，营、燕、幽三州兵数千人击走之"，可相互
印证。

公元七二三至七二五年　唐玄宗开元十一至十三年
阙利啜碑

　　【概况及出处】该碑于1912年被波兰学者阔特维奇（W.Kotwicz）在今
蒙古国乌兰巴托南方不远处的依赫霍硕特（Ikhe-Khoshootu）地方发现，共

29 行。碑文刻在石碑的三边（北面似没有刻写文字），残破颇甚。根据碑文的内容来看，阙利啜为第二突厥汗国达头部的高官，是暾欲谷的同时代人。碑文似建于 8 世纪初（723—725 年之间）。内容为记叙阙利啜一生的武功。碑刻概况及碑文参见耿世民：《古代突厥文碑铭研究》，中央民族大学出版社2005 年版，第 177—182 页。

【碑文】

西面

1. 由于（他的英勇和品德），赐给他阿波·（达干）（和?）齐干·暾欲谷（čïqan tonyquq）的称号。

2. 当……之时（并）擢升（其职位）。（于是）他成为始波罗·齐干·阙利啜（ïšbara čïqan küli čor）……暾欲谷……

3. 衰老于默啜（?）可汗国中，并享受（直译：看见）了幸福。德高望重的阙利啜（küli čor）享年 80 去世……

4. 他（生前的）专用马是匹灰马，他的衣着……品德是完整的。他为突厥人民……

5. 当 sayïr čolugan（与我们）为敌时，（阙利）啜击杀了……并俘获其子、其妻……

6. 他征服了阿热（az）人民……阙利啜，突厥人民……

7. ……可汗对其……由于其英明、勇敢和品德高尚，他得到……

8. 始波罗·毗伽·阙利啜……

9. 他曾是……当作战时他率领军队。当围猎时，他像兀鹰（?）一样……

10. 他……斩杀了。他在姑藏（käčin）与一万军战，（当时）阙利啜冲杀并把其军队（打垮）……

11. ……派去了……在别失八里（bäš balïq）的四次战役中，阙利啜冲乱了（敌人）……

12. 他由于……与唐朝多次作战英勇顽强，而声名大振……

东面

13.……（始波罗·毗伽·阙利啜）率其子、眷属住下并取得土地。

14.……始波罗·毗伽阙利啜统治了达头人民……

15.他骑自己的战马冲刺斩杀了3人。在征讨突骑施人时，阙利啜骑自己的枣骝马（冲杀）……

16.……从那里往西渡过珍珠河一直打到铁门（关）和大食（täzik）人那里。他在对九姓乌古斯人进行的7次战斗中

17.尽了力（?）。在对契丹、奚（tatabï）[1]人进行的5次战斗中，（阙利）啜是其督察官、勇士和参谋官。[2]

18.……当阙利啜7岁时，他曾射杀了一只小野山羊。当他9岁时，曾射杀了一只长有獠牙的野猪。当葛逻禄（qarluq）人（与我们）为敌时，他（与之）战于täz地方。

19.……之后毗伽·阙利啜又（出征）葛逻禄，他骑……马冲杀，击溃了（敌军）……

20.他又追击……他斩杀了葛逻禄人直到其内属。他对葛逻禄属人……但人们却把战争推入其家乡。葛逻禄人出发了（或译为"上马了"）。之后

21.葛逻禄人断其栗色马的后腿，葛逻禄人（内属了），在俟里发（ältäbär）本人（也）来了，薛俟斤（sir irkin）之子乙干啜（yigän čor）（也）来了。

22.……他为了击杀葛逻禄而战，他破其军，占领其国家，俘获其子、其妻。这样，始波罗·毗伽·阙利啜……

23.他说："我将对军队有用!"。其命运如此。他只身冲入敌军而不幸（直译："寿命短"）阵亡。

24.……可汗之弟（颉·）啜·特勤，及四特勤来参加了始波罗·毗伽·阙利啜的葬礼。（并让人为他）画了像，立了（碑）。

25.由于……他获得……他拥有许多马匹。

南面

26.……特勤来了，（达头阙利）啜之子乙干啜（也）来了……

27.……由于他……有这样多的人民集起（为他）吊唁。我Bäntir书写

了（碑文）。

28. 我……学识不深，我尽我之所知书写此（碑文）。

横写的一行：我书写了（阙）利啜碑文。

【注释】

[1] tatabï，对"tatabï"的释义，汤姆森（Alttuerkische Inschriften aus der Mongolei，汉译为《蒙古古代突厥碑文》）、拉德洛夫（Die Alttuerkische Inschriften der Mongolei，汉译为《蒙古古代突厥碑文》）、耿世民（《古代突厥文碑铭研究》）将"tatabï"比定为"奚"。白鸟库吉（《东胡民族考》）、岑仲勉（《跋突厥文阙特勤碑》及《突厥史集》）、芮传明（《古突厥碑铭研究》）将"tatabï"译为地豆于。我们认为"tatabï"译为"奚"更准确：其一，从汉文文献来看，唐代已无地豆于的相关记载，如果"tatabï"是地豆于，鉴于唐代对周边民族的重视，应该不会没有任何记载；其二，突厥对 tatabï 的征服活动与汉文文献中突厥对奚的征服大体相吻合；其三，从突厥碑文的行文来看，"tatabï"与"qïtañ"总是并列出现，"qïtañ"毫无疑问是"契丹"之义。这符合奚与契丹地域相近，如影随形的历史事实，汉文文献的记载也是如此。

[2] 在对奚等民族的 5 次战斗中，阙利啜是其督察官、勇士和参谋官。阙利啜其人在正史中无记载。《周书》卷 49《库莫奚传》载，奚曾"役属于突厥"；《通典》卷 200《边防十六·库莫奚》载，"突厥兴而臣属之"；两《唐书》中也载有突厥对奚族的多次战争。见《旧唐书》卷 194 上《突厥传上》《新唐书》卷 215 下《突厥传下》《旧唐书》卷 199 下《奚传》《新唐书》卷 219《奚传》等文献。

公元七三〇年　唐玄宗开元十八年
臧怀亮神道碑

【出处】 碑文参见（清）董诰等编：《全唐文》卷 265《李邕·臧怀亮神道碑》，中华书局 1983 年版，第 2691—2694 页；（清）董诰等编，孙映逵等点校：《全唐文》265《李邕·臧怀亮神道碑》，山西教育出版社 2002 年版，第 1601—1602 页。

【志文】 左羽林大将军臧公神道碑

夫兵者天之威，将者人之命，非武功不足以遏虐，非智勋不足以视师。故四朝简才，三边受略，百姓拉之如朽，五变转之若丸，横大漠而左回，出高阙而右去，狄虏怀柔以纳质，匈奴辟易以破膽。数骑深侦，解鞍却敌，入阵周逊，摇扇坐谋。矧乃大谁羽林，离卫宸极，蓄志坚石，誓心渥丹，捧日廓于九霄，戴天旋于四孟。千年圣主，幸而逢之，一代勋臣，鲜哉稀矣。公讳怀亮[1]，字时明，东莞莒人也。其先派于后稷，演于周公，洎鲁孝公子臧，因而为氏。昔僖伯谏隐观鱼，哀伯谏桓纳鼎，鲁多君子，视履考祥，是以知其有后矣。降自璋汉城阳王太傅，晖蜀郡太守，混晋东海内史。曾祖满府君，隋银青光禄大夫海州总管东海公。祖宠府君，皇朝请大夫灵州长史袭东海公。考德府君，皇朝散大夫原州司马，赠银州刺史上柱国。莫不纳忠词，光训彝。则大乃嗣，种德在人，子孙并于昌时，龟组叠于荣问。

公浚发卓荦，雄举倜傥。风雨之气，凛凛出徒；金玉之声，锵锵激物。间家以广孝，形国以尽忠，朋执义之，昆弟友之，虽文忠老成，而壮武特立。自左卫勋应穿叶附枝举登科，授左玉钤翊府长上，始足下也。寻以天骄送死，胜府缠兵，占募出奇，冲突包敌，迁鸿州长道府左果毅，仍长上。恩奖充平狄军都虞候总管，转左卫陕州华望府左果毅长上。属杂虏侵□别将掎角，横戈掉战，匹马飞行，拜游击将军本府折冲都尉，仍长上。公自任边事，每读兵书，山川之形，不劳聚米；战阵之势，有以成图。骤施交贤，博闻求已，习明以至用，弘略以壮猷。故兵部尚书同中书门下三品平章事韩国公张府君，年位不侔，志业相许，引之入幕，辟以论兵，抗礼肃庭，握手密坐。尝谓人曰："此子才经文武，气盖华夷，逸翮将抟，巨鳞必纵。虽赵有李牧，汉有卫青，练彼朔方，剿于獯虏，无以居其右也。"由是声闻于天，威震于朔，凡欲追讨，皆籍率先。洎单于绍亲，闲道略地，绝沙漠，□冰河。公乃连马拽柴，多旗具火，诈示绕击，为出分军。虏以表里惊疑，沮衄奔散。转怀州南阳府折冲都尉，仍长上。朝议以元功未塞，后命载加，迁宁远将军左领军卫怀州景福府折冲，仍长上，充大武军游奕副使；除定远将军大卫雍州通乐府折冲，仍长上，充大武军国庆，加明威将军本卫左郎，仍充东受降城副使。公以虏骑应来，备预宜速，出敌不意，惟我有谋，乃毒以井泉，焚以草莽，中休罔以秣马，夕炊罔以汲人。虏叹曰："可北而不可以南，可望而不可以至，公之谋也！"累加宣威将军，使仍旧，载迁忠武将军左郎将兼安北副都护。匈奴以地阔援孤，士寡粮绝，蚁附城下，雨射城中。公乃偃旌麾，匿金鼓，悬门不发，衿甲不陈。匈奴且夕却军，迟明出塞。以功迁单于都护，借紫金鱼袋。公以北鄙御寇，中道扼喉，生门以携之，死地以诱之。占其西也，将惊其前；察其东也，将袭其后。匈奴进退岐路，回旋二年。议者以为约之不以长绳，固之不以陷井。非公用智全胜，按甲养兵，安能预于此？恩制加银青光禄大夫单于副大都护兼朔方军副大总管上蔡县开国男。公理兵戒严，抚下勤至，感恩挟纩，摄威蹈火。匈奴不南牧，职公之故也。拜灵州都督兼丰安军经略大使兼朔方军大总管上蔡县开国子。匈奴利于马牛，指于灵夏，尝以三城分守，上将专征，议虽画于河南，身竟潜于漠北。转鄯州都督兼河源军经略使营田大使上蔡县开国伯。公曰："且耕且战，足食足兵，古制也。"于是辟屯积谷，高垒止戈，转输剿劳，校卒加劝，公之经也。恩加云麾将军左武威卫将军兼洮州都督莫门军经略营田大使陇西节度副大使上蔡县开国侯。吐蕃恃众无名，畜祸有素，远掠迩牧，横掉我军。公乃下以单师，张以厚阵，惑之以聚散，分之以从横，左右夹攻，首尾尽殪。日公当西守，虏蕃南侵，获其迹人，审其阴计，咸以投艰在将，解控惟在。（疑）复以本官兼胜州都督，东受降城大使营田大使兼朔方军大总管上蔡县开国公。会六州九胡，洊凶阶乱，仓卒起于怀袖，杂沓混于宾主，虏接塞联，马肥弓劲，其骇人也。公分于二蕃，制于散地，持必攻之郡，计必死之凶，上奇兵以四征，保危堞以内备，虽诸军合势，而殊效特高。恩拜右武卫大将军，赐物三百段，余如故。自顷牧胡残孽，留匿傍山，或求食夺攘，或逃死啸聚，猖狂三窟，澶漫数州，关陇震惊，道路危阻。复拜公朔川军副大使节度河东道诸军州兵马，图是寇也。公以毂骑双绝，诚难必擒，夷险五岳，非便不克，乃傍山释马，依林去弓，接之以铦戈，扼之以武旅。袭其所短，运其所长，凶逆鞠穷，旬月底定。以功最拜羽林卫大将军，复以本官兼安东大都护府都督摄御史中丞平卢军节度使支度营田海运大使。往者奚霫^[2]诸蕃之诡信也，西属匈奴，南寇幽、蓟，乘闲每钞，无虞亟和。公以兵数实多，藉用尤费，轻举则外患不解，大举则内攻更深，是以传阴符，移闲谍，飞言以误其使，重赏以卖其邻。既伐硕交，且断右臂，所谓以武辟武，以夷攻夷，虽贾谊计然，晁错策得，无以尚也。朝廷多之，拜冠军大将军，复本任东莞郡开国公。及神武告天有成，登岳展礼，白羽日野，朱旗霞山，临之以天仪，列之以地阵。公以骏奔，走驱熊罴，智劳促来，风疾孔亟。诏使累降，御医洊臻。旧疴有瘳，后命遄拜，复起前任。无何，以本官致仕。圣上以公节不可夺，故信臣禁兵；略不可谋，故临遣武事。入为心膂，出作爪牙。非夫至公如貔如武，焉可远符夜拜，雅杖边秋，万里为城，四镇为岳，澄北海之涛水，扫西沙之风昏者哉！及乎暮律田园，庄座枕席，壮心不已，余兴未并。宿昔霸陵，意将军之夜猎；屏营细柳，冀天子之幸临。去燕悲鸣，疲骖踽顾；宾御太息，览对永怀。

呜呼！日也者飘入于泉，山也者藏归于泽。人谓之游，神谓之迁，其可若何？以开元十七年八月二十二日，薨于京师平康里之私第，春秋六十有八。主上感悼，边人掩泣，羊祜罢市，秋恭剺面，见于此矣。明年秋七月日，葬于白鹿原，礼也。长子敬廉，定远将军前检校左监门卫中郎将上柱国。次子希庄，中大夫前安北都护上柱国。三子敬之，前左金吾卫中侯赐绯鱼袋上柱国。四子奉忠，前左司御率府长史赐绯鱼袋上柱国。五子敬泌，前殿中省进马上柱国。并淳孝济义，昭武懿文，检崇让以后身，率周仁以集事。光备慈训，追远先茔，虽史简可传，而碑板尚阙。顾予以旧执，询予以小才，博殷而札翰未宣，体大而褒扬不际，将竭虚薄，曾深其词云尔：

惟至圣兮内外无忧，任英武兮出入孔休。总戎幕兮四纪，□羽林兮六周。树元勋兮特立，隐敌国兮鲜俦。救河曲兮走朔方，解辽海兮振渔阳。一生一死兮鞍甲，卧沙□雪兮疆场。横匹马兮飞将，起万里兮边防。忠则极兮志亦苦，年且高兮疾不愈。事枕席兮忘家，瞻日月兮恋主。情遟迟兮怛化，魂恍惚兮破虏。志何深兮命何促？时不与兮才不赎。碑一代兮人英，征九原兮鬼箓。嘉忠孝兮题纪，贻永载兮陵谷。

【注释】

[1] 臧怀亮（662—729），唐前期将领。正史中无记载。其事迹除《臧怀亮神道碑》外，主要收录在 1985 年出土于咸阳的两方《臧怀亮墓志》之中。见李慧《唐左羽林军大将军臧怀亮墓志考释》，《文博》1996 年第 1 期。

[2] 霫，中国古代北方民族。见《旧唐书》卷 199 下《霫传》，《通典》卷 200《边防十六·霫》。

公元七三二年　唐玄宗开元二十年
阙特勤碑

【概况及出处】该碑于 1889 年在今蒙古国鄂尔浑河支流 Kokshin-Orhon 河谷的和硕柴达木地方发现。碑为大理石刻成，上刻古代突厥文和汉文。碑文为纪念东突厥后汗国重要人物阙特勤（685—731）而立（732）。阙特勤为颉跌利施可汗（即骨咄禄）次子，716 年曾推翻默啜可汗之子匐俱的统治，让其兄默棘连做可汗（毗伽可汗）。碑高 335 厘米，东西宽 132 厘米，南北宽 46 厘米；古突厥文共 66 行，由药利特勤（yolligh tigin）书写，刻在大、小两块石碑上。大碑（东面）写 40 行，小碑南北两面各写 13 行，应为碑文的开头和结尾部分；其余部分刻在碑的边上。背面（西面）汉文部分为唐玄宗于开元二十年（732）亲笔书写。石碑东面上方刻有一山羊线图，顶部为一给婴儿喂奶的母狼图。石碑原立在一石龟背上，现石龟已毁。碑刻概况及碑文参见耿世民：《古代突厥文碑铭研究》，中央民族大学出版社 2005 年版，第 115—137 页。

【碑文】

南面

1. 我，像天一样的，从天所生的突厥毗伽可汗，这时坐上了汗位。你们全都聆听我的话，首先是我的诸弟和诸子，其次是我的族人和人民，右边的诸失毕（Šadapït）官，左边的诸达官梅禄官、三十姓（鞑靼）、

2. 九姓乌古斯诸官和人民，你们好好听着，牢牢记住我的话。前面

（东面）到日出，右面（南面）到日中，后面（西面）到日落，左面（北面）到夜中，那里的人民全都臣属于我。

3.我把这么多的人民全都组织了，他们现在都安居无事。突厥可汗住在于都斤山，国内无忧患。前面（东面）我曾征战到山东（shantung）平原，几乎达到海（滨）；右面（南面）我曾征战到 toquz ärsän（九姓焉耆?），几乎达到吐蕃；后面（西面）渡过珍珠河，

4.我曾征战到铁门（关）；左面（北面）我曾征战到拔野古（Yir Bayirqu）地方。我曾出兵到这样多的地方。没有比于都斤山林再好的地方。统治国家的地方是于都斤山林。住在这里，我同唐人

5.建立了关系。他们慷慨地给了（我们）这么多金、银、粮食、丝绸。唐人的话语甜蜜，宝物华丽（原文：柔软）。他们用甜蜜的话语、华丽的宝物诱惑，使得远处的人民靠近（他们）。当住近了以后，他们就心怀恶意。

6.他们不让真正英明的人、真正勇敢的人有所作为。一人有错，连其族人、人民、后辈都不饶恕。由于受到他们甜蜜的话语、华丽的宝物的诱惑，突厥人民。你们死了许多人。突厥人民，当你们一部分不仅要右面（南面）住在总材（Chughay）山（阴山），并要住在

7.平原时，于是恶人就这样教唆部分突厥人民道："凡住远处的给坏的礼物，凡住近处的给好的礼物。"他们就这样教唆了。无知的人听信了那些话，走近了（他们），于是你们死了许多人。

8.如去那个地方，突厥人民你们就将死亡；如你们住在于都斤山地方，（从这里）派去商队，那就没有忧虑。如住在于都斤山，你们将永保国家。突厥人民，（但）你们自满了，你们不考虑会有饥有饿，你们一旦饱食，就不考虑饥饿。由于你们这样，

9.你们不听曾养育（你们的）可汗的话，到处走散。（结果）你们全都毁灭在那里。你们中剩下的到处（流徙），处境困难（直译：瘦死）。由于上天的保佑，由于我本人有福，我做了可汗。我做了可汗后，

10.把穷困的人民集合起来，使贫穷的人民变富，使较少的人民变多。难道在我的话中有什么虚假吗？突厥诸官和人民，你们敬听这个吧！我在这

里刻写下了（如何）集合起突厥人民、建立国家的（事迹），我在这里（又）刻写下了你们（如何）做错了事，几乎将灭亡（的情况）。

11. 我把所有的话都刻写在（这）永久的石碑上。愿你们看到这些（话后）都知道。突厥现在的人民（和）诸官，你们服从汗位的诸官，难道（还）要犯错误?! 我（让建造永久的石碑），我从唐朝皇帝那里请来了画工，让他们装饰了（陵墓）。他们没有拒绝我的请求（直译：话）。

12. 他们派来了唐朝皇帝的宫内画匠。我令他们建造了宏伟的建筑物，我让他们在（建筑物）内外都绘上动人的画。我令他们打造了石碑，让他们刻写下了我心中（要说）的话。愿十箭的子孙和外族臣民（Tat）看到这个都知道。

13. 我让人建造了永久的石碑。由于这里是邻近的地方，（于是）我就让人在这来往行人多的地方建造了永久的石碑。我（并）让人（在上面）写下了（我的话）。愿你们看到它都知道那个石碑我（让人打造了）那石碑。书写此碑文的是其侄子药利特勤（Yolligh Tegin）。

东面

1. 当上面蓝天、下面褐色大地造成时，在二者之间（也）创造了人类之子。在人类之子上面，坐有我祖先布民可汗和室点密可汗。他们即位后，创建了突厥人民的国家和法制。

2. (这时候) 四方皆是敌人。他们率军征战，取得了所有四方的人民，全都征服了（他们）。使有头的顿首臣服，有膝的屈膝投降。并使他们住在东方直到兴安岭，西方直到铁门（关）的地方。

3. 他们统治着二者之间的没有君长的兰突厥。他们是英明的可汗、勇敢的可汗。他们的梅录（大臣）也是英明的，勇敢的；他们的诸官和人民也是忠义的（直译：正直的）。因此，他们这样统治了国家。他们统治了国家并创建了法制。他们（之后）

4. 去世了。（作为）吊唁者从前面，从日出之方，有莫离（bÖkli）荒原人、唐人、吐蕃人、阿瓦尔（apar）人、拂林（purum）人、黠戛斯人、三姓骨利干人、三十姓鞑靼人、契丹人、奚（tatabï）人——这样多的人民前

来吊唁[1]。他们是那样名声显赫的可汗。之后，

5. 其弟做了可汗，其子也做了可汗。之后，弟不像兄，子不像父，昏庸的可汗登了位，坏的可汗登了位，其梅录也是昏庸的、坏的。

6. 由于其诸官和人民的不忠，由于唐人的奸诈和欺骗，由于他们的引诱，由于他们使兄弟相仇，由于他们使官民不和，突厥人民丧失了成为国家的国家，

7. 失去了成为可汗的可汗；高贵的男儿成为唐人的奴隶，清白的姑娘成了女婢。突厥诸官舍弃了突厥称号，亲唐朝的诸官采用唐朝称号，臣属于唐朝皇帝，

8. （并为他们）出力五十年：前面，在日出之方，一直打到莫离可汗那里，在西方，一直打到铁门（关），把其国家和法制交给了唐朝皇帝。突厥所有普通的

9. 人民这样说道："我曾是有国家的人民，现在我的国家在哪里？我在为谁获取国家？"——他们说。"我曾是有可汗的人民，（现在）我的可汗在哪里？我为哪家可汗出力？"——他们说。这样说着，他们就成为唐朝皇帝的敌人。

10. 成为敌人后，（但）他们未能自立，重又内属了。（唐朝皇帝）并不考虑（突厥人民）曾出了这样多的力，他们说："我要灭掉突厥人民，并使其断绝后代。"他们（突厥）在灭亡。（但）上面突厥的上天，（下面）突厥的神圣水土（神）

11. 这样说："不要让突厥人民灭亡！让他们成为人民！"（于是）把我父颉跌利施可汗、我母颉利毗伽可敦持护在上天之顶，高高举起了。我父可汗同十七人

12. 出走。在听到（他们）外走的消息后，城中的人上了山，山上的则走下来，聚集起来是七十人。由于上天赋予力量，我父可汗的军队像狼一样，（而）其敌人像绵羊一样。东西征战，（结果）集结起来的

13. 共是七百人。当有了七百人之后，（我父可汗）就按照我祖先的法制，组织和教导了曾丧失国家、丧失可汗的人民，曾沦为女婢、成为奴隶的

人民，曾失掉突厥法制的人民，在那里组织了突利斯及达头（两部）人民，

14. 并在那里（赐）给了叶护及设（的称号）。在右边（南方）唐人是敌人，在左边（北方）巴兹（baz）可汗及九姓乌古斯是敌人，黠戛斯、骨利干、三十姓鞑靼、契丹、奚，都是敌人[2]。我父可汗（作战）这样多（次）……

15. 他出征了四十七次，参加了二十次战斗。由于上天保佑，使有国家的失去国家，使有可汗的失去可汗，征服了敌人，使有膝的屈膝，使有头的顿首（投降）。我父

16. 可汗这样建立了国家、法制以后就去世了（直译：飞去了）。为纪念我父可汗，首先把巴兹（baz）可汗立作杀人石（balbal）。依法制，我叔（在上）即位为可汗。我叔父继位为可汗后，重新组织和养育了突厥人民，使穷的变富，使少的变多。

17. 当我叔父即位为可汗时，我自己任达头人民上面的设。我同我叔可汗一起，前面（东面）一直征战到黄河（yašïl Ögüz）和山东（Šantung）平原，后面（西面）一直征战到铁门（关），并越过曲漫山，一直征战到黠戛斯人的地方。

18. 一共出征了二十五次，参加了十三次战斗，使有国家的失去国家，使有可汗的失去可汗，使有膝的屈膝，使有头的顿首投降。突骑施可汗是我们突厥族，我们的（人民）。

19. 由于他们无知，由于他们对我们做错了事，其可汗死了，其梅录、其官员也死了。十箭百姓受到了痛苦。为了不要让我们祖先统治的地方（直译：土地、水）没有主人，于是，（我们）组织了阿热（az）人民……

20. 他原为虎官（bars bäg），我们在这里给予了可汗称号，并把我妹公主嫁给了他。他们自己做错了事，其可汗死了，其人民成了奴婢。为了不要让曲漫地方没有主人，我们来整顿阿热和黠戛斯人民。（我们打了仗，）

21. 又（把国家）交给了（他们）。东面，越过兴安岭，我们让人民这样住下了，这样组织了。西面，一直到康居贪漫（kängü tarman），让突厥人民这样住下了，这样组织了。那时奴隶成了拥有奴隶的人，女婢成了拥有女

婢的人，弟弟不认识其哥哥，儿子不认识其父亲（按：此处喻国家之大）。

22. 这样努力了，我们建立的国家和法制就是这样。突厥诸官和突厥人民，你们听着！当上面上天不塌，下面大地不裂，突厥人民，谁能毁灭你的国家和法制？突厥人民，

23. 你们悔过吧！由于你们的无法，你们自己对养育你们的英明可汗和自由、良好的国家犯了罪，招致了恶果。（否则）带武器的（人）从哪里来赶走（你们）？带矛的（人）从哪里来驱走（你们）？神圣的于都斤山林的人民，你们走了，你们往东去的

24. 走了，你们往西去的走了；在你们去的地方（所得到）的好处就是：你们血流如水，你们的骨堆如山，你们高贵的男儿成了奴隶，你们清白的女儿成了女婢。由于（你们）无知，由于你们无义，我叔可汗死去了。

25. 我先把黯戛斯可汗立作（墓前）杀人石。为了不要让突厥人民无名无声，使我父成为可汗、使我母成为可敦的上天，赐（给我们）国家的上天，为了不让突厥人民无名无声，那上天让我

26. 自己做了可汗。我统治的完全不是昌盛繁荣的人民，我统治的是内无食、外无衣、贫困可怜的人民。我同我弟阙特勤商谈了，为了不让我父、我叔获得的人民无名无声，

27. 为了突厥人民，我夜不成眠，昼不安坐。我同我弟阙特勤和两个设一起，努力工作，筋疲力尽；我努力不使联合起来的人民成为水火。当我继位为可汗时，

28. 流散各处的人民，筋疲力尽地、无马无衣地归来了。为了养育人民，北面反对乌古斯人民，东面反对契丹、奚人民，南面反对唐人，我出征了十二次……我作了战[3]。

29. 之后，感谢上天，由于我的福份，由于我的幸运，我振兴了濒死的人民，使赤裸的人民有衣穿，使贫穷的人民富裕起来，使人民由少变多，我使（他们）比有强大国家和（强大汗国的［人民］过得更好。我把四方的）

30. 人民全部征服了，使其不再为敌。他们全都臣服于我，并（为我）出力。我弟阙特勤在如此努力于（建立）法制之后去世了。当我父可汗去世

时，我弟阙特勤七岁。（当他）……岁时，

31．托像乌迈（umay）女神一样的我母可敦的福，我弟受成丁之名。当他十六岁时，我叔可汗这样获得了国家和法制。我们出征六州（altï čub）粟特人（soghdaq），破之。唐朝的王都督（ong tutuq）领五万兵到来，我们交了战。

32．阙特勤徒步冲击，俘获了手执武器的王都督内弟，连同武器（把他）献给了可汗。（我们）在那里消灭了那支军队。当他二十一岁时，我们与沙吒（čača）将军交战。最初，他（指阙特勤）骑tadïqïn啜（čor）的灰马进击，该马在那里

33．死了。第二次骑始波罗（ïšbara）yamtar的灰马进击，该马在那里死了。第三次骑yägin silig官的带有马衣的栗色马进击，该马在那里死了。他的甲胄和披风上中了一百多箭，（但）未让一箭中其面部和头部……

34．突厥诸官，你们都知道他的进击。我们在那里把那支军队消灭了。这之后，北方（?）拔野古的大俟斤（ulugh irkin）（与我们）为敌。我们击溃了他，并在türgi yarghun湖畔破之。大俟斤同少数人逃走。当阙特勤二十六岁时，

35．我们出征黠戛斯。从和矛一样深的雪中开道，越过曲漫山，我们袭击黠戛斯人于睡梦中。我们与其可汗战于sunga山。阙特勤骑拔野古的白儿马

36．冲击。他用箭射死一人，（并）追杀两人。当他进击时，折断了拔野古白儿马的大腿。我们杀死了黠戛斯的可汗，取得了他的国家。那年为征讨突骑施，我们越过阿尔泰山，

37．渡过额尔齐斯河，袭击突骑施人于睡梦之中。突骑施可汗的军队如火似飙地从勃勒齐而来，我们交了战。阙特勤骑bašghu灰马进击。bašghu灰马……

38．让捉住了……他自己俘获了其中的两个，然后又攻入（敌阵），亲手俘获了突骑施可汗的梅录、阿热都督。在那里我们杀死了他们的可汗，取得了他们的国家。普通的突骑施人民全都归顺了。我们让那些人民住在

tabar（?）。

39. 为了整顿粟特人民，我们渡过珍珠河，一直出征到铁门（关）。（之后）。普通突骑施人民成了（我们的）敌人。（我们）到达了 kängäräs 那里。当时我们的军马瘦弱，没有粮秣，坏人……

40. 袭击我们的是勇敢的人。当时我们后悔只派了少数人随同阙特勤。他打了（一次）大仗。他骑英雄 Šalčï 的白马进击，在那里杀死和臣服了普通突骑施人民，又出征……

北面

1. ……与……（并）与哥舒（Qushu）都督交战，杀死其全部勇士，获取其全部毡房和财产。当阙特勤二十七岁时，葛逻禄（Qarluq）人民独立自主并成为我们的敌人。我们战于 Tamagh 圣泉。

2. 阙特勤在那次战役时三十岁。他骑英雄 Šalčï 的白马冲击。他连续刺杀二人。我们杀死、征服了葛逻禄。阿热（az）人民变成敌人了，我们战于哈拉湖（QarakÖl）。（当时）阙特勤三十一岁，他骑英雄 Šalčï 的白马

3. 冲击。他俘获了阿热人的颉利发（ältäbär），阿热人民在那里被消灭。当我叔可汗的国家动乱时，当人民和统治者分为两部分时，我们与思结（Izgil）人民交战。阙特勤骑英雄 Salchi 的白马

4. 冲击。该马在那里死了。思结人民被消灭了。九姓乌古斯人民本是我自己的人民。由于天地混乱，乃（与我们）为敌。一年中我们交战五次。首先我们交战于都护（Toghu）城。

5. 阙特勤骑白（马）azman 冲击，刺杀六人。在（两）军接战时，用剑斩杀了七人。第二次在 quŠlaghaq 与阿跌（ädiz）人交战，阙特勤骑阿热的褐色（马）冲击，刺杀一人，

6. 围击九人。阿跌人民在那里被消灭了。第三次，我们在勃勒齐（bolchu）与乌古斯交战，阙特勤骑白（马）azman 冲击刺杀。我们刺杀其军并获取其国家。第四次，我们在 čuŠ 泉交战，突厥

7. 人民动摇了（?）（直译：使脚步乱了），情况不妙。阙特勤将超越过来的（敌）军冲散了，并在通阿特勤（tonga tigin）举行葬礼的地方，包围

杀死了同罗（tongra）族一勇士和十个人。第五次，我们在 äzganti qadaz 与乌古斯交战。阙特勤

8. 骑阿热的褐色马冲击，刺杀两人，并把他们扔入泥沼中。该军在那里被消灭了。我们在 amghi 堡（qurghan）过冬。春天时我们出兵征乌古斯。我们留（?）阙特勤守家。乌古斯敌人袭击汗庭，阙特勤

9. 骑白（马）Ögsiz，刺杀九人。并守住了汗庭。（否则）我母可敦及诸小母、诸姊妹、诸媳、诸公主，活着的将沦为女婢，死去的将遗尸于住地和路上！

10. 要是没有阙特勤的话，你们都将死掉！我弟阙特勤去世了，我自己很悲痛。我的眼睛好像看不见了，我能洞悉（一切事物）的智慧好像迟钝了。我自己十分悲痛。寿命是上天决定的，人类之子全都是为死而生。

11. 我十分悲痛。眼睛流泪，我强忍住；心里难过，我强抑住。我万分悲痛。我想，两设及我的诸弟、诸子、诸官、我的人民将哭坏他们的眼睛（直译：眼眉）。作为吊唁者，

12. udar 将军代表契丹、奚人民到来了[4]。从唐朝皇帝那里来了拾遗吕向，并带来了许多（直译：一万）珍宝和金银。从吐蕃可汗来了伦（bÖlÖn）。从西面，日落之方的粟特、波斯人（Barcakar）、安国（Buqaraq）人民那里来了 nak 将军及 Oghul 达干。

13. 从十箭我子突骑施可汗那里来了掌印官 Maqarač 及掌印官 oguz bilgä，从黠戛斯可汗那里来了达头伊难珠啜（tarduš inančučor）。（从唐朝）来了建造祠庙的工匠、镂刻图纹碑文的石匠。唐朝皇帝的表兄弟（?）张将军来到（指导建造祠庙、绘画及刻凿石碑事宜）。

东北面

阙特勤于羊年十七日去世，九月二十七日举行葬礼。祠庙、绘画、碑石于猴年七月二十五日全部竣工。阙特勤享年四十七岁。碑石……这些工匠都是由 toyghun 颉利发差来的。

东南面

我药利特勤（yollugh yigin），阙特勤的侄子写此碑文。我药利特勤用了

二十天写全部文字于石碑及墙上。您待（人民）胜于待您的子孙、后辈。您逝世了。您将在天上……像生时一样。

西南面

……照看阙特勤的金银珠宝和四千匹马的后辈（toyghun?）……我主特勤（将升）天上……药利特勤书写此碑。

西面

西方粟特人反叛。由于我弟阙特勤……由于他辛勤尽力，我突厥毗伽可汗让自己的侍卫（ayuq?）守护我弟阙特勤（的陵墓）。我赐给他伊难珠阿波守卫达干（inančuapayarghan tarqan）的称号。我让人尊敬他。

石龟上的字

1. 人民……2）官员和人民……3）阙特勤……4）我忍住悲痛。5. 我的眼睛……

【注释】

[1] 阙特勤去世后，奚等民众前来吊唁，时在唐玄宗于开元十九年（731），汉文文献中未见同时期突厥与奚族战争的记载，双方关系应该以和平为主。阙特勤的事迹未见载于正史。

[2] 奚等民族都是敌人，自 6 世纪中叶，突厥强大，即开始对周边民族的征服战争，奚族即是其中之一。见《周书》卷 50《突厥传》《隋书》卷 84《突厥传》《隋书》卷 84《奚传》《通典》卷 197《边防十三·突厥上》《通典》卷 200《边防十六·库莫奚》《旧唐书》卷 194 上《突厥传上》《新唐书》卷 215 下《突厥传下》《旧唐书》卷 199 下《奚传》《新唐书》卷 219《奚传》等文献。

[3] 东面反对奚等人民，出征了十二次，阙特勤作为突厥军政的核心人物，多次参加对奚族的战争，相关史实，见《旧唐书》卷 194 上《突厥传上》《新唐书》卷 215 下《突厥传下》《旧唐书》卷 199 下《奚传》《新唐书》卷 219《奚传》等文献。

[4] udar 将军代表契丹、奚人民到来了，指阙特勤去世后，唐代表契丹、奚前去吊唁，唐、突厥、奚三者关系复杂，奚常在唐与突厥之间视强者相依附。见两《唐书》之《突厥传》《奚传》及唐代其他相关文献。

公元七三五年　唐玄宗开元二十三年
毗伽可汗碑

【概况及出处】《毗伽可汗碑》与《阙特勤碑》同地同时被发现。碑为大理石刻成，高 375 厘米。碑文用古突厥文和汉文写成，破坏程度比阙特勤碑更甚；东面 41 行，南北各 15 行，西面为汉文；东南、西南和西面也写有古突厥文，似由其子登利可汗建于公元 735 年（唐开元二十三年）。古突厥文出自药利特勤之手。南面 10—15 行似为登利可汗的话。西南面为药利特勤的话。毗伽可汗生于 684 年，死于 734 年，享年 51 岁。毗伽可汗为第二突厥汗国建立者颉跌利施可汗之子，名默棘连。在默啜可汗时期任设和左贤王。于开元四年（716），在其弟阙特勤的支持下，推翻默啜之子的汗位，即位为可汗。岳父为东突厥汗国的三代大臣暾欲谷。734 年为其臣下所毒死。碑刻概况及碑文参见耿世民：《古代突厥文碑铭研究》，中央民族大学出版社 2005 年版，第 148—173 页。

【碑文】

东面

1. 像天一样的、天作的突厥毗伽可汗[1]，我的话。我父突厥毗伽可汗……六（？）薛（Sir）、九姓乌古斯、二姓阿跌诸重要官员和人民……（由于）突厥上天……

2. 在……之上我登位为可汗。当我即位时，悲痛欲绝的突厥诸官和人民欢庆喜悦，他们呆滞的眼睛变得有神了。我本人即位后，我为四方的（人民建立了）许多重要的法制。当上面蓝天、下面褐色大地造成时，在二者之间（也）创造了人类之子。

3. 在人类之子上面，坐有我祖先布民可汗和室点密可汗。他们即位后，创建了突厥人民的国家和法制。（这时候）四方皆是敌人。他们率军征战，取得了所有四方的人民，全都征服了（他们）。使有头的顿首臣服，有膝的屈膝投降。并使他们住在东方直到兴安岭，

4. 西方直到铁门（关）的地方。他们统治着二者之间的没有君长的兰突厥。他们是英明的可汗、勇敢的可汗。他们的梅录也是英明的，勇敢的；他们的诸官和人民也是忠义的（直译：正直的）。因此，他们这样统治了国家。他们统治了国家并创建了法制。他们（之后）去世了。

5.（作为）吊唁者从前面，从日出之方，有莫离（bÖkli）荒原人、唐人、吐蕃人、阿瓦尔（apar）人、拂林（purum）人、黠戛斯人、三姓骨利干人、三十姓鞑靼人、契丹人、奚（tatabï）人——这样多的人民前来吊唁。他们是那样名声显赫的可汗。之后，其弟做了可汗，其子也做了可汗。之后，弟不像兄，

6. 子不像父，昏庸的可汗登了位，坏的可汗登了位，其梅录也是昏庸的、坏的。由于其诸官和人民的不忠，由于唐人的奸诈和欺骗，由于他们的引诱，由于他们使兄弟相仇，由于他们使官民

7. 不和，突厥人民丧失了成为国家的国家，失去了成为可汗的可汗；高贵的男儿成为唐人的奴隶，清白的姑娘成了婢女。突厥诸官舍弃了突厥称号，亲唐朝的诸官采用唐朝称号，臣属于唐朝皇帝，

8.（并为他们）出力五十年：前面，在日出之方，一直打到莫离可汗那里，在西方，一直打到铁门（关），把其国家和法制交给了唐朝皇帝。突厥所有普通的人民这样说道："我曾是有国家的人民，现在我的国家在哪里？我在为谁获取国家？"——他们说。

9. "我曾是有可汗的人民，（现在）我的可汗在哪里？我为哪家可汗出力？"——他们说。这样说着，他们就成为唐朝皇帝的敌人。成为敌人后，（但）他们未能自立，重又内属了。（唐朝皇帝）并不考虑（突厥人民）曾出了这样多的力，他们说："我要灭掉突厥人民，并使其断绝后代。"

10.（但）上面突厥的上天，（下面）突厥的神圣水土（神）这样说："不要让突厥人民灭亡！让他们成为人民！"（于是）把我父颉跌利施可汗、我母颉利毗伽可敦持护在上天之顶，高高举起了。我父可汗同十七人出走。在听到（他们）外走的消息后，城中的人上了山，山上的

11. 则走下来，聚集起来是七十人。由于上天赋予力量，我父可汗的军

队像狼一样，（而）其敌人像绵羊一样。东西征战，（结果）集结起来的共是七百人。当有了七百人之后，（我父可汗）就按照我祖先的法制，组织和教导了曾丧失国家、丧失可汗的人民，曾沦为婢女、成为奴隶的人民，曾失掉突厥法制的人民，

12. 在那里组织了突利斯及达头（两部）人民，并在那里（赐）给了叶护及设（的称号）。在右边（南方）唐人是敌人，在左边（北方）巴兹（baz）可汗及九姓乌古斯是敌人，黠戛斯、骨利干、三十姓鞑靼、契丹、奚，都是敌人。我父可汗（出征）这样多……

13. 他出征了四十七次，参加了二十次战斗。由于上天保佑，使有国家的失去国家，使有可汗的失去可汗，征服了敌人，使有膝的屈膝，使有头的顿首（投降）。我父可汗这样建立了国家、法制以后就去世了（直译：飞去了）。为纪念我父可汗，首先把巴兹（baz）可汗立作杀人石（balbal）。

14. 我父可汗去世时我是八岁。依法制我叔（在上）即位为可汗。我叔父继位为可汗后，重新组织和养育了突厥人民，使穷的变富，使少的变多。当我叔父即位为可汗时，我自己作为特勤……由于上天赐福，

15. 我十四岁时任达头人民上面的设。我同我叔可汗一起，前面（东面）一直征战到黄河（yäšïl Ögüz）和山东（Šantung）平原，后面（西面）一直征战到铁门（关），并越过曲漫山，一直征战到黠戛斯人的地方。一共出征了二十五次，参加了十三次战斗，使有国家的失去国家，使有可汗的失去可汗，

16. 使有膝的屈膝，使有头的顿首投降。突骑施可汗是我们突厥族，我们的人民。由于他们无知，由于他们对我们做错了事，其可汗死了，其梅录、其官员也死了。十箭百姓受到了痛苦。为了不要让我们祖先统治的地方（直译：土地、水）没有主人，于是，组织了阿热（az）人民……

17. 他原为虎官（bars bäg），我们在这里给予了可汗称号，并把我妹公主嫁给了他。他们自己做错了事，其可汗死了，其人民成了奴婢。为了不要让曲漫地方没有主人，我们来整顿阿热和黠戛斯人民。我们打了仗，又（把国家）交给了（他们）。东面，越过兴安岭，我们让人民这样住下了，这样

组织了。西面，

18. 一直到康居贪漫（kängü tarman），让突厥人民这样住下了，这样组织了。那时奴隶成了拥有奴隶的人，婢女成了拥有婢女的人，弟弟不认识其哥哥，儿子不认识其父亲（按：此处喻国家之大）。我们建立的国家和法制就是这样。突厥乌古斯诸官和突厥人民，你们听着！当上面上天不塌，下面大地不裂，

19. 突厥人民，谁能毁灭你的国家和法制？突厥人民，你们悔过吧！由于你们的无法，你们自己对养育你们的英明可汗和自由、良好的国家犯了罪，招致了恶果。（否则）带武器的（人）从哪里来赶走（你们）？带矛的（人）从哪里来驱走（你们）？神圣的于都斤山林的人民，你们走了，你们往东去的走了，你们往西去的走了；

20. 在你们去的地方（所得到）的好处就是：你们血流如水，你们的骨堆如山，你们高贵的男儿成了奴隶，你们清白的女儿成了女婢。由于（你们）无知，由于你们之坏，我叔可汗死去了。我先把黠戛斯可汗立作（墓前）杀人石。为了不要让突厥人民无名无声，使我父成为可汗、

21. 使我母成为可敦的上天，赐（给我们）国家的上天，为了不让突厥人民无名无声，那上天让我自己做了可汗。我统治的完全不是昌盛繁荣的人民，我统治的是内无食、外无衣、贫困可怜的人民。我同二设及我弟阙特勤商谈了，

22. 为了不让我父、我叔获得的人民无名无声，为了突厥人民，我夜不成眠，昼不安坐。我同我弟阙特勤和两个设一起，努力工作，筋疲力尽；我这样努力不让联合起来的人民成为水火。当我继位为可汗时，流散各处的人民，筋疲力尽地、无马无衣地归来了。

23. 为了养育人民，我率领大军出征了十二次，北面反对乌古斯人民，东面反对契丹、奚人民，南面反对唐朝……我作了战。之后，感谢上天，由于我的福份，由于我的幸运，我振兴了濒死的人民，使赤裸的人民有衣穿，使贫穷的人民富裕起来，

24. 我使人民由少变多，我使（他们）比有强大国家和强大可汗的（人

民）过得更好。我把四方的人民全部征服了，使其不再为敌。他们全都臣服于我。当我十七岁时，我出征党项（Tangut），我击败了党项人，在那里获取了其男儿、妇女、马匹、财物。当我十八岁时，我出征六州粟特，

25. 我在那里打败了（粟特）人。唐朝的王都督（领）五万军队到来，我们战于圣泉（Iduq Bash），我在那里消灭了那些军队。当我二十岁时，拔悉密亦都护（Bashmil iduqut）是我的族人，我因他们不派贡使来，出征（他们）……我臣服了（他们）。我把许多（战利品）……运回家中。当我二十二岁时，

26. 我出兵唐朝。我同沙吒（Chacha）将军八万人交战，将其军队消灭在那里。当我二十六岁时，Chik 人民同黠戛斯人一起与我们为敌。我渡过剑河（Käm）出征 Chik。我战于 Örpän，败其军队。我获取了阿热（Az）人民……并使其臣属。当我二十七岁时，我出兵征黠戛斯人。在和矛一样深的雪中

27. 开道，攀越曲漫山，袭击黠戛斯人于睡梦中。我与其可汗战于 Songa 山。我杀其可汗，在那里获取其国家。那年，为攻打突骑施，我翻越阿尔泰山，渡过额尔齐斯河。我袭击突骑施人于睡梦之中。突骑施可汗的军队如火似飙而来。

28. 我们战于勃勒齐（Bolchu）。我在那里杀死其可汗、叶护、设。我在那里获取其国家。当我三十岁时，我出征别失八里（Bishbaliq），打了六次仗……全歼其军。住在里面的人会被消灭……他们来邀请（我们）。别失八里为此得免于难。当我三十

29. 一岁时，葛逻禄人民当其无忧无虑自主时，与我们为敌。我战于 Tamagh 圣泉（Iduq Bash），杀葛逻禄人，并在那里获取其国家。当我（三十二）岁时，葛逻禄人民集合起来（反对我们），我消灭了他们。九姓乌古斯（本）是我的人民。由于天地混乱，

30. 由于心怀嫉妒，成了（我们的）敌人。一年中我打了四次仗。初战于都护（Toghu）城，我军泅过土拉（ToghÖla）河，消灭其军。第二次我战于 Antarghu。我败其军。第三次，我战于 Chush 泉，突厥人民动摇了，

31. 情况不妙，我冲散了越过的（敌）军，许多将要丧命的人那时得救了。那时，我在通阿特勤（Tonga Tegin）墓地包围击杀了同罗（Tonga）勇士（组成的）一组人。第四次，我战于 Äzgäntdi Qadaz，将其军队在那里击败、歼灭了……（当我四十）岁时，当我在 Magha 城堡过冬时，发生了大雪灾害。春天，

32. 我出征乌古斯。第一军出动，第二军留驻汗庭。三姓乌古斯军队袭击而来。他们因（我们）无马，处境困难，来攻取（我们）。他们的一半军队去掠取汗庭和财物，一半军队来战。我们人少，且处境困难。乌古斯……敌人……由于上天的帮助，我们在那里（把他们）击溃了。

33. 由于上天保佑和由于我的努力，突厥人民胜利了。如果以我和我弟一起为首的人不如此努力的话，突厥人民将灭亡。突厥官员和人民，你们要这样考虑，这样知道！由于乌古斯人民不派（贡使?），我出征他们。

34. 我破其汗庭，乌古斯人民同九姓鞑靼联合攻来。在 Aghu 我打了两次大仗。我破其军，并在那里获取其国家。我如此努力……由于上天保佑，当我本人三十三岁时……没有了。Ödsig Ötülüg（人）

35. 对养育（他们的）……英勇的可汗做错了事。由于上面上天和神圣水土（神）和我祖可汗在天之灵不悦，九姓乌古斯人民弃其水土而去唐朝。他们（从）唐朝来到了这里。我要养育（他们）……人民……

36. 有罪……在南方，在唐朝，其名声消失了。在这里成为我的奴隶。因我本人继位为可汗，我没有使突厥人民……我很好地治理了国家、法制……集合起来……

37. 我在那里打了仗，打败其军队。要臣属的臣属了，成了（我的）人民，死的死了。我沿色楞格河而下，在 Qaraghin 峡谷，在那里破其汗庭……他们上了山。回纥颉利法（Uighur Eltäbr）同大约一百人向东逃去……

38. ……突厥人民无食物，我取其马匹养活（他们）。当我三十四岁时，乌古斯逃窜入唐朝。我悔恨地出征……我怒取其男儿、妻女、两颉利法的人民……

39.……奚人民归顺唐朝皇帝。[2]我因其不派使节、不致问候，乃于夏天出征（他们）。我在那里破其人民。取其马匹（财物……）。其军队集合起来。在兴安岭……

40.……他们住在原地。我派吐屯（tudun）Yamtar 去南方攻打葛逻禄。他去了……（葛逻禄）颉利发被消灭，其弟（逃到）一城堡……

41.……不来贡使。为了惩罚他们，我出兵攻打，其保卫官率同两三个人逃去。普通人民则高兴地说："我们的可汗来了。"……我赐以称号，我把官职低的提升了……

东南面

越过兰 Öng 进军，白天黑夜，七昼夜间我穿过无水的（荒漠），到达 Choraq，把抢掠者……追到姑藏（Kächin）……

南面

1.（第一天）消灭唐朝骑兵一万七千人（原文为"军"字），第二天全部消灭其步兵。他们越过……而去。

2.我出征……次。当我三十八岁时，冬天我出征契丹。当我三十九岁时，春天我出征奚……

3.我消灭了……（取）其男儿、妻女、马匹、财物……

4.我消灭了这些（人）……妻女

5.去……

6.我打了仗……为了……

7.……给了（?）。我斩其勇士当作杀人石。当我五十岁时，奚人民脱离契丹去……Tüngär 山……

8.郭（Qugh）将军领四万军而来。我在 Tüngär 山袭击之。我消灭三万军，击溃一万军……奚人……

9.消灭之。当我的长子病死时，我把郭将军立为杀人石。我做了十九年的设，我做了十九年的可汗。我统治了国家。我三十一岁时……

10.我为我的突厥，我为我的人民做了许多好事。（按从此以后到此面末似为毗伽可汗子登利可汗的话：）在如此尽力之后，我父可汗于狗年十月二十六日去世，于猪年五月二十七日举行葬礼。布谷（Buqugh）都督……

11. 李佺大将军率五百人来到我（这里），带来了香……金、银无数，带来了葬礼（用的）香烛，并插起了。（还）带来了檀香木……

12. 这么多的百姓剪去了头发，划破了耳朵。他们带来的专乘良马、黑貂、兰鼠无数，并全部祭献了。

13. 我像天一样的、天作的突厥毗伽（可汗）的话：当我父突厥毗伽可汗登位时，突厥忠实的官员、后面（西部）达头诸官以 KülChur 为首的失毕（Shadapit）诸官，前面（东部）以阿波达干（ApaTargan）为首的突利斯诸官，

14. 失毕（Shadapit）诸官，……Ataman 达干、暾欲谷裴罗莫贺达干（Tonyuquq Buyla Bagha Tarqan）及梅录……以内梅禄 Säbäg Kül Irkin 为首的诸梅禄，这么多忠实的官员对我父可汗都十分……

15. 十分颂扬……对突厥官员、人民（一起）十分颂扬了……我父可汗（去世时），突厥官员和人民运来了重石和粗大木头……对我自己如此……

北面

1. 我，像天一样的，从天所生的突厥毗伽可汗，这时坐上了汗位。你们全都聆听我的话，首先是我的诸弟和诸子，其次是我的族人和人民，右边的诸失毕官，左边的诸达官梅禄官、三十姓鞑靼、九姓乌古斯诸官和人民，你们好好听着，

2. 前面（东面）到日出，右面（南面）到日中，后面（西面）到日落，左面（北面）到夜中，那里的人民全都臣属于我。我把这么的人民全都组织了，他们现在都安居无事。突厥可汗住在于都斤山，国内无忧患。前面（东面）我曾征战到山东（Shantung）平原，几乎达到海（滨）；

3. 右面（南面）我曾征战到 toquz ärsän（九姓焉耆?），几乎达到吐蕃；后面（西面）渡过珍珠河，我曾征战到铁门（关）；左面（北面）我曾征战到拔野古（Yir Bayirqu）地方。我曾出兵到这样多的地方。没有比于都斤山再好的地方。统治国家的地方是于都斤山。住在这里，我同唐人建立了关系。他们慷慨地给了（我们）这么多金、银、粮食、

4. 丝绸。唐人的话语甜蜜，宝物华丽（原文：柔软）。他们用甜蜜的话语、华丽的宝物诱惑，使得远处的人民靠近（他们）。当住近了以后，他们就心怀恶意。他们不让真正英明的人、真正勇敢的人有所作为。一人有错，连其族人、人民、后辈都不饶恕。

5. 由于受到他们甜蜜的话语、华丽的宝物的诱惑，突厥人民。你们死了许多人。突厥人民，当你们一部分不仅要右面（南面）住在总材（Chughay）山（阴山），并要住在平原时，于是恶人就这样教唆部分突厥人民道："凡住远处的给坏的礼物，凡住近处的给好的礼物。"他们就这样教唆了。

6. 无知的人听信了那些话，走近了（他们），于是你们死了许多人。如去那个地方，突厥人民你们就将死亡；如你们住在于都斤地方，（从这里）派去商队，那就没有忧虑。如住在于都斤山，你们将永保国家。突厥人民，（但）你们自满了，你们不考虑会有饥有饿，你们一旦饱食，就不考虑饥饿。由于你们这样，

7. 你们不听曾养育（你们的）可汗的话，到处走散。（结果）你们全都毁灭在那里。你们中剩下的到处（流徙），处境困难（直译：瘦死）。由于上天的保佑，由于我本人有福，我做了可汗。我做了可汗后，把穷困的人民集合起来，使贫穷的人民变富，使较少的人民变多。

8. 难道在我的话中有什么虚假吗？突厥诸官和人民，你们敬听这个吧！我在这里刻写下了（如何）集合起突厥人民、建立国家的（事业），我在这里（又）刻写下了你们（如何）做错了事，几乎将死亡（的情况）。我把所有的话都刻写在（这）永久的石碑上。愿你们看到这些（话后）都知道。突厥现在的人民（和）诸官，你们服从汗位的诸官，难道（还）要犯错误?!（按这里1—8行与阙特勤碑南面第1—11行基本相同）

9. 我父可汗和我叔可汗登位时，他们这样多地组织了四方的人民……由于上天的保佑，当我即位时，我组织、整顿了四方的人民……并做了……我以十分隆重的婚礼把我女儿嫁给突骑施可汗，

10. 我（又）以十分隆重的婚礼把突骑施之女儿娶给我的儿子。举行

了……我征服了四方。使有头的顿首，有膝的屈膝。由于上天及下面大地的保佑，

11. 我使眼睛未曾见过的、耳朵未曾听过的（这样多的）人民住在（东面到日出），南面到唐朝，西面到日落，北面到夜中（这样广大的地域内）。给我的突厥人民获得了黄金和白银，带有饰边的丝绸，粮食做的饮料，专用的乘马和种马，黑貂和

12. 兰鼠……我使他们安居乐业。（由于）上天强有力的……

13. 您养育他们，不要使他们受到痛苦！……突厥官员，我的突厥人民……我给予了称号。如不脱离你们的可汗、官员和水（土），突厥人民，

14. 你们将是幸福的，安居乐业，将不受困苦……（按此后似为登利可汗的话：）（这）以后，我从唐朝皇帝那里请来了全部工匠。他们没有拒绝我的要求，派来了内官的工匠。我让他们建造了精致的建筑物，并让他们在（建筑物）内外绘制了精美的图画，我让人打制了石碑，我让人刻写了我心中的话……

15. 愿直到十箭的子孙和外族（Tat）人民看到这个，（并）知道我让人打制了永久的石碑……我让人打制和刻写了……看到这些你们应知道那石头建筑……

西南面

……我药利特勤（Yollugh Tigin）书写了毗伽可汗的碑文。（突厥毗伽）可汗的侄子，我药利特勤坐一个月零四天，书写和让人装饰了这样多的建筑、绘画和艺术品。

西面

1. ……在……之上

2. 毗伽可汗去世了……

3. 我悲痛如夏天天上

4. 之鼓作响，

5. 如山上的鹿鸣叫。

6. 我自己为我父可汗竖立了

7. 石碑。

【注释】

[1] 毗伽可汗，即默棘连，716年—734年在位，其任突厥可汗期间，对唐朝、奚族均有过战争行动。见《新唐书》卷215上《突厥传上》《新唐书》卷215下《突厥传下》。

[2] 奚人民归顺唐朝皇帝，应指李大酺附唐一事，开元四年（716）八月，奚族首领李大酺派遣奥苏梅落向唐请降，唐朝于奚地复置饶乐都督府。见《新唐书》卷5《玄宗纪》《旧唐书》卷199下《奚传》《新唐书》卷219《奚传》。

公元七三五年　唐玄宗开元二十三年
白知礼墓志（一）

【概况及出处】 该墓志高63、宽64厘米。二十六行，行二十七字。正书。此墓志系与妻刘氏合葬；另系与继妻张氏合（开元二十九年四月二十三日）。两志所记白知礼事迹大抵相同，籍贯不同。此志记为"岐邑郡（今属陕西省）人"；另志则作"太原晋阳（今属山西）人"。墓志概况及拓片见河南省文物研究所、河南省洛阳地区文管处编：《千唐志斋藏志》，文物出版社1984年版，第746页。志文同时参见周绍良主编：《唐代墓志汇编》（开元四一五），上海古籍出版社1992年版，第1442—1443页。

【志文】 大唐故可左监门卫将军上柱国白府君墓志铭并序／

君讳知礼[1]，字崇敬，岐邑郿人也。其先武安君之苗胤。曾祖玄范／，隋青州北海尉，大禹疏邑，琅琊所封，牵卑渐神仙之位，拟远勗图鹏之／羽。祖仁宪，情不偶代，栖迟一丘，披褐怀玉，乐其道矣。父义宝，兰菊俱美，／继代同荣，怀导养之高术，不干时而入仕，义加旌表，没代赠绵州司马。／公有贤明之德，适文武之用，弱冠起家为左卫翊一府亲卫，直殿中省。／豫樟之干，秀发可知。改原州彭阳府左果毅都尉。唐隆元年，属潜谋内／构，阴结祸阶，皇上有从代之贤，除后宫之孽，公其戮力，穷穴诛锄。／唐祚中兴，授公为游击将军、右金吾郎将，复转中郎。开十三年，东封登／

檀，改右清道率府率。十五年，驾幸京，留押玄武北门左厢屯营使，赐 / 紫金鱼袋。按部饬兵，警夜巡昼，克勤于国，克俭于家。十七年，/ 敕令内使送紫袍金带，优奖既重，宠锡孔殷。十九年，銮舆幸洛，/ 改左监门卫将军兼右万骑使。寻廿一年，特加三品，制授可左 / 监门卫将军，勋使如故。其年幽府破奚，[2] 以表贺，皇帝批云：卿尽 / 忠列，与国同忧，闻扫贼徒，固多庆快，所贺知。公知心足，恃宠若惊，晚节 / 悟道，持心齐物，荣耻如一，悔吝不生。嗟乎！阅人为代，昔人共悲，开元廿 / 二年十月十九日薨于私第，春秋六十有一。夫人刘氏彭城郡君，婉彼 / 初笄，幸为嘉偶，鸣凤入兆，乘龙叶庆，胡不偕老，相继云云。以廿三年三 / 月廿九日合葬于洛城东北廿里旧茔也。嗣子万湜，右领军卫京兆府 / 匡道别将；光玉，京太庙斋郎、吏部选；如玉，兵部选；奇玉，绛州长袔府别 / 将；进玉，右武卫中候；并水浆绝口，栾棘为容，孝齐闵参，哀缠骨髓。恐百 / 代之后，湮灭不称，敢勒石以藏勋庸，庶将来而不泯。铭曰：/

禹汤受命，皋伊为臣，圣贤济代，善恶相因。明明我后，共理斯人，羽翼霄 / 汉，舟楫广津。戟门甲第，金印紫绶，出入中禁，腹心元首。/ 伟哉英哲，不我眉寿。繄彼夫人，复光洞没，双剑下泉，齐眉陇月。国人共 / 悲，辍春市绝，不琢贞础，声尘磨灭。敢勒记于泉户，俾杨辉于后□。/

【注释】

[1] 知礼，即白知礼（674—734）。唐前期将领，官至左监门卫大将军、上柱国，正史中无记载。

[2] 其年幽府破奚，其年当为唐玄宗开元二十一年（733）。该年朝廷以张守珪为幽州长史、兼御史中丞、营州都督、河北节度副大使。据《旧唐书》记载，"契丹及奚连年为边患，契丹衙官可突于骁勇有谋略，颇为夷人所伏。赵含章、薛楚玉等前后为幽州长史，竟不能拒。及守珪到官，频出击之，每战皆捷。"见《旧唐书》卷 103《张守珪传》。

公元七三五年　唐玄宗开元二十三年
白庆先墓志

【出处】 志文参见周绍良主编：《唐代墓志汇编》（开元四一七），上海古籍出版社 1992 年版，第 1444—1445 页。

【志文】 大唐故定州无极县丞白府君墓志并序 /

君讳庆先[1]，太原祁人也。秦将武安王起廿七代孙，嘉猷□ / 谍，备于旧史。曾祖君恕，唐任太常少卿、邵陵郡开国公。祖 / 大威，历沧、绵、梓三州刺史。父羡言，太中大夫、上柱国，历太 / 子内直郎。君少负令誉，长弥端悫，年未弱冠，有老成人之 / 风，词必师经，动必从礼。初任太庙斋郎，解褐拜通直郎、徐 / 州沛县尉。公廉守职，且从黄绶之荣；冲澹幽怀，独蕴青霞 / 之志。秩满，调补定州无极县丞。兰蕙驰芳，冰壶自洁，毗赞 / 百里，光制锦之能；兼抚兆人，益弹琴之化。君昔未从官，早 / 丁家艰，哀毁过礼，杖而后起，绝浆七日，始悟参悲；泣血三 / 年，乃知柴孝。为太夫人在堂，君不灭性也。君昆季繁众 /，皆相次而卒，花零萼悴。君子尔独存，虽竭力于晨夕，犹恨 / 亏于甘旨也。御史中丞兼幽府长史张守珪知君诚恳，奏 / 充判官。遂暌隔庭闱，驱驰燕蓟，所离则远，游必有方，绳 / 俭王事，未尝告劳矣。今年二月廿二日，使差给熟奚粮，奚 / 叛遇害，[2]非命而卒。嗟夫！干禄期养，至孝也；临敌殉节，至忠 / 也；惟忠与孝，君实兼焉。古之仁烈，未足加也。官收骸柩，令 / 递至都。春秋卌有八，以其年七月二日卜葬于河南县平 / 乐乡原次先茔礼也。胤子齐云等，幼稚未有所知；夫人彭 / 城刘氏，柏舟念切，松径悲深，刻以贞石，传乎不朽。铭曰：/ 蕴忠孝兮惟贤，嗟殉节兮盛年，彼有愿兮莫遂，空饮恨兮黄泉。/

【注释】

[1] 庆先，即白庆先，其事迹仅见于该墓志，正史中无记载。

[2] 今年二月廿二日，奚叛，指唐玄宗开元二十三年（735）奚叛，导致白庆先遇害，该事件在正史中未有相应对的记载。

公元七四〇年　唐玄宗开元二十八年
张守珪墓志

【概况及出处】该墓志出土于河南省洛阳市。现藏河南省洛阳古代艺术馆。志石长 62 厘米，宽 63 厘米。达奚珣撰。隶书。墓志概况及拓片见陈长安主编：《隋唐五代墓志汇编》（洛阳卷第十册），天津古籍出版社 1991 年版，第 190 页。志文同时参见吴建华：《唐张守□墓志考辨及有关史实摭拾》，《中原文物》1997 年第 2 期；吴钢主编：《全唐文补遗》（第六辑），三秦出版社 1999 年版，第 62—63 页。

【志文】唐故辅国大将军右羽林大将军幽州长史兼御史大夫括州刺史□□□□□□□□□ / 铭并序

朝散大夫守中书舍人河南达奚珣撰

故御史息□□□□□□□□□ / 古之大将荣重命卿，珍有文武之能，孰受疆场之任。至若上方太白下□□□□□□□ / 时威棱，惜于殊俗。九原虽殁，千载犹生。其谁当之，在我南阳公矣。公讳守珪[1]□□□□□ / 其先南阳人也，因官于陕，故遂家焉。曾祖朝散大夫、金州长史迁。大父□□□□ / 同州济北府折冲都尉才。烈考京兆府常保府折冲都尉，赠蔚州刺史义福。并以□□ / 而无宠秩，余庆所钟，有后斯在。公少怀大节，长挺奇材。勇则兼仁，信以载义。沉毅能断，通朝 / 野，谋秉乘风破浪之心，蓄驻日挥戈之志。登山而料兵势，画地而成阵图。常愿奋不顾身，尽 / 人臣之节。景云际，遂诣北庭。辖将郭虔瓘深相器重，遽加以戏下之士。始于轮台破贼，授平 / 乐府别将，自此四迁。十五年，拜瓜州刺史。属破败之后，伤痍未复。鸠集散卒，才满□千。更造 / 军州，筑城将半，贼精甲三万，四面合围。我出奇奋击，所向摧靡。当不存之地，成必胜之功，使 / 瓜州忘土，陇外底定。求之自古，谅所稀闻。贼退，加宣威将军、左领卫率、兼瓜州都督。郡内营 / 田，悉歉溉灌。凶丑肆虐，隄防尽瀍。蓄水之处，镲为坑谷。计功巨万，非力所理。公仰诉明灵，备 / 尽丹恳。无何，暴风大起，雨雪交集。飞在野之砂砾，吹所贮之薪蒸。一夕之间，麾成高堰。谅 / 玄化之攸感，亦精诚之见佑焉。中旨追至京，拜右羽林将军、兼鄯州都督、持节陇右 / 经略节度使。裹粮厘甲，秣马训戎。军政既成，兵威远奢。吐蕃因此屈膝请降，边城晏 / 然，抑有由矣。廿一年，复驿召至京，加御史中丞。改幽州长史、营府都督节度营田采访海运 / 等使。公始至幽府，□降奚叛亡，遂乃精选骁雄，分命追蹑。[2] 左萦右拂，斩首擒生。林胡奋气，由 / 是遁迹。加镇军大将军、右羽林大将军。而渠帅可突于[3]素蕴狼心，□于狡计，凭险恃众，比角 / 举尾。公于是乎练刚日戒元戎。节钺生风，戈矛竟野。观兵营府，颂言征之。仍令辩士示以祸 / 福。网罗已合，飞走无从。丧其精魄，失其举措。帐下之士，斩之以降。并奚王屈烈[4]、蕃酋怒厥娘 / 等同日枭首。扬清庙之神课，扫赤山之祲气。对澹林之旗鼓，颁狄隶于公卿，自李牧 / 已来，未之□□。圣主嘉其忠勇，展劳旋之礼待之，乃御层楼，张广乐。侯王在列，夷狄 / 以□。廷拜兼御史大夫、加辅国大将军、南阳郡开国公，仍赐珍玩缯彩等，畴茂勋 / 也。廿七年，重命偏帅，更诛残□。公时座镇，不自董成，而部将骄愎，遂违节制。天子 / 永惟春秋责帅之义，乃贬公为括州刺史。以廿八年五月六日，遘疾薨于廨舍，春秋五十 / 有七。呜呼哀哉！上闻而伤之，有诏赠谅州都督。以开元廿八年十月廿日，返葬于北 / 邙之新茔，礼也。惟公宏中不测，达识见称。总言行而立身，重然诺于知己。在家为令子，在 / 国为名臣。自受宠斋坛，耀威边塞，凡所应□，动若有神。策出而功随，风行而电照。当三军之 / 重镇，为万里之长城。况职副台阶，寄深廉问。夫其典郡也，令行禁止，风俗穆然。夫其按部 / 也，激浊扬清，官吏咸若。及此左授犹将，复由如何不淑，奄即玄亥。呜呼哀哉！嗣子前朝散大 / 夫、殿中丞献道等，聿修厥德，皆善居丧，思志家声，以光泉路。珣也不敏，尝列下僚。公之徽 / 猷，实所详悉。洒泣援翰，纪之斯文。铭曰：/

桓桓副相，为世作武，休有光兮。嘽嘽巡御，进厥虓虎，截殊方兮。遄行横绝，忠勇义烈，式□拜兮。/ 偏将违命，朝章示罚，去江郢兮。命之不淑，往而无返，奄云亡兮。滕城一闭，松槚成列，曰□□□。/

【注释】

[1] 守珪，即张守珪（684—740），字元宝，唐前期名将。见《旧唐书》卷103《张守珪传》《新唐书》卷133《张守珪传》。

[2] 公始至幽府，□降奚叛亡，遂乃精选骁雄，分命追蹑。左縈右拂，斩首擒生。林胡奋气，由是遁迹。据《旧唐书》卷103《张守珪传》记载，"契丹及奚连年为边患，契丹衙官可突于骁勇有谋略，颇为夷人所伏。赵含章、薛楚玉等前后为幽州长史，竟不能拒。及守珪到官，频出击之，每战皆捷"。《资治通鉴》卷214《唐纪三十》称，开元二十二年六月壬辰，"幽州节度使张守珪大破契丹"。对此，胡三省注引司马光《资治通鉴考异》称：《实录》："守珪大破林胡。"按《会要》，契丹事，二十二年，守珪大破之。盖《实录》以契丹即战国时林胡地，故云然。由此可知，墓志中所载之林胡应指契丹。

[3] "可突于"在不同文献中记载有异，《旧唐书》作"可突于"，也作"可突干"；《新唐书》《辽史》作"可突于"；《资治通鉴》作"可突干"，本书统一作"可突于"。

[4] 奚王屈烈，《旧唐书》卷103《张守珪传》称："契丹首领屈剌与可突干恐惧，遣使诈降……夜斩屈剌及可突干，尽诛其党。"《资治通鉴》卷214《唐纪三十》称："乙巳，幽州节度使张守珪斩契丹王屈烈及突千，传首。"屈剌与屈烈音同，应该是同一人名的不同译写形式，由此观之，屈烈亦可能为契丹首领。

公元七四一年　唐玄宗开元二十九年
白知礼墓志（二）

【概况及出处】 志高58.5、宽59厘米。二十九行，行二十九字。正书。白知礼有两方墓志。此系与继妻张氏合祔；另系与妻刘氏合葬（开元二十三年三月二十九日）。两志记载的白知礼事迹略同，惟籍贯不同。墓志概况及拓片见河南省文物研究所、河南省洛阳地区文管处编：《千唐志斋藏志》，文物出版社1984年版，第789页。录文同时参见周绍良主编：《唐代墓志汇编》（开元五二九），上海古籍出版社1992年版，第1519—1520页。

【志文】唐故左监门卫大将军太原白公墓志铭并序 /

公讳知礼，字，太原晋阳人也。其先以善习武威，策勋上将，名登三帅，功 / 拔五城，代有其才，得之于公矣。祖仁宪，高尚不仕；父义宝，绵郡司 / 马；皆从事英果，立身刚毅，钟秀气于来裔，垂芳声于后昆。公即绵州司马子 / 也。龆年有成，冠岁高义，时许特达，心游青冥。得黄石之符，致缯蛇之略。昔韦 / 氏巨猾，潜秉国权，谋危乾纲，窃弄神器。上乃狃阛阓提干将，凭陵而御天，/ 叱咤而静难，破诸吕之间衅，俾群黎之协和。公荷戈卫主，骖乘翼圣，拜游击 / 将军，行右卫原州彭阳府右果毅都尉，寻迁忠武将军行右金吾卫翊府中 / 郎将。顷以边烽相望，虏骑踪横，胡冠乘月，汉城坚垒。天子闻鼙择帅，按剑 / 厉军，谁其当之？公是拜也。通五利，冠六戎，焚舟誓心，坐甲求敌，扬旗大漠，插 / 羽长城。彼三鼓而势衰，我百战而气勇。浃旬献馘，帝实嘉之，乃降诏曰：/ 卿忠烈与国同忧，闻扫贼徒，固多庆快。擢右清道率府率借紫金鱼袋。又奚 / 酋背版，实多侵掠，公授钺龚罚，群凶殄殲，[1]重下诏曰：小蕃无仪，比存含养，/ 忽致翻动，天实诛之，塞下边人，从兹无事。授左监门卫将军，仍充右万骑使。/ 锡命稠叠，莫之与京。卫尉八屯，羽林五校，掌禁兵于兰锜，整严仗于钩陈，公 / 之职司，克恭尔位，俄迁本卫大将军，勋使如故。呜呼！莫楹兴梦，曳杖成灾，时 / 逐阅川，寿奔隟驷。粤以去开元廿二载十月十九日寝疾，薨于洛阳兴艺里 / 之私第，享年六十有一。夫人彭城刘氏，父 / 扰龙著姓，断蛇昌族，作嫔不永，厚夜先归。继夫人清河张氏，父忠武将军、守 / 左金吾卫中郎将怀十一女也。家传天印，叶茂汉貂，行中闺范，言谐阃则。悲 / 缠失翼，哭坏高城，正味清禅，摄心止观，无生妙理，之死靡他。龙集辛巳正月 / 十日，终于白公之旧庐，春秋卌有四。孟夏月末旬有三日，合袝于邙山之原 / 礼也。嗣子等七人，苫盖攒哀，蓼莪增恸，瞻垄树而泣血，向缛帷而抚膺。泉台 / 苍苍，贞石纪事。铭曰：/

将军英英，与世作程，代出上将，间为客卿。武威果决，韬略精明，允矣时望，揭 / 焉国桢。义以承家，忠以事主，骠骑翼圣，龙骧伐虏。森耸朱戟，蝉联金组，俄归 / 厚夜，永叹终古。涂车爰启，祖奠有时，六珈同

衬，驷马行悲。岗峦起伏，箫鼓依 / 迟，令子心断，交亲泪滋。洛水北沚，
邙山南麓，黯黯佳城，苍苍乔木。送终以礼，/ 宅兆是卜，万岁千秋，俱为
陵谷。/

【注释】

[1] 又奚霫背叛，实多侵掠，公授钺龚罚，群凶殄歼。综合两方《白知礼墓志》可知，白知礼授左监门卫将军，充右万骑使在唐玄宗开元十九年（731）。开元二十一年（733），又特加三品，授左监门卫大将军，勋使如故。据《旧唐书》卷103《张守珪传》，唐玄宗开元二十一年（733），朝廷以张守珪为幽州长史、兼御史中丞、营州都督、河北节度副大使。每战皆捷。据《资治通鉴》卷213《唐纪二十九》可知，开元十八年（730），"（契丹）可突于弑邵固，帅其国人并胁奚众叛降突厥，奚王李鲁苏及其妻韦氏、邵固妻陈氏皆来奔。制幽州长史赵含章讨之……六月，丙子，以单于大都护忠王浚领河北道行军元帅，以御史大夫李朝隐、京兆尹裴伷先副之，帅十八总管以讨奚、契丹……可突于寇平卢，先锋使张掖乌承玼破之于掾禄山。"志文可与文献记载相对应。

公元七四四年　唐玄宗天宝三年
裴伷先墓志

【志盖】 大唐故裴府君墓志铭

【概况及出处】 该墓志1998年年底出土于陕西省西安市东南郊曲江水厂工地。除个别字稍有残破外，整块志石完整无损。志盖方形，长75厘米，宽75厘米，高15厘米，呈平顶覆斗型，盖面上刻"大唐故裴府君墓志铭"九个篆字。志石长72.5厘米，宽72.5厘米，高15.5厘米，边厚4厘米，斜长17.5厘米。志铭阴文楷书，分41行，满行41字，共有1681格，其中空格98格，实有1583字。志盖、志石四周均刻有纽条卷草纹图案。墓志概况及拓片见葛承雍、李颖科：《西安新发现唐裴伷先墓志考述》，荣新江主编：《唐研究》第五卷，北京大学出版社1999年版，第453—462页。录文同时参见周绍良主编：《全唐文新编》第5部第2册（总第19册），吉林文史出

版社 2000 年版，第 13038—13040 页。

【志文】故银青光禄大夫、守工部尚书、上柱国、翼城县开国公赠江陵郡大都督裴府君墓志铭并序　京兆府司录参军权　篡

公讳仙先[1]，字系宗，河东闻喜人也。自高阳氏往，伯翳氏作，闰方居位，则五帝连衡；间气为臣，则八王方驾；天／开阙胄，世济其美，玉山映照而不穷，宝鼎晏温而无歇。曾祖伦，随开府仪同三司、凤州刺史、永清县伯；大父／同，凤州刺史，赠秦州都督；父升，朝散大夫、蓝田县令。辛贤二世，更拜酒泉；鲍永一家，互居司隶；同荣异代，千／古一时。

公即蓝田之长子也。生而歧疑，幼则保素，羁贯而杰操天成，辩志而雄姿山立。伯父炎，中书令，深器／异之，遂命为后补昭文生，授协律郎、通事舍人，属高宗宫车在辰，伯父仓卒受祸，于是公坐流于安西。公／去夏适裔，修词立诚，兰幽更芳，水寒增洁，偃偃用晦廿许年。逮中宗晏驾，睿后当宁，追念功臣，博访酂侯／之胤；言思旧德，更抚叔敖之子。公始应辟，授詹府主簿。时西戎为犬，疑我与匈奴连和，诏择信臣武士可／使绝国者，于是公为举首，召见前殿。公须髯数尺，腰带十围，进止端详，敷奏闲雅。主上叹息，即拜司农丞，／无何除赞善大夫，迁主客郎中，有顷加朝散大夫兼鸿胪少卿。将命西聘，公单车深入，结二国之信，一言慷／慨，罢十万之兵，青海无川后之波，玉门见将军之人，朝嘉其勋，检校桂州都督。时钟惟贞自中郎将左贬岭／外，好自满，假高论怨诽，迫胁夷蛮，吞略郡邑。公凿门受钺，乘驲会师，两翼未张，一鼓先破，覆尸越市，悬首藁／街。朝廷休之，迁广州都督，五府节度，并本道按察等使。二年，加摄御史中丞，赐紫金鱼袋，迁幽州都督，河／北道节度使。无何，以飞语受谤，复授广州都督。天子遽悔前除，爰申后命，立征至京，拜左金吾将军。寻安／南反版，边荒告急，即加公云麾将军兼广州都督，进封翼城县男。公擐甲执兵，凌山泛海。摧元凶于乌雷之／浦，走谒者于马援之窟，诛叛柔服，振凯颁师，未至京，除左卫将军。会亲累，出秦州都督。谒者协巳之怨，因人／之力，中谮荐臻，左宦仍至，贬雅州名山丞。久之，上知无罪，乃尽还封爵，拜右骁卫将军，寻改定州刺史，迁／京兆尹。皇储昔在藩邸，为河东

朔方节度使，以公为副，折冲樽俎，运筹帷幄，甲兵不试，边垂乂宁，转太仆/卿、右金吾大将军、太府卿，进爵为子。时上怒褚师，公固争无罪，由是忤旨，出为绛州刺史，改蒲州刺史，/进爵为伯。俄迁太原尹，兼河东道节度等副使，使停，即授本道采访处置使。北门要害之地，允寄信臣；南官/喉之官，还征公器；迁工部尚书，东京留守，兼判省事。豺狼路上，已埋使者之车，龙凤署中，更曳尚书之履。/焜耀北斗，保厘东国，克成三后之心，用守二南之政，有诏赐考，进爵为公，征还知京官考使。天厉不戒，俄/而遘疾，空劳旁午之医，莫救在辰之梦，以天宝二载九月廿二日，薨于永宁里第，春秋八十。皇上哀悼，追/赠江陵郡大都督，赙物一百段，米粟一百石，葬日量借手力、幔幕，昭厥功也。即以天宝三载闰二月八日，迁/措于延兴门外万年县龙首乡成义里孟村北一里半龙首原，怀帝乡也。

公天真道貌，清心寡欲，贵不能/骄，物不能感，其俭也陋，其礼也恭，未尝谈玄而气合于漠，未尝悟寂而心照于空，吾我将尧桀两忘，敦洽与/阳文一贯。然而义有所至，情微与合。则夫子遗馆人未足数也。朱家活季布未云多也。至于莅官行法，班朝/治军，如霆如雷，有严有翼，是以兵不逗挠，狱无放纷。若乃观虮知微，临敌制变，如照胆之镜，鬼不遁形；比/刳肠之龟，算无遗策。是以战必胜、攻必取，其为政也，爱之以德，虑之以大，纪之以义，终之以仁。是以其来也，则/贾父兴谣；其去也，则柱母增思。及其疾也，则归其妾媵，散其俸禄，葬不求丰，殁无恒化，为知命之君子乎？为/方外之尚书乎？宜其颙颙卬卬，如珪如璋，黼衣绣裳，寿考不忘者也。然公之祖，自汉之茂、魏之潜、晋之秀，顾/皆以俊才为尚书，盛德迁令仆，而公度越数子，绢熙圣代，空居八座之荣，不入五臣之列，惜矣。夫有子前/惠文太子庙令惠，纍纍若存，皇皇如慕，尝有充穷之请，多惭博约之句，原非曹氏，更为京兆之阡，地是咸阳，/即比东平之树。其铭曰：

宝鼎氤氲，实生河汾，结为闲气，散作真军，华盖一岳，仙坛五云，是称公器，立我元勋。其一。

公器伊何，神谋帝道，/元勋伊何，南征北讨，攻城若拾，艾敌犹草，奚虏乞盟，戎王请好。[2] 其二。

　　帝称嘉绩，惟虎惟方，傅曰循吏，乃龚乃黄，/六安始罢，八翼还张，箽蒱朱鞼，颙颙印印。其三。

　　建礼分职，洛师居守，风生东郊，星曜北斗，三后则四，八裴斯九，/惜乎公才，奄覆眉寿。其四。

　　守终以道，在困弥敦，疾无乱命，殁有善言，殓即时袭，葬唯布轩，谁云玄晏，是曰王孙。/其五。

　　我皇嗟悼，褒赠以叙，器锡东园，官追南楚，沙丘卜地，石室铭所，日月照临，哀荣具举。其六。

　　凰穴前掩，龙原即安，松新煙薄，地厚泉寒，鬱鬱千岁，区区一棺，芳猷已矣，贞石徒刊。其七。

【注释】

　　[1] 仙先，即裴仙先（664—743）。唐前期官员，宰相裴炎之侄。见《新唐书》卷 87《裴炎传附裴仙先传》《太平广记》卷 147 引《纪闻》。

　　[2] 奚虏乞盟，戎王请好，唐玄宗开元十八年（730），朝廷以合单于大都护、忠王李浚为河北道行军元帅，裴仙先与御史大夫李朝隐为副，率十八总管以讨契丹及奚等。见《旧唐书》卷 8《玄宗纪上》。另据《资治通鉴》卷 213《唐纪二十九》可知，开元十八年（730），"（契丹）可突于弑邵固，帅其国人并胁奚众叛降突厥，奚王李鲁苏及其妻韦氏、邵固妻陈氏皆来奔。制幽州长史赵含章讨之……六月，丙子，以单于大都护忠王浚领河北道行军元帅，以御史大夫李朝隐、京兆尹裴仙先副之，帅十八总管以讨奚、契丹……可突于寇平卢，先锋使张掖乌承玼破之于捺禄山。"志文可与文献记载相对应。

公元七四六年　唐玄宗天宝五年
刘思贤玄堂记

【志盖】 大唐故刘府君墓志铭

【概况及出处】 该墓志高 73、宽 74、厚 10.5 厘米，铭文 30 行，行 30 字，楷书，四侧缠枝牡丹纹。盝顶盖，盖高 75.5、宽 75、厚 9 厘米。铭文 3 行，行 3 字，篆书，四周线圈纹，四杀缠枝牡丹纹。2009 年入藏大唐西市博物馆。墓志概况及志文参见胡戟、荣新江主编：《大唐西市博物馆藏墓志》，北京大学出版社 2012 年版，第 552—553 页。

【志文】唐故太中大夫行内侍省内常侍赐紫金鱼袋上柱国刘府君玄堂记 /

于戏！生之有死，犹朝必暮，而年未中寿，怛然云亡，孰不心骸骨惊，痛贯今古者，/ 若内常侍刘府君公。府君之先，自帝喾高辛氏后，遂著姓东土，缵兹彭城。当昔 / 沛公入秦，光祚炎汉，英懿洪竦，湍源骏发，故刘氏繁祉，分枝继世。今为京兆三 / 原人也。曾祖演，彭城郡太守，光伟天秩，克树洪阀。剖符千里，建节百城。锦衣绣 / 裳，耀我枌梓。祖筠，游击将军，弘农郡全节府左果毅都尉。策名武禁，委质戎班。/ 父感，晦迹丘园，杜门不仕。公讳思贤[1]，字顺，缵系阴骘，包吞象纬，涵柔明以弘量，/ 蕴旁礴而杰出。立身事主，职参闱披，朝趋紫禁，侍游长乐之宫；/ 夕警丹墀，卫寝猗兰之殿。开十八载，属林胡作寇，觇我幽蓟。/ 上以公忠贞奉国，宽猛资身，好谋而成，临事能断，往以监抚，无何有功，/ 制特拜公宫闱令，赐绯鱼袋。廿载，奉使与平卢等军截黄河而东注，凌黑山而 / 北走，大破契丹三部落，制又加公内给事、上柱国。廿二载，公奉 / 制往饶乐[2]等城，宣慰熟奚。与幽府长使张守珪北逐戎虏，深入贼境，金甲耀日，/ 霜戈蔽空。[3] 率先启行，簸山丘而奋发；翻蹄散霆，喷风雨以腾骧。曾不逾旬，山戎 / 斯败矣。上以公谋敌必胜，楙功克成，特授紫袍金带，超七阶入朝散大 / 夫、内常侍，赐物二百匹，金银二百两。每阐宣纶旨，周流绝域，一心专命，/ 十有余载。悲夫！贞拔俗之节，挟不群之材，懿盈厥躬，位不充量，岂天之将丧斯 / 人也，而使道不行乎？以天宝四载冬十月扈从温泉宫，至十一月五日 / 遇疾，卒于官之官舍。呜呼！浃辰之间，万化同尽。旋神于京兆大宁里之私第。享 / 年五十有四。闻者相奔，不可胜数。聚于斯，哭于斯，权榇无几，安厝攸礼，以天宝 / 五载正月廿一日，迁窆于三原县长平原，之礼也。列茔枌梓，转旆京师。甫郑白 / 之洪沟，介嵯峨之东岘，广植松槚，大开碑

厥。生人之本尽矣，孝子之事亲终矣。/ 爰命墨客，激扬鸿休，俾篆金石，
传芳铭志，其词曰：/

皇皇炎汉，缵尧之宗。分源演派，列地开封。于以兴祚，乃先乃祖。
允武允文，锡其 / 茅土。庆流后嗣，瑾瑜之英。生此王国，来仪上京。帝曰
尔谐，职参 / 宸扆。祗奉 / 明主，阐宣纶旨。侍卫宫掖，夫何允臧。徽猷济
济，仪范堂堂。心惟劲直，词 / 称简要。锦服绣鲜，金章藻耀。天乎不慭，
歼良遽此。龙剑孤沉，凤桐半死。卜其宅 / 兆，枌梓旧域。西镇嵯峨，南瞻
京国。于以怀惠，闻之亲戚。于以纪德，铭之贞石。嗟 / 嗟府君，念兹在
兹。邈矣终古，侯其伟而。/

【注释】

[1] 思贤，即刘思贤（692—745），唐前期官员。正史中无记载。除该墓志外，
《全唐文》卷 288《张九龄·论东北军未可轻动状》亦载其事迹。

[2] 饶乐，即饶乐都督府。至迟在唐武德五年（623）已经设置，唐太宗贞观
二十二年（648）、唐玄宗开元四年（716）复置，唐玄宗开元二十二年（734）又更
名为奉诚都督府。饶乐都督府是唐朝在奚人聚居地建置的羁縻府州，其设置体现了
唐朝的民族政策和唐奚之间关系。见《旧唐书》卷 8《玄宗纪上》《旧唐书》卷 39
《地理志二》《旧唐书》卷 199 下《奚传》《新唐书》卷 43 下《地理志七下》《新唐书》
卷 219《奚传》。

[3] 与幽府长使张守珪北逐戎虏，深入贼境，金甲耀日，霜戈蔽空。据《旧唐
书》卷 103《张守珪传》，唐玄宗开元二十一年（733），朝廷以张守珪为幽州长史、
兼御史中丞、营州都督、河北节度副大使。每战皆捷。

公元七五一年　唐玄宗天宝十年
李永定墓志

【志盖】 李君墓志

【概况及出处】 该墓志出土于北京市西郊八宝山，现藏首都博物馆。拓
片志长、宽均 74 厘米；盖长 73 厘米，宽 74 厘米。正书。墓志概况及拓片

见张宁、傅洋等主编：《隋唐五代墓志汇编》（北京卷附辽宁卷第一册），天津古籍出版社 1991 年版，第 194 页。志文内容同时参见周绍良、赵超主编：《唐代墓志汇编续集》（天宝〇七三），上海古籍出版社 2001 年版，第 634—636 页；鲁晓帆：《唐李永定墓志考释》，《首都博物馆丛刊》1994 年第 9 辑。

【志文】唐故云麾将军左威卫将军兼青山州刺史上柱国陇西李公墓志铭并序 /

公讳永定[1]，陇西人也。其先出自秦将，家于成纪，汉代则猨臂御戎，晋日则凉王践极。考其枝叶，/ 皆传五等之尊；察以波澜，世有三边之贵。曾祖延，皇朝本蕃大都督兼赤山州刺史。祖 / 大哥，云麾将军左鹰扬大将军兼玄州刺史，家承干蛊，职列禁垣，夙夜在公，勋劳警蹕。/ 父仙礼，宁远将军、玄州昌利府折冲，孝敬居怀，忠贞莅事，赤心以奉上，捐躯以殉国。公 / 即宁远君之长子也。气禀辰象，量齐海岳，播英声于卝岁，奋勇烈于弱龄。国家酬 / 忠赤之诚，举勤劳之嗣。以开元五载，袭父宁远将军、右卫昌利府折冲。恩行之日，悲咽崩 / 心，居扰攘之郊，荷贞明之造。弯弧整穮，誓平凶丑。至陆载仲夏，奏事玉阶，恩敕便留内 / 供奉射生，更配左羽林上下，控弦之美，更嬴莫俦，落羽之能，射声未匹。皇上懿公是名将之 / 子，篦期门之流。以八载二月，令充两蕃使薛泰下总管。[2] 当时戎夷背叛，侵轶边垂。公励铁石之心，纵 / 不顾之操。掩袭是遇，戈矛见镞。公以死自誓，志无所诎，虏计穷力沮，而后见还。天子闻而嘉 / 之，转授安东卢龙府折冲都尉。两蕃虽恣淫慝，我皇仁恕是怀，将存安辑之规，再建奉春 / 之策。媞媞公主，女彼山戎。以公忠信克昭，式为导送。后以要荒无事，移任清夷。久之复充范阳马 / 军副使。十五载二月，改授上谷郡龙水府折冲都尉。后以林胡骄蹇，预萌侵权，既纳我子女，复蠹我疆境。王 / 赫斯怒，有命遄征。廿载，节度使赵含章差公统马军大人。于是梁北河，屠白城，犁乌桓庭，芟鲜卑首。/ 天子大悦，改授宣威将军、右卫率府郎将。元恶则翦，余氛未宁。二十一载，节度使薛楚玉差公领马 / 步大人，斩获俘级，不可胜书。制授忠武将军、左卫率府中郎将，仍袭伯父青山州刺史。二十 / 七载，以卢龙塞下降奚内叛，节度使张守珪令公张皇陆师，斩刈枭孽，流血色水，僵尸满原。

[3]天 / 书降临，改授右清道率。曩载骚扰余烬北奔。二十八载，节度使李适之差公领马骑讨袭，大 / 破奚军，斩馘其君王，系虏其人众。[4]妖氛既廓，制授左威卫将军。二十九载，节度使裴宽以公达于兵谋，/ 奏充范阳都知兵马使。至天宝五载，节度使安公以公闲于抚理，差摄妫川郡太守、兼知雄武城使。熊车转 / 韧，豹略呈奇，五云之野自康，瓯脱之奸已屏。俄而转摄渔阳郡太守、兼知静塞军使。秀麦兴谣，贰天仰德，政洽 / 无终之国，惠流穷发之乡。日者安公伐叛柔远，公为都统。厥效未甄。七载十二月，奏授公云麾将军、左威卫 / 将军、兼青山州刺史如故。荣载光门，是表公侯之贵；不贪为宝，更标清白之尊。方期陪至畔而禅玄 / 亭，涉崆峒而访至道。昊天不吊，哲人是萎。以十载四月十五日，薨于范阳郡之私第，春秋六十有五。呜呼哀 / 哉！惟公少著英名，长怀令德，形容魁杰，武勇过人。惠训有方，与物无竞，降年讵几，梁木斯摧。岂徒辍相兴嗟，实谓 / 嚣人霸市。即以其载八月十日葬于郡西北十五里之平原，前据桑河，上膺龙尾，堆阜磊硌，形胜莫先。嗣子昌平府别将奇后，次子奇□、/ 奇珍、奇恩等，并珪玉之珍，保家之主，仁惟天性，孝则自然。痛严君之委离，思蓼莪之罔极。式昭令行，乃为铭曰：

伊君之先，肇自玄元，无为希道，有德生贤。/ 粤暨秦汉，破狄摧燕，子崇孙贵，赫赫绵绵。惟祖惟考，克家之瑶，跨蹑边方，欃枪是扫。临下以简，事君以道，翕习雄风，清冷文藻。承家绍祚，聿我将 / 军，有卞之勇，如裹之文。九流学行，三杰功勋，更务忠节，遐方播芬。代叛讨贰，多于载稔，有德有言，跃马衣锦。重门列戟，紫绶高品，典郡典兵，缓步安寝。/ 昊天不惠，忽此降凶，中楹坐奠，西阶立灵。百身靡清，九刃摧奄，淑德安在，庐山已封。寂寂幽途，萧萧郊外，人迹罕至，丛林相对。月炫泣龄，风摇松盖，何以痛心，泉门长晦。/

【注释】

[1] 永定，即李永定（687—751），唐前期官员，正史中无记载。《全唐文》卷352《樊衡・为幽州长史薛楚玉破契丹露布》记有李永定击破契丹之事，即"经略军付使左卫率府右郎将李永定、咸宁府军李车蒙领马步五千……等为右翼。其事迹

考证见鲁晓帆：《唐李永定墓志考释》，《首都博物馆丛刊》1994年第9辑。

[2] 八载二月，令充两蕃使薛泰下总管，《新唐书》卷219《契丹传》称："诏将军薛泰为押蕃落使，督军镇抚。"志文可与文献记载相对应。

[3] 二十七载，以卢龙塞下降奚内叛，节度使张守珪令公张皇陆师，斩刘枭孽，流血色水，僵尸满原。此事《旧唐书》卷103《张守珪传》作："二十六年，守珪裨将赵堪、白真陀罗等假以守珪之命，逼平卢军使乌知义令率骑邀叛奚余烬于潢水之北，将践其禾稼。知义初犹固辞，真陀罗又诈称诏命以迫之，知义不得已而行。及逢贼，初胜后败，守珪隐其败状而妄奏克获之功。事颇泄……守珪以旧功减罪，左迁括州刺史，到官无几，疽发背而卒。"《资治通鉴》214《唐纪三十》则称："幽州将赵堪、白真陁罗矫节度使张守珪之命，使平卢军使乌知义击叛奚余党于横水之北；知义不从，白真陁罗矫称制指以迫之。知义不得已出师，与虏遇，先胜后败；守珪隐其败状，以克获闻。事颇泄……守珪坐贬括州刺史。"

[4] 二十八载，节度使李适之差公领马骑讨袭，大破奚军，斩馘其君王，系虏其人众。此事两《唐书》不载，《资治通鉴》卷214《唐纪三十》称："秋，八月，甲戌，幽州奏破奚、契丹。"记载较为简略。

公元七五四年　唐玄宗天宝十三年
刘元尚墓志

【出处】志文参见（清）董诰等编：《全唐文》卷403《许子真·刘元尚墓志铭》，中华书局1983年版，第4118页；周绍良主编：《唐代墓志汇编》（天宝二五三），上海古籍出版社1992年版，第1707—1708页；（清）董诰等编，孙映逵等点校：《全唐文》卷403《许子真·刘元尚墓志铭》，山西教育出版社2002年版，第2439页。

【志文】大唐故云麾将军左监门卫将军上柱国彭城县开国公刘府君墓志铭并序

通直郎前行右武卫骑曹参军窦忻撰　雁门田颖书/

君讳元尚[1]，字元尚，彭城人也。出自轩皇之后，继乎光武之胤，长源远派，□裔于公焉。祖高道不仕，父居心物外，混迹人间，绝粒归真，澄神息念。公禀灵□得风云之气，感岳渎之精，茂岁有奇，与同年而特异，弱冠从仕，于□卫而超功。简在帝心，于斯为美，解褐拜掖廷监作、大食市马使。燕王市于骏骨，伯乐顾之龙马，遂使三军迎送，万里循环，荣宠是加，超公内寺伯也。复为骨利干市马，崎岖百国，来往三春，追风跃而奔腾，逐日回而来献，遂加公谒者监。奚首领屈突于侵扰候亭，搅乱军旅，公密奉纶诰，勒兵讨之，则知圣泽推贤，军容得士。[2]公有坐帷之策，克日摧锋，立讨之谋，应时瓦解。特拜内侍，答公之德也。北庭使刘涣躬行悖逆，委公斩之。又瀚海监临，宣慰四镇，兵士畏爱，将帅威慑。无何，迁云麾将军、左监门卫将军、摄省事，宠恩极也。仍知武德中尚五作坊使。国家寄重，珍玩不轻，妙眩工输，巧从班氏，能为悦豫，干得公心，出入肃清，内外皆美。向一十五载，考绩踰深，何必上标下□能无有□，况招冤谤，徒有铄词。圣上委公清慎，特令无事，虽去官禄而不离家，得预悬车，于兹足矣。未锡楼船之号，俄闻梁木之歌，惟公以天宝十二载八月十一日遘疾，薨于金城里之私第，春秋六十有八。皇情悲悼，朝野增伤，以天宝十三载十有一月二十九日窆于龙原府夫人旧茔合祔，礼也。势搞长原，气连秦岫，岗峦丛倚，宫阙峥嵘。嗣子守义常选、苏期内给事、上柱国；守志宫教博士，并泣血茹茶，哀缠触类，气添哽咽，痛感号咷，哀筋断绝于长空，楚挽喧阗于广陌，克诚克信，有度有章，用展饰终，记之金石。铭曰：

　　帝轩之胤，光武传家。盈门金紫，宠幄荣华。夫盛必衰，有会克离。圣人既则，神道何为？物虑推迁，迹存不朽。勒石题铭，同天地久。/

【注释】

[1] 元尚，即刘元尚（686—753），唐中期将领。正史中未有记载。

[2] 奚首领屈突于侵扰候亭，搅乱军旅，公密奉纶诰，勒兵讨之，则知圣泽推贤，军容得士。屈突于，《张九龄神道碑》作屈突干。据《旧唐书》卷103《张守珪传》记载："契丹及奚连年为边患，契丹衙官可突于骁勇有谋略，颇为夷人所伏……及守珪到官，频出击之，每战皆捷……斩屈剌及可突于，尽诛其党。"《资治通鉴》卷214《唐纪三十·玄宗开元二十二年》则作："幽州节度使张守珪斩契丹王屈烈及

可突干，传首。"据此可知，屈突于又作屈突干、可突干，也可能为屈烈与可突干二人之讹误。

公元七五四年　唐玄宗天宝十三年
郭英奇墓志

【出处】志文参见吴钢主编：《全唐文补遗》（第六辑），三秦出版社1999年版，第83—84页；周绍良主编：《全唐文新编》第2部第2册（总第6册），吉林文史出版社2000年版，第3439—3440页。

【志文】大唐故壮武将军守左威卫大将军兼五原太守郭府君墓志铭并序

君讳英奇[1]，太原晋阳人也。其先王季之胤，以德受封，变虢为郭，因生命氏，忠贤文武，世载芳华。或纳规而筑官，或决策而分土，盛业布于钟鼎，清风流于简素。高祖哲，隋大黄府统军。曾祖才，朝议郎、行瓜州常乐县令。祖师，朝散大夫、赠伊州刺史。懿实休声，重规叠矩。父知运，冠军大将军、左武卫大将军、陇右经略节度大使、兼鸿胪卿、摄御史中丞、赠凉州都督、太原郡公。以经济之才，受讨伐之寄，当捍城之重任，建辟土之殊勋。彤弓旅矢，宠及后嗣。君承积善之余烈，禀曾霄之至和。出孝入悌，勤克家之至行；悦礼敦诗，备修身之要道。解褐以功臣之子超拜朝散大夫、太子典设郎。开元六年，犬戎入寇，先府君时为河西节使，率众御贼。君以忠孝所徇，列于行间，执讯获丑，论功居最。俄迁朝请大夫、殿中尚辇奉御。顷之，丁太原艰，去职。在丧柴毁，哀过于礼。服除，拜左骁卫翊府左郎将。及銮驾东巡，分官居守，宗祏所奉，尤难其选，特敕以君为左屯营使。久之，迁丰州都督府别驾。又历右武卫左郎将、丰安军经略使。二岁余，又改充陇右经略使。俄以破吐蕃新城之功，除右金吾翊府中郎将，赐紫金鱼袋。其年迁临州刺史、兼莫门军使，又转右威卫翊府中郎将。天宝初，奉制充朔方军讨击副使，仍兼十将。其年秋，领朔方战士于河东破奚，改授左内率。[2]三载，又以破突厥斩啜余烬之功，转右司御率，复历榆林太守、单于副大都护、朔方节度副使、专知左厢兵马。以继母忧去官。无几，特敕起复旧官，兼充东受降城使。诏书敦逼，无容辞避，方务金革之事，难守苴麻之礼。俄除九原太守，仍充西受降城使、节度副使、仍旧兼兵马使。九载，以筑安北城及应接降虏之勋，迁左武卫将军。其明年，统朔方战士赴河西破吐蕃莽布支，拔白子城，迁左威卫大将军，寻兼五原太守。君自得束脩，至于列位最，凡历职一十有五，四典专城，九临军使，秩逾七命，腰连双绶。威略备于三边，筹谋施于百战。其临人也，勤于抚育，务其教诲，如父母之爱其子也；其董戎也，左旋右抽，有严有翼，如手足之卫其体也。直以行己，故为上者莫不任其言；悦以使人，故为下者莫不尽其力。是以动无不利，静无不亨，居无不安，往无不济。《诗》所谓君子乐胥万邦之屏，府君有之矣。春秋六十有二，以天宝十二载十一月廿五日，遘疾终于五原之官舍。呜呼！怀报国之勤，徇匪躬之志。畴庸备于中外，诚节贯于终始。然而赠赗之礼有阙，茅土之锡未行。岂非直道与人，不求苟合，功虽多而避其厚赏，事虽著而不务虚名。是故哀荣之典，不称其绩，盖谦尊而光，诚大雅之君子也。即以十三载七月廿七日，厝于金城县成国乡之原，礼也。嗣子昭武校尉、前平阳郡岳阳府左果毅都尉、赏绯鱼袋、上柱国嘉谅，匍匐泣血，哀号靡诉。虽言时计伐，将载美于旂常；而原始要终，庶流芳于琬琰。敢征事实，以志泉扃。其词曰：

粤惟虢仲，王季之穆。变为郭氏，百世卿族。烈考嗣徽，昭彰史牍。载诞君子，淳和懿淑。爰初克家，遂膺多士。气馥兰桂，才优杞梓。武赖筹画，文资经纪。适佐戎轩，遂清边鄙。历迁四郡，布政斯平。入司五校，练卒惟精。言扬德举，事立功成。搢绅籍甚，共挹休声。日月回薄，吉凶纷纠。未逼西山，旋惊北牖。重禄非贵，令名为寿。清风蔼然，谓之不朽。蓍龟叶吉，永掩幽泉。萧索秋景，苍忙夕烟。滕公旧室，原氏新阡。兰菊迭茂，于斯万年。

【注释】

[1] 英奇，即郭英奇（692—753），唐中期将领，名将郭知运之子。正史中未见记载。

[2] 其年秋，领朔方战士于河东破奚，改授左内率。据《旧唐书》卷103《王

忠嗣传》记载，唐玄宗天宝元年（742），王忠嗣兼灵州都督，"与奚怒皆战于桑乾河，三败之，大虏其众，耀武漠北，高会而旋"。

公元七五七年　唐肃宗至德二年
张九龄神道碑

【出处】 碑文参见（清）董诰等编：《全唐文》卷 440《徐浩·张九龄神道碑》，中华书局 1983 年版，第 4489—4492 页；（清）董诰等编，孙映逵等点校：《全唐文》卷 440《徐浩·张九龄神道碑》，山西教育出版社 2002 年版，第 2661—2662 页。

【碑文】 唐尚书右丞相中书令张公神道碑

有唐既受命，在太宗时，有若梁公房、郑公魏、卫公李，格于皇天。在高宗时，有若梁公狄，格于上帝。在中宗时，有若汉阳王张、扶阳王桓，兴复宗社。在玄宗时，有若梁公姚、广平公宋、燕公、始兴公二张，中兴王业。夫以天柱将倾，大盗方起，一振纲目，再阐皇猷，始兴公为之。公讳九龄[1]，字子寿，一名博物，其先范阳方城人。轩辕建国，弦弧受氏，良位为帝华，才称王佐，或相韩五叶，或佐汉七貂，代有大贤，时称盛族。四代祖讳守礼，隋钟离郡涂山令。曾祖讳君政，皇朝韶州别驾，终于官舍，因为土著姓。大父讳胄，越州剡县令。列考讳宏愈，新州索卢县丞，赠太常卿、广州都督。皆蕴德葆光，力行未举。地积高而成岳，云久蓄而作霖，是生我公，蔚为人杰。弱不好弄，七岁能文，居太常府君忧，柴毁骨立，家庭甘树，数株连理。王公方庆出牧广州，时年十三，上书路左。燕公过岭，一见文章，并深提拂，厚为礼敬。弱冠乡试进士，考功郎沈佺期尤所激扬，一举高第。时有下等，谤议上闻，中书令李公当代词宗，诏令重试，再拔其萃，擢秘书省校书郎。应道侔伊吕科对策第二等，迁左拾遗，封章直言，不协时宰，方属辞满，拂衣告归。太夫人在堂，承顺左右，孝养之至，闾里化焉。始兴北岭，峭险巉绝；大庾南谷，坦然平易。公乃献状，诏委开通，曾不浃时，行可方轨。特拜左补阙，寻除礼部司勋二员外郎，加朝散大夫，超中书舍人，封曲江县男，转太常少卿，出冀州刺史。以庭闱在远，表请罢官，改洪州都督，徙桂州都督，摄御史中丞岭南按察兼选补使。黜免贪吏，引伸正人，任良登能，亮贤劳事，泽被膏雨，令行祥风。属燕公薨落，斯文将丧，擢秘书少监集贤院学士副知院事。时属朋党颇相排抵，穷栖岁余，深不得意。渤海国王武艺违我王命，思绝其词，中书奏章不惬上意，命公改作，援笔立成，上甚嘉焉，即拜尚书工部侍郎兼知制诰。扈从北巡，便祠后土，命公撰赦，对御为文，凡十三纸，初无薰草。上曰："比以卿为儒学之士，不知有王佐之才。今日得卿，当以经术济朕。"累乞归养，上深勉焉，迁公弟九皋、九章官近州里，伏腊赐告，给驿归宁。迁中书侍郎，丁内忧，中使慰问，赐绢三百匹。奔丧南讣，祔葬先茔，毁无图生，嗌不容粒。白雀黄犬，号噪庭茔，素鸠紫芝，巢植庐陇，孝之至者，将有感乎？既卒哭，复遣中使起公本官同中书门下平章事，口敕敦谕，不许为辞。闻命号咷，使者逼迫，及至阙下，恳请终丧。手诏曰："不有至孝，谁能尽忠？墨缞之义不行，苍生之望安在？朕以非常用贤，曷云常礼哀诉？"即宜断表，赐甲第一区，御马一。寻迁中书令集贤学士知院事，修国史。初，公作相也，奏差择元戎，皆取良吏，不许入请，罢赏战功，减诸军兵，省年支赐，谏臣儳议，事竟不行。明年，公奏籍田躬耕礼节，加金紫光禄大夫，进封始兴伯。每天长节，公卿皆进实镜，公上《千秋录》，述帝王兴衰，以为鉴戒。公直气鲠词，有死无贰，彰善瘅恶，见义不回。范阳节度颍王沄奏前太子索甲二千领，上乃震怒，谓其不臣，顾问于公，公曰："子弄父兵，罪当笞，况元良国本，岂可动？"上因涕泣，遂寝其奏。武贵妃离间储君，将立其子，使中谒者私于公曰："若有废也，必将兴焉。"公遂叱之曰："宫闱之言，何得辄出？"御史大夫李公尚隐、太府卿裴伷先不礼中官，皆忤上旨，必在殊遣，公全度焉。幽州节度张公守珪缘降两番斩屈突干[2]，将拜侍中，凉州节度牛仙客以省军用，将拜尚书，并触鳞固争，竟不奉诏。平卢将安禄山入朝奏事，见于庙堂，以为必乱中原，固请戮之，上曰："卿以王衍知石勒，此何足言？"无何用兵，为虏所败，张守珪请按军令，中留不行，公状谏曰："穰苴出军，必诛庄贾；孙子行令，亦斩宫嫔。守珪所奏非虚，禄山不当免死。"再三恳请，上竟不从。边将盖嘉运等上策，密发将士，袭平西戎，公以为不可妄举，结后代仇，非皇王之化也，上又不纳。及羯胡乱常，犬戎逆命，玄宗追叹曰："自公殁后，不复闻忠谠言。"发中使至韶州吊祭。其先见之明有如此者。学究精义，文参微旨，或有兴托，或存讽谏，后之作者，所宗仰焉。上表论事，事多枢密，入皆削藁，人莫得知。常以致君尧舜，齐衡管乐，行之在我，何必古人？由是去循资格，置采访使，收拔幽滞，引进直言，野无遗贤，朝无阙政，百揆时序，庶工允厘。同侪见嫉，内宠潜构，罢公为尚书右丞相，初不介意，居之坦然。执宪者素公所用，劾奏权臣，夅冠得罪，借以为累，贬荆州长史。三岁为相，万邦底宁，而善恶太分，背憎者众。虞机密发，投杼生疑，百犬吠声，众狙皆怒，每读韩非《孤愤》，涕泣沾襟。开元二十八年春，请拜扫南归。五月七日遘疾薨于韶州曲江之私第，享年六十三。皇上震悼，赠荆州大都督，有司谥行曰文献公。粤来岁孟冬，葬于洪义里武临原，近于先茔，礼也。夫人桂阳郡夫人谭氏，循州司马府君诲之子也，淑慎宜家，齐庄刑国。佩环有节，纂组皆工，幼作女仪，长为内则。太夫人乐在南国，不欲北辕，克勤奉养，深得妇礼。至德二年十月六日，终于私第，春秋七十七。书哭闉门，日月绵远，同茔异穴，卜兆从宜。公仲弟九皋，宋襄广三州刺史采访节度经略等使殿中监。季弟九章，温吉曹等州刺史鸿胪卿。腰金拖紫，三虎为荣；立德行政，二冯推美。嗣子拯，居丧以孝闻，立身以行著，陷在寇逆，不受伪官，及收复两京，特制拜朝散大夫太子右赞善大夫。孙藏器，河南府寿安尉，永保先业，克秉义方。侄殿中侍御史抗，文吏雅才，清公贤操，以兄拯早世，侄藏器幼孤，未建丰碑，乃刻乐石，用展犹子之慕，庶扬世父之美。浩义深知已，眷以文章，礼接同人，惠兼甥舅，薄技效德，无愧其词。铭曰：

凤生丹穴，鹏矞南溟。天乘粹气，地发精灵。杰出我公，扬于王庭。甫称降神，说表骑星。学究经术，文高宗匠。再掌司言，爰立作相。忠义柱石，谋猷帷帐。王纲允厘，帝采惟亮。退居右揆，出守南荆。玄鹤缉翼，青蝇营营。不瞑犹视，虽殁如生。昭昭令名，千古作程。

【注释】

[1] 九龄，即张九龄（678—740），唐代著名宰相、诗人。见《旧唐书》卷 99《张九龄传》《新唐书》卷 126《张九龄传》。

[2] 幽州节度张公守珪缘降两番斩屈突干。张守珪，唐代名将，两《唐书》皆有传。两番，此处指代奚与契丹。屈突干，《刘元尚墓志》又作屈突于。据《旧唐书》卷 103《张守珪传》记载："契丹及奚连年为边患，契丹衙官可突于骁勇有谋略，颇为夷人所伏……及守珪到官，频出击之，每战皆捷……斩屈剌及可突于，尽诛其党。"《资治通鉴》卷 214《唐纪三十》则作："幽州节度使张守珪斩契丹王屈烈及可突于，传首。"由此可见，屈突干又作可突干，亦或为屈烈与可突于二人之讹误。

公元七五九年　唐肃宗乾元二年
天下放生池碑铭

【出处】 碑文参见（清）董诰等编：《全唐文》卷 339《颜真卿四·天下放生池碑铭》，中华书局 1983 年版，第 3434—3435 页；（清）董诰等编，孙映逵等点校：《全唐文》卷 339《颜真卿四·天下放生池碑铭》，山西教育出版社 2002 年版，第 2040—2041 页。

【碑文】 皇唐七叶，我乾元大圣光天文武孝感皇帝陛下以至圣之姿，属艰虞之运，无少康一旅之众，当禄山强暴之初，乾巩劳谦，励精为理，推诚而万方胥悦，克已而天下归仁。恩信俟于四时，英威达于八表，功庸格天地，孝感通神明。故得回纥、奚、霫、契丹、大食、盾蛮之属，扶服万里，决命而争先；朔方、河东、平卢、河西、陇右、安西、黔中、岭南、河南之师，虓阚五年，推锋而效死。摧元恶如拉朽，举两京若拾遗。庆绪遁逃，已蒙赤族之戮，思明跣伏，行就沸鼎之诛。拯已坠之皇纲，据再安之宗社，迎上皇于西蜀，申子道于中京。一日三朝，大明天子之孝；问安视膳，不改家人之礼。蒸蒸然，翼翼然，真帝皇之上仪，诰誓所不及已。历选内禅，生人以来，振古及隋，未有如我皇帝者也。而犹妪煦万类，动唉四生，乃以乾元二年太岁己亥春三月己丑，端命左骁卫右郎将史元琮、中使张庭玉奉明诏，布德音，始于洋州之兴道，洎山南、剑南、黔中、荆南、岭南、江西、浙江、江西诸道，讫于昇州之江宁秦淮太平桥，临江带郭，上下五里，各置放生池，凡八十一所，盖所以宣皇明而广慈爱也。《易》不云乎："信及豚鱼。"《书》不云乎："暨鸟兽鱼鳖咸若。"古之聪明睿智神武而不杀者，非陛下而谁？昔殷汤克仁，犹存一面之网；汉武垂惠，才致衔珠之答。虽流水救涸，宝胜称名，盖事止于当时，尚介祉于终古。岂若我今日，动者植者，水居陆居，举天下以为池，罄域中而蒙福。乘陁罗尼加持之力，竭烦恼海生死之津，揆之前古，曾何仿佛！微臣职忝方面，生丁盛美，受恩寝深，无以上报。谨缘皋陶、奚斯歌虞颂鲁之义，述《天下放生池碑铭》一章。虽不足形容明圣万分之一，亦臣之精恳也。敢刻金石，著其词曰：

明明皇帝，临下有赫。至德光天，乾元启瞳。纬武戡乱，经文御历。孝感神明，义形金石。仁覆华夏，恩加蛮貊。道冠巍巍，威深赩赩。遘兹多难，克广丕绩。庆绪致诛，思明辟易。人道助顺，天心恶逆。扑灭之期，匪朝伊夕。乘此宝祚，永广宗祏。业盛君亲，功崇列辟。交禅之际，粲然明白。迥映来今，孤高往策。去杀留惠，好生立辟。率土之滨，临江是宅。遂其生性，庇尔鳞翮。环海为池，周天布泽。致兹忠厚，罔弗怡怿。动植依仁，飞沈受获。流水长者，徒称往昔。宝胜如来，畴庸允格。德力无竟，慈悲孔硕。相时传闻，尚赖弘益。矧在遭遇，其忘敷锡。真卿勒铭，敢告凡百。

公元七六三年　唐代宗广德元年
义葬墓志

【概况及出处】该墓志出土于山东省潍坊地区，现藏潍坊市博物馆。盖佚。志青石质，长59.5厘米，宽34.5厘米。志文行楷书，29行，行21字不等。墓志概况及拓片见赖非主编：《山东石刻分类全集》第5卷《历代墓志》，青岛出版社2013年版，第142页。

【碑文】义葬墓志铭并序 /

大唐受命百卅年，七帝相承，光于四海，远方贡献，/ 重译来仪。我圣文神武应道皇帝一登太极，四 / 纪有余，天下晏然，八方无事。至天宝十五载，两蕃[1]频 / 差，禄山镇遏范阳，狂胡不顾重恩，窃弄神器。天子□ / 食，诸侯奔驰，中原丧乱，死伤遍野。禄山既殁，思明继踵。/ 自河南北，涂炭颇多。忠臣义士，有死于名前；立功成劳，无辞 / 于苦节。大军之后，有阙耕耘。仓廪既空，人皆饥喂。诗人 / 致叹，道殣目击，有比乱麻。赖我广平王圣武□ / 飞，威临八表，四夷慕化，□祲云消。平卢淄青节度 / 使侯尚书，忠贞贯古，勇义超群，扫逆除氛，有征无战。/ 十将左金吾卫大将军、赐紫金鱼袋、上柱国、摄北海县令，即 / 广平郡宋侯晃之裔也。自隋唐历叶二百余年，继第相 / 传，公侯不绝。惟忠惟孝，乃武乃文。德化普及于幽明，抚空 / 无遗于一物。睹邑里之破坏，见枯骸之狼籍。以斯感怆，亲 / 收葬焉。首春兴功，冬中毕事。属秋有赦，复令埋瘗。/ 宋公先举，悬合天心。父母之恩，孰能如此。其致墓也，选 / 高固于县城之南，建大墓于营丘之北。东临白水，西枕青 / 山。灵柩既多，男女合杂。各归房户，共为一墓。衣冠服饰，/ 车马牛羊。什物器玩，悉宋公之自费，无赋敛于他人。以广德元年岁次癸卯十一月庚子朔廿五日甲子，葬事毕矣。恐桑田改变，劫火消融。人移代迁，罔知攸所。/ 爰命石工，乃为铭曰：/

大公余化，稷下英贤。传芳万古，何止千年。虽即 / 时移代改，风俗终无变焉。逆胡作乱，荐食中 / 原。车驰马奔，鼎沸连天。将士或终于战阵，黎庶 / 饿死于荒田。白骨狼籍，目之潸然。我君致叹，礼 / 葬坟茔。自春收拾，冬中乃成。装饰备具，生 / 死同荣。魂安宅兆，永閟泉扃。/

【注释】

[1] 两蕃，此处指奚与契丹。唐玄宗天宝十四年（755），安禄山遣将军何千年、高邈将奚骑二十，乘驿诣太原。又使其将奚人安忠志将精兵军土门。见《资治通鉴》卷217《唐纪三十三·玄宗天宝十四年》。天宝十五年（756）五月，奚人南下，直指范阳，俘劫近郊的"牛马子女"而去。见（唐）姚汝能：《安禄山事迹》（下卷），上海古籍出版社1983年版，第31页。

公元七六三年 唐代宗广德元年
臧怀恪神道碑

【出处】碑文参见（清）董诰等编：《全唐文》卷342《颜真卿七·臧怀恪神道碑》，中华书局1983年版，第3467—3469页；（清）董诰等编，孙映逵等点校：《全唐文》卷342《颜真卿七·臧怀恪神道碑》，山西教育出版社2002年版，第2058—2059页。

【碑文】唐故右武卫将军赠工部尚书上柱国上蔡县开国侯臧公神道碑铭

公讳怀恪[1]，字贞节，东莞人。其先出于鲁孝公之子彄字子臧。大夫得祖诸侯，其孙以王父字为氏。僖、哀二伯，既纳忠于鱼鼎；文、武两仲，亦不朽于言哲。丈人成功而遁迹，子原抗节而舍生，义和辞金饰之器，荣绪奋阳秋之笔。贤达继轨，纷纶至今。曾祖满，隋骠骑将军。祖宠，皇朝通议大夫、灵州都督府长史。父德，朝散大夫，赠银州刺史，咸务远图，克开厥后，恤胤之庆，世祀宜哉。公即银州之第三子也。身长六尺一寸，眉目雄朗，须髯洒秀，雅善骑射。尤工尺牍，沈静少言，宽仁得众，奇谋冲邈，英勇冠伦。友于弟兄，谨尔乡党，每敦诗而执礼，不茹柔以吐刚。莅事而剖判泉流，临戎而智略锋起，古所谓文武不坠，高明有融者焉。少以勋劳，亟纡戎级。开元初尝游平卢，属奚室韦大下，公挺身与战，所向摧靡，繇是发名。[2]玄宗闻而嘉之，拜胜州都督府长史。锐精佐理，絜矩当官，朔漠不空，边隅用乂。俄拜左卫率府左郎将，转右领军中郎将兼安北都护中受降城使、朔方五城都知兵马使。戎事齐足，十万维群，我伐用张，军威以肃。由是深为节度使王晙所器，奏充都知兵马使。尝以百五十骑遇突厥，斩啜八部落十万余众于狼头山，杀其数百人。引身据高，环马御外，虏矢如雨，公徒且歼，遽而绐之曰："我为臧怀恪，敕令和汝，何得与我拒战！"于时仆固怀恩父设支适在其中，独遮护之，诸部落持疑不肯。公刲羊以盟之，杖义以责之，众皆感激，由此获免。遂与设支部落二千帐来归，后充河西军前将。盘禾安氏有马千驷，怙富不虔，一族三人，立皆殴毙。军州悚栗，畴敢不祗。

又为节度相国萧嵩所赏，后充河源军使兼陇右节度副大使、关西兵马使，拜右武卫将军，吐蕃不敢东向者累年。俄封上蔡县开国侯。开元十二年岁次甲子，春二月二十有六日，薨于鄜城之官舍，享年五十六。某年八月二十三日诏曰："故具官某，顿以干能，丞承任使，操行愈谨，劳效未酬。不幸迁殂，良增追悼。可赠右领军卫大将军。"即以其年冬十月庚戌，迁窆于京兆府三原县北原，礼也，呜呼！

公兄左羽林军大将军平卢副持节怀亮，以方虎之材，爪牙之任，孔怀斯切，致美则深。公七子，游击将军崇仁府折冲希崇、丰州别驾赠宋州刺史希昶、左武卫将军朔方节度副使赠太子宾客希忱、右卫左郎将剑南讨击副使赠汝州刺史希惜、右骁卫郎将静边军使赠秘书监希景、宁州刺史左金吾卫将军赠扬州大都督希晏、开府仪同三司行太子詹事兼御史大夫邠宁山南观察使集贤待制工部尚书渭北节度使鲁国公希让等，凤渐诗礼，恭承教义，芬润挺兰玉之姿，英威矗虓阚之质。而希让识度弘远，器谋沈邃，仁亲以孝，殿国以忠。绰裕冠于人伦，勋劳懋于王室。至德中，今上为元帅东伐，肇允押牙，从收两京，陟降左右。入侍帷幄，既崇翼戴之功；出拥麾幢，载叶澄清之寄。加以笃睦群从，糺绥宗族，吉凶赡恤，终始无渝。行道之人，孰不嗟尚。肃宗以公有谋翼之勤，乾元三年春三月赠魏州刺史。宝应元年冬十月又赠太常卿。广德元年冬十月诏曰："孝以立身，可扬名于后代；忠能事主，故追荣而及亲。开府仪同三司兼御史大夫元帅都虞侯鲁国公臧希让亡父赠太常卿怀恪，业茂勋贤，地华簪绂，佩忠信而行已，包礼乐以资身。守节安卑，幽贞自适，养蒙全正，声利不营。虽与善无征，促龄悲于逝晷；而积善垂祐，余庆光于后昆。故得业济艰难，功参缔构，出有藩条之寄，入多爪牙之任。位以德迁，礼宜加等，父由子贵，赠合超伦。宜登八座之荣，式慰九原之路。"又赠工部尚书，褒异之典，于斯为盛。臧氏自骠骁而下，世以材雄朔陲，尚书既还，特以功懋当代，兄弟子侄，勋贤间出，自天宝距开元，乘朱轮而拖珪组数百人。迨于今兹，繁衍弥炽，绾军州而握兵要者，相望国都。有后之庆，固殊异于他族者矣。真卿早岁与公兄子谦为田、苏之游，敦伯仲之契，晚从大夫之后，每接常寮之欢。故公之世家，窃备闻见，敢述遗烈，将无愧辞。铭曰：

鲁史褒者，臧孙有之。陈鱼则谏，纳鼎以规。殁贵言立，时称圣为。仁昭典坟，知叶著龟。世济忠肃，道光羽仪。以至夫公，英明雄毅。鹗视腾彩，龙骧作气。锋淬霜棱，妙穷金匮。谋猷泉写，翰墨风驶。儒勇是兼，勋庸以位。介驰戎马，猛奋虓虎。绝漠援孤，连兵战苦。万虏鸣镝，纷纷如雨。一身抗词，谔谔连柱。精贯霜日，气雄钲鼓。狄人义激，仆固诚全。眇漫穷裔，随降几千。野静沙雪，风恬塞烟。我骑如云，我旗连天。牧无南向，凯有北旋。天子休之，命侯开国。谓福而寿，康衢骋力。奚命之遭，幽扃是即。十城玉折，万里鹏息。阵云苍苍，日暮无色。令人趋奉，天眷孔明。九原不作，八座哀荣。勇列徽范，芳时懿名。里成冠盖，族茂簪缨。万古千祀，瞻言涕零。

【注释】

[1] 臧怀恪（669—724），唐中期将领。正史中无记载。

[2] 开元初尝游平卢，属奚室韦大下，平卢即平卢军节度使，制营州（今辽宁省朝阳市）。开元五年（717），唐玄宗于柳城复置营州都督府，并于同年在营州置平卢军使，于开元七年（719）升平卢军使为平卢军节度使，经略河北支度、管内诸蕃及营田等使，兼领安东都护及营、辽、燕三州，以更有效地监管和控制奚、契丹等民族。见《旧唐书》卷199下《奚传》《新唐书》卷66《方镇三》。

公元七六八年　唐代宗大历三年
李楷洛神道碑

【出处】 碑文参见（清）董诰等编：《全唐文》卷422《杨炎二·李楷洛神道碑》，中华书局1983年版，第4308—4310页；（清）董诰等编，孙映逵等点校：《全唐文》卷422《杨炎二·李楷洛神道碑》，山西教育出版社2002年版，第2555—2556页。

【碑文】 云麾将军李府君神道碑

斗极之下曰幽都，其气骨立，其风精悍。常山之下曰涿野，其镇碣石，其神蚩尤。海岳回抱，府君出焉；云龙感召，府君感焉。惟天永保唐运，故府君来朝，克生保臣，辅宁大业，坐中台者二子，铭鼎彝者六朝，当国宣九合之勋，升堂有八元之族。府君讳楷洛[1]，先族汉校尉之裔也，世居其北，遂食坚昆之地，实主崆峒之人，大为王公，小为侯伯，其精薄日月，其动破山川，厥后东迁，复为鲜卑之右。府君英明淳浑，神踊天飞，威严生介胄之容，魁岸本山河之状，双舞长剑，左盘珮戈，虎啸于穷溟，云从于大泽，有沉谋以忠中国，有长技以服诸戎。天子闻而思之，密命奇士要之信誓。君子曰："井谷不可以游龟龙，蚁垤不可以栽松柏。"淮阴去楚，百里绝虞，尚父从周，乐生归燕，此必精合于王霸、魄见于祥符。宜乎万方而趋、一言而感矣！是年冬，府君与帐下骑士言曰："吾乃祖本汉将，辱于单于之庭，而今千年大耻。壮士当建功大国，上驾真龙，曷有遇风雨而泥蟠，无卷舒以蜿变？"由是奋跃辽海，翻飞上京。其来也戎羯生忧，其至也幽燕罢警。上御前殿，庭列千官，钟石毕陈，君臣相贺。始问其姓，因赐以家族，特拜玉铃卫将军，先赐以大弓文马，又拜左奉宸内供奉，升玉堂，餐沆瀣矣。帝曰："余欲成幽都，殪死市。"乃命府君为朔方讨击大总管。于是云麾铁骑，川动地踊，左饮青海，北登狼山。帝曰："余欲宅嵎夷，破鸭绿，击靺鞨，俘林胡。"乃命府君兼幽州经略使。于是间榆关，横障塞，三以奇伏，五以胜归。帝曰："余欲军北方之野。"乃命府君为清军。于是敌也无气焰之作，士也无踊跃之劳。帝曰："余欲护垌牧之使。"于是凭列走队，法掩亭院，神螭水瑞，孔阜充硕，帝曰："余欲书日月之常，教熊罴之旅，咨尔职典彼朔方。"复命府君为节度副使。于是镇之以德，宣之以威，师和年丰，罔或不若。帝曰："余欲配勾陈之位，养死事之孤。"乃命府君为左羽林将军。于是蓬头射声，上贯牛斗。帝曰："余欲屠石堡，畴其代谋？"佥曰府君，乃命佐中权，发大号。于是玄黄洒血，玉石俱摧。载初中，两蕃不庭[2]，有诏府君寻盟旧国，单车从汉，二憾来同。戎狄变心，惧我为患，乘主客之势，合豺狼之凶，甲兴于门，车结其外，府君复为死地，甘为国羞，仰而腾驹，若与神遇，横跳出于虎口，伏念叹于龙颜。的卢之师，恶可喻也。吐蕃之寇河源，冲下凭突，矢石交作。府君以精骑一旅，济河之南，万火燎于他山，三军出其间道,惊寇四溃,重围自解。加灶之奇,孰云多也?初,府君将赴征西,谓所亲曰:"余往必克敌,殆不能归。"及班师献捷,殁于中路。明达人之委,顺君子之终,邓公之勇,曷其智也?至若秉季布之然诺,法穰苴之政教,动于军志,举合吏能,奇谋绝于揣摩,故事留于风俗,神对历象,精合晦明。勤道不形,进而人莫见也;为政以德,宠而久弥尊也。始自天后之末,至于圣皇之朝,前后录功凡二十四命,食邑二千七百户,封蓟郡开国公,又加云麾将军,参定国者两朝,拖侯服者四纪,会兵车者百胜,出帐下者千人,国有事,未尝不勤劳。无私可谓知礼,故得大命三锡,重侯累封,辂车山玄,藏于太室。壮图未极,沉疾生劳。临合浦之秋,伏波将老;望河源之道,征虏不归。其年某月日,薨于灵州怀定县之师次,享年六十有七。追赠营州都督,赙物三百匹,米粟三百石。以明年某月日诏葬于富平县檀山原,礼也。

　　夫人某郡都鸿胪卿某之女,异气祥合,高门郁兴,卜邻也钟鼎再悬,受禄也夔龙在席。元子太尉临淮郡王兼侍中光弼,河图钩合,上感神精,磅礴于阴阳之和,同符于玄命之纪。次子将作监光彦,气含精劲,仁服孝慈,列侯于千石之家,从事于四方之志。少子太保光进,命世忠义,纵横知略,天之辰象,物之粹灵。乾元中,太尉以东诸侯三会于河,再以驰骛济于淮海。天子美齐桓之志,系凡蒋之盟,以府君炳德丕赫,积流仁庆,追考功绩,发于简书,论曰忠,累有褒赠,号韩国夫人。于是建庙堂,命宗祝,室有山龙之服,缋有金石之和,昭宣令图,焕然铭篆。以炎掌史之官也,奉命为词。徘徊大名,颂耿弇有终有庆;慷慨观德,美张仲为子为臣。铭曰:

　　茫茫上天,下降狼星。崆峒之野,焜耀其形。于赫巨唐,风雨是经,矧伊本邦,曷不来庭?煌煌府君,为国之翰。从顺于戎,威雉剿乱。阴刚萃灵,渤碣精悍。□□□□,志不可玩。绵绵塞草,天地之下。北拒狼山,野无胡马。殊勋大绩,玉剑玄社。天空武库,海折昆仑。在昔遗庆,鲁之臧孙。曰圣在天,勤于至道。既命太尉,亦崇太保。一门四龙,三作元老。赫赫元老,气合清贞。白发垂冕,高堂有亲。帝命韩国,胙于夫人。亦诏蓟丘,下宠明神。左凿贞石,垂于将来。矧我洪勋,上悬云台。彼丘之颜,此泽之堆。悠悠令德，万古不回。

【注释】

[1] 楷洛，即李楷洛（701—767）。唐朝将领，李光弼之父。除该碑外，其事迹又见于两《唐书》之《睿宗纪》《李光弼传》《奚传》及《新唐书》卷75下《宰相世系表五下》《新唐书》卷106《孙佺传》等文献中。

[2] 载初中两蕃不庭。载初，唐睿宗李旦年号，两蕃，此处指奚与契丹。武则天时期，奚与契丹并称为"两蕃"，对唐时叛时服，成为唐的严重边患。见《旧唐书》卷199下《奚传》《新唐书》卷219《奚传》。

公元七七五年　唐代宗大历十年
李府君夫人张氏墓志

【志盖】唐故归义王李府君夫人故贝国太夫人清河张氏墓志铭

【概况及出处】该墓志1993年出土于北京市房山区医院，现藏北京市文物研究所。1993年，北京市文物研究所在房山县医院发掘了一座唐代砖室墓。该墓早年被盗，男主人墓志仅存志盖，上书"李府君墓志"，女主人墓志则被完整地保存了下来。墓志合一，志盖呈覆斗形，边长72厘米，厚14厘米，中间阴文篆书"唐故归义王李府君夫人故贝国太夫人清河张氏墓志铭"，四周刻十二生肖，四角刻牡丹纹。志石呈方形，尺寸与志盖同，志文楷书26行，有线划行栏，四个侧面装饰壸门，内有双犀相向，中为山石花草，均为阴线凿刻。墓志概况及志文参见王策：《〈唐归义王李府君夫人清河张氏墓志〉考》，《北京文物与考古》（第六辑），民族出版社2004年版，第167—192页。

【志文】唐故特进行左武卫大将军归义都督府都督上柱国归义王赠开府仪同／三司李府君夫人故贝国太夫人清河张氏墓志铭并序／

朝请郎行深州录事参军薛晕撰／

有唐大历十年，岁在单于三月甲午朔七日庚子，贝国太夫人清河张氏[1]薨，／享年九十。夫人列受氏姓，遐哉。邈乎仲则孝友佐周；良乃筹帷仕汉；

晋称博/物；赵曰右侯。龟虎联华，貂蝉弈叶，盐梅柱础，何代无之。曾祖主句/皇部落刺史；祖南莫干皇部落刺史；考阿穆落盆/皇部落刺史。北方贵族，世禄承家。夫人挺淳懿之姿，体柔明之德，迹迈高行，/名齐大家。孝敬以事舅姑，谦损以和娣姒。其理家也俭，其事夫也柔，其厉己/也恭，其捡身也直。俭故能广，柔而心刚，恭以率下，直以全节，克勤内则允正外姻，惟精/惟微，不忌不克。府君[2]以开元廿四年十二月二日即世，子等幼稚在于孩提。/夫人勖以义方，子亦克绍前烈。宝应二年七月一日，皇上以元子功高卫霍，/德冠桓文，乃下诏曰："张氏礼备三从，行全四德。尝有宜家之道，赞成归国/之谋。夫子建功，已受金章之宠，妇姑表德，俾开石窌之荣，可封贝国太夫人"。/恩由子贵，名以德升。无惭象服之华，岂忝鱼轩之宠。昊天降戾，曾不慭遗。/良玉砕于空山，星娿沉于广汉。代丧邦媛，宗倾母仪。昔仲由恨禄不及亲，霜露/增感。今夫人享元子二千石之禄，十有三年，可谓贵矣。未尽采兰之养，俄/嗟荼蓼之哀。元子开府仪同三司行深州刺史兼御史中丞同成德军节度副使/上柱国归义王献诚[3]，季子特进右武卫大将军试鸿胪卿献直。[4]崆峒间气斗/极茂，灵茕茕靡依柴毁过礼。粤以其年四月廿九日，奉迁玄寝祔于府君，/从周制也。呜呼，素灵移于大陆，丹旐指于良乡。渡易水而风悲，望佳城而雾/失。往也如慕，魂也何之。爰勒丰珉，式昭嘉德。晕恭命染翰，无惭直词，铭曰：/

"高门诞庆降生，夫人令仪。不忒渊慎，惟新蔼蔼。元子光光荩臣，惟/家之宝，惟国之珍。虎符作牧，石窌荣亲。秀木必摧，芳兰易折。奄/忽逝水，苍茫苦月。已焉哉，已焉哉。弃华屋而归夜台，泉扃闭而无/昼，楚祝招而不来。"/

【注释】

[1] 张氏（686—775），李诗之妻，李献诚之母。

[2] 府君，即李诗。唐玄宗开元二十年（732），奚酋长李诗、琐高等以其部落五千帐来降。玄宗加封李诗为归义王兼特进、左羽林军大将军同正，仍充归义州都督，赐物十万段，移其部落于幽州界安置。见《旧唐书》卷199下《奚传》。《旧唐书》卷142《王武俊传》又称李诗曾任饶乐府都督。

[3] 献诚，即李献诚，安禄山之婿。唐代宗宝应二年（763），随伪深州刺史李宝臣降唐。李宝臣晚年，欲以军府传子惟岳，但因惟岳年少阇弱，故诛杀李献诚等将领。其事迹考见王策：《〈唐归义王李府君夫人清河张氏墓志〉考》，《北京文物与考古》（第六辑），2004 年。

[4] 献直，即李献直。李诗之子，李献诚之弟。正史中未见记载。

<h1 style="text-align:center">公元七七六年　唐代宗大历十一年
南单德墓志</h1>

【概况及出处】该墓志出土于西安市灞桥区红旗乡，2010 年 3 月 19 日入藏西安碑林博物馆，墓主人为高句丽遗民。志石高 43.5、宽 44.2、厚 7.5 厘米，四侧饰如意云纹。墓志志文共 24 行，满行 25 字，楷书。墓志概况及拓片见楼正豪：《新见唐高句丽遗民〈南单德墓志铭〉考释》，《西部考古》（第 8 辑），科学出版社 2015 年版，第 185—193 页。

【碑文】大唐故饶阳郡王南公墓志铭并序 /

中大夫行秘书省著作佐郎薛夔撰 /

夫人之在生，皆有定分，至于修短，互各等差，况行年八旬，足比上 / 寿。故饶阳郡王讳单德[1]，字单德，昔鲁大夫蒯之后，容之裔也。公生 / 居平壤，长隶□东。自随室已来，其国屡阻王命，累岁征伐。历至 / 于唐，太宗总戎，亲幸问罪，军师太震，瓦石俱焚。时夔曾祖行军 / 大总管平阳公摄甲先驱，骧拔城邑，生擒其王莫丽支，斩首获俘，/ 不可胜计。因此分隶潦东，子弟郡县散居。公之家，子弟首也，配住 / 安东。祖狄，皇磨米州都督。父于，皇归州刺史。昆弟四人，单德元子 / 也。累在边鄙，忠勤日闻。开元初，上知素有艺能，兼闲武略，留内 / 供奉射生。后属两蕃乱离，诏付夔祖汾阴公驱使，[2]频立功郊，授 / 折冲果毅，次至中郎将军。旋以禄山背恩，傲扰华夏，公在麾管，常 / 怀本朝。复遇燕郊妖氛，再犯河洛，元首奔窜，公独领众归降。/ 上念勋高，特锡茅土，封饶阳郡王，开府仪同三司、左金吾卫大将 / 军，食邑三千户。每思报主，愿竭恳诚。于戏！上天不假永寿，以大 / 历十一年三月廿七日寝疾，薨于永宁里私第，春秋七十有八。夫 / 人兰陵萧氏。嗣子珍贡，正议大夫，试太常卿，兼顺州录事参军。夫 / 人□女，长未初笄，居公之丧，哀毁过礼，闷擗初咽，绝浆七朝，耳目 / 所闻，吁而洒泣。上佳忠义，赐之束帛，并给卤部，葬加殊等，恩深 / 霈泽，存殁光荣。以其年四月廿八日葬于万年县崇义乡胡村白 / 鹿之西原，礼也。其词曰： /

懿乎纯确，立操坚贞。少习流矢，攻战成名。其一。 /
□心上答，静难边陲。未□丹恳，二竖交驰。其二。 /
□□孤坟，□对原野。魂散□□，千年永谢。其三。 /

【注释】

[1] 单德，即南单德（699—776），为高句丽遗民，被唐朝封为饶阳郡王。正史中未见记载。

[2] 后属两蕃乱离，诏付夔祖汾阴公驱使。两蕃，此处指奚与契丹，意为南单德在薛夔祖父汾阴公的率领下与两蕃交战。汾阴公可能为唐朝名将薛仁贵之子薛讷或薛楚玉。参见楼正豪：《新见唐高句丽遗民〈南单德墓志铭〉考释》，《西部考古》（第 8 辑），科学出版社 2015 年版，第 185—193 页。

公元七八二年　唐德宗建中三年
王士林墓志

【志盖】 唐故赠户部郎中太原王君墓志铭并序

【出处】 志文参见周绍良主编：《唐代墓志汇编》（建中〇一四），上海古籍出版社 1992 年版，1830—1831 页。

【志文】 唐故赠户部郎中太原王君墓志铭并序

中散大夫试大理评事前兼易州录事参军上柱国赐鱼袋刘常撰 /

呜呼！有唐太原王君之墓。君名士林[1]，字东皋。其先子晋控鹤驾于缑山，乔化凫舄于 / 叶县，灵仙之裔，斯焉可详，泠泠道风，不坠于地。会先帝尊大道，祖 / 玄元，以道莅天下而天下大顺，有若君之元兄，为北羽客，游艺于鸿都，有／诏徵入内道场，为帝修福。其后奏请适莽苍以求灵仙，入崆峒而问政理，及／夫至止，元戎闻而嘉之，署为节度参谋，与之参谋军事，令反初服，奏授廷尉评。／后符阳王牧于易，移参谋于易上。[2]道合有如于鱼水，契同颇际于风云。属／元戎薨，后嗣少，朝廷授尚书节钺以代之。先相公之后嗣，不举先父之职，／诛夷君子，昵狭小人，殊不知敌国在于舟中，倒戈在于麾下，头飞千里，魂散九泉。此盖祸／非天与，孽是自为，虽结境外之交，不救目前之毙，王师一举，如火燎原，望风／遁逃，不敢守其壁垒，如鹰鹯之逐鸟雀，如犀兕之拉犲狼，残孽却保于城德军／城。嗟夫！游鼎之鱼，自不觉其靡烂；巢幕之燕，自不知其覆亡。我尚书收其辎／重，莫知其数。余凶未殄，犹冀偷生，今年春王正月，尚书按节钺入中山，惠行则如／天之再造而人不知，威令则如春之化物而人不见。先是螭唼行人，刳剔子弟，／尚书密表请雪诸家之冤魂，朝廷哀悼之，悉有赠赠。恩深泉路，荣及家人，／由是王少府追赠户部郎中兼一子，官发中使，赗布五十端、绢一百匹。噫！卫人醢子路，／酷毒何深？殷人剖比干，虐害何甚？郎中曾门讳誉，皇任汾州介休府折冲／都尉；大门讳俨，皇任朔州石井府左果毅都尉；皇考讳业，皇赠太子洗马。郎中洗马之第四子也。初任定州恒阳县尉，次转唐县尉。建中二年秋九月／十有八日遇害，时年四十有二。悲夫！嵇叔夜以剑解而称仙，葛稚川以衣空而为道。郎／中即道家之流也，无乃是乎？以三年夏五月廿日卜葬于定州城西嘉禾山之东南古／原礼也。嗣子二人：长曰革，年十四；次曰萃，年六岁；咸有因心之孝，或举崩天之哭。其／吉凶之仪，丧祭之事，皆郎中仁兄主之。君子以为孝行之心，施于兄弟，可以达于天地，／可以贯于神灵。而由旁求三斗碎金之文，命琢一片他山之石，常愿受哀托，力疾而为之，实愧情见乎辞。辞曰：

翼翼郎中，家传令问，实赖仁兄，上纂下训。纂其道德，训及子孙，赗赠诏赠，荣□□／门。麦秀兮苍唐，悲风起兮吹白杨，白杨蒂危，悲风好吹，憧憧过客，孰忍闻斯。／

【注释】

[1] 士林，即王士林（740—781）。唐廷追赠为户部郎中。正史中未见记载。

[2] 后苻阳王牧于易，移参谋于易上。苻阳王，即张孝忠。李宝臣与朱滔战于瓦桥后，表奏张孝忠为易州刺史、太子宾客兼御史中丞，封符阳郡王。见《新唐书》卷148《张孝忠传》。《旧唐书》卷141《张孝忠传》作范阳郡王。

公元七八二年　唐德宗建中三年
彭君权殡志

【出处】 志文参见（清）董浩等编：《全唐文》卷439《王谏·彭君权殡志铭》，中华书局1983年版，第4481页；（清）董诰等编，孙映逵等点校：《全唐文》卷439《王谏·彭君权殡志铭》，山西教育出版社2002年版，第2656—2657页。

【志文】 唐瀛州景城县主簿彭君权[1]殡志铭

有唐建中二年岁次辛酉十一月三日，瀛州景城县主簿彭涗字巨源卒于官。明年十有一月，季弟字长源迎神葬于古渔阳城北采贵里之原。存殁急难，于此极天伦之戚。君之先世，禄至高祖，奕叶琼枝，在邦已闻。曾祖顺，皇朝都水使者。祖杲，御史中丞岭南采访使。考栖梧，蒲州司马，生君身长六尺，性倜傥，善属文，工楷隶。广德中，有季父仕于恒，因省遇乱，来游幽蓟，与弘农扬鳞、太原王譒、河东柳挺以文相友，为当时高唱。及太尉遂宁王司徒义阳公鲁卫更荣，秉旄此府，恩殊寄重，深沈朱户。君尝儒服曳裾，宴语东阁，虽梁邸之待孙羊，窦家之欢崔班，彼一时也。无何，李惟岳以恒赵叛，有诏司徒讨逆。[2]议者若师出乎瀛莫之间，扉屡资粮，仵我文吏，君解巾始拜此命。县与贼邻，防虞初阙，崔蒲之盗，起于仓卒。长吏请避寇，君曰："击柝待暴，家人有备，况国邑乎？苟逃（下阙）。"

【注释】

[1] 彭君，即彭涗，字巨源，唐瀛州景城县主簿。正史中未见记载。

[2] 李惟岳以恒赵叛，有诏司徒讨逆。据文献记载，唐德宗建中二年（781），成德军节度使李宝臣去世，子李惟岳被推为留后。因朝廷没有批准其承袭父职，惟岳遂举兵反叛。唐德宗任命张孝忠为成德军节度使，与幽州节度使朱滔联合征讨。

次年大破李惟岳于束鹿县，李惟岳部将王武俊趁势倒戈，生擒并缢杀李惟岳，传首京师。见《旧唐书》卷 142《李宝臣传附李惟岳传》《新唐书》卷 211《李宝臣传附李惟岳传》。

公元七八八年　唐德宗贞元四年
张仁宪神道碑

【出处】 碑文参见（清）董诰等编：《全唐文》卷 788《李俭·张仁宪神道碑》，中华书局 1983 年版，第 8246—8248 页；（清）董诰等编，孙映逵等点校：《全唐文》卷 788《李俭·张仁宪神道碑》，山西教育出版社 2002 年版，第 4858—4859 页。

【碑文】 银青光禄大夫太子中允赠工部尚书清河张公神道碑铭

天垂四序，所以表成岁之功；地别九州，所以分代天之治。寒燠之运行叶度，河岳之感应有期。是故体五常而承五福，赞九德而著九功。盛业克著于旂常，佳名攸传于竹帛，素行蕴蓄于至德，积庆必贻于后昆。《传》曰："名德若不当代，其后必有达人。"富哉言乎！有唐赠工部尚书张公，孕灵有道之邦，怀抱纵横之略。宏图推于一德，奇表出于万人。操笔运六体之工，弯弧倍六钧之力。轻财扶义，急病攘夷。然诺信于友朋，周给行于州里。不以一隅自束，不以一节自恃。情怀久约，常从结驷之游；座列嘉宾，遍受脱骖之惠。视公家之禄，于我如浮云；顾金玉之藏，比之于织芥。居如列土，誉若置邮。语默顺时，浮沉乐道；俛俛从事，逍遥不羁。尝仕本州，历居右职。贞元初，敕授银青光禄大夫、太子中允。四年，薨于昌平县之官舍，春秋七十有五。旋窆于文安县之西北安乐乡原。夫人扶风郡太夫人鲁氏，左厢兵马使太子詹事福之女。行符箴颂，礼具苹蘩。后公二十二年而没。至是祔焉，礼也。

公讳仁宪[1]，字仁宪，其先清河人。五世相韩，文成见称于汉代。三台辅晋，壮武克大于当时。昭彰四表，厌饫八极。祖讳烈，为瀛州刺史，封清河伯，遂家于燕。王父讳伏明，宣威将军、行幽州游徼府右果毅都尉。烈考讳元皎，宣节校尉、幽州润德府折冲都尉。奕世载德，克广前修。辉华阀阅之门，错综峥峭之秀。元子讳神寂，无禄早世。嗣子讳光朝，冠军大将军、行左威卫大将军、检校国子祭酒、迁兵部尚书。训禀义方，才推命世，学该典礼，识洞机符，倜傥不群，洞达无挠。出则摧敌锋，居则筭韬钤。珠履尝馆于三千，铁衣时驻于十万。勋铭彝器，誉冠缙绅。银黄坐致，琴筑自娱。膺福履以乐天，坦襟怀以卒岁。积庆垂范，高朗令终。诞生元臣，为国巨镇。兵部嗣子仲武，今幽州卢龙节度副大使、知节度使、两蕃经略卢龙军[2]兼充招抚回鹘等使、银青光禄大夫、检校司空、同中书门下平章事、兼幽州大都督府长史、兰陵郡王、食邑三千户。星辰降祚而秉政清熙，帝图立言而金玉王度。严干戈以卫社稷，推象象以究天文。侧席求贤，劳心致理。历阶清级，凤奉鸿私。洎受钺专征，登庸任相。和羹鼎鼐，图治六卿之先；为国干桢，论道三台之列。破獯鬻之众，帐盈七千；拓鲜卑之疆，地开千里。七狄稽颡，百蛮投诚。张国四维，承天八柱。实生灵之藻镜，为明主之腹心。由是赏受二帅，职承阃外之专；泽被台宗，（阙。）受专城之寄。伯氏讳仲斌，蓟州刺史、静塞军营田团练等使兼侍御史。季讳仲至，今涿州刺史、永泰军营田团练等使、检校工部尚书、光禄大夫。姒续家宝，蝉联国桢。黄霸为列郡之雄，关羽乃万人之敌。相国有子曰直方，国子祭酒兼御史中丞。蓟州有子长曰得辅，国子祭酒兼侍御史；次曰得平，兼监察御史、审州司马；敬铉，幽都主簿；敬殷，幽州参军。洎长房有子曰沛，早亡；琇，兼监察御史。有孙曰惠连，兼殿中侍御史。皆珪璋特达，冠盖相望。丹青克绍于形容，兰菊联芳于英蒂。所谓勋业卓冠，儒史名家；穆然清风，高视群品。

相国以逮事逾远，聿修渐遥，松楸既行，贞珉未勒。景行安仰，思心罔宁。是用伐石他山，建碑立隧。以俭居其家，常窥旧史，窃熟华宗，授简勒铭。期于直笔，盛德难名。扣玄关而常思堕泪，謏闻强绎；媲黄绢而徒愧受辛，终惟恐惶。敢载铭曰：

自泮玄黄，即垂载籍。华宗上德，奇谋异迹。问道赤松，受兵黄石。道著昭晰，庆流辉赫。当涂代汉，典午承曹。地分东西，位列卑高。为郎著节，作宰操刀。国储俊乂，代有英髦。降及元魏，清河运偶。为郡临燕，卜居戴斗。公卿窟宅，德义泉薮。史不绝书，士无虚口。惟唐八叶，诞生尚书。文章轨范，礼义权舆。挥金满路，载德盈车。清风穆若，善贾沽诸。泳游道德，蕴蓄儒史。力荷千钧，名驰万里。不享眉寿，不登贵仕。道迈前修，庆流后嗣。克生令子，实曰时英。魁梧器宇，性格恢宏。爵位隆重，度量襟灵。业惟匡国，学表过庭。厥有孝孙，作唐丞相。肃穆凤池，峥嵘玉帐。持衡任重，仗节心壮。龟鹤齐年，山河比量。藉藉群从，愔愔德音。或台或阁，如玉如金。日星照地，桃李垂阴。雪霁昆阆，花繁邓林。晋勒景钟，衡刊彝鼎。金石既刻，丹青重炳。

【注释】

[1] 仁宪，即张仁宪（714—788）。官至银青光禄大夫、太子中允，赠工部尚书。正史中未见记载。其孙张仲武为唐朝中晚期将领。见《旧唐书》卷180《张仲武传》《新唐书》卷212《张仲武传》。

[2] 两蕃经略卢龙军。两蕃，此处指奚与契丹。卢龙军，唐玄宗天宝二年（743）置，在平州城内，管兵万人，马三百匹。见《旧唐书》卷38《地理志一》《新唐书》卷39《地理志三》。

公元七九六年　唐德宗贞元十二年
张孝忠夫人神道碑

【出处】 碑文参见（唐）权德舆撰，郭广伟校点：《权德舆诗文集》，上海古籍出版社2008年版，第288—291页；（宋）李昉等编：《文苑英华》卷934《碑》，中华书局1966年版，第4916—4917页；（清）董诰等编：《全唐文》卷501《权德舆十九·张孝忠夫人神道碑》，中华书局1983年版，第5102—5103页；（清）董诰等编，孙映逵等点校：《全唐文》卷501《权德舆十九·张孝忠夫人神道碑》，山西教育出版社2002年版，第3022—3023页。

【志文】 唐故义武军节度支度营田易定等州观察处置等使检校司空同书门下平章事赠太傅上谷郡王张公夫人邓国夫人谷氏[1]神道碑铭并序

皇帝以文明御方夏，以德礼序人伦。贞元十二年秋九月，诏侍臣德舆以故义武节度、检校司空、同中书门下平章事，赠太傅、上谷郡王张孝忠夫人谷氏之淑行内则，俾刻金石。臣闻《风》有《采蘋》《采蘩》，《易》曰"中馈贞吉"，所以表柔明于内子，昭节信于元侯，宣力献功，抑有其助。夫人之先，魏郡昌乐县人也。在汉元成之代，卫司马吉，以勋劳致命于绝域；大司农永，以文学尽规于本朝。前史书之，以励臣节。四代祖那律，皇朝谏议大夫、弘文馆学士，正直之道，播于清时。曾祖补衮，左羽林军长史。祖倚相，秘书省正字，仍代藏器，晦而不耀。考崇义，天宝末有行师北鄙之劳，累书勋伐，至左金吾卫大将军兼殿中监，赠特进。夫人即特进府君之第八女也。禀是门风，钟于女士，淑闲之度，中外宜之。初，太傅始自军校，建功河朔，克彰妇顺，敬赞宗事，正位于内，尚柔有仪。洎太傅自易部领常山，遂分节旄，以至公相，上略兼资于明智，中壶载扬其惠和。二姓有辉，六姻是宪，尽褕翟之饰，动珩璜之声。建中元年封魏郡夫人，三年进封邓国夫人，旌淑哲也。《鹊巢》之均一，家人之悔厉，笾豆敬斋之色，琴瑟静好之仪，夫人备有焉。惟堂昼哭，良弓继志，上慈下厚，就养无方，此又令嗣之能致其敬也。贞元十一年冬，以门承勋绩之崇，恩有选尚之贵，方筑外馆，聿来上京。十二年二月丁卯，以疾终于万年县安仁里私第，年四十九。遗章上陈，敬而得礼，皇情悯恻，恩赠有加。

嗣子[2]茂昭，义武军节度、易定等州观察处置等使。起复左金吾卫上将军、检校工部尚书、定州刺史兼御史大夫、延德郡王。博陵、上谷之师，以续休绪，戎车委重，优诏抑情。次曰茂宏，雅王府司马；茂宣，舒王府长史；嗣雍，杞王府谘议参军；嗣庆，试将作少监兼御史丞。幼曰茂宗[3]，银青光禄大夫行光禄少卿员外置同正员驸马都尉。皆以纯孝裕盅，居丧执礼。以其年冬十月甲戌，奉夫人之辒车，葬于京师少陵原。不祔旧封，式遵古道，恩延咸里，有命从之。初，夫人之兄从政[4]，实传戎韬之训，以中执法剖符定州。有妹四人，所天皆贵，异姓之社，从夫以尊，公官之教，率性而中，象服交映，鱼轩并驰，其后婚亲，无非勋德。故太尉中书令西平王[5]、今太尉中书令琅琊王[6]，夫人之姻也，纳征佐馂，焜燿于一时。此又闺门之盛，而积善有类也。柔正之风，本于王化，恺悌之泽，洽于幽泉。此臣之所以拜受德音，铭诸乐石也。铭曰：

在汉子云，侃然中正。昌言献可，远绪传庆。降及特进，策勋斯盛。乃生夫人，如玉之温。婉彼淑质，宜乎盛门。金铉石窆，所从益尊。亦既昼哭，道彰训育。中权之贵，克继藩服。下嫁之荣，方承汤沐。生也有涯，寿胡不遐？奄然冥漠，丧此柔嘉。遽还黄壤，空悲白华。秦原隐嶙，丹旐徐引。此焉幽宅，自昔同尽。追琢徽音，终古不泯。

【注释】

[1] 谷氏（748—796），张孝忠妻。《旧唐书》卷141《张孝忠传》作昧谷氏，为李宝臣妻妹。唐德宗贞元三年（787），张孝忠曾遣（昧）谷氏入朝，亲迎张茂宗妻义章公主，德宗赏赐隆厚。

[2] 嗣子，即张茂昭。见《张茂昭墓志》《张孝忠墓志》《旧唐书》卷141《张孝忠传附张茂昭传》《新唐书》卷148《张孝忠传附张茂昭传》。

[3] 茂宗，即张茂宗，唐德宗贞元三年（787），许尚唐德宗女义章公主，拜银青光禄大夫、本官驸马都尉。见《张孝忠夫人墓志》《旧唐书》卷141《张孝忠传附张茂宗传》《新唐书》卷148《张孝忠传附张茂宗传》。

[4] 从政，即谷从政。为谷氏之兄，张茂昭、李惟岳等人之舅。史书称其有智略，但为李宝臣所忌，故称病不出。李宝臣死后，曾劝谏李惟岳的谋叛行为，但未被采纳。见《旧唐书》卷142《李宝臣传附李惟岳传》《新唐书》卷211《李宝臣传附李惟岳传》。

[5] 故太尉中书令西平王，即李晟。唐德宗兴元元年（784），平定朱泚之乱后，李晟因功被赐爵为西平郡王。贞元三年（787），加太尉兼中书令，管理尚书省事务。见《旧唐书》卷133《李晟传》《新唐书》卷154《李晟传》。

[6] 今太尉中书令琅琊王，即王武俊。泾原兵变后，唐德宗曾赐爵王武俊为琅琊郡王。唐德宗贞元十二年（796），王武俊又被加封为检校太尉，兼中书令。见《旧唐书》卷142《王武俊传》《新唐书》卷211《王武俊传》。

公元七九六年　唐德宗贞元十二年
张孝忠夫人墓志

【出处】志文参见（唐）权德舆撰，郭广伟校点：《权德舆诗文集》，上海古籍出版社 2008 年版，第 411—413 页；（宋）李昉等编：《文苑英华》卷967《志》，中华书局 1966 年版，第 5085—5086 页。

【志文】唐故义武军节度支度营田易定观察处置等使检校司空同中书门下平章事赠太傅上谷郡王张公邓国夫人谷氏墓志铭并序

夫人姓谷氏[1]，魏郡昌乐人。其先汉大司农永之后。故义武军节度、检校司空、同中书门下平章事、赠太傅上谷郡王张公之夫人也。四代祖那律，贞观中仕至谏议大夫，弘文馆学士。曾祖补衮，左羽林军长史。祖倚相，秘书省正字，佑兰锜以严禁旅，详鲁鱼以考秘文，犹未充其才，则延耀于后。考崇义，天宝末以雄略气敢，从渔阳之师，每建奇功，亟摧北狄。历左武卫将军、左金吾卫大将军，累兼太仆、殿中，追赠特进。懿是勋庆，丛于夫人。天资才明，动合图史。早以袆褕之诚，宜于钟鼎之门。百两以纳采，三月而助祭。克洽中馈，至于上公。其于佐以纯诚，规以策画，超冠命妇之道，叶赞守臣之劳者有焉。建中元年，疏赋于魏郡，三年徙封于邓国。徽音法度，列在命书。

贞元七年，太傅薨于理所。嗣子今义武军节度、易定等州观察处置等使、工部尚书、易州刺史兼御史大夫、延德郡王茂昭，能业其勤，载延其赏，克家禀训，宣力抚封。六官分职，八命作牧。虞潭荣养，用厚人伦。鲁侯燕喜，方期寿考，伯仲有裕，称于北河。曳裾于邸第者三，持宪于牙门者一。贞元十一年，以幼子银青光禄大夫、光禄少卿、驸马都尉茂宗，既承筑馆之恩，来俟执笄之庆。方荣著代，俄痛终堂，以十二年二月丁卯，寝疾殁于万年县安仁里，享年四十九。

遗表以车服器用上献。王人就第申吊，赐绢三百匹，布一百端，此又恩礼之有加也。尚书以移孝在公，远竭诚信；光禄以衔恤茹痛，躬奉裳帷。

以其年冬十月甲戌，得吉卜于京师少陵原，不祔于太傅，行古之道也。生极
井赋，没有宠赗，恩备终始，以荣以哀。申命司言之臣，采其淑行，用琢琬
琰，铭于墓门。铭曰：

鹊巢之德，夫人之职。辅于上谷，启是邓国。淑慎温惠，徽柔令色。
克大闺门，施于燕翼。万钟虽及，九原俄即。赋命有涯，孝思罔极。

【注释】

[1] 参见《张孝忠夫人神道碑》。

公元八〇七年　唐宪宗元和二年
刘源墓志

【志盖】 唐故工部尚书刘府君墓志铭

【概况及出处】 该墓志出土于西安市长安区，2012 年 10 月 12 日入藏西
安碑林博物馆。志石并盖高宽均 82 厘米，志石厚 13.5 厘米，志盖厚 8.4 厘
米。石四侧饰十二生肖图案；盖题四周饰牡丹纹，四杀饰牡丹纹间四神图
案。志文 35 行，满行 35 字，楷书。盖题 12 字，4 行，行 3 字，阴文篆书。
豆卢次章撰，马用书。墓志概况及拓片见赵力光主编：《西安碑林博物馆新
藏墓志续编》，陕西师范大学出版社 2014 年版，第 453—456 页。

【志文】 大唐故银青光禄大夫检校工部尚书行左武卫大将军兼御史大夫
东莱郡王赠洪州 / 大都督彭城刘府君墓志铭并序 /

乡贡进士河南豆卢次章撰 /

府君讳源[1]，字利物，其先彭城人也。曾祖远，皇朝检校卫尉卿、临
洮军使，袭公。祖贡，皇朝任特 / 进，行右金吾卫大将军，赠扬府都督；父
怦，皇朝任幽州卢龙节度管内支度营田观察处置 / 等使、开府仪同三司、幽
州大都督府长史，兼御史大夫、彭城郡王、开国公，赠尚书右仆射，累 / 赠
太子太保。府君即太保公第三子，越国太夫人徐氏之出也。禀太和之气，挺
生人之秀。门 / 为孝悌之府，代袭台衡之地。德行、言语、文学、政事四
者，公揔而贯之。年十六，明经业，优登第，/ 释褐授幽州大都督府参军。

弱不好弄，长实素心，密而经通，静而条理。迹不杂风尘之伍，性／不违名教之流。伯兄济，膺河岳之灵，冠熊羆之寄，蕴孙吴之盛略，期鹡鸰而勠力。授公幽州／卢龙节度都知兵马使兼知衙事。奉上以敬，率下以诚，致命殉节，在危无挠。临戎而军威益／振，作气而边尘自弭。后一月闻于邻，邻畏其风，牧不犯境；后一月闻于朝，朝旌其贤，爵以／表德，拜银青光禄大夫、试太常卿、上柱国。旋丁家艰，块然在疚。呜呼，奉养尽心而伺色，居丧／过哀而顾体。孝有移忠之制，礼有夺情之义。飞诏起复，授云麾将军、守右骁卫大将军、试／太子宾客，封东莱郡王，食邑三千户，依前充都知兵马使。奋其猛锐，志不违难。立乎将帅之／间，以缉貔武之众。加御史大夫。刚简在躬，蕴松竹不雕之操；宽和驭物，怀烟露积润之性。再／丁内忧，重起复授右威卫大将军，外除授银青光禄大夫、试太子宾客。属狂奚犯边，烽燧屡／警，肆尔蚕毒，搔我邦人。[2]公勇气载振，为国忘身。师向野而霜明，剑出匣而星耀。指麾而川泽／风靡，吟啸而烟尘电灭。特诏加工部尚书。垂二十年壃场罢柝，岂非我公之殊绩欤。累／迁涿州刺史，充本州□□□泰军营田等使。地据要服，民俗劲锐，敦礼乐以存存，习耕战以／自庇。公出柳营，登熊轼，襄惟按部，威政大行。不踰时而俗康境宁，野辟风清，赋诗弦琴，永以／为乐。时因逸游而言□□□□人两秉旌钺，身破强虏，勋赏非轻。边尘幸空，胡为尸禄。乃匹／马朝觐，特拜左武卫大将军。威仪可观，进退可度，交必以信，言必以忠，謇謇汪汪，不可得／而迹也。呜呼，昊天降戾，曾不整遗，未施本铎之用，爰失苍生之望。元和二年秋孟月寝疾薨／于京兆招国里之私第，春秋卅三。有司表闻，／皇帝称悼。遣使奠祭，锡布帛，恤其孤嗣也。昭赠洪州都督，宠其幽灵也。夫人河南豆卢氏，宰／衡懿孙，钟鼎华族。痛良人之捐背，慕柏舟之明誓。驰精爽于冥漠，晞形影于机筵，齐眉之／敬永乖，如宾之风犹在。嗣子绘并幼女等，因心之孝，茹荼泣血，恨弱龄之何罪，痛天罚而奚／诉。先远卜期，龟筮叶吉。以即年冬十一月十九日迁葬于京兆府万年县义善乡兴寿里凤／栖岗，礼也。至于仪卫笳箫，人夫幔幕，并以官给。噫，忠贞立身，存没获宠，公之始终，行藏足以／为将来轨范也。次章幸忝末姻，素钦风躅，抽毫纪实，以

播贞芳。铭曰：/

　　浩浩玄穹，茫茫阴骘。积庆台阶，昭仁 / 圣日。凤洞兵钤，早毗戎律。践卫霍之踪，蓄孙吴之术。松筠表性，冰玉耀质。剑落胡星，功高汉 / 室。金台罢垒，玉珮朝天。威仪袟袟，进退轧轧。道冠上德，寿未中年。苍茫大暮，哀哉逝川。喻 / 浮生于坠露，咽哀挽于遥天。长扃幽垄，遽启荒埏。千秋万岁，苦雾寒烟。

　　乡贡明经马用书。/

【注释】

　　[1] 刘源（775—807），刘怦第三子，官至银青光禄大夫、检校工部尚书、行左武卫大将军兼御史大夫、东莱郡王，赠洪州大都督。《旧唐书》卷 143《刘怦传附刘济传》中对其有记载。

　　[2] 属狂奚犯边，烽燧屡警，肆尔虿毒，搔我邦人。唐中期以后，奚与契丹并称为"两蕃"，对唐时叛时服，成为唐的严重边患。唐德宗贞元四年（788），奚及室韦寇振武。贞元十一年（795），幽州奏报退却奚六万余众。见《旧唐书》卷 199 下《奚传》《新唐书》卷 219《奚传》。

公元八〇九年　唐宪宗元和四年
王士真墓志

【志盖】 唐故成德军节度使检校司空同平章事赠司徒太原王公墓志

【概况及出处】 该墓志于 2007 年 5 月在河北省正定县城北约 6 公里的于家庄村北、南水北调工程施工现场出土。现藏于正定县文物保管所。该志为青石质，正方形，已断为 4 块。志盖阴刻篆书两行 25 字，即"唐故成德军节度使检校司空同平章事赠司徒太原王公墓志"。盖长 149.7、宽 150.6、厚 36 厘米。墓志书体为行楷，计 40 行，满行 43 字。底长 152、宽 151、厚 29.7 厘米。为李序撰，王计书丹，除几处磨泐残缺外，保存基本完整。墓志概况及志文参见冯金忠、赵生泉：《河北正定出土唐成德节度使王士真墓志初探》，《中国国家博物馆馆刊》2013 年第 5 期。

【志文】成德军节度管内支度营田恒冀深赵德棣等州观察处置等使开府仪同三司检校司空同中书门下平/章事兼恒州大都督府长史上柱国清河郡王赠司徒王□墓志铭并序/

成德军节度掌书记承奉郎试大理司□兼殿中侍御史赏绯鱼袋安平李序□/

恒冀深赵德棣等州观察推官朝议□殿中侍御史内供奉赐绯鱼袋太原王计□/

皇唐元和己丑岁，春三月乙酉，辰象变于毕昴之度，□下台臣王公薨于位。浃旬而闻于四海，皇帝申/诏曰："方弼予志，天不恋留。"方岳相吊曰："哲人云萎，□将安放？"军民相哭曰："丧我父母，令将畴依？"夫忠于君，君斯/款；信于朋，朋斯仰；慈于下，下斯慕。故孝先备，而□□忠；德先著，而成于信；仁先积，而业于慈。总是三美，播为百行。/以□□□□，□臻大位，向非孕元精之和，当命世之运，曷至是哉？公讳士真[1]，字公一，其先太原人也。岳状际天，海/董苞地，□□□则崇不可极，远派长源，□荡□古，鸿勋茂烈，振耀当今。自帝喾誉盛德以开基，周文代殷以受命，/灵王垂休，以□□晋轻举，以上宾追高□而不及命，厥后为王氏。秦汉已降，贤达继兴，布在方册，今可得而略/也。晋、宋或播于江南，周、隋或迁于蓟北。五代祖毅，赠邓州刺史；高祖越，赠陈州刺史；曾祖可讷于，赠尚书/左仆射，自公之秉钧衡也，改赠太子太保；王父路俱，□金吾卫将军，赠司空，始自北落，仕于圣朝；/皇考武俊，成德军节度使、太尉兼□书令、瑯琊郡王，赠太师，自公之领旄钺也，重赠太师兼扬州大都督。[2]成立/□流庆，成功业祥。公即太师□元子也。岐嶷表于弱龄，英华备于始□，陶黄中之，正性禀天地之全德；文武/朝王之绎君臣父子之纪。天纵神兴，博□该明。至善，诗之序，书之通，乐之和，礼之敬，咸不师而自至，不习而自弘。/早岁以地望拜□金吾卫兵曹参军，俄而成德军节度使李公宝臣署公戎府之职，三迁至开府仪同三司，试/太常卿兼左金吾卫大将军。建中末，凶狂窃发于京辇，公舆顺动于近郊，复属恒岳尘飞，两河波荡，朝典累拜/先太师检校司空、同中书门下平章事、成德幽州卢龙三道节度使，拜公使持节恒州刺史兼御史大夫、成德／幽州卢龙等军节度副使。兴元岁，泚、滔二竖，燕秦肆虐，□□□□，阵西合谋，烈火焚于中原，翠华狩于南郑。／公忠义奋激，冒险排危，三令阵必胜之师，一鼓克垂天之寇。乌散鱼溃，倾池覆巢，乃皇舆上京。贼泚败于西□／土。建瓴之势，肇自败滔，□□谓赞严父戡难之功，成大君正戈之德。□勋命秩，特拜检校工部尚书，余如故。／□月，详录殊功，再酬懋赏，又拜德棣观察□。公固让不受，复转刑部尚书兼御史大夫、知恒州大都督府事、清河／□王、食邑三千户、成德军节度副使。俄丁尊夫人忧，动皆合礼。朝迁以金革无辟检校骁卫大将军，依前刑／□尚书，余如故。及日月，有除转户部尚书，余如故。贞元十六年，又转兵部尚书，余如故。明岁，先太师薨。／公慕切充穷，日惟药棘，绝浆泣蹈，超古□今。诏书夺情，俾嗣戎钺，起复左金吾卫大将军，依前□□□书、成德／军节度等使。服阕，除尚书左仆射，余如故。旋拜司空。山川以宁，俄登衮职，阴阳以顺，春秋五十一，寝疾而□□□□／兼亚相，□□□书由盛府；两侯旌旄，历上公而登弼辅。崇阶贵秩，逾三十春夏。凶讣京师，皇上震□□□／□□□□赠司徒，仍命左庶子崔枢驰传申吊，给事中吕元膺备礼册命，赙米粟布帛□加常等，盖以尊□□□／□□□□惟公□□生知，德为人范。以严御众，虎旅肃于军门；以礼待贤，琳琅粲于宾府。雅好俭约，克践名□□／之□□，虽疏必兴；义之所御，虽爱必捐。详刑政明，义文经节，财用以丰，武德□□，将大厦俱逸，媪褐与华衮同□／不享遐龄，宜钟后庆。有子十一人，长子承宗，恒府右司马兼御史大夫、节度副使，哀号顺礼，远膜昔贤，忠孝承家，／必复先德；次子承系，驸马都尉、将作少监；次子承迪，赞善大夫兼殿中侍御史，咸被成训，克谐素风。先远／□期，乃篮叶□以其年六月廿八日壬寅，克葬于恒府寿阳原□先茔，礼也。夫人魏国夫人李氏，故成德军节／度使、尚书右仆射、同中书门下平章事宝臣之女，先公三岁而殁，今启而祔焉。[3]地久天长，陵迁谷变，虽鸿勋已／详于国史，靡茂烈载修于泉扃，谨铭墓曰：

惟我长源，肇于帝营，累德流派，宾天启揆，秦汉已还，公侯继躅，南仕江甸，北居海服。粤自司空，被服华风，繁／祉有开，□庆无穷。恭惟太师，燮赞昌时，崇勋定倾，以安易危。嗣德不孤，复生司徒，继纡相印，再握兵符。孝 / 友承家，忠贞体国，黄中通理，谦晦居德，业茂伊皋，功存社稷。话□垂范，威容可□，识苞万有，辩解群疑，清乃化 / 本，俭为德师，□方沐恩，邦国是毗。天胡不惠，贤哲云萎，□宠赠延慈，五教是委，□□流□，百行云履，夜壑藏舟，/ 逝川阅水，贤达同尽，遗芳旧史。/

【注释】

[1] 士真，即王士真（759—809），字公一，王武俊长子，李宝臣之婿。除该墓志外，其事迹见于《旧唐书》卷142《王武俊传附王士真传》《新唐书》卷211《王武俊传附王士真传》。

[2] 皇考武俊，成德军节度使、太尉兼□书令、瑯瑘郡王，赠太师，自公之领旌钺也，重赠太师兼扬州大都督。武俊，即王武俊（735—801），原名没诺干，字元英，唐朝中期藩镇将领。王武俊本为李宝臣部将，宝臣死后，其子李惟岳造反。王武俊杀死李惟岳，但又联合朱滔、田悦等叛乱，自称赵王。唐德宗兴元元年（784），复归朝廷，被封为成德军节度使、同中书门下平章事，赐爵琅琊郡王，并与李抱真联军击败朱滔，加检校太尉，兼中书令。见《旧唐书》卷142《王武俊传》《新唐书》卷211《王武俊传》。

[3] 夫人魏国夫人李氏，故成德军节度使、尚书右仆射、同中书门下平章事宝臣之女，先公三岁而殁，今启而祔焉。魏国夫人李氏，即李宝臣之女。《旧唐书》卷142《王武俊传附王士真传》亦载王士真事李宝臣为帐中亲将，宝臣以女妻之。

公元八一〇年　唐宪宗元和五年
刘济墓志

【出处】 志文参见（清）董诰等编：《全唐文》卷505《权德舆二十三·刘济墓志》，中华书局1983年版，第5138—5140页；（清）董诰等编，孙映逵等点校：《全唐文》卷505《权德舆二十三·刘济墓志》，山西教育出版社2002年版，第3043—3044页。

【志文】 故幽州卢龙军节度副大使知节度事管内支度营田观察处置押奚

契丹两番经略卢龙军等使开府仪同三司检校司徒兼中书令幽州大都督府长史上柱国彭城郡王赠太师刘公墓志铭并序

析木之下，幽陵碣石，融结絪缊，诞灵熊浑，乃生元臣，以翼大君。惟彭城郡王宣力三代，抚封四纪。在德宗朝，纂服旧劳，以亚丞相，得颛征伐，冬官夏卿，再践六职，乃列台宰，乃居师长。在顺宗朝，论道进律，就加司空，又拜司徒。今皇帝聪明齐圣，褒厚功德，擢侍中中书令，绸缪枢衡，临长诸侯。玄衮赤舄，崇其物采，九命二伯，极其名器，勋猷备于赞书，终始焯于代家。五年秋七月，寝疾薨于莫州之廨舍，享年五十四。冬十月，归全于涿州良乡县之某原。追赐太师，不视朝三日，命谏议大夫吊祠法赙，廷尉卿持节礼册，又诏宰臣德舆铭于寿堂，所以加恩报劳，始终渗漏之泽也。

公姓刘氏，讳济[1]，字济之，蜀昭烈皇帝二十一代孙。曾祖弘远，皇检校司卫卿临洮军使，袭彭城郡公，赠宋州刺史。祖贡，皇特进左金吾卫大将军，赠扬州大都督。父怦，皇幽州卢龙节度观察等使御史大夫，赠司徒恭公。公承是覆露，生而岐嶷，深而通，直而和，宏毅忠肃，端明温重，固已蕴绝人之姿，挺希代之器。始以门子横经游京师，有司擢上第，参幽州军事，转兵曹掾，历范阳令，考绩皆为府中最。兴元初以太子家令为莫州刺史，以御史中丞为行军司马，凡吏理之慰荐，舆师之拊循，如良庖之无肯綮，良农之无灭裂。司徒即代，有诏夺情，节哀顺变，讲信修睦，先公之封畛尽在，长帅之威惠毕举。比岁大旱，蝝蝗为灾，絜齐蔬菲，默以心祷。甘雨祁祁，嘉生莓莓，因其丰登，示以班制，古诸侯之令典，靡不具焉。贞元初，乌桓诱北方之戎，幸吾阻饥，大耸边鄙。公先计后战，陈兵于郊，乃遣单车使者，诱掖教告，由是诸戎皆为公用，干不庭方，厥献茂焉。明年，鲜卑墨乙之犯古渔阳，其后啜利寇右北平。公分命左右军异道并出，然后以中坚衡击，士不离伤，师不留行，深入其阻，抵青都山下，捕斩首虏以万级，获橐驼马牛羊以万数。十九年，林胡率诸部杂种，浸淫于澶蓟之北。公亲统革车，会九国室韦之师以讨焉。饮马滦河之上，扬旌冷陉之北，戎王弃其国遁去，公署南部落刺史为王而还，登山斲石，著《北伐铭》以见志。自太行以东，怀和四邻，或归其天伦，或复其地理，警急则解其颠没，居常则纳诸矩度。兵兴以来，气俗相因，或以参败度，或以美没礼，比屋之人，被缦胡而挥孟劳，不知书术。公乃修先师祠堂，选幼壮孝悌之伦，春秋二仲，行释菜、乡饮酒之礼，生徒俎豆，若在洙泗。私门眈眈，公署沈沈，自从事、掾史，迨纪纲之仆，禀稍有伦，采章不紊，接士必下以词气，推贤而容其出处。陇西李益、乐安任公叔，皆以宾介荐延至郎吏二千石，为近臣良守。此又烈丈夫、大君子旷度卓荦之为也。其于勤身裕物，生聚教训，祁寒则颁以絮帛，大歉则振其仓廪，一方之人，蒙被惠和，嘉祥交于动植，孝顺浃于州壤，美化周行，无不及焉。去年冬，王师问罪于常山，公率先蹈厉，累上功捷，引义慷慨，赋诗以献，诏宰司序引百执事属和以美大之。师次瀛州，既围乐寿，又遣支兵，急攻安平，三旬未下，武怒益奋，命其子总以骑士八千先登，公亲鼓之，士皆殊死战，亭午而拔，诛屠无噍类，盖所以宣威制胜于可必也。天子赐以宝剑金甲，彤弓卢矢。方董诸侯之师，将覆其巢，俄感厉气，隐机口占，署总军司马曰："无以吾故而稽天诛。"悉召戏下，以须王命。俄而下霈然之诏，宥罪班师，加公宠渥，已至大病，遗章悃款，不及家事。天下之人，伟其忠劳。总以君命起于倚庐之中，委重戎事，由御史大夫为工部尚书，凡军师之节制，封部之廉察，尽如恭公太师之命焉。茹荼雪泣，祗服盂矩，以国侨之遗爱，知公业之不亡。生极荣号，没有愍册，扬名以继志，善训以克家，君臣父子之道，斯为至矣。褒大臣所以尊王命，懿武事所以恢天声，敢摅馨香，以识冥漠。铭曰：

帝在法宫，推心懋功。洸洸彭城，秉义纳忠。幽都朔易，赐履来宅。便藩渥命，焜耀嘉绩。北戎病燕，从古以然。怀侠荡定，勇略昭宣。燮和之重，公作霖雨。师律之严，公为齐斧。廓开褭骖，振奋威武。保大定功，庞人尊主。却縠敦悦，乃主成师。善经义府，公实似之。北伐刻铭，西征赋诗。播于工歌，列在鼎彝。壮猷未极，大暮如斯。华首童牙，辛酸涕洟。义方绍续，君命吉禄。孝在无改，恩延必复。参差辂葆，澶漫陵谷。勒石下泉，幽元照烛。

【注释】

[1] 刘济（757—810），字济之，唐中期藩镇将领。唐德宗贞元元年（785）九月，继其父刘怦为幽州卢龙节度使，拜检校司徒、同平章事。唐宪宗元和五年（810），因征讨王承宗有功，拜侍中兼中书令，封彭城郡王。然班师后竟为次子刘总所鸩，追赠太师，谥庄武。刘济墓于 2013 年发掘于北京市房山区，其事迹见于《旧唐书》卷 143《刘怦传附刘济传》《新唐书》卷 212《刘怦传附刘济传》。

公元八一〇年　唐宪宗元和五年
乌氏庙碑铭

【出处】 碑文参见（清）董诰等编：《全唐文》卷 561《韩愈十五·乌氏庙碑铭》，中华书局 1983 年版，第 5682—5683 页；（清）董诰等编，孙映逵等点校：《全唐文》卷 561《韩愈十五·乌氏庙碑铭》，山西教育出版社 2002年版，第 3357 页。

【碑文】 元和五年，天子曰："卢从史始立议用师于恒，乃阴与寇连，夸谩凶骄，出不逊言，其执以来！"其四月，中贵人承璀即诱而缚之。其下皆甲以出，操兵趋哗，牙门都将乌公重胤当军门叱曰："天子有命，从有赏，敢违者斩！"于是士皆敛兵还营，卒致从史京师。壬辰，诏用乌公为银青光禄大夫、河阳军节度使，兼御史大夫，封张掖郡开国公；居三年，河阳称治，诏赠其父工部尚书，且曰："其以庙享。"即以其年营庙于京师崇化里。军佐窃议曰："先公既位常伯，而先夫人无加命，号名差卑，于配不宜。"语闻，诏赠先夫人刘氏沛国太夫人。八年八月，庙成，三室同宇，祀自左领府君而下，作主于第。乙巳，升于庙。乌氏著于《春秋》，谱于《世本》，列于《姓苑》，在莒者存，在齐有余、枝鸣，皆为大夫。秦有获，为大官。其后世之江南者，家鄱阳；处北者，家张掖，或入夷狄为君长。唐初，察为左武卫大将军，实张掖人。其子曰令望，为左领军卫大将军。孙曰蒙，为中郎将；是生赠尚书，讳承玼[1]，字某。乌氏自莒、齐、秦大夫以来，皆以才力显；及武德以来，始以武功为名将家。开元中，尚书管平卢先锋军，属破奚、契丹；从战捺禄，走可突于。[2]渤海上至马都山，吏民逃徙失业，尚书领所部兵塞其道，堑原累石，绵四百里，深高皆三丈，寇不得进，民还其居，岁罢运钱三千万余。黑水、室韦以骑五千来属麾下，边威益张。其后与耿仁智谋说史思明降。思明复叛，尚书与兄承恩谋杀之。事发，族夷，尚书独走免。李光弼以闻，诏拜"冠军将军"，守右威卫将军，检校殿中监，封昌化郡王、石岭军使。积粟厉兵，出入耕战。以疾去职。贞元十一年二月丁巳，薨于华阴告平里，年若干，即葬于其地。二子：大夫为长，季曰重元，为某官。铭曰：

乌氏在唐，有家于初；左武左领，二祖绍居。中郎少卑，属于尚书；不偿其劳，乃相大夫；授我戎节，制有疆墟。数备礼登，以有宗庙，作庙天都，以致其孝；右祖左孙，爰飨其报。云谁无子，其有无孙，克对无羞，乃惟有人。念昔平卢，为艰为瘁；大夫承之，危不弃义。四方其平，士有迨息；来觑来斋，以馈黍稷。

【注释】

[1] 承玼，即乌承玼，字德润，唐朝名将。与族兄乌承恩合称"辕门二龙"。其事迹见《新唐书》卷136《乌承玼传》。

[2] 开元中，尚书管平卢先锋军，属破奚、契丹；从战捺禄，走可突于。唐玄宗开元十八年（730），奚与契丹入寇，玄宗诏乌承玼击之，大捷于捺禄山。见《新唐书》卷136《乌承玼传》。

公元八一七年　唐宪宗元和十二年
秦朝俭墓志

【志盖】 大唐故秦府君墓志铭

【概况及出处】 该墓志出土于陕西省西安市东郊韩森寨。现藏西安碑林。拓片志长、宽均82厘米；盖长、宽均81厘米。裴询撰，孙藏器书。行书，盖篆书。墓志概况及拓片见王仁波主编：《隋唐五代墓志汇编》（陕西卷第二册），天津古籍出版社1991年版，第48页；周绍良、赵超等主编：

《唐代墓志汇编续集》（元和〇六七），上海古籍出版社 2001 年版，第 848—849 页。

【志文】唐故开府仪同三司行左领军卫上将军致仕阳城郡王秦公墓志铭并序

乡贡进士裴询撰 /

应书判拔萃朝散大夫前太子通事舍人上柱国孙藏器书 /

公讳朝俭[1]，字觐，冯翊郃阳人也。曾祖讳谅，皇甘州司马。祖讳邈，皇汾州录事参军、赠代州刺史。父讳庭秀，皇左威卫大将军，累赠洪州都督。始以射艺，雄于边朔，位不充量，庆流于公。公克绍先业，练达武经。年十三，则为 / 玄宗殿前射生将。后破郭千仞及收复两都，皆领偏师，共成茂绩。故自邠州良社府折冲，累迁至云麾将军试太常卿，封长沙县开国伯，食邑七百户。大历末，建中初，从司徒马公燧讨李灵曜，伐田悦，摧敌陷坚，收城撕邑，以少击众，皆立殊功。可谓善用士力，使之捐生，誓酬 / 主恩，奋不顾命者矣。进封阳城郡王，属逆贼猖獗，乱我京华。銮舆行幸，次于 / 奉天。司徒马公闻之，筹于公曰：今若弃此一方，全师赴难，是落其奸谋，失我成计也。于夷 / 险之际，合进退之宜，莫如公提我麾下精骑，转战而西，遇凶徒则剪除，达行在则翊 / 扈。如此则唯我与公，得不失为臣之道于方隅多事之时矣。可不勉钦。公闻此艰难，毅然 / 愤发，遂领并州甲士三千，即日遵路。既达长安城北，以群凶方侈，势不可逼，遂顿兵于中渭桥。/ 其日，贼有万众列营于渭水之南。公以将士甚寡，声援未接，乃赢其形以张之，日令五百人 / 饮马于渭，斗志不见，遂无我虞，如是不逾月乃尽济师徒，与诸军合击，大挫凶丑，直抵苑门。捷书上闻，帝用嘉叹。墨诏褒美，赐实封一百五十户，仍加御史中丞。旋属河中 / 节度使李怀光与贼沚窃相影响。帝命马公为副元帅专讨之。以公为先锋都虞候，/ 委之重职，俾罄奇谋，累收晋、绛二州及猗氏、宝鼎数县。勇节既彰，赏典爰及。再加辅国大 / 将军。及整旅归藩，又征奚室围及拒吐蕃之犯河曲者，皆以丹诚累著，明效公议。[2] 以未参军卫、/ 尚佐我府为时政之阙。贞元三年，召至阙下，拜左威卫将军。十一年，充皇城留 / 守。十七年，转本卫大将军。一纪于兹，方承再命。当时为屈，公犹让之。元和元年，/ 今上光膺宝祚，申命旧勋，迁左羽林将军知军事兼御史大夫。未几改左神武将军知军 / 事，副相仍旧。旋就加开府仪同三司、检校右散骑常侍。曾未周岁，三历显秩。人以为录旧则 / 至，抡材未申也。八年，改左武卫大将军检校，兼官悉如故。功成名立，辞剧就闲，得君子善终 / 之道焉。尔明年以小乖，寝膳暂废。朝谒屡有陈乞，遂悬安车。知止之心，上不能 / 夺，拜左领军卫上将军致仕。既谐谢病之志，克享期颐之寿。以十二年四月十日，终于上 / 都宣阳里之私第，春秋八十有二。以其年七月十日安神于万年县浐川乡之龙首原，陪 / 都督府君之茔，礼也。夫人弘农杨氏，先公而殁，及此祔焉。有子六人：长曰应，浙西马步都虞 / 候；次曰炭，河阳马军兵马使；次曰宗衡，乡贡进士；次曰儒衡，前殿中省尚舍局直长；次曰湘，前 / 绛王府参军；季曰泾，乡贡明经；皆承义训，不殒其名。见托斯文，用识幽室。铭曰：/

　　天生伟人，拔俗绝尘。忘躯徇国，扬名显亲。艰难之际，诚节备陈。运筹不测，杀敌如神。乃建 / 殊勋，乃登高位。持宪之荣，珥貂之贵。方崇望实，忽遗荣利。行止之宜，始终无愧。一时盛事，/ 千古嘉名。陵谷有变，钟鼎有铭。令妻早世，同掩泉局。懿胤哀哀，永保家声。

【注释】

[1] 秦朝俭（736—817），唐中期将领，其父庭秀曾任左威卫大将军。正史中未见记载。

[2] 及整旅归藩，又征奚室围及拒吐蕃之犯河曲者，皆以丹诚累著，明效公议。室围，即失韦、室韦，中国古代北方民族。唐德宗时期，奚与室韦联合入寇。如贞元四年（788），奚及室韦犯振武。见《旧唐书》卷 199 下《奚传》《新唐书》卷 219《奚传》。

公元八三八年　唐文宗开成三年
李少赞夫妇墓志

【志盖】唐故潮州刺史李府君墓志铭

【概况及出处】该墓志发现于西安市。墓志志石并志盖均高 52、宽 54、厚 15 厘米，志文 30 行，满行 29 字，楷书，赵弘嗣撰，李文简书。志盖呈覆斗形，盝顶题"唐故潮州刺史李府君墓志铭"12 字，3 行，行 4 字，楷书。盝顶四边饰牡丹花朵和如意云朵相间的图案，四刹面依"左青龙，右白虎，前朱雀，后玄武"为序刻饰四神间牡丹花和如意云朵图案。墓志概况及拓片见张维慎、耿晨：《唐〈李少赞墓志〉考释》，《碑林集刊》（十一），陕西人民美术出版社 2005 年版，第 58—64 页。

【碑文】唐故潮州刺史上柱国李府君夫人会稽县君康夫人合／祔墓志铭并序／

故吏前潮州军事衙推宣德郎前棣州渤海县丞知县事赵弘嗣撰／

公讳少赞[1]，字元佐，陇西人也。曾祖尚古，皇尚衣奉御；祖颎，皇彭州刺史；父士／则，皇太仆卿。

公派接天潢，荣联帝系。年未及冠，授虢州朱阳尉。政佐一／同，才推不器，铓刃所及，事无滞留。历霍丘、广济、唐年县宰，皆绩著殊异，道无／淄磷。或立捍寇之功，或昭惠物之政。二邑之民，于今赖之。宝历元年，左仆射／康公承恩出镇，慎择宾佐，以公才堪经务，筹可参戎，奏请公充两番／判官[2]，恭守斯职，炎凉再移，远夷感抚修之恩，蹢海修朝献之礼，舟航继至，／曾不阙时，从前已来，未有斯比。俄历监察里行、殿中侍御史，改授观察支／使。公以岁久参戎，不乐外府，频□诚恳，请归阙庭，元戎虽即眷能，其如／公器难滞，荐归朝庭，恩拜潮州刺史。公仁以布政，威以除奸，不害物以／沽名，不厚身而薄下。理家以约，临□以丰，教不立而民和，令不施而化洽。加／以降情接士，馨礼待宾。谈谐有古人之风，举措见端雅之度，求之近代，未有／比伦。洎□代之后，开筵命客，洽饮至霄。尝言："当衰迈之辰，授分符之任，首末／三载，遵守诏条，幸存残年，却归京辇，得备位阙下，平生志愿，于斯为／足。"岂期言犹在耳，灾已及躬，二竖不离于膏肓，泱辰奄至于伦逝，以开成元／年七月廿四日终于潮州之官舍，享年七十五。而三邑之人，千里之内，悲号／相属，若丧父母。即古之贤良二千石，未有臻斯者焉。

夫人曾祖植，皇左武卫／大将军；祖孝义，赠工部尚书；父日知，烈考，检校尚书右仆射，晋、慈、习等州节度／使，赠太子太师。夫人生自德门，所禀独异。诗礼之学，无不穷微；闺阃之仪，动／而成范。故六姻仰慕焉。不幸在途遘疾，以来年七月七日终于端州端康县之／旅次，享年五十九，以开成三年五月廿八日合祔于京兆府咸阳县五云乡咸／阳原，祔大茔，礼也。

男有四人：长文质，前任淄州司法；次文冽，前郿县主簿；次文／简，前沂州参军，最幼文贞，器职朋晤，才质侃然，染疾未旬，次公而殁。有女七／人，皆淑德慜行，可为女师，适者衣冠上族，处者淑慜有闻，皆衔荼茹，号慕无时。／今旅梓言旋，归于京国，扶护万里，江山几重，号慕充穷，殆不任矣。弘嗣忝迹门馆，／受恩已深，衔悲叙陈，词芜浅，铭曰：

庆延自远，才唯间生。佐戎立绩，临郡有声。／絮同圭璧，量比沧溟。位寿未极，俄归佳城。千秋已矣，空留德馨。／

开成三年五月廿八日次子文简书／

【注释】

[1] 少赞，李少赞（762—836）。唐宗室，开国功臣河间王李孝恭之后，官至潮州刺史、上柱国。其事迹考证见张维慎、耿晨：《唐〈李少赞墓志〉考释》，《碑林集刊》（十一），2005 年，第 58—64 页。

[2] 宝历元年，左仆射康公承恩出镇，慎择宾佐，以公才堪经务，筹可参戎，奏请公充两番判官。左仆射康公，即康日知，《新唐书》卷 148 有《康日知传》。两番，此处指奚与契丹。唐代节度使、观察使、防御使等均置判官为僚属，辅理政事。

公元八三八年后　唐文宗开成三年后
岐阳公主墓志

【出处】 志文参见（清）董诰等编：《全唐文》卷 756《杜牧·唐故岐阳公主墓志铭》，中华书局 1983 年版，第 7838—7840 页；（清）董诰等编，孙映逵等点校：《全唐文》卷 756《杜牧·唐故岐阳公主墓志铭》，山西教育出版社 2002 年版，第 4618—4619 页。

【志文】唐故岐阳公主墓志铭

宪宗皇帝即位八年，出嫡女册封岐阳公主[1]，下嫁于今工部尚书、判度支杜公悰。始宪宗时，宰相权德舆有婿独孤郁，为翰林学士，帝爱其才，因命宰相曰："我嫡女既笄可嫁，德舆得婿独孤郁，我岂不得耶？可求其比。"后丞相吉甫进言曰："前所奉诏，臣谨搜其人。"因名我烈祖司徒岐公曰："有孙儿悰，年始弱冠，有德行文学，秀朗严整。臣尝为司徒吏，熟其家事，官族世婚，习尚守治，臣一皆忖度，疑悰可以奉诏。"帝即召尚书见，与语大悦，授殿中少监，服章金紫。以元和八年某月日，主下嫁于杜氏，上御正殿。礼毕，由西朝堂出，节幡鼓铎，仪物毕备，引就昌化里赐第，上御延喜楼驻，止主轮，尚书及宾侍，酒食金帛，奏内乐，降嫔御送行。赐第堂有四庑，缋椽藻栌，丹白其壁，派龙首水为沼。主外族因请愿以尚父汾阳王大通里亭沼为主别馆。当其时，隆贵显荣，莫与为比。

主实宪宗皇帝嫡女，穆宗皇帝母妹，敬宗皇帝今天子亲姑，尚父汾阳王子仪外曾孙。太皇太后始以正妃事宪宗，以太后、太皇太后养爱三朝，凡四十年，德厚慈恕，化充六宫。主以一女之爱，降于杜氏，逮事舅姑。杜氏大族，其他宜为妇礼者，不翅数十人，主卑委怡顺，奉上抚下，终日惕惕，屏息拜起，一同家人，礼度二十余年，人未尝以丝发间指为贵骄。始与尚书合谋曰："上所赐奴婢，卒不肯穷屈，奏请纳之。"上嘉叹许可，因锡其直，悉自市寒贱可制指者。自是闭门落然。不闻人声，尚书读书，考今古治乱，主职妇事，承奉夫族。时岁献馈，吉凶赙助，必亲自经手，池塞馆陉，辟球场种树，不数十年，缙绅间杂然称尚书有贤妇。尚书旋出为澧州刺史，主后尚书行，郡县闻主且至，杀牛羊，大为数百人供具，主至，从不二十人，六七婢，乘驴阘茸，约所至不得肉食，驿吏立门外，异饭食以返。不数日间，闻于京师，众哗说以为异事。尚书在澧州三年，主始入后出，中间不识刺史厅屏。尚书治澧州，考治行为天下第一。后为大司徒、京兆尹、凤翔节度使，朝廷屈指比数，以为凡有中外重难，非尚书不可。主贤益彰，虽至宫闱贵号，亦加尊敬。姑凉国太夫人寝疾，比丧及葬，主奉养蚤夜不解带，亲自尝药，粥饭不经心手，一不以进。既而哭泣哀号，感动他人。尚书后为忠武军节度使，所治许州创为节度府五十年，南迫于蔡，屋室卑庳，主居无正堂，处东支屋，恬然六年。许军疆雄，且撑剧寇，自始多用武臣治，各出己部曲家人，疵政弛法，习为循常，有司用比边障远地，掷置不问，民亦甘心。尚书再治之，老民相率两走阙下，遮丞相马，叩头乞留，请树生祠。及诏追去，攀辕携扶，哭于道路。尚书治外，主治内，尚书所至必称，巘巘为名公伟人，主实有内助焉。穆宗以太皇太后敬主，尤为亲信，俯首益卑，车服侍使，愈自贬抑，覲谒温清外，口不言他事。讫穆宗朝，人不以亲贵称。

当贞元时，德宗行姑息之政，王武俊、王士真、张孝忠子联为国婿[2]，宪宗初宠于頔，来朝，以其子配以长女，皆挟恩佩势，聚少侠狗马为事，日截驰道，纵击平人，豪取民物，官不敢问，戚里相尚，不以为穷弱。自主降于尚书，壁绝外之，初怒中笑，后皆敬畏。累圣亦指示主德，以诚警之，至于今，以主、尚书显重于中外，戚里亦皆自检敛，随短长为善，于是旧俗灭不复有。尚书自许奉急追诏，主有疾小愈，强不肯留，曰："去朝兴庆官，纵死于道，吾无恨。"以开成二年十一月某日，薨于汝州长桥驿，享年若干，上废朝三日。其年十二月某日，主丧至京师，比及葬，两宫吊问，相继于道。开成三年某月日，上御正殿，诏丞相嗣复摄中书令正衔宣册，谥曰庄淑大长公主。某年某月日，祔葬于万年县洪原乡少陵原尚书先茔，礼也。生男二人：长曰辅九，年十岁；次曰杨十，始二岁。女二人。某于尚书为从父弟，得以实铭。铭曰：

章武皇帝，唐中兴主。刑于正妃，教及嫡女。婉婉帝子，下嫁时贤。影逐响答，随顺缠绵。杜氏大族，枝蔓蝉联。上有舅姑，高堂俨然。蟒绶龟章，玉佩金轩。养色悦意，待后承前。人不我贵，我敬我虔。始终尽礼，大小周旋。余二十年，谁兴间言。贵不召骄，富不期侈。是此四者，倏相首尾。自古名士，或泥于此。孰谓帝子，超脱摆弃。妇职是勤，夫言是指。池荒馆陊，屏外不履。淑德柔风，天下倾耳。宜乎寿考，归女婚子。不锡全祉，孰提神纪。幽石有志，显笔有史，流于千祀。

【注释】

[1] 岐阳公主，唐宪宗第六女。母懿安皇后郭氏，唐穆宗同母妹。唐宪宗元和八年（813），册封岐阳公主，下嫁宰相杜佑之孙杜悰。见《旧唐书》卷15《宪宗纪下》《旧唐书》卷147《杜佑传附杜悰传》《新唐书》卷83《公主传》。

[2] 当贞元时，德宗行姑息之政，王武俊、王士真、张孝忠子联为国婿。指王武俊子王士平尚唐德宗女义阳公主；王士真子王承系尚唐顺宗之女虢国公主；张孝忠子张茂宗尚唐德宗女义章公主。见《旧唐书》卷142《王武俊传附王士平传》《新唐书》卷83《公主传》《旧唐书》卷141《张孝忠传附张茂宗传》。

公元八四二年　唐武宗会昌二年
陈君赏墓志

【概况及出处】 2002年6月，河南省洛阳市人民政府改造闸口街一带民居，某居民将一方砌于台阶踏步的墓志挖出，据说为上世纪30年代前后于邙山出土。四侧刻十二生肖，每侧3幅，线条简练，刻划生动，形象逼真。墓志形体较大，其左侧因长年踏步而擦损，致使部分文字字口磨失，字体缩小、模糊，但尚可辨识，今由公家保存。墓志概况及志文参见杨作龙、赵水森等编著：《洛阳新出土墓志释录》，北京图书馆出版社2004年版，第199—200页。

【志文】 唐故义武军节度使检校尚书右仆射赠太子太保陈公墓志铭
朝议郎行起居舍人史馆修撰上柱国崔黯撰
朝散大夫前守太子右庶子上柱国分司东都裴恽书
从孙儒林郎守河南府户曹参军辽篆额

济世者文武二道，文嗣武迹，扬其前烈，使国家各有所取者，斯可以为世家矣。会昌二年五月四日，检校尚书右仆射、义武军节度使陈公，薨于易定，赠太子太保。公讳君赏[1]，始成童则秀武拳扬，风岸端厚，不弄不戏。长者视焉，曰："为家嗣子，为国虎臣，未可涯也。"年余廿，以父统义武，始以子弟朝，授定州司法参军。后为军之大将，累以勋劳，授祭酒兼宪寮。

元和十二年，除王府司马，归朝，能以有为淡居散位者数年。长庆初，燕囚故相，赵煞中令，燕围易，赵攻定，两贼相用，约分二郡，合众为寇。上忧，召公对于近殿，上心乃安。即赐宝带器锦，授定州长史，以救其军。公遂与燕人战，脑中劲矢，瘖忍不发，阵罢乃出矢镞，破其众二万人，驲遽以闻，复赏以御史中丞。明年罢兵，拜右威卫将军。服父丧起，拜左武卫将军。宝历初，为宁州刺史。起继母服，拜左卫将军。公在西班，气深才显，类不敢伍。

文宗之三年，南蛮袭蜀，大掠而去。又授雅州刺史，传骑而往，至则修关益城，开田四百顷，复逃三千户。武重政修，蜀人有托。节度使奏课，征拜盐州刺史，益征马建楼，以吹击鼓角，马嘶近郊，鼓震远沙，坐视西戎，使之胁息。九年秋，拜右金吾卫将军，冬拜大将军。先是，变起朝堂，十二月十二日，复有讹言曰，兵又至矣。朝士诡服归道，官次失守，百姓奔走，北望尘起。子城门者皆上关，独丹凤、建福诸门未闭耳。宰相之车未至，至将走矣。公诫门卒曰："事已定矣，不宜复有此。吾为若相之，汝第观吾两手，上而叉者闭之，下而开者勿闭。"即瞻视朝堂，回翔阙上，开手下示，故诸门不闭，顷果无事。时谓门阍，则中外亦否矣。于是名益重。

明年，拜平卢、淄青节度使，在镇三年，仓实府貌，士乐民泰。性质谅，不借声，在廷文士，以故流论，复除右大金吾。时有尹京，约赂贵人，授节梓潼者，给事中封敕，诏行之。至公之敕，复封之。上难两违，改右羽林统军。前此，河南旱蝗，命使巡问。使返，上问："青州为谁?"曰："陈某。"上曰："如何?"使者曰："臣入其境，虽灾，其百姓安。卸亭虽俭，其吏有礼。与之言语少而与理相遇。其后代公者，受其仓府之实，皆过其望。"故为前论者始诎，上亦知之。

开成五年，易定韩威不能军，军煞之，易定乱。上知公，欲起之，廷臣复议请用，遂拜其军节度使。至数月，尽诛为乱者几七百人，易定定，加检校尚书右仆射。军吏请刻碑，上以公之功巨，特诏许之，以示为乱为理之报。

公之祢讳楚，以武略显，为易定节度使。[2]辽阳冀方，迭欲不利，居间六岁，晏然自处。公之祖讳恒，以军功累官至检校工部尚书、御史大夫、易州刺史。公之曾讳璋，平州司马。至公三世，将家矣。公之祢出张氏，谓茂昭，为舅，易定节度使。[3]有功归朝，母夫人张氏封清河郡太君。公家洎大外，凡五世于义武矣。

前夫人陇西辛氏，定州别驾兼御史大夫少诚之女也。祖云景，镇州司马；太原节度使云京，盖其兄也。曾祖赞，左卫翊府中郎将。男三人：曰诲、曰谕，其官皆为兼殿中侍御史。曰諴，试太子正字。后夫人太原王氏，成德军节度使、太尉、忠烈公武俊之曾孙也。祖士清，检校刑部尚书、冀州刺史。父承荣，丹王府司马、赠鸿胪卿。男五人，女子四人。长曰护，惠昭太子陵令，年未周星，余皆幼稚。用其年十月三十日，葬河南县金谷乡，祔于先茔，以辛氏祔。铭曰：

直者不随，德者不倚；众人观之，久自言伟。惟公之为，天授以此；不校其诬，乃显于理。彼相在堂，彼讹在耳；纷纷莫明，由公乃止。师臣不武，军恶傅死；黩我旧邦，公至以珥。是曰世家，实能为子；推孝事忠，公之谓矣。铭以识诸，作后人纪。

【注释】

[1] 君赏，即陈君赏，陈楚之子。除该墓志外，其事迹见于《旧唐书》卷17下《文宗纪下》《旧唐书》卷18上《武宗纪》《旧唐书》卷172《李石传》等文献。

[2] 公之祢讳楚，以武略显，为易定节度使。公之祢讳楚，指陈楚（763—823），字材卿，唐中期藩镇将领。其事迹见于《旧唐书》卷141《张孝忠传附陈楚传》《新唐书》卷148《张孝忠传附陈楚传》。

[3] 公之祢出张氏，谓茂昭，为舅，易定节度使。茂昭，即张孝忠之嫡子张茂昭。见《旧唐书》卷141《张孝忠传附陈楚传》《新唐书》卷148《张孝忠传附陈楚传》。

公元八四四年　唐武宗会昌四年
崔垍墓志

【志盖】唐故河南府伊阙县令清河崔府君墓志

【概况及出处】该墓志于 2007 年冬在河南洛阳偃师出土。志文正书，共 21 行，行 23 字；盖篆书，4 行，行 4 字。盖顶周刻窈曲纹，刹刻四神。拓片 53×52.5cm（志），58×57cm（盖，含刹）。墓志概况见北京大学图书馆金石组胡海帆、汤燕、陶诚编：《北京大学图书馆藏历代墓志拓片目录》，上海古籍出版社 2013 年版，第 693 页。拓片及志文参见赵君平、赵文成编：《秦晋豫新出墓志蒐佚》（第四册），国家图书馆出版社 2012 年版，第 985—986 页。

【志文】唐故河南府伊阙县令清河崔府君墓志铭并序 / 堂弟前郑滑颖等州观察推官朝散郎监察御史裹行镒撰 /

公讳垍[1]，字黄中，清河武城人也。皇太子中允、赠右仆射府君 / 讳佶之曾孙。检校吏部郎中兼御史中丞、太师府君讳陲 / 之孙。太府卿府君讳酆之子。公为人谨厚，处众谦和，早以门 / 荫补家令寺主簿，历右金吾卫曹参军。时本卫大将军张 / 茂宗署引驾仗判官，授河南府洛阳县尉，转河南县丞。[2] / 秉心奉公，皆著劳绩。迁府士曹参军，拜伊阙县令，抑豪猾，/ 抚茕独，陈驱鸡之术，有恤人之美，令行百里，惠布一邑。命屈 / 于时，竟未迁擢，乃从常调。送名于丞相府，方议除授之际，遽 / 迫流运之悲，以会昌四年四月廿五日不幸遇疾终于上都 / 靖恭里之私第，享年五十四。其年六月十五日归葬于河南 / 府偃师县毫邑乡之原大茔之左，礼也。公娶荥阳郑 / 氏，皇太子右庶子称之次女。有子二人，长曰贾七，次阿尚，年 / 皆幼稚。女四人，长适今汝州司仓参军荥阳郑简柔。次以多 / 疾，愿入空门，法号广素。余二人皆卯岁。镒即公之从父弟也，/ 痛幽明之永隔，惧陵谷之变，握管衔悲，直纪其事。/ 乃为铭曰：/

呜呼府君，行周于身。安时俟命，退迹全真。早以门荫，累更吏 / 事。

政推佐邑，化俾三异。卑己奉公，怀仁抱义。未展长才，遽钟/下位。毫邑之原，邙山峻焉。幽室一闭，亿万斯年。/

【注释】

[1] 玽，即崔玽（791—844）。官至伊阙县令，正史中未见记载。

[2] 时本卫大将军张茂宗署引驾仗判官，授河南府洛阳县尉，转河南县丞。张茂宗，张孝忠之子。

公元八四五年　唐武宗会昌五年
幽州纪圣功碑铭

【出处】 碑文参见（清）董诰等编：《全唐文》卷711《李德裕十六·幽州纪圣功碑铭》，中华书局1983年版，第7300—7302页；（清）董诰等编，孙映逵等点校：《全唐文》卷711《李德裕十六·幽州纪圣功碑铭》，山西教育出版社2002年版，第4307—4308页。

【碑文】 幽州纪圣功碑铭并序

幽州卢龙军帅检校尚书右仆射张公仲武[1]，往年修献捷之礼，今岁有铭勋之请。二者君子题之，岂不以诸侯有四夷之功，献其戎捷？春秋旧典也，宗周纳肃慎之贡，铭于楛矢；天子令德也，斯可以为元侯表，可以为后世法。圣上嘉其动而中礼，乃命宰臣采其元功，传于惇史。臣德裕乃敢飏言曰：夫兵者，所以除暴害也。爱人则恶其为害，禁暴则恶其为乱。虽睿智不杀，化之以神；至德允怀，招之以礼。然《书》有猾夏之戒，《传》有修刑之训。虞舜四罪，乃成大功；文王一怒，以至无侮，非德教之助欤？仁圣文武章天成功神德明道大孝皇帝熙我文典，焕乎光明；极象外之微，臻于至道，鼓天下之动，致于中和，虑必钩深，退而藏密。故能神机独照，伐未兆之谋；威光远震，制不羁之虏。当其时也，烽燧迭警，羽书狎至；人心大摇，群师沮气。皇帝以轩后之威神，汉高之大略，光武之雄断，魏祖之机权，合而用之，以定王业。此议臣所以不敢望于清光也。伟哉！天地应而品物生，君臣应而功业成。故龙跃而云从，鹤鸣而子和。方叔伐猃狁，蛮荆来威；安远击车师，西域振服。宜有良将，殿于朔边。

张公阅战器，书成传癖；张仲孝友，子孺塞泉。流落不偶，光景未耀。明主雅闻奇志，持印而拜将军；遥推赤心，筑坛而命元帅。拔自雄武，授之蓟门，果能精诚奋发，策虑逼臆；千里献筹，一心忧国。则知龙颜善将，任人杰而不疑；日角好谋，叹敌国而强意。回鹘者，本北狄之裔也。或曰獯狁，或曰山戎。五帝所不能臣，三王所不能制，前史载之详矣。暨薛延陀之败也，酋帅吐迷度率众款塞。太宗幸灵武纳降。立回鹘部落，置瀚海都督。因我封殖，遂雄北方。代宗之戡内难也，叶护以射雕之士，亲护戎旃。亦由羌挐率师以翼周，北貊枭骑以助汉。既珍大憝，乃畴厥庸，特拜叶护司空，岁赐缯二万匹。厥后饰宗女以配之，立官室以居之。其在京师也，瑶祠云构，甲第棋布，栋宇轮焕，衣冠缟素。交利者风偃，挟邪者景附。其禽侯贵种，则被我文绘，带我金犀；悦和音，厌珍膳。蝎蠹上国，百有余年。既而桀骜无亲，天命不佑；僭侈极欲，神道恶盈。本国荐饥，畜产耗半。黠戛斯感因利乘便，遂焚龙庭。区落萧条，阴燐青荧。今之乌介可汗，亡逃失国，窃号沙漠。非我册命，自为假王。其来也，羡漫阴山，睥睨高阙；玄塞之下，氛雾蔽天。质贵主以前驱，依大国而求援。或丐我米糒，救其饥人；或邀我甲兵，复其故地。外虽柔服，内有桀心。因行人致辞，征呼韩故事，愿居光禄塞，急保受降城。其下有二部，曰赤心宰相、那颉啜特勒。赤心者，天性忿鸷，戎马尤盛。初与名王嗢没斯首谋内附，俄而负力怙气，潜图厉阶，为嗢没斯所绐，诱以俱谒可汗，戮于帐下。其众大溃，东逼渔阳。上乃赐公玺书，授以方略。公以室韦悍亟之兵，近我边鄙，俾其侦逻，且御内侵。寻以征役不供，为虏所败。由是介马数万，连亘幽陵。伏精甲于松櫹，布穹庐于碛卤；散若飞鸟，止如长云；火燎于原，不可向迩。公激义气以虹贯，发精诚而石开；奇计兵权，密授髦俊，乃命介弟仲至与神将游奉寰、王如清、左敌万、李君庆、张自荣、高守素、李志操，率锐兵三万，建旆而前。介胄雪照，戈矛林植；命以义殉，壮由师直，声隆隆而未泄，欲逐逐而不食；戢以听命，严而有威。公曰："险道倾仄，且驰且射，胡兵所以无敌也；致之平原，勒以方陈，我师可以逞志也。"于是据于莽平，环以武刚，首尾蛇伸，左右翼张；轻骑既合，奇锋横骛。如摧枯株，如搏畜兔。摄耆者弗取，陆梁者皆仆。虏王侯贵人，计以千数。然后尽众服听，悉数系垒。谷静山空，靡有孑遗，橐驼駃騠，风泽而散；旃墙阓幕，布野毕收。马牛几至于谷量，虏血殆同于川决。径路宝刀，祭天金人；奇货珍器，不可殚论。乃命从事李周瞳驰传上奏，又命牙门将周从玘继献戎俘。皇帝受而劳之，群臣毕贺。昔长平七征，骠骑六举，窦宪合氐羌之众，陈汤揽城郭之兵。或生灵减耗，士马物故；或邀功捄罪，矫命专征。然犹告类上帝，荐功清庙。顾视二汉，不其恧欤？以公威动蛮貊，功在漏刻，因命为东面招抚回鹘使。先是奚、契丹皆有虏使，监护其国，责以岁遗，且为汉谍。[2]自回鹘啸聚，靡不鸱张。公命裨将石公绪等谕意两部，戮回鹘八百人。虽介子讨罪于龟兹，班超行诛于鄯部，未足侔也。回鹘又遣宣门将军等四十七人诡辞结欢，潜伺边隙。公密赂其下，尽得阴谋，且欲驰入五原，尽驱杂虏。公逗留其使，缓彼师期，竟得人病马瘏，缩朒而退；挫锐解纷，繄公善计。今乌介自绝皇泽，莫敢近边。并丁令以图安，依康居而求活；尽徙余种，屈意黑车；寄托远遁，流离饥冻。黑车亦倚其威重，迫胁诸戎，造谋藉兵，解仇交质。自谓约赍深入，汉将取而未期；渡幕轻留，王师往而不利。公以壮猷远驭，长计羁縻；不媮避嫌之便，终尽致敌之术。将时动而得隽，岂岁数而胜微？矧乎明主仗将帅为爪牙，视戎狄为鼠豱，方猎猛敌，不玩细娱。非周宣无以成召虎之勋，非汉宣无以听营平之计。勖哉上将，光我中兴！公前后受降三万人，特勒二人，可汗姊一人，都督外宰相四人。其他侯王骑将，不可备载。王褒以日逐归德，称为人瑞；班固以稽落荡寇，大振天声，孰若天子神武，百蛮振慑？乘其蹙困，临以兵锋；刘单于之旗，纳休屠之附。非万里之伐，无三年之勤。巍乎成功，辉焯后代。宜刻金石，以扬鸿休。铭曰：

太和之初，赤气宵兴。开成之末，彤云暮凝。异鸟南来，胡灭之征；北夷飙扫，厥国土崩；逼迫迁徙，震我边鄙。长蛇去穴，奔鲸失水。上都蓟门，兵连千里。曾不畏天，犹为骄子！丐我边谷，邀我王师。假我一城，建彼幡旗。归计强汉，郅支嫚词。狼顾朔野，伏莽见赢。雁门之北，羌戎杂处；濊濊群羊，茫茫大卤；纵其枭骑，惊我牧围，暴若豺狼，疾如风雨。皇赫斯怒，羽檄征兵；谋而泉默，断乃雷声；沉机变化，动若神明。沙漠之外，虏无隐情。渔阳突骑，燕歌壮气；赳赳元戎，耽耽虎视。金鼓誓众，干旄蔽地。爰命介弟，属之大事。翩翩飞将，董我三军。禀兄之制，代帅之勤。威略火烈，胡马星分。戈回白日，剑薄浮云。天街之北，旄头已落。绝辔之野，蚩尤未缚。俾我元侯，恢宏远略。取彼单于，系之徽索。阴山寝烽，亭徼橐弓。万里昆夷，九译而通。蛮夷既同，天子之功。儒臣篆美，刊石垂鸿！

【注释】

[1] 张公仲武，即张仲武，唐朝中后期藩镇将领。唐武宗会昌元年（841），率军征讨卢龙军变，任卢龙节度使、检校工部尚书等职，封兰陵郡王。在任期间曾取得对回鹘、契丹、奚作战的胜利，官至检校司徒、同中书门下平章事。其事迹见于《旧唐书》卷180《张仲武传》《新唐书》卷212《张仲武传》。

[2] 先是奚、契丹皆有虏使，监护其国，责以岁遗，且为汉谍。与文献记载相符，据《旧唐书》卷180《张仲武传》："先是，奚、契丹皆有回鹘监护使，督以岁贡，且为汉谍"；《资治通鉴》卷246《唐纪六二》："初，奚与契丹羁属回鹘，各有监使，岁督其贡赋，且訽唐事"。

公元八四七年　唐宣宗大中元年
张锋夫人史氏墓志

【志盖】 大唐张公故夫人史氏墓志铭

【概况及出处】 拓片志长、宽均70厘米；盖长、宽均34厘米。行书，盖篆书。"张锋"据唐大中三年二月十七日《张锋墓志》补。墓志概况及拓片见孙兰凤、胡海帆主编：《隋唐五代墓志汇编》（北京大学卷第二册），天津古籍出版社1992年版，第111页。志文同时参见周绍良主编：《唐代墓志汇编》（大中〇〇五），上海古籍出版社1992年版，第2255—2256页；吴钢主编：《全唐文补遗》（第四辑），三秦出版社1997年版，第177页。

【志文】 易定节度押衙充知军兼监察御史上柱国张公故夫人墓志并序 /

义武军衙前兵马使徐观撰　承奉郎试左卫兵曹参军阎瑾书 /

夫人史氏[1]，其先高，杜陵人也，汉宣帝元年，以外戚故封乐陵侯，生丹为驸 / 马都尉，护成帝功最，累迁左将军，食邑武疆，繇是世为边将，刺守藩郡，而 / 夫人高父其苗裔焉。曾祖权，开元中，将骑兵掠边，名压夷戎，转代州都督；/ 临民性退，自请去官养齿。祖明涉，皇御史大夫行易州刺史；莅事躅 / 法，量土制俗，端治平刑，迁大将军府，改马步都虞候，部三万甲士，权由晋 / 始，二军之任重矣。父论，才拔聪鉴，器载群俗，虽混沦藩府，雄图异出，起义 / 武军入觐，迁右金吾大将军。缉戎有能，转泾源节度使、检校左散骑 / 常侍兼御史大夫。临镇约法施惠，变民制礼，改乐兴教，囊智方启而殁，赠 / 工部尚书。夫人尚书嫡女，外族崔氏，班列朝省，其来魏晋，不克繁绪。/ 尚书善女柔仪，克配君子，自德上谷张公，属女公世，为霸国大夫，故以勋 / 累相袭，冠盖为匹。况公天质灵敏，风仪茂秀，谦谨柔内，忠信直外，孝 / 友敦德，廉洁自己，居游直道，不回视瞩，举奏监察御史，充易定节度押衙 / 知军暨都卫士。内权外柄，出入殷务，服美千卒，给用繁细，才半未展，器度 / 深是，府班龟镜。而夫人孝勤舅姑，劳辛动静，饮膳清温，沐汤几 / 屡，寝与侍宴，靡不亲馈。顷岁公宦未芳，郁悒私怀。孑身京洛。夫人尽 / 自房饰资用，前达显重，亦由兹肇。又公女弟属适他氏，搜索衣玩，饯足行 / 具，如是均施，外内荣润。而操节异器，非笔莫能载列斯行。孰谓天殄善 / 人，倏如火灭，呜呼哀哉！享龄甲子两旬有七，会昌七年正月乙丑殁于军国 / 里之私第。大中元年夏四月己酉，殡于唐城之原，礼也。长子刘十，年未冠，/ 剑主血泣，晨昏莫献，哀心内发，扣地天感，风号树折，亲戚零涕，/ 迩遐伤痛。次子侯十一。[2] 女弟二人：侯五、侯六[3]，俱幼不书，咸诣于坟。列柏旌石，/ 用彰不朽。其词曰：

昭昭史氏，弈弈侯王，桂子兰孙，枝馨叶芳。/ 德行夫人，孝友姑嫜，旌石显节，休名载扬。/

【注释】

[1] 夫人史氏（821—847），《张锋墓志》作"府君夫人史氏，泾源尚书论之长女也"。泾源尚书实即泾源节度使、工部尚书。

[2] 长子刘十……次子侯十一，《张锋墓志》作有男二人，长曰刘十，次刘十一。

[3] 女弟二人侯五侯六，《张锋墓志》作女一人，名曰侯五。

公元八四七年　唐宣宗大中元年
张锋妻史氏买地券

【出处】参见吴钢主编：《全唐文补遗》（第七辑），三秦出版社 2000 年版，第 415 页。

【券文】维大中元年岁次丁卯四月乙未朔□□日己酉，故史氏[1]太夫人去□年正月廿日身化。龟筮协从，相地袤吉。□□城邑死者宅兆宜于定州西北卅里唐州唐城乡，谨用金钱购买地五亩。东至青龙，西至白虎，南至朱雀，北至玄武。内方勾陈，分掌四域。丘承墓伯，封界地畔，道路将军，整齐阡陌。千秋万岁，永无殃咎。百味□食诸□，采物共为□契。知见人是岁月朔，保人当直符故□耶精。伏逃万里，为此约者，地府自当□祸，主人内外□见。急急如律令。女青符。

大唐大中元年四月上旬，太子詹事兼节度军司□掾

张君赠书。

【注释】

[1] 史氏，即张锋夫人史氏，泾源节度使、工部尚书史论之长女。

公元八四七年　唐宣宗大中元年
华封舆墓志

【志盖】府君墓铭

【概况及出处】该墓志 1949 年后在北京市海淀区出土。现藏海淀区文物管理所。盝顶盖。志长 64、宽 64、厚 12 厘米；盖长 57、宽 56、厚 15 厘米。盖文二行，满行二字。篆书。志文 38 行，行 9 至 48 字不等。正书。志上边

中部及左下边均略有残缺。墓志概况及拓片见中国文物研究所、北京石刻艺术博物馆编：《新中国出土墓志·北京卷》（一）上册，文物出版社 2003 年版，第 29 页。

【志文】唐故幽州节度两蕃副使朝散郎检校秘书少监兼御史中丞上柱国赐绯鱼袋平原华府君墓志铭并序 / 孝子乡贡进士郇伯篯 /

粤惟司徒封于商，庆垂于后，光宅于六百年间。微子祐宋，正考父洪德滂沛，施及后系，在右师元司马耦。世有奇节，绵绵联联，/ 于秦汉魏晋周隋间儁良不绝。五代祖师简，唐虔州刺史。高祖立，太原府榆次丞。大王父礼，宣州司 /

户参军。王父楚玉，陈州司马、骑都尉。父晟，朝散大夫、青州别驾、骑都尉，赐绯鱼袋。倜傥大度，志合风云。耽学 / 业文，轻财重义。韬钤之妙，不学而知。府君即别驾幼子，讳封舆[1]，字德之，平原高唐人。累世宅于亳之 / 真源，近宅于宿之符离，枌榰斯在。府君五岁，丁别驾忧，哀毁逾礼，闻于乡间。十岁，能属文。十六，与 / □封儒同举进士。有才无时，三上不第。俱应直言极谏，以犯权豪，诏不下。繇是文行之名，益闻于贤达。兄以元和初从 / □□□刘公辟命，表为幕府。府君亦以其年从东平帅李公辟命，表授崇文馆校书郎，实参一方从事。迁青州 / □□□以太君在蓟门，侍恋心切，恳求罢职，因来于燕。刘公见待，特加礼重。表授幽府户曹掾。安民集事，时无俦比。/ □□□录事参军。清直在公，奸欺屏息。州邑寮属，敬惮如神。大和初，沧帅死，其子同捷擅命。诏幽帅李公载义率兵征之。/ 李公将陈密略，未获其人。素奇府君智辩，因命驰傅上闻。文宗召对三殿，陈事称旨，面锡 / 章绶，拜监察御史。议者咸以此拜恩□□中外稀得。迁幽州节度推官，转殿中侍御史、内供奉。时属主帅失律，司徒史公职在 / 辕门，擅领戎务。文皇赫怒，遽命征之。府君以陈军事，先在京师，诏诣中书，访其要害。因陈深谋 / 于宰相，恳请罢兵。宰相嘉之，闻于天子。天子大悦，命中谒者持诰就邸，拜屯田外郎、充通王幕府。制词略曰：/

秉志忠厚，临事坚壳。早以材术縻于翰□□能适□方以济义。赞中权而有裕，茂戎略而多能。续加上柱国勋。制词略曰：勋级之荣，其来尚矣。

盖所以示其贵而宠其勤也。议者佥曰：朝廷恩兵甲之用，幽人无杀伤之苦，其在/华公一言乎。会昌初，史公薨。天子命抚王纮遥统卢龙节制。府君就邸参幕府事，拜尚/书工部郎。未几，连帅相国张公大破单于军。以参画功，转尚书职方郎，充幽州节度两蕃副使[2]。旋表授秘书少监、兼御史中/丞。僖伯等罪衅深积，上□殃祸。越以会昌六年景寅十月二日，遭弃背于幽州幽都县遵化里第，享年/五十九。呜呼苍天。府君识度详明，器宇方远。忠孝仁义，动必依焉。加以嗜学悦古，孜孜不倦。自六经之外，至百家之/书，逮释氏、老子之说，无不该览。著文集十卷。百行之源，教化之端，历历在其中矣。早岁游宝鸡，客有郑玄之者疾，卧邑/馆数日云殂。府君伤之，因鬻己奴马，躬送郑榇于河南之新安。郑室甚贫，将卖产谢惠。止之不得，乃以中夜/不告而去。贫处亳社，邻有项城尉刘讽者，以沉痼闲居，妻孥早逝，室庐无火，常辍食食之。或衣冠贫寒、嫁娶过时/者，丧事不办者，经于耳目，辄以资助。常和□药，用必效者，以救道途之人。或按狱劾事，不得其情，则/忻然有色。得其情，则惨然而悲。或定刑决罪、难以词缓者，则泣书。可以理救者，则计活。其急急仁义，悯人济物如此。而不享中年，不登大用，何/□于天。越以明年丁卯大中元岁四月十五日，龟筮叶从，葬于幽州幽都县保大乡樊村之原。/夫人彭城刘氏，光王傅、御史大夫□正之女。今迁祔焉，礼也。嗣子僖伯，莫州郑县尉。次子郇伯，举进士。申伯，举三傅。/□□，举学究。长女适太原郭耕，次女适汝南周敬之。皆祇奉训导，不敢殒坠风烈。郇伯/□□遗范，衔哀吐词。铭曰：/

　　□□司徒，降祚于商，子孙昌延兮。庆我祖受氏，世生俦贤兮。伊别驾有材有德，迹不序天子前兮。/□□有后，生府君知名上国，自□□之职，聿来燕兮。三纪于兹，续仲兄芳迹，从事戎旃兮。茂行秀德，芬馥如苣兰兮。/或谋或度，谈笑于上介之筵兮。屡走军事，扬于王庭，咫尺天颜兮。智谋不竭，纵辩如泉兮。/涤濯群虑，致天子忻欢兮。锡以章绶，累官清袟，湛恩绵绵兮。彰文皇好生之德，庇兹土之民不残兮。/滓尘贷赂，仁义视山兮。郑生客死，悯而归榇于新安兮。郑兄弟将以财谢，因夜遁而不宣兮。/勤勤于经，得其奥义，实精研兮。焕乎文章，百行源本，备载其间兮。宜绥寿考，比松柏永坚兮。/曷辜于上帝，俾不逮中年兮。痛罔极之未报，徒叫诉青天兮。得吉于龟筮，宅兆于桑谷之墟兮。/敬思遗烈，哀号以吐言兮。镂彼贞石，虞陵谷之变，俾后人传兮。/

【注释】

[1] 封舆，即华封舆（788—846），官至幽州节度两蕃副使、朝散郎、检校秘书少监兼御史中丞、上柱国。正史中未见记载。

[2] 以参画功，转尚书职方郎，充幽州节度两蕃副使。两蕃，此处指奚与契丹。唐朝以范阳节度使为押奚、契丹两蕃使，处理唐与奚、契丹相关事务。见《旧唐书》卷 199 下《奚传》。

公元八五七年　唐宣宗大中十一年
陈立行墓志

【出处】 志文参见周绍良主编：《唐代墓志汇编》（大中一二九），上海古籍出版社 1992 年版，第 2352 页。

【志文】 故幽州大都督府兵曹参军陈君墓志铭并序

幽州押奚契丹两番副使中散大夫检校秘书少监摄御史大夫上柱国赐紫金鱼袋渔阳李俭撰/

皇唐甲子四周，岁在丁丑，夏四月甲戌，陈君没于府城之肃慎里。越/日景申晦，葬于幽都县礼贤乡之平原。惟君孝达于神祇，悌流于乡党，/信称于朋执，业著于官曹，惠施于危亡，文形于述作，自束发至启手足，/言绝浮伪，行无玷缺，为学不倦，济物不匮，皆章灼炳焕，不可备举，其迥/出人者，今得书之。执亲之丧，头蓬不栉，面垢不醙，负土成坟，必须己力，/残形埏隧之间，寄命晷刻之际，泣尽继血，五周天星，府县旌表，簪裾高/尚，虽从仕进，抱终身之戚焉，盖人之难能。后有从事韦雍死于乱锋，琴/瑟并命，老母弱子，拘诸佛寺，音信不通，樵苏不爨，君与其弟游，□若己/谷，瘗其遗骸，慰其稺羹，昼乞州里，夜饷饘鬻，进恐吏诃，退忧室□，后/诏访遗类，官给葬事，亡者免饫于乌鸢，存者复归于乡井，名教感其仁，/ 豪杰尚其义，此又难之尤者。繇是休闻善价，汪洋郁烈，翔于道路，动于 / 公卿，于是群贤推毂，元侯授简，年过强仕，方从命官，释褐授檀州 / 参军，非其志也。俄改幽州安次主簿，管护军表疏，府换署府兵曹，满□ / 重假前住，职业聿修，声华日美，方期大用，遽踬脩途，春秋五十有八。/ 府主痛惜，闻于上公，赠赗有加，轸悼踰等。平生交友，如断手足，□ / 与扶服，礼如期功，宁止恸于寝门而已。君讳立行[1]，字晞颜。昔周武封 / 帝舜之后于陈国，县于楚，派支于燕，代为蓟人。祖辉父从，皆养志含贞，/ 学而不仕。娶河东柳楚女，有男子女子各一人，并在孩孺。长兄良□□ / 其葬事。君之伉俪，韦氏之出，韦氏又予之出也。本矜慎配，遽此娄□，/ 抚存悼亡，刻石纳隧。铭曰：/

乌虖陈君人之良，错综四科及五常，孝既至兮节既彰，名声著兮道益 / 光，神默默兮天茫茫。宜福而寿反祸殃，妻弱子幼兮行路咸伤，一闭佳 / 城 / 兮地久天长。/

前摄涿州范阳县丞节度要籍赏绯于全益书 /

【注释】

[1] 立行，即陈立行（800—857），官至幽州大都督府兵曹参军。正史中未见记载。

公元八五七年　唐宣宗大中十一年
陈谕墓志

【概况及出处】该墓志出土于河南省洛阳市。现藏河南省新安县千唐志斋。志石长、宽均 31 厘米。正书。墓志概况及拓片见陈长安主编：《隋唐五代墓志汇编》（洛阳卷第十四册），天津古籍出版社 1991 年版，第 73 页。志文同时参见周绍良主编：《唐代墓志汇编》（大中一三三），上海古籍出版社 1992 年版，第 2355 页；吴钢主编：《全唐文补遗》（第二辑），三秦出版社 1995 年版，第 582 页。

【志文】唐故权知沂州长史银青光禄大夫检校太子 / 宾客兼殿中御史颍

川郡陈公墓志 /

公讳谕[1]，字子明，其先颍川郡人也。曾祖易州 / 刺史兼御史大夫；祖妣沂国夫人上谷张氏[2]，/ 祖楚，河阳军节度使、检校左仆射、兼御史大夫 / 赠太子太保，妣清河张氏；父赏，义武军节 / 度使、检校右仆射兼御史大夫，赠太子少保；/ 妣辛氏；继亲封太原郡夫人王氏。公即第二子也。/ 公自沂州考满，赴京论官，不幸寝疾，大中十年 / 三月四日终于上都私第，享年卅三。娶上党 / 苗氏，生子三人：长子刘九，次子颖郎、迎官，皆 / 总幼稚；女四人在室，未及笄年。以大中十一年 / 八月六日葬于河南府河南县金谷乡张村 / 全原里祔先茔礼也。/

【注释】

[1] 谕，即陈谕（824—856）。陈楚之孙，陈君赏之子，官至权知沂州长史、银青光禄大夫、检校太子宾客兼殿中御史。正史中未见记载。

[2] 祖妣沂国夫人上谷张氏。上谷张氏，即张孝忠之女，陈楚之母。两《唐书》亦载陈楚为张茂昭之甥。见《旧唐书》卷141《张孝忠传附陈楚传》《新唐书》卷148《张孝忠传附陈楚传》。

公元八六七年　唐懿宗咸通八年
张建章墓志

【志盖】 唐蓟州刺史兼御史大夫张府君墓志铭

【概况及出处】 因墓主人改葬，此志文分为两部分。志文一参见周绍良主编：《唐代墓志汇编》（中和〇〇七），上海古籍出版社1992年版，第2510—2511页。志文二参见周绍良主编：《唐代墓志汇编》（中和〇〇七），上海古籍出版社1992年版，第2511—2512页。

【志文一】 唐幽州卢龙节度押奚契丹两蕃副使摄蓟州刺史正议大夫检校太子左庶子兼御史大夫上柱国赐紫金鱼袋安定张公墓志铭并序

从兄幽州节度掌书记中散大夫检校尚书工部员外郎兼侍御史赐绯鱼袋珪撰

弟前幽州节度衙前散兵马使总章书/

公讳建章[1]，字会王，中山北平人也。其先受氏于轩后，系祖于前凉，降及冠冕闬闳，/历代沿袭，□□□备，故编近以识□。高祖颐贞，皇特进、朔方节度副大使/知使事、鄁国公，赠司空。曾祖阌，皇特进、太府少卿，充河北陆运使，封临泾/侯，赠太子□□。祖诜，皇儒林郎、守定州北平县丞知县事。/考慄，皇通议大夫、检校太子右谕德、涿州别驾。公幼聪而俊，皙美而和，时/谓闲生琳琅，乡中英妙。洎青襟从师，丹霄有志，年十六，云水兴高，风月吟苦。旋自/试于秋赋，□□著名；尚持疑于春闱，琢磨益厉。大和四载，博陵歉，尤迫旨甘，乃咄/嗟而谋曰：仲由负米，毛义捧檄，孝敬之行也。予独何为执以阙养违亲。便近游方/者燕，既馆□碣石。太保李公厚遇，縻之安次尉。逾年，李公入觐，弘农/杨仆射受钺，星纪再周，渤海国王大彝震遣司宾卿贺守谦来聘。府选报复，议先/会主，假瀛州司马朱衣使行。癸丑秋，方舟而东，海涛万里。明年秋杪，达忽汗州，州/即挹娄故地。彝震重礼留之。岁换而返，□王大会，以丰货宝器名马文革以饯之。/九年仲秋月复命。凡所笺启赋诗，盈溢缃帙。又著《渤海记》，备尽岛夷风俗宫殿官/品，当代传之。历司徒史公知而竟屈。至太尉张公，以素分擢受节度随军，委/之草檄，询之运筹。破虏荐名，授节度巡官监察御史里行，寻迁幽州节度掌书记，/转殿中侍御史内供奉。展陈琳之笔，勒班超之功。不幸府故嗣袭，/福王遥帅，公入处宾寮，迁尚书主客员外郎兼侍御史赐绯鱼袋。将还，加水部郎/中，充观察判官。无何，工部奉遗归阙。汝南周公代，未□而捐馆。/保相清河公弓招，表升驾部郎中，余如故。洎明之典，加兵部郎中幽州节度判/官。大中十二年敷奏对扬，大悦，/圣旨面赐金紫兼御史中丞。贾生宣室之召，方朔辩对之机，百辟荣观。咸通五/年四月，奏升押奚契丹两蕃副使、正议大夫、检校左庶子兼御史大夫。储幄清崇，/亚相显贵。六年十月，摄蓟州刺史诸军事。期桑麦之瑞，慕襦袴之谣，渔阳大理。七/年九月十日，大病于官舍，享年六十一。词锋没于逝川，学植权为朽壤，悲夫！/夫人京兆韦氏，先公而谢五年矣。以咸通八年二月二日，迁窆于府城东南七/里邓村之原，祔用鲁礼。有子二人，长曰冀，前莫州任丘主簿、迁衡前将；婴曰小丑。/有女一人适归义县丞吕令存。皆孺慕号诉。以珪通旧且宗，请志陵谷。铭曰：

碣石山高兮上捧箕星，桑乾水远兮下注沧溟。中有崇岗兮叶吉泉局，贤人官业兮万古芳馨。/

【注释】

[1]建章，即张建章（806—866），官至蓟州刺史兼御史大夫。正史中未见记载。

【志文二】唐故幽州卢龙节度押奚契丹两蕃副使摄蓟州刺史正议大夫检校太子左庶子兼御史大夫上柱国赐紫金鱼袋张公建章墓铭/

中和三年十月十六日自邓村原改葬于幽都县礼贤乡/高梁河北原。/

公元八八九年　唐昭宗龙纪元年
魏州故禅大德奖公塔碑

【出处】碑文参见（清）董诰等编：《全唐文》卷813《公乘亿·魏州故禅大德奖公塔碑》，中华书局1983年版，第8558—8560页；（清）董诰等编，孙映逵等点校：《全唐文》卷813《公乘亿·魏州故禅大德奖公塔碑》，山西教育出版社2002年版，第5040—5041页。

【碑文】盖闻妙谛惟玄，不可以一理测；真筌至奥，不可以诸相求。随万物而泯色空，而不生不灭；超三界而越尘垢，故无去无来。此乃不思议者，其惟西方释迦牟尼佛之谓乎？伏自教传西域，化被中原，汉明推入梦之祥，梁武显施身之愿。语其大也，外不见须弥之广；言其小也，内不知芥子之微。斯乃梵玺衰然，代代相付。肇自摩诃迦叶，迄于师子尊者，统为二十三代。而后达摩多罗降于汉土，至能秀分之为七。而后苞披叶附，派别脉分，其真宗不泯不灭者，则我大觉大师固有系焉。和尚姓孔，字存奖。家本邹鲁，即阙里之裔孙也。乃祖乃父，因官隶于蓟门，历祀既深，籍同编人。和尚以无量劫中，修菩萨行。及兹降世，岂同凡伦？当衣采之妙龄，蓄披缁之大志。未踰七岁，即悟三乘。启白所亲，恳求剃落，遂于蓟三河县盘山甘泉院依止禅大德晓方。乃亲承杖履，就侍瓶盂，启顾全身，惟思半偈。大中五年，伏遇卢龙军节度使张公奏置坛场，和尚是时戒相方具。而后大中九年，再遇侍中张公重起戒坛于涿郡，众请和尚以六瑜星纪，三统讲筵，宣金石之微言，示玉毫之真相，三千大千之世界，靡不瞻依；十一十二之因缘，竟无凝滞。禅大德玄公者，即临济之大师也。和尚一申礼谒，得奉指归。传黄蘗之真筌，授白云之秘诀。所为醍醐味爽，乍灌顶以皆醒；薝卜花香，才经手而分馥。一旦旋辞旧刹，愿历诸方。西自京华，南经水国，至于攀萝冒险，蹋石眠云，经吴会兴废之都，尽梁武庄严之地，无不追穷圣迹，探讨朝宗。后过钟陵，伏遇仰山大师方开法宇，大启禅局。赴地主之邀迎，会天人之供施。面陈奥义，众莫能分，和尚立以剖之，如刀解物。仰山目眙击指，称叹再三，遽闻临济大师已受满相蒋公之请，才凝省侍，飞锡而遽及中条；寻获参随，置杯而将渡白马。当道先太尉中令何公，专发使人，迎请临济大师。和尚翼从一行，不信宿而至于府下，而乃止于观音寺江西禅院，而得簪裾继踵，道俗连肩。曾未期年，是至迁化。斯盖和尚服勤道至，展敬情深，无乖灵堵之仪，克尽荼毗之礼云。

乾符二年，有幽州节度押两蕃副使检校秘书兼御史中丞赐紫金鱼袋董廓，及幽州临坛律大德沙门僧惟信，并涿州石经寺监寺律大德弘屿等，咸欲指陈盘岭，祈请北归。[1]和尚欲狥群情，将之蓟部。晨诣衙庭，启述行迈。先时，中丞韩公之叔曰赞中，遽闻告云，抚掌大敬，乃曰："南北两地，有何异也？魏人何薄？燕人何厚？如来之敬，岂如是耶？"和尚辞不获已，许立精舍。韩公之叔常侍及诸檀信，鸠集财货，卜得胜槩，在于南砖门外，通衢之左，成是院也，有如化成，松枏将杞梓俱来，文石与碔砆浺至，重廊复道，竹翠松青，四户八窗，风轻月朗。和尚乐兹幽致，用化群迷，开解脱门，演无量法，能使天花散地，水月澄空，常与四众天人，皆臻法要。六州士庶，尽结胜因。岂谓一念俱尸，奄从物化。斯乃文德元年七月十二日也，享龄五十九，僧腊四十一。有亲信弟子藏晖、行简，一以主丧，一以传法。大德奉先师之遗命，于龙纪元年八月二十二日，于本院焚我真身，用观法相。阖城禅律，继踵争来，四达簪裾，连肩悉至。于是幡花蔽日，螺呗

喧天，火才发而云自愁，薪不加而风助势。三日三夜，号礼如斯。于香烬
之中，得舍利一千余粒。诸寺大德，各各作礼，请分供养焉。于戏！雪氄如
故，其仪宛然，捧一履以徒悲，仰双林而莫见，遂建塔于府南贵乡县薰风
里，附于先师之塔，志也。亿到职之初，曾获瞻礼。法主大德藏晖，不以亿
才业庸浅，具闻于我公，相请撰斯文。亿秉笔惕然，得尽芜鄙。铭曰：

　　传如来教，厥惟大雄。百千劫外，方丈室中。慈悲是念，色相皆空。
端然不动，岂染尘蒙。矫迹三界，安心四禅。身虽是假，道本无边。璞内有
玉，火中生莲。传法何处，随其有缘。越绝支遁，匡庐远公。高情远致，迹
异心同。既离邪缚，肯处凡笼，松轩竹径，空悲夜风。我性不动，我心就
然。果得舍利，粒粒珠圆。幡花艳闪，螺呗交连。唱偈作礼，声彻梵天。宝
刹新建，招提旧踪。莲芳不见，葱岭谁逢？响亮朝磬，清泠夜钟。历千万
祀，传我禅宗。

【注释】

[1] 乾符二年，有幽州节度押两蕃副使检校秘书兼御史中丞赐紫金鱼袋董廓，
及幽州临坛律大德沙门僧惟信，并涿州石经寺监寺律大德弘屿等，咸欲指陈盘岭，
祈请北归。董廓，官至幽州节度押两蕃副使、检校秘书兼御史中丞。两蕃，此处指
奚与契丹。正史中未见记载。

公元九七八年　辽景宗保宁十年
李内贞墓志

【概况及出处】 李内贞墓于清乾隆三十五年（1770）在北京市琉璃厂发
现，同出有墓志一方。后提督两窑厂工部郎中盂澍募人改葬，志石亦被埋入
地下。志文只有盂澍抄得传于世。对此《潜研堂文集》《授堂金石文字续跋》
均有记载。录文据《潜研堂文集》《日下旧闻考》《辽文存》诸本校订，同时
参见陈述辑校：《全辽文》，中华书局 1982 年版，第 86—87 页；向南：《辽
代石刻文编》，河北教育出版社 1995 年版，第 53—55 页；阎凤梧主编：《全
辽金文》（上），山西古籍出版社 2002 年版，第 837—838 页。

【志文】大辽故银青崇禄大夫、检校司空、行太子左卫率府率、御史、上柱国陇西李公墓志铭。

李公讳内贞[1]，字吉美，妫汭人。唐庄宗时举秀才，除授将仕郎、试秘书省校书郎、守雁门县主簿，次授蔚州兴唐县主簿，次授儒林郎、试大理寺丞、守妫州怀来县丞。大圣皇帝兵至，迎降，加朝散大夫、检校工部尚书兼御史中丞、赐紫金鱼袋、兼属珊都提举使。嗣圣皇帝改银青光禄大夫、检校尚书右仆射、兼御史大夫。天授皇帝加检校尚书左仆射、故燕京留守、南面行营都统、燕王。达剌以公才识俱深，补充随使左都押衙、中门使兼知厅勾，次摄蓟州刺史，次授都峰银冶都监。天赞皇帝改检校司空兼御史大夫、上柱国，次行太子左卫率府率。保宁十年六月一日，薨于卢龙坊私第，享年八十。以当年八月八日，葬于京东燕下乡海王村。先娶殷氏女，有三子。后娶何氏女，生二男。弟僧可延，天顺皇帝授普济大师，赐紫。长子瓒，金紫崇禄大夫、检校司空、南奚界都提纪使兼御史大夫。[2]次子玉，燕京都曲院都监、金紫崇禄大夫、检校司空兼御史大夫、上柱国。次子琰，银青崇禄大夫、检校尚书右仆射兼御史大夫、上柱国、前大石银冶都监。次子琩，前辽兴军节度推官、将仕郎、试秘书省校书郎。次子璟，摄宜州观察推官。

【注释】

[1] 内贞，即李内贞（899—978），曾任辽检校司空兼御史大夫、上柱国，次行太子左卫率府率等职。正史中未见记载。

[2] 长子瓒，金紫崇禄大夫、检校司空、南奚界都提纪使兼御史大夫。南奚界都提纪使，辽代官职，应与奚人聚居之地相关。

公元九七九年　辽景宗保宁十一年
耶律琮神道碑

【概况及出处】该碑位于内蒙古自治区赤峰市喀喇沁旗西桥乡松岭之铁匠营子村。碑首前额篆书"故太师令公神道之碑"3行9字。碑身高236、宽122、厚27厘米，四面皆刻铭文。碑文阴刻，正书，计正面行26，背面

行22，右侧行4，左侧行5。每行11至89字不等，存3229字。此碑1971
年被毁。碑刻概况及拓片见盖之庸编著：《内蒙古辽代石刻文研究》（增订
本），内蒙古大学出版社2007年版，第58—66页。碑文同时参见陈述辑校：
《全辽文》，中华书局1982年版，第84—86页；向南：《辽代石刻文编》，河
北教育出版社1995年版，第56—59页；阎凤梧主编：《全辽金文》（上），
山西古籍出版社2002年版，第70—74页；向南、张国庆、李宇峰辑注：《辽
代石刻文续编》，辽宁人民出版社2010年版，第340—344页。

【碑文】大契丹国推忠奉国佐运功臣、镇国军节度、华、商等州观察处
置等使、特进、检校太师、赠兼政事令、使持节华州诸军事、行华州刺史、
上柱国、漆水郡开国公、食邑三千户、食实封三百户耶律公□□铭并序 /

燕台左街资恩寺传大教阿阇梨传教大师赐紫敬贤书。

华州衙内马步军都虞侯郭青撰。

故太师令公授赐人户一百八十三户。/详夫人生于天地之间，禀气授生
谓之命也。故能者养之以□福，不能者败之以取祸。是故贤人君子知天命之
不义，故自励其身，思没世而可传。潜修厥德，安人济众，生有殊功，勒鼎
铭钟，死而冥目，乃君子之福。为古往今来，先达后 / 进，金门玉阙，授紫
施朱，禄食万钱，位极一品，善恶不恒，患难终始长恨恨耶，不能致于斯道
也。独有我推忠奉国佐运功臣、镇国军节度、华商等州观察处置等使、特
进、检校太师、赠兼政事令、使持节华州诸军事、行华州 / 刺史、上柱国、
漆水郡开国公、食邑三千户、食实封三百户耶律公，性叶乾坤，气分 / 岳
渎，行惟恭肃，渐至神明，爰始及终，躬行不怠。依忠贞而卫社稷，上赞 /
圣君；推仁化以徕远人，下安黎庶，辉焕筋崇，功勒鼎□，□驰颂声，词无
可愧，生死如一，行不见老，贻厥孙谋，以燕翼子。公讳琮[1]，字伯玉，姓
耶律氏，世为漆水郡人也，与国同宗，且□□□□耶。相□□□□，□□
不群，体□□ /□，言词稳约，待人敦厚，恒厌轻佻，进退有常，代推师
表。列祖讳匀赌衮，乃大圣皇帝之同母弟也，谋智深博，达于理行，咸推
奇德，何所踵焉。肇启国章，殆兴文轨。高□□□，赏罚□□。不图所猥 /
之业，守之以道德仁义，播之以礼乐诗书。聚畜蒸民，圣□□事，凤夜匪

懈，戮力勤王。复乃秣马砺兵，躬擐甲胄，蒙犯霜露，跋履山川，而恭陪大圣皇帝，待有道而征无道，改霸图而兴/□图。富有天下，大崇宗嗣，乃公烈祖之勋也。厥后大圣皇帝封建兄弟，赏异众臣，九锡恩深，百辟奉荣，特殊冠冕，宠以元良，拜为东丹国左宰相。分城夺邑，非郑比叔之品流；朱履白圭，真鲁周/之伦也。烈考讳允，与嗣圣皇帝为从昆弟，□□□彩，人望迁延，可谓汉水金钟，不是寻常之器；秦川玉玺，诚为命世之符。加以富而好礼，贵而不骄，文武驰张，两途俱美。分茅烈土，东效未/□□于伯禽；木落花雕，西日俄沉于回也。公承祖考之□，故恭而行之，复恐陨坠。公幼孤独，立亦受艰辛，敦趋庭而垂短发，无父何怙；思啮指而旋回辕，有母谁从。多难排忧，唯天是诧。家臣仆□各无同/念□□，奴婢货财尽属他人之手。公于是年虽童幼，□□戏及之间，长有成家之意，愚蒙侪辈同得而知，动作有规，暗疑神助，未览典籍，与道无违。公因静日泣而自勖，知祖考之德，不可怠而辱/□，祖考之家业，不可久而赜之。三事不终，殆为不孝。□□故发愤忘食，夜不遑寐，乃师古以立身，讨六经而修德。敦书阅礼，晋郡教轨范可亲；毁衽易纕，鲁昭公童心是悲。卑词下已，见贤思齐，绳晓/□□，全而有立。又锱铢戏狎，流俗莫亲，俨然有不可弃之志。公以心藏巨岳，量纳四溟，弱而持宽，众返归浦，招携逆散，家道赫然。公之尚幼，能行斯道，以全先人之基业也如此，想□贾王孙之徒，周子郑蝹之/□，□□喻众暂时多言偶中，尚存传记，纪公成家之□□也。咸谓明月才生，便有六合之色；大鹏未化，俄藏万里之心者也。公方龄十有五祀，适遇嗣圣皇帝按兵观衅，问罪中原，/□□有鉴无私，恩及有德，擢公为先军监师，莫不雄□武□殿情深，建旐麾旌，奔车摩垒，料敌强弱，进退合宜。先人有夺人之心，无阵不破；出国有取国之计，遇敌皆擒。公之少勇也，又能如/□□□此也。皇帝饮马汴河，屯兵梁苑，嗣晋伏罪，犬立□□时。乃发仓廪，开府库，搜宝器，取珍玩、子女玉帛、齿革羽毛难得之货，雾集云屯。稀代之宝，山高岳积，人竞贪取，以实私家。/□□□时，略无所取，公之少俭又若此乎！吴祐说薏苡之嫌，□□匡谏；贾谊受河南之举，岂解从军。逮至天授、天顺二帝之朝，优游自得，不拘官爵。恒乐以琴棋歌酒，玩之以八索九丘。雪落西园，/□□□□□之赋；花开南馆，闲裁以宋玉之诗。处宗子之中贵矣！□□之弟，富又富焉，富贵在身，曾无荒怠，泊然澹薄，乃世代之乐天也。自天赞皇帝嗣位二年秋七月，以公鳌柱材高，龙宫种贵，起家/□□□□崇禄大夫、检校太保、右羽林军大将军兼御史大夫、上柱国。及期年，复迁右龙虎卫大将军，以为撰列之帅，羽卫乎皇宫。保宁癸酉夏六月，皇帝以公任内既送往事生，偶居无猜，处外可继。/□□□□利家国，复下纶绋，重加宠赐。委持使□□郡符。授推忠奉国功臣、昭武军节度、利巴等州观察处置等使、特进、检校太傅、兼涿州刺史、西南面招安巡检使、契丹、奚、渤海、汉儿兵马都/□□、漆水郡开国伯，食邑七百户。[2]旋加左卫上将军，俾赏□□。公之莅涿郡也，仁政俱行，宽猛兼济，戢彼干戈，用兴民利。况涿郡也地迫敌封，境连疆场，盗贼公行，天疬时降。内奸外宄，出入难虞。雀角/□□，□□猜衅，由是民心不一，诈伪万端，导行逋逃，聚散无常。豺狼满野，蛇虺盈郊，唾毒穿乡，瘅残井邑，边人畏惧，斥候日警，夫妇男女不遑启处，诚无周召之材，伊尹之德，斯郡难于臻与理乎？/□□□□仁惠，示之以赏罚，以杀止杀，刑期不刑。上行乎□□□未三载俄变，效襄□露贞之徒。去兽不殊之功□□□糜草布政优不刚百□□……□用咸不轨□□□□……□/□□□□节，大拥貔貅见斗，依时教之礼，让之以□□，远结欢盟，玉帛交通须为政，道路无壅，烽堠疆高眠□□□……□/□□□□□不已，途作咏歌，不胜所□，共吁请□刊石纪颂。保□□□□……/天辞□以疾。皇帝由是省以不在边政……授推忠奉国佐运功臣、镇国军节度、华商等州观察处置等使、特进、检校太师兼侍中、使持节华州诸军事、行华州刺史、上柱国、漆水郡开国公，食邑三千户，食实封三百户。处三公之首，为帝王之师。荣戴金昭，重今国玺。显人臣□名之义足矣。□君父报□□□恩矣。/公恒因暇日，历览前规，宠厚若惊，满盈自□成名，遂奉身而退，喜归私地，逸乐自娱。然公长以释教为事，□□二年，□□□□□流□□□□□□□□福□心是□，改玉馔而为香馔，不辍参禅。公是凤夜斋心，慕亲□□。欲瘤无为之理，大崇有相之因。至咸感神果□□公愿□□燕台左街资恩寺□□□……路，千里山河来游，／凤阙逢缘，使度贵践。□□至霸州延昌寺□□秘密传十地戒条，士庶归依。王候郑重□其以善□墀□□□……亲领门生故／吏遐游岭外，点检牧□以资亲付儿男□至自□□。公长快快耶，恨恨耶，未得闻燕台上人之教法，因感神道□善□□□……田庄南院之别馆，开启灌顶道场，□□菩提心戒。公寻废□□合坛铃杵并道场合要法具，并愿舍施燕台传教上人，公发弘愿未遂，行□□□……西日易殒，命定短长，□年□□□□三日而终，公享年五十有一。莫不星落天上，市罢寰中，人之云亡，邦国弥粹。花飞叶落，莺啼寂寞之声；雷□□沉，龙从六方之云。郊原失色□□□……倾柱／石，适有郑国夫人□凤凰之□□，哀琴瑟以韵□，□礼奉终，于义适中，以令公在病，夫人之视疾也，亲奉汤药，朝不暇食，体唯温凉，夜不解衣。终始两年，其心若□□□……也，是大圣皇帝之侄女也。皇帝以祥□蛇虺，视若殊□，幼长皇宫，以为己女，乘龙下嫁于诸侯，班制欲□于王后。夫人之父，乃有国之后也，世为大契丹国皇亲，由齐鲁与秦晋之□也。□□□□，尚公主为驸马都尉，／后锡以极品，封建□□，以袭先人之□，用彰□□之荣。夫人之姊，寔助天顺皇帝内治，六宫化冷，万姓德标，彤管□播□□，乃妻姊后妃之伦也。夫人之宗世联襟房，以贵姓宫□亲故，□□□□氏之化也。／夫人之出也，拔连天眷，□□□柔顺侍躬维□得。有如花之□，藏匪□之心。爱日闺门，专承姆教。奉采苹之祀婉娩所□，咏□□□□以配□子。于戏！行善无验，不获偕老。□□□厥□□□□，未亡之苦，□既／溢矣，妻将畤依。莫不□重□□恩□天地断□，而截霜□志可守乎。生同处而死同归，本大礼矣。夫人于是亲与长男华州马步军都指挥使昌言，次男华州衙内马步军都指挥使昌时，季男阿㐌奴与幼女少妇，并门生故吏部曲人员，以□□□事语询于众，卜其兆宅，安厝玄宫，以□马埋□旧是污俗之礼，枫棺柏椁宜遵无陋之仪。□予□□□蹙，哀号俯伏承命。夫人便于二三孝子门生／故吏部曲人员，亲往□□□……马盂山□□□峰岭□，老松古柏，偃亚麟□。异草奇花，掩蕴芬馥。潺湲清涧，疑行田洗。□之川黛烟岚，寔□□寻真之地。人心忻乐，生死何别。又何／须访牛眠于陶侣，□□□……加以叠障，□阳关□□□唯斩□□□交通，真诸侯朝王之象。是三公所营之墟，苟称人心，谁云不可。保宁十一年春□二月丙寅，夫人爱命植夫驳驰于役，庸赁百工大营葬事，人蒙恩惠，□□□……日宽趍□，□不满期，封域俄就。其圹也东西五仞，南北七寻，大小方圆于礼无陋。埋车涂盏，免夫君子之讥；闭隧悬棺，方称诸侯之礼。冬十月庚申，举之以棺椁衣衾，备 / 之以旌旗弓剑，神□□□无不具陈，以礼奉□□□□□，皇帝使宗子来会，/ 赗赠含璧以表后亲之恩，牛羊犬鸡不废表纪之数，赠兼政事令。人叹美终，莫不白马盈郊。素车满野，六 / 亲执绋，哀声雷动于九天，百鸟旋空泪滴□□□草，风云惨惨，路振皇皇。歌薤露以难停，唱虞殡而调切。嗟乎！玄宫永闭，蒿里长扃，余□未□，飞尘旋瘗。松繁竹茂，依系万鬼之邻；石垒泉深，掩 / 映千年之骨。神冤荡漾，功业隆高，生有可鞠，□□□□，欲遣将来。君子望田文以丘陇，臣仆有殊读孝父之碑铭，子将无愧责也。抽词染翰才之八字之能，受请见招不获一言之让。因敢直书其事，乃为铭曰：/

　　乾坤覆载，日月垂光。四时运转，万物□□。□□□□，有衰有昌。人行善恶，或福或殃。有君子兮，独取其富，不取其殃。有贤人兮，自去其衰，而守其昌。公兮精粹，器乃非常。德叶天地，动无不详。/ 幼孤恃立，祖考宁亡。终夜三省，慎为□□。□□□□，不敢怠荒。家事理□，盛年堂皇。肇亲旒扆，以显忠良。卒持符节，宁谧边方。功业赫赫，颂声煌煌。

　　南国听而慕义，举玉帛而来，/ □是遇今古，莫之□□。何期□□天上，俄□□……，鳌□俄而□□……凤□□而鸟欲□□尘□□骨，咏□百鸟，□□□□传人世，亡□贞魂归夜乡。□□□□，地久天长。销磨巨狱兮，□□□□。变化沧海兮，海陆出田。唯我□之□德。保宁十一年九月三十日建 / 丹。虢国夫人萧氏，郑国夫人萧氏，长男镇国军节度马步军都指挥使昌言，次男镇国军节度衙内马步军都指挥使昌时，季男阿傩奴，孙男和尚奴。长女德师，次女韩六，季女韩迷妃。/ 长男新妇萧氏，次男新妇萧氏。/ 故东京留守□都□□□□□ / 资恩寺通寂大师，赐紫惠璘，归空大师赐□□□……。/ 随使左都押衙李贞，随使右都押衙李光，随使□□□……。/ 故魏王府契丹都提举使田亚思，随使契丹都提□□□……。/ 马盂山庄主首李琼美，凌河庄主首李琼营□□□……/

【注释】

[1] 琮，即耶律琮（929—979），字伯玉，与《辽史》相比对，可知耶律琮契丹名为耶律合住，字粘衮，太祖弟迭剌之孙。《辽史》卷 86 有《耶律合住传》。

[2] 授推忠奉国功臣、昭武军节度、利巴等州观察处置等使、特进、检校太傅、兼涿州刺史、西南面招安巡检使、契丹、奚、渤海、汉儿兵马都□□、漆水郡开国伯，食邑七百户。契丹、奚、渤海、汉儿兵马都，后缺字，《辽史》卷 46《百官志二》称辽朝设有"契丹、奚、汉、渤海四军都指挥使司"。应指同一官职或其内部相关官职。

公元一〇一一年　辽圣宗统和二十九年
耶律隆祐墓志

【概况及出处】 该墓志 2000 年出土于内蒙古自治区赤峰市巴林左旗白音乌拉苏木白音罕山韩匡嗣家族墓地中。志盖盝顶，中部鏊刻北斗七星、八卦、二十八星宿天文图案。志石长 109、宽 99.5、厚 14.5 厘米。志文阴刻，正书。行 38，每行 12—52 字不等，凡 1764 字。现藏赤峰市巴林左旗博物馆。墓志概况及拓片见盖之庸编著：《内蒙古辽代石刻文研究》（增订本），内蒙古大学出版社 2007 年版，第 129—135 页。志文同时参见向南、张国庆、李宇峰辑注：《辽代石刻文续编》，辽宁人民出版社 2010 年版，第 51—53 页。

【志文】 大契丹国故推诚守义致理功臣、大同军节度、管内观察处置等使、特进、检校太尉、同政事门下平章事、使持节云州诸军事、行云州刺史、/ 兼御史大夫、上柱国、漆水郡开国公，食邑五千户，食实封五百户耶律公墓志铭并序。

节度掌书记、承务郎、试大理评事李可举撰。/

公讳隆祐[1]，字道宁，世本昌黎人也。以高曾辅圣，祖考篚时。金昆集莫大之勋，正调殷鼎；玉季树不朽之业，俱 / 陟韩坛。我皇朝追彼职官，敢有夷念。兹忠孝萃于一门，故颁之以敕书，赐之以国姓。仍连御署，得系 /

皇亲，今氏归耶律，则斯之谓欤？汉去肉刑，假刘章之贵裔；周成砥道，赖姬旦之同宗。其茂族根深，而先志文备，此不载录，式避重繁。烈／祖讳知古，彰武军节度使、中书令。窦宪多谋，位居侯伯；杨彬积善，世袭公卿。烈考讳匡嗣，晋昌军节度使、政事令、尚父、秦王、赠尚书／令。职在建牙，出启芙蓉之幕；官从论道，入乘玳瑁之车。智可以藩魏存荆，德可以戴尧佩舜。故生也，疏封一字，已主百二之邦；而殁也，黄焚／九泉，犹赠喉舌之令。清源莫断，势岳难倾，不无爱立之家，自有可观之胤。公即王之第七子也。继台辅之后，生将相之材。杞梓爰从／于地产，骐驎本自于天来。张司空釰瘗鄞中，略淹尘土，陶太尉梭浮泽畔，终驾风雷。年始立，会景宗皇帝广被恩华，大分爵秩，不／限资级，以取良能。乾亨四年，自燕京山河都指挥使，特授崇禄大夫、检校太尉、行右神武大将军。策名方戴于维冠，遘祸忽悲于／风树。当年丁考之忧，孝符曾子，五内绝浆。痛甚高柴，双眸泣血。我国家公行大义，恩示夺情。盖籍崇班，难从远制。寻起复云／麾将军，余如故。陟岵之哀既往，自天之命俄临。统和三年，封昌黎县开国男，食邑三百户。环卫之间，久闻近侍；霓幢之下，难滞雄飞。十三年，遥授武宁／军节度使，进封开国子，加食邑二百户。竹骑小儿，迎伫莫窥于太守；铜标大柱，边陲须假于伏波。十八年，授西南面五押大将军，加食邑三千户，食实封三／百户。然负壮图，由惊重寄。欲报推毂之拜，爰伸借箸之谋。于是慑小番，肃诸部，去奸吏，举严科。杞乎不法之徒，咸遵号令；沃彼不毛之／地，竞务耕耘。因兹高树于德基，下欺青冢；从此长流于善水，小视黄河。上念绵邈宸居，勤劳鄙野。出提虎印，久临畜牸之乡；入掌麟符，／宜守兴龙之地。二十二年，加推诚守义功臣、上京留守、同政事门下平章事、临潢尹。方精求瘼，旋属覃恩。二十三年，赐致理功臣，加食邑一千户，食／实封一百户。九重天邑，然得仁人；千里侯藩，又须理治。而况魏都旧地，朔野奥区。一隅正控于河西，两地本邻于代北。非洪钟巨鼎，元称世／禄之家，而仗节乘轩，曷副殿邦之任。二十八年，授大同军节度使。晨辞宫阙，夕判山河。涉二千里之康庄，逾川跨谷；带八百口之生聚，犯／露蒙霜。下车才过于冀生，伏枕旋闻于蚁斗。徒怀经济，有误镇宁。宋文之琥珀无征，晋后之膏肓有验。咳珠唾玉，休方拱极／之星；智浪心源，永异朝宗之水。洪覆不整，冥数难渝。以庚戌岁季冬壬戌日，薨于云州之官舍，享年六十有四。皇帝以手足兴怀，柱石／挂念，遽闻捐馆，寻示辍朝，命星使以临丧，赐天书而恤寡。一门官吏，交增倚柱之悲；六县生灵，正起涉川之叹。唯惊罢市，无路返魂。以／明年秋仲月十有七日葬于上京西北渠劣山，从先茔焉，礼也。公之室陈国夫人萧氏，夷离毕侍中之女。贵出濯龙，礼／成交马。以孝和上下，以敬奉烝尝。颜容不愧于麦花，贞善堪书于彤管。始望书楼戴月，应丹凤以和鸣；宁知金井招风，触高梧／而半落。痛深先逝，恨结未亡。兴言但念于终天，拭泪不闻于深夜。有子二人，女一人，渤海娘子大氏之所出也，先公而亡。长曰遂赟，右千牛卫将／军。勾陈就列，宁欠父风；次曰遂成，衙内都指挥使。启戟从戎，岂无公器。女适奚王府相之息也。[2]公有仪可象，嵇中散之风，表也；非道／不行，张安世之畏，慎也；志气如神，宋暹之人，龙也；清明在已，乐广之水，镜也。慕刘超之清苦，掩毛玠之公方。严令则孙武连／衡，抚士则陈安并辔。言泉决去，蔺先生之辩河；信胄攒来，王将军之武库。非饮食田园为务，非服玩车马相高。奇兽珍禽，宴／注于意；吴歌楚舞，不介其怀。府绝庸寮，门无杂旅。恩施挟纩，惠布投醪。行不徒行，所攀者，兴云致雨，动不妄动。所／附者，戴义含仁。徒自雾豹出潜，风鹏得势，兴变三纪，夹辅两朝。奈以披甲横戈不得／同平大寇，泥金捡玉不得共视成功。噫！八翼俄摧，九霄渐远。龙欲兴而云忽散，虎正啸而风不生。修短有期，纵富贵而何免；晦明自定，任贤／智以难逃。悲夫！白鹤来空，青鸟告吉，将临远日，挽动灵车。周尚父丘垅初营，郑子产松揪乍起。虽巍巍麟阁，／已不坠于声猷；而默默泉宫，又须凭于刊勒，可举忝尘幕职，幸掌军书，才罄走之参裨，俄属／公之倾谢。恻情挥涕，念知遍对于虹旌；承命纪年，实状聊符于青史。谨为铭曰：／

伟人生兮，王羊裹粹。至公出兮，金龟同瑞。运偶登三，忠推不二。立天下功，成天下利。邦国宗枝，／皇王昆季。门有良材，府无杂吏。已不示长，人不求备。宜将相材，居将相位。大道方行，流年莫系。／二竖忽来，百神斯弃。气逐冥关，魂沉逝水。圣主辍朝，都人罢市。远日载临，茂族俱至。马鬣爰封，/牛眠得地。伺苍海兮为田，假泰山兮如砺。耶律公之佳城，劫未坏而长闭。

绩赠益州大都督汧国公。/

时统和二十九年五月十日记。/

【注释】

[1] 隆祐，即耶律隆祐（947—1010），辽初名臣韩知古之孙，韩匡嗣第七子。《辽史》卷74有《韩知古传附韩匡嗣传》，据传，韩匡嗣有五子：德源，德让（后赐名隆运），德威，德崇，德凝，据《韩匡嗣墓志》其共有九子：德源，德庆，德彰，德让，德威，德冲，德颙，德晟，德昌，均未载耶律隆祐。比对墓志和《辽史》的相关记载，耶律隆祐即韩德颙的可能性较大。

[2] 女适奚王府相之息，指耶律隆祐与奚王府结亲。

公元一〇二一年　辽圣宗太平元年
耶律霞兹墓志

【志盖】 故太师墓志记

【概况及出处】 该墓志1991年出土于辽宁省建平县青松岭乡丰山村长力哈达屯西北菊花山西侧山洼中。志石为灰砂岩质。志盖方形，边长67厘米，盝顶式，四边斜坡有十二生肖图案，四角雕有壮丹花饰，正中阴刻楷书"故太师墓志记"6字。志石方形，边长62厘米，志文阴刻楷书，竖刻23行，满行23字，共520字。现藏辽宁省建平县文物管理所。墓志概况及志文参见向南、张国庆、李宇峰辑注：《辽代石刻文续编》，辽宁人民出版社2010年版，第60—61页。

【志文】 前镇安军节度使、□□□□□□□□□□□、检校太保、使持节同州诸军事、同州刺史、□□、上柱国、漆水县开国子、食邑五百户耶律氏墓志并序。

公讳霞兹[1]，字季宁。其先天朝皇帝伯。其祖南大王讳理，公之考宏帐郎君，讳达理，世行仁慈，无量大度。公兵机将军，风苑过人。弓挽六铝，箭穿百步。内外谈德，远近知名。乾亨元年奉诏赴阙，侍服护驾。九年，复授数事，乃于奉宣，向北押达边口铺。四载，得军马赴朝。后至统和二十五年十一月，授银青崇禄大夫、检校工部尚书，右监门卫将军、兼御史大夫、上柱国。又经八年，诏授昭德军节度使、沈岩等州观察处置等使，加金紫崇禄大夫、检校司徒、使持节沈州诸军事、沈州刺史，封漆水县开国子，食邑五百户。开泰元年，加检校太保，迁授御盏相公。契丹语一通，位进上将军。四年，移任大室韦女骨太师。公夫人萧氏，奚国王越宁长妹也。[2]统和八年，特授兰陵郡夫人。公之女，后弟御盏相公萧琳夫人。公为国忠孝，与民慈敏。侍公主四十余年，为官五六之年，有贞直之意，无入我之心。呜呼哀哉！公年七十而逝，孤孀老室，泣血怨苍天。一女少娇乘珠翠，黄埌东床。御盏相公萧琳亲择卜地，以迁葬骨，二月七日时于明山。漆水耶律氏，勒石而铭之。铭曰：

宇宙之中，生死无穷。百年难艰，万事归空。□□□□，老少昏冈。长殿人世，永灭英灵。公之文武，□□□□。□□□□，猿獾进封。教骂无宜，令感舒羽。□□□□，□□□□。嗟君孤影，五常□□。□娇女□，孝□□□。

客送恩公，字节何去。始名□□，□□□□。二月七日，明山之间。时太平元年岁次辛酉二月丙午朔七日丁酉申时。

【注释】

[1] 霞兹，即耶律霞兹（952—1021），曾任镇安军节度使、检校太保、使持节同州诸军事、同州刺史、上柱国等职，正史中未见记载。

[2] 公夫人萧氏，奚国王越宁长妹也，奚王越宁，《辽史》中无记载。

公元一〇二七年　辽圣宗太平七年
耶律遂正墓志

【概况及出处】该墓志2000年出土于内蒙古自治区赤峰市巴林左旗白

音乌拉苏木白音罕山韩匡嗣家族墓地中。无志盖。志石长 85、宽 86.8 厘米。志文阴刻，正书。行 36，存 123 字。现藏赤峰市巴林左旗博物馆。墓志概况及拓片见盖之庸编著：《内蒙古辽代石刻文研究》（增订本），内蒙古大学出版社 2007 年版，第 141—148 页。志文同时参见向南、张国庆、李宇峰辑注：《辽代石刻文续编》，辽宁人民出版社 2010 年版，第 68—70 页。

【志文】大契丹国故忠勤守节功臣、辽兴军节度、平滦营等州观察处置巡检屯田劝农等使、崇禄大夫、检 / 校太师、同政事门下平章事、使持节平州诸军事、平州刺史、上柱国、漆水郡开国侯，食邑一千户，食 / 实封一百户。耶律公墓志并序 /

公讳遂正[1]，世出昌黎郡人也。幼而歧嶷，长乃倜傥。本汉檀英胤，实燕国名家者也。/ 曾祖讳知古，久赞内庭，获拜中令。祖皇讳匡嗣，加至尚父、秦王。国之柱石，王之 / 爪牙。生九子，并袭箕裘，皆为将相。第四子讳隆运，官至大丞相，以位极人臣，上赐国姓，兼连 / 御署，故与天子同姓耶律。烈考讳德威，勋业至六字功臣，履历至五押招讨。屡亲貔虎，累 / 赠貂蝉。母岐国夫人。三代之志备录，此不复叙。公即侍中第二子也，娶兰陵王之女，后加 / 薛国夫人。可谓日观分峰，天潢浚派。一斗胆万人无敌；三尺剑四海知名。临危而竭力，输忠未 / □变志；率下而忧民，恤物恒切介怀。上每执于友干，公愈专于臣节。爰从壮室，方遂起家之官。/ 不逾于周年，在任斯毕于能事。当暂忧□□直而便沐朝恩，初授卫将军，次硬寨监军。升十 / 二卫之崇□，□□□重城之圣主。岁□□□，□见精诚。擢授契丹户部使兼飞龙院事，才守地官，俄 / □□□。□□□□岁，知上京副留守事。寻授北院宣徽使，转南面都部署。喜陪凤辇，又捧龙纶。/ 权东京留守，迁上京留守，改中京留守。岁未□□，□□浩穰。尹京而三年有成，设法而四方是则。入 / 授枢密副使，再任南面都部署，改除顺义军节度使。未部 □□□□，授宣徽北院使。内登四贵，外寄 / 十连。改武定军节度使，移镇辽兴军。所行教化，随处民咏□矣。移彰武军节度、五州制置使、同政事 / 门下平章事。皇恩数被，守汉郡之山河；帝泽弘敷，作殿庭之霖雨。迁大内惕隐，出改忠顺军节 / 制焉。未及周星，移镇彰国军节度。才逾期月，复授辽兴军节度使。千里咸从于善□，□□□□于□/风。所至之乡，化而成俗。或延宾介，或恤刑名。事简民安，政清吏肃。水一盏而□一本，悉去强豪；钱如/粟而马如羊，从来富盛。公剸繁剧之务，亦以多矣；启报效之心，亦以深矣。噫！人生到此，天道何知？/陶侃八都，虚征梦卜；晋公二竖，已据膏肓。因染沈疴，来夺永寿。以太平七载三月二十四日薨于辽/兴军廨宇焉，享年五十有三。国人闻之，咸云罢市；天子闻之，谓曰辍朝。薛国夫人，结发为姻，如/宾起敬。当夜台忽奄，而昼哭无休。益叹未亡，旋谋归葬。因服勿药，已止半涂。/夫人每听诵佛经，颇悟于教理，行果归依法宝，求离于地水火风。虽穷生死之根，已卜窀穸之事。/又曰："生则异室，死则同穴。存则与子偕老，没则携手同归"。方从灵轜，渐加美疹。以当年七月二十一/日薨于行次，享年五十有一。生四子：长曰元佐，敦睦宫使；次曰宗福，崇德宫使；次曰元亨，/将军；次曰，早亡。咸毁脊过礼，孝思出伦。绝曾子之浆，泣高柴之血。生八女：长曰，适奚太师为夫人，先/亡[2]；次曰，适大国舅为妇也；次二女在室；次曰，适兰陵王第二子也。余皆早亡。所痛者二亲俱丧，七/子含酸。肆荼毒之灾，叠钟家祸；报劬劳之德，□同天高。周勃笳箫，临风凄怆；田横薤露，入夜衾吟。/以当年十月二十八日备礼葬于上京西北□屈劣山，祔焉，礼也。国家遣使赗赠/敕祭焉，莫不受国恩知，举族健羡。谅达冥寞，毕尽欢呼。仆本谀闻，君今见托，虽片文只字，敢征翠/琰之辞，而万代千龄，式表佳城之志。铭曰：

乃祖乃皇，为相为王。一匡天下，五世其昌。/惟公多闻，起家将军。润身德业，盖代功勋。出入高位，阀阅其门。惟忠惟孝，/传子传孙。邦国珍瘁，天不憖遗。秦晋婚姻，人百其身。生不满百，相公夫人。/地卜牛眠，山占龙耳。封树送终，蒸尝不匮。从者哀歌，行人堕泪。/天子赗赠，敕葬于此。

太平七年岁次丁卯十月丁卯朔二十八日。/

【注释】

[1] 遂正，即耶律遂正（975—1027），曾祖辽初名臣韩知古，祖韩匡嗣，父韩德威。耶律遂正即韩德威第二子。《辽史》卷15《圣宗纪六》有"遂正北院宣徽使"

的记载,《辽史》卷82有《耶律隆运传附德威传》,还有《韩德威墓志》出土。

[2] 生八女:长曰,适奚太师为夫人,先亡。奚太师为奚王府内部官职。

公元一〇三五年　辽兴宗重熙四年
张哥墓志

【概况及出处】 该墓志出土时间、地点不详。志石高约62厘米,宽约64厘米,志文13行,行11至17字不等。墓志概况及志文见向南:《辽代石刻文编》,河北教育出版社1995年版,第200页。志文同时参见陈述辑校:《全辽文》,中华书局1982年版,第147页;阎凤梧编著:《全辽金文》(上),山西古籍出版社2002年版,第850—851页。

【志文】 南瞻部州、大契丹国、奚王府挞榄[1]、母呵长管具劣男太保张哥[2]墓至(志)一竭(碣)。

夫闻祖伐(代)高显,此辈名传。宋为佐国之臣,今作擎天之柱。遗流圣迹,后代迁移。标古记于千秋,题碑文于万岁。此墓东接榆州景,西连翠峰山,北面伽里镇,南有玉石岩,上面连霄汉,下徹定生关,八方皆统领,四海尽成班。青阳郡奚耶律太保张哥男高七、次男望哥。孙子韩九、七哥、王八、王九、十一。重孙豆咩哩。

重熙四年十一月乙巳朔己酉日闭。

【注释】

[1] 奚王府挞榄,奚王府内部官职。

[2] 张哥,正史中未见记载。

公元一〇四一年　辽兴宗重熙十年
北大王墓志

【志盖】 北大王墓志

【概况及出处】 该墓志1975年出土于内蒙古自治区赤峰市阿鲁科尔沁

旗昆都镇乌苏伊肯嘎查。志盖上圆下方，略呈圭形，中高94、侧高70、宽61、厚7厘米，正面中部篆刻"北大王墓志"1行5字。背面正刻汉字行21，凡510字。志盖背面第六行汉字底部还残存一个契丹大字，志盖当利用一个原刻有契丹大字的石碑打磨后改刻。志盖与志石形态不同，志石长方形，高96、宽62、厚6厘米。上刻契丹大字行27。现藏赤峰市阿鲁科尔沁旗博物馆。墓志概况及拓片见盖之庸编著：《内蒙古辽代石刻文研究》（增订本），内蒙古大学出版社2007年版，第292—296页。志文同时参见陈述辑校：《全辽文》，中华书局1982年版，第153—154页；向南：《辽代石刻文编》，河北教育出版社1995年版，第223—224页。

【志文】乾覆坤载之中，孕粹灵者风云之秀；日照月临之下，产贤杰 / 者川岳之精。苟非上应台符，下合神契，莫得而降哉！资以兼之，/ 其惟大王乎？

王讳万辛[1]，于重熙四年封为北大王、同政事门下 / 平章事。曾祖谐里，夷离堇。父索胡，舍利。大王先娶达曷娘子，年 / 十六而夭，生一子，马九，本王府司徒。再娶留女夫人，三十八终，生 / 一子，三部奴，祗候。又娶得索胡驸马、衰胡公主孙，奚王、西南面都 / 招讨大王、何你乙林免之小女中哥。[2]贞顺成风，言容作范。六年内 / 加北大王，封为乙林免。生四子：长曰杷八。次陈六。次胡都乎。次散 / 八。大王入仕年月，历宦官姿，并次于契丹字内。身从居宦，骑不息 / 鞍。简策鲜妍，重重书内戚传；冠裳赫弈，世世为本郡王。慷概雄图，/ 优游大国。五百年之嘉合，时应匡扶；四十万之军戎，咸归掌握。/ 西北宿尊之胤，山河右地之雄。精气巨钟，惟王所诞。莫不粹灵，/ 孕贤杰产。惜哉！孝未磬于莫陔，志先惊于风树。太山颓，爰知朽壤；/ 梁木坏，罔复擎天。于重熙十年二月十五日夜疾，薨于上京南之 / 私地，年六十九。嗟呼！白日西去，时非再来。委相阁之深严，入重泉 / 之瞑昧。痛此夜之无晓，见终天之不归。嗣子等咸荷庆灵，用昭 / 义训，抚枢永诀，有识皆悲。以其年十月八日葬于旧郡之丁地。勒 / 铭垂休，以示千古。铭曰：

应运生兮符五百，佐两朝兮昭盛德。养尽 / 孝兮侍竭忠，封为王兮郡有北。

天罔忧兮氛色凌，命不与兮落/将星。愁云布兮徒黯黯，苦雾飞兮自冥冥。朔气移兮成荒土，白日/西兮嗟岁苦。惟专次第纪功名，志向贞珉光万古。/

【注释】

[1] 万辛，即耶律万辛（973—1041），曾任辽朝北大王、同政事门下平章事。正史中未见记载。

[2] 又娶得索胡驸马、衮胡公主孙，奚王、西南面都招讨大王、何你乙林免之小女中哥。乙林免，应该为契丹语，语义不详。正史中无记载。

公元一〇五九年　辽道宗清宁五年
耶律庶几墓志

【概况及出处】该墓志出土于辽宁省义县北40里高台子乡水泉沟村西马鞍山东坡上。志文凡33行，行字数不等。墓志概况及志文参见向南：《辽代石刻文编》，河北教育出版社1995年版，第294—297页。志文同时参见阎凤梧主编：《全辽金文》（上），山西古籍出版社2002年版，第855—857页。

【志文】维清宁五年岁次己亥九月癸巳朔，莫十有一叶，十一日癸卯，大横帐、上京留守、太师耶律庶几[1]，休以地望先禰，崇高莫论。皇帝为眷顾之允，后族结婚（姻）之礼。相门贤妇，出乘华毂之轮；王府名家，尽是金昆之手。有仁有勇，尹武尹文。施文则文质彬彬，用武则武功烈烈。设官分职，俱为社稷之官；论道经邦，曾任京师之主。切以留守者，擎天擷地，佐圣中良，外为耳目之臣，内作股肱之力。□皇王之盛纪，万国归从；立国祚以弥昌，寰中大定。夫人者，显受圣恩，荣任霞帔。雍优俪□偩□女之容，□□□婵娟；曷异姮娥之□，郡郡乎淑德。掩兰蕙芳，颜夺舜莘。初言诉志，若似浴□之□；甲路思情，□为秋后之□。痛哉！切以留守太师于清宁五年二月一日，倏尔身归大夜，魂遂五云。取九月十日□□十一日掩开当圣□之觅主，罢哀音而休泣。聊述官宗，具镌铭录。齐国太妃父故耶

律阿烈，重熙元年十一月日牒：皇太后祖母、赠漆水郡夫人耶律氏。重熙元
年十一月日牒：皇太后赠祖母耶律氏。重熙元年十一月日牒：耶律惯宁，统
和二十九年七月，任燕京马□。开泰元年十月，耶律惯宁任霸州。开泰五
年四月日，耶律惯宁任祖州。兰陵郡夫人，统和二十五年五月日牒。太平
元年十一月日，耶律庶几，郎君监御牌印；太平三年十一月日，耶律庶几任
燕军衙内马步军指挥使。景福二年正月日，耶律庶几任长宁宫汉儿渤海都
部署使。景福二年七月日，耶律庶几任长宁宫应圣□伴使。重熙元年十一
月日，耶律庶几任长宁宫汉儿渤海都部署。重熙三年，耶律庶几任南北面
狼（林）牙。重熙六年正月日，耶律庶几任建州。重熙八年，耶律庶几任奚
王监军。[2]重熙十一年八月日，耶律庶几任潘州。重熙十三年四月日，任兴
中府。重熙十五年二月日，耶律庶几任燕京步军都指挥使。重熙十七年十月
日，耶律庶几任信州。重熙十八年正月日，耶律庶几任上京留守。重熙十九
年十月日，耶律庶几任夔州。重熙二十一年，耶律庶几任实（宾）州。重熙
二十二年二月日，耶律庶几任龙化州。重熙二十二年十一月日，耶律庶几任
平州，戚武军节度、副州管内观察处置等使、崇禄大夫、检校太师、守太子
太保、使持节副州□军事、行副州□使、知辽兴军节度、平、滦、营三州观
察处置□使事、兼御史大大、上柱国、漆水郡开国公、食邑五千户、食实
封五百户。耶律庶几，清宁三年二月日，守太子太保。前知辽兴军节度使
耶律庶几妻，特封彭城郡夫人，刘氏。惯宁相公求得神得奚王女蒲里不夫
人[3]，生得大儿查阿钵，第二个儿名亚阿钵，大女儿秒里迷己，娉与国舅上
父宰相儿为妇，第三个儿名求哥。蒲里不夫人故□求得挞里么奚王儿查鲁太
保女，名胃欲夫人[4]，生得大儿监你钵郎君，第二个儿糯哥郎君，大女名乌
□夫人，娉与太妃孙刘四哥太师为妇；第二个女□□夫人，娉与孙里古奚王
褴什褴奴相□为妇。[5]惯宁相公故大儿求哥，其继母胃欲夫人宿卧，生得女
一个，名阿僧娘子，长得儿一个，名迭剌将军。继母胃欲夫人故，□重熙
十三，任霸州□□墨太保为媒，求得刘令公孙女寿哥夫人为妇，生得女一，
名拜失娘子，娉与太妃孙刘四哥太师儿保郎君为妇。迭剌将军求得太妃孙女
化娘子为妇，生得女一个，名阿勒娘子。故□求得国舅邢刘施公主女胃欲娘

子为妇，生得儿一个名曷主，第二个儿名乎里只。于是留守生前能□圣主，有补皇凰，故吮□毫辄书□问□□。访毫乡之故□，□刻遗文；旌季子之流绩，重镌片石。铭曰：

群神构厦，众□成裘。能持独见，以□□猷。指山西立，细水东流。□归遗址，凤台面松。寿□枯柏，暮□□□。寒霄月白，□□□□。鬼火荧荧，村烟幕幕。贞魂自散，懿范谁□。横山□峻，洞水同深。山存水在，永佈徽音。作因作□，不骞不□。顾影□□，吟尔□溪。

清宁五年九月十一日癸卯铭记。在帐随使番汉都部署王守贞，汉儿渤海都部署郭守忠，随使左部都押衙康源，随使小□都行首郭守用，随使者提点尔丹□□，随使□知客吴□，随使都□务褐归会，随使知内客刘作志，随使都后槽契丹□古。

【注释】

[1] 耶律庶几，曾任辽上京留守，正史中未见记载。《续资治通鉴长编》卷116 "仁宗景佑二年甲子"条载，耶律庶几曾作为辽朝使节赴宋贺乾元节。

[2] 重熙八年，耶律庶几任奚王监军。奚王监军的主要职能是监督奚王府，多为契丹人担任。

[3] 惯宁相公求得神得奚王女蒲里不夫人；

[4] 蒲里不夫人故□求得挞里么奚王儿查鲁太保女，名骨欲夫人；

[5] 第二个女□□夫人，娉与孙里古奚王褓什褓奴相□为妇。以上三条资料反映了契丹人与奚人的通婚现象。

公元一〇六九年　辽道宗咸雍五年
萧闍妻耶律骨欲迷已墓志

【志盖】 萧闍妻耶律骨墓志铭

【概况及出处】 该墓志 1993 年出土于内蒙古自治区赤峰市宁城县埋王沟，与萧闍墓志同出。志盖盝顶，中部篆书"萧公妻耶律氏墓志铭"3 行 9 字。志石长 78.5、宽 78 厘米。志文阴刻，正书。行 26，每行 17—36 字不等，现存 1148 字。藏于内蒙古文物考古研究所。墓志概况及拓片参见盖之庸编著：《内蒙古辽代石刻文研究》（增订本），内蒙古大学出版社 2007 年版，第 318—323 页。志文同时参见向南、张国庆、李宇峰辑注：《辽代石刻文续编》，辽宁人民出版社 2010 年版，第 126—128 页。

【志文】大辽率府副率萧公妻耶律氏墓志铭并序。/

朝散大夫、尚书虞部郎中、骑都尉、借紫张少微撰。/

□漆水之郡望，与皇国同姓。著族之间，甲而不乙。所谓演天汉之波澜隐隐，落昆仑之顶；蔓/蟠桃之枝叶葱葱，荫渤澥之壖。家谱国编，辉润词墨。耶律氏阁讳骨欲迷已[1]，前燕王、尚父、/于越、晋王仁先之处子，故大内惕隐、平王宗睦之犹女，前易州刺史、左千牛卫上将军庆/嗣之爱妹也。夙有容德，最为慈母乙里婉兰陵氏所爱，选所宜归。越清宁五年十二月六日，/故辽兴军节度使、吴王绍宗之孙，左率府萧闉，即故侍卫亲军马军都指挥使、检校太师/永之元子也。自御轮之后，凡动静语默，雅为六亲所重。盖以天性淑顺，无假陶染。出侯王之华/第，入将相之闳门。而怢易之色，未少形于颜面；矜持之言，岂聊寄于齿舌。加以不妄谈笑，不苟/喜怒。性颇贱于铅黄，心靡恬于纨绮。洁蘋藻之祭，时以躬亲；轸赃获之艰，日以恩惠之故。闺庭/高其风范，宗党赏其柔懿。所谓古之缇萦，今之道蕴者也。诚宜邑石窆以开荣，历岩椿而享寿。/□未为玷，从夫之贵，匪□可待。无何！调裕乖节，而遘沉疾，荏苒星霜，既疲且瘠，璿壶耳之，屡加/存省。促赴行在，于韶阳军东北郊以驻泊之。仍降御医数人治之。弥月，砭剂术穷，殊然不/起。于咸雍五年仲春之月二十五日薨谢于行帐，春秋二十有四。常娥厌世，已归蟾兔之宫；交/颐延身，难接神仙之面。凡朝廷勋望，鲜不姻娅。躬谒刍灵，履屝相缀。永念金夫偕老，违圣疚/心毁容。旁顾不忍，遂归全于白霫之壤，至蒙谷山于罔极寺前，具阴仪而权厝之。以当年冬十/月二十八日，附祖姑秦晋国大长公主寝园之午位。圹其吉地，禭而藏焉，礼也。自口玉之后，/凡丧辒所抵之处，至寿堂横钥已来。而父氏母氏暨于同气齐体，诸姑二妹，例以发箧金，奉/椟币，日饭苾刍，不减数十人。净设道场，精诵神咒。分阅贝典，仅逾半秩，登登不绝，引卷还秩，

难 / 可胜计。成就种种之功德，率为资荐。仍于窀穸之前，匠梵幢一所。庶期沾一尘，覆一影。或往生 / 于慈氏天宫，或托质于弥陀佛国。愿满果圆，准如影响。饰终之礼，亦不为负，所欠其望者，惟 / 龄算而已。耳目之间，孰不伤悼。意修促之数，然神道不测。寸晷难移，风灯雨电，可见人生。盘露 / 隙光，等于尘世。佳城中外，界为古今。漠漠音容，孰能再目？洞泉岩溜，逼不泯之凄声；夕雾朝云，/ 堆无穷之恨色。当年辉辉，岂足复言。有妹二人：仲适西北路招讨使、前奚王男萧相公。[2]季适良 / 人之弟特末。宋子河鲂，非贤不耦。有子一人：勃特不。丹穴之雏，未成羽翼，眹下殊怜，绝期再沐。/ 少微叨饮素风，拙学斯甚。困世则幸□乞醯之谤，擘笺则辄贻盖酱之求。岂期俯垂厚命，俟征 / 辞于沉琰。猬缩鼠潜，再三难避。觊桑海之后，其淑风徽范，不例悍妻荡女而见堙晦者耳。铭曰：/

星雾沦精，月娥孕灵。惠心镜烛，柔德兰馨。如云态雅，咏雪才清。不陶不染，/ 懿顺天成。父家姑第，侯王公即。铜驼佩纽，宝驷延闳。夫夫妇妇，唱随同声。/ 如琴如瑟，如弟如兄。蘋蘩奉祀，初终克诚。脂粉开邑，匪伊亨荣。无言枇季，/ 方媚春英。风狂雨恶，一夕飘零。北堂之上，迹绝归宁。东床之前，伴失和鸣。/ 惟天阴骘，惟神聪明。祚善殛恶，笔史笺经。夫何悍妇，□鹤遐龄。夫何淑□，/ 隙驹浮生。修促异数，意慏心荧。龟甲诹日，马鬣摽茔。佳城郁郁兮不复开，长夜漫漫兮岂知晓。秋狐腊兔兮卜为邻，霜楸雪□□□□。/ 金水河兮练带长，香台山兮云屏远。文密教兮兀梵幢，影覆□□□□□。/ □□□月葬者谁，漆水贤姝之域兆。

咸雍五年十月□□□□。/

【注释】

[1] 骨欲迷已，即耶律骨欲迷已（1046—1069），大辽率府副率萧阇之妻。萧阇其人在正史中无记载，有《萧阇墓志》出土。

[2] 有妹二人：仲适西北路招讨使、前奚王男萧相公。指耶律骨欲迷已长妹嫁与前奚王之子萧氏。

公元一〇八一年　辽道宗大康七年
萧孝恭墓志

【概况及出处】该墓志 1990 年出土于内蒙古自治区赤峰市翁牛特旗朝格温都乡。无志盖。志石为青砂岩，长 62、宽 52 厘米、志文阴刻，正书。行 32，满行 55 字，凡 1067 字。现藏翁牛特旗博物馆。墓志概况及拓片见盖之庸编著：《内蒙古辽代石刻文研究》（增订本），内蒙古大学出版社 2007 年版，第 416—420 页。志文同时参见向南、张国庆、李宇峰辑注：《辽代石刻文续编》，辽宁人民出版社 2010 年版，第 169—171 页。

【志文】北朝大辽国南宰相府所官初鲁得部族，故本部族节度使、银青崇禄大夫、检校司空、使持节兰陵县开国男、食邑三百户萧孝恭墓志铭并序。/

道袭先祖，美冠一时，宽猛得中，始终合节者，故本部族节度使、银青崇禄大夫、检校司空、使持节、食邑三 / 百户萧公谓矣！公讳孝恭[1]，其先兰陵人也，高祖以前六祖，世世皆拜南宰相。高祖左仆 / 射、判平州诸军事，先拜南宰相，亲受牙筹，讳杨宁；第南宰相，讳蒲打宁。祖南宰相兼 / 中书令，讳德顺，其弼辅匡合之功，信义忠直之德，善详翕萃，苗裔斯繁。烈考南宰相、/ 兼中书令、魏国公，讳惟信。叔父南宰相、同中书门下平章事、判西京留守事，讳惟忠。远 / 祖迄今，拜相者一十一人矣！宰相女三人：长曰都哥，适故奚王府监军太尉耶律讳桂[2]，次 / 曰庐佛女，适监军太尉亲兄牌印将军讳解里；次曰乌庐本，适见判易州团练使 / 耶律讳筠。此三人皆大圣皇帝亲第，大内相之孙也。公即宰相，止一子也。译缀史册，添 / 辽汉之风；定礼删诗，执投壶之刃。其老子典、孔氏文、律吕、象纬、不烦学习，皆生而知之，盖 / 天性也。今主上言念宗祖忠竭，召从门闱，创招亲于麟玺，入觐进行丹墀，委任班联，专绸 / 符宝。以牌印祗候，寻掌宿史。皇上朝夕举止，躬执笺毫，备于国史。未几，授左奉宸，出陪制辂，/ 入奉宸严。寒燠服勤，夙霄匪懈。次授恩州同知，续授随驾南克奈，复授燕京神

军详稳，走授 / 滦州刺史，改授永州观察使。仁兹涣溥，飞鞅勤勔。摧戎得
玄女之术，抚境存酂侯之体。民望如 / 父母，俗敬若神明。乡播芳声，骤聆
黄听。上伏念防边务重，必仗全才，特授本部族节度使，/ 辽国二十部族节
度之最上也。遽出疆而驰骛，严整讲修；张使斾以退征，顷捐鞲鞪。然 / 念
彼民少福，难觇黄相之颜；彼境浇薄，不遇郭侯之化。奈膏肓有革，纵药饵
无征。/ 冥数难移，终期奄至。呜呼哀哉！于大康七年正月十日于松州北白
亭驿程之地，染疾而 / 薨，享年春秋四十有四。当月归衬于丰山之本帐，三
月十三日附葬于先茔，/ 礼也。宰相为国柱石，作人仪表，天植瀋量，神贮
渊怀。国夫人别胥，徽温 / 内蕴，慈爱外钟。在忧惧以方深，奚旨甘而顷
失。夫人耶律氏，则 / 大圣皇帝亲第、大内相孙讳迪烈之女也，贞柔植性，
丽婉凝姿，痛违偕老之期，愈切未 / 亡之叹。子三人：长曰消灾奴、次曰杨
奴、小曰望孙。海中珊树，俊彩相辉；天上麒麟，享 / 踪并振。女二人：长
曰召相、小曰了孙，皆幼。公天然俊拔，出于懿族。事君则存始终之节，/
尽其忠也；奉亲则谨晨昏之养，尽其孝也。干戈弧失，善其武也；诗书礼乐，
晓其文也。/ 凡于庶事，悉以多知。而贵不骄人，尊不傲物。挺世四十四禩，
从公一十八稔。职同戎府，遥驾 / 廉车，委任方深，歼夺曷促？今而逝之，
民不幸矣。耳目所接，孰不喟叹！况 / 亲戚乎？况子孙乎？吁哉悲夫！善何
不福，仁可不寿，至于此矣。嗣子消灾奴，将临 / 远日，追怆弥深，委托既
专，固辞不克。芮强摭漏遗，以文山骨。乃为铭曰：/

公之生也出茂族之中，贵复贵而可崇。英灵独抱，果毅谁同。/ 公之殁
也未流年之衰，伤复伤而可悲。彩云易散，冥数难移。/ 金山西峙兮峻屼，
逝水东流兮泚弥。远日甫至，长阡难迮，/ 花露零而垂涕，松烟惨以含韠，
芳美流于玄壤，呜呼纪于贞珉。/

饶州观察判官、试秘书省校书郎、武骑尉陈芮撰。/

【注释】

[1] 孝恭（1038—1081），即萧孝恭，萧惟信之子。正史中未见记载，《辽史》
卷16《圣宗纪七》有"萧孝恭"的一条记载，但时间上与志主不符，非同一人。《辽
史》卷96有《萧惟信传》。

[2] 宰相女三人：长曰都哥，适故奚王府监军太尉耶律讳桂。指萧孝恭姊妹三人之长都哥，适故奚王府监军太尉耶律桂，奚王府监军的主要职能是监督奚王府，多为契丹人担任。耶律桂正史中无记载。

公元一〇九四年　辽道宗大安十年
耶律庆嗣墓志

【志盖】大辽尽忠平乱功巨兼侍中赠中书令谥贞愍耶律公墓志铭记

【概况及出处】该墓志 1983 年出土于辽宁省北票市莲花山。志盖题"大辽尽忠平乱功巨兼侍中赠中书令谥贞愍耶律公墓志铭记"5 行 25 字，志石形制不详。墓志概况及志文参见向南：《辽代石刻文编》，河北教育出版社 1995 年版，第 456—459 页。志文同时参见阎凤梧编著：《全辽金文》（上），山西古籍出版社 2002 年版，第 454—456 页。

【志文】大辽尽忠平乱功臣、兼侍中、赠中书令、谥贞愍耶律公墓志铭并序。

宣政殿学士、崇禄大夫、行尚书礼部侍郎、兼翰林学士、知制诰、充史馆修撰、柱国、天水郡开国公、食邑二千五百户、食实封二百五十户赵孝严奉敕撰。

公讳庆嗣[1]，字袭美，其先漆水人也。远祖于越蜀国王讳述列实鲁，即太祖大圣天皇帝之伯父也。有玄鉴澄量，当太祖潜德时，尝谓族人曰："观吾侄应变非常，乃龙之至神者。以吾辈况之则蛇虺尔，吾国业家一天下，非侄而何尔，宜肩一心，始终善爱戴之。"其先见远识若此。曾王父某官讳撒割里，累赠某官，威勇材力，杰立当代。王父南宰相、兼侍中讳思忠，劳勤王室，勋望隆重，议者以为周邵之比。烈考尚父、于越、晋王讳仁先，孝友忠义，禀自天性。事兴宗孝章皇帝，陟降三府，出入二省。洎天佑皇帝嗣位，载绾相印，累封王爵。平乱定远，连策大功，绝域倾风，声撼天卜。先与四弟曰义先、礼先、智先、信先，人物门第，伟冠一时，时人号之为五龙。夫人萧氏，累封大国，即公之慈□也。俶问贞德，图史斯在。公名王之胄，雅有父风。甫弱冠诏入仕，置以近列。旋授左武卫将军，迁崇德宫副使，寻出领南王府司徒。俄入为彰愍宫都部署。时清宁九载也。是岁宗元及子涅里胄□叛犯跸，诏公与今漆水郡王、知枢密院事耶律祺，具甲胄兵仗，左右翼卫。及逆党讨平，加尽忠平乱功臣，授左班郎君详稳，寻知殿前点检司事。与烈考尚父于越，同日拜命，搢绅荣之。未几，授南面林牙。旋属东藩请帅，朝廷议以怀德军节度授之。会于越镇守燕京，公志求觐养，遂移领易州。咸雍三载，鞑靼扰边，时尚父于越为西北路招讨。因有请，遂假授左克，俾从军典事。屡奏捷，授临海军节度使，移左皮室详稳。朝廷又以达里勃思不部民叛，命公为西南路兵马副部署，往讨执讯，获丑数千，孳畜数万。遂迁倒挞领太师，复授乌骨迪列统军。驿召至行在所，授同中书门下平章事、知西北路招讨使，三载迁兼侍中。公之镇西北隅也，凡十有一年，塞风肃谧，土俗安恬，畜牧既蕃，军储亦足。遣使累降玺书褒谕，仍促觐行阙。既至，拜大内惕隐，命有司具供帐，置酒为会。是日，自皇子燕国王而下，三帐贵豪，名王显相，次第礼贺。大安八年，任西南路招讨。无何，西北路驰奏，将臣失职，贼众窥边。公承命讨伐，且不虞其兽穷则攫，遂至掩殁，时年五十有五。以其事闻于朝廷，皇上震悼叹息，遣近侍洎叔弟乙信，典护神衬以归。诏下丞相府曰，若公之勤可记，乃赠中书令。将葬请谥，礼官曰，公之行可迹，按谥法云，图国忘死曰贞，佐国遭忧曰愍，遂以贞愍合而赠之。申命乾文阁待制高士宁充敕祭发引使，鸿胪卿、知秘书监郭人文充敕葬使。以十年三月壬申日葬于葛蓁母山，从先茔也。夫人萧氏，先公而逝。妹三人：长曰兀欲娘子，适大长公主孙普达；次曰迪辇夫人，适故尚父、奚王萧福善男，右祗候郎君详稳忠信[2]；次曰乙信娘子，适故大长公主孙萧特末，女曰劬辇娘子，适大国舅、故兰陵郡王孙萧查剌。呜呼！公之勇略威毅，忠厚信实，可感于人神，而格于穷壤。终乎是役，命也夫！仲尼称，北方之强者，以其衽金革死而不厌也。古闻其言，今见其事，信哉！铭曰：

天宗贵阀，挺生伟大。风望雄秀，性德忠纯。始从诺仕，荣冠朝绅。七授将钺，三列公台。平乱定远，廓清氛埃。镇临塞境，獯俗怀来。夫何贼丑，轧背反覆。虎狼肆贪，蜂虿含毒。冒镞衽金，人百莫赎。优诏褒赠，西台重官。谥曰贞愍，葬归故山。声烈不泯，墓石其刊。

白霫逸士太原王严书。镌字匠作头李惟嵩刻。

【注释】

[1] 庆嗣，即耶律庆嗣（1038—1092），契丹大族，耶律仁先之子。正史中未见记载，《辽史》卷 96 有《耶律仁先传》。同时有汉文和契丹小字《耶律仁先墓志》作为重要参证。见韩宝兴：《契丹小字〈耶律仁先墓志〉考释》，《内蒙古大学学报》1991 年第 1 期。

[2] 次曰迪辇夫人，适故尚父、奚王萧福善男，指耶律庆嗣之二妹嫁与奚王萧福善之子。有学者推断萧福善就是奚王萧韩家奴。见张守义：《平泉县马架子发现的辽代墓志》，《文物春秋》2006 年第 3 期；陈晓伟：《奚王萧福延墓志三题》，《宋史研究论丛》（第十一辑），2010 年。《辽史》卷 96 有《萧韩家奴传》。

公元一〇九四年　辽道宗大安十年
耶律智先墓志

【概况及出处】该墓志 1998 年出土于辽宁省北票市小塔子乡莲花山村。志石为两方，灰砂岩石质，方形，边长 100 厘米，厚 13.5 厘米。一方为汉文，一方为契丹文，有些字已泐落。现藏辽宁省北票市文物管理所。墓志概况及汉文志文参见向南、张国庆、李宇峰辑注：《辽代石刻文续编》，辽宁人民出版社 2010 年版，第 222—223 页。

【志文】大辽故果州防御使耶律公墓志铭并序。

宣政殿学士、崇禄大夫、行尚书礼部侍郎、兼翰林学士、知制诰、充史馆修撰、柱国、天水郡开国公、食邑二千五百户、食实封贰佰伍拾户赵孝严撰。

公讳智先[1]，字栾水，姓耶律氏，其先漆水人也。远祖于越蜀国王，讳述烈实鲁，我太祖大圣天皇帝之伯父也。时太祖尚幼，异而重之。尝谓人曰：吾辈蛇尔，吾侄其龙乎？乃诲宗属与其子弟善当翊护。后太祖登九五位，追悼旌饰，□封楚国王，以报其忠爱先识之德也。祖父某官讳撒割里，材勇冠世，时人以为神杰。父南宰相燕王，讳思忠。德望崇伟，勋比周邵。兴宗皇帝以御袍为赐，绥兄弟之义。母别胥萧氏，仪则纯备，凤丽钟郝。仁懿皇后以梓衣申赠，保姊妹之爱。别胥生男五人：曰仁先、曰义先、曰礼先、曰信先。王公侯伯恩宠贵达而皆前公之弃馆。公之生也，亚礼而长信。时太平三年癸亥闰九月二日也。初，别胥行帐次于野地涌之水，既诞车下，报有泉涌出，味极甘美。不日视之，目有重童，父宰相异之，因字曰太平奴。七八岁，孝友谦敬，得于性受，弱冠，富文武器。兴宗皇帝召以赴阙，置之近班，凡服用骑乘皆府厩给。未几，授小将军。岁余，辞以父母老且疾乞就食。乃授某州团练使。俾还其家，朝夕供侍，未尝离几杖。及宰相别胥薨，庐于坟侧三载。骨亡亲属，惧其伤勉以归第。朔望拜奠若神容宛在。其纯□笃敬始终若此。及中年义勇自任，先闻草寇范则，聚党百人，依险自固。公与兄礼先率仆隶，披甲执锐，□□数日尽获之。朝廷嘉其忠孝，累官果州防御使。先典迪氏胡睹夫人，续婚生子阿撒里，早卒。次娶□□大五萧兄女乙你割娘子，早世。又娶术里者宰相女丑女哥，亦早世。后娶高九大王女达不也娘子，生男二，曰阿信，曰佛顶。孙男二，曰迪里姑，即阿撒里之子也。曰乃方里，即阿信之子也。大安十年八月九日，公遘疾□□□□山卒，□□□□□□□十一月二十三日葬于葛蒌姥山，以从先茔，礼也。公姊妹五人，长曰□□□□□□□□□□□□□□□□适奚王帐定光奴郎君[2]，次涅睦别胥，适国舅述列……帐迪里钵太师……铭曰：

　　既寿且荣，全高自□……□□庆门。呜呼！公德可格后日。

【注释】

[1] 智先，即耶律智先，契丹大族。正史中未见记载，该墓志和契丹小字《耶律智先墓志铭》是了解其人的主要依据，见《契丹小字〈耶律智先墓志铭〉考释》一文（赵志伟、包瑞军：《民族语文》2001 年第 3 期）。智先兄弟共五人，分别为仁先、义先、礼先、智先、信先，《辽史》卷 90 有《耶律义先传》《耶律信先传》，《辽史》卷 96 有《耶律仁先传》。同时有汉文和契丹小字《耶律仁先墓志》作为重要参证。

[2] 适奚王帐定光奴郎君，指耶律智先的姊妹五人之长，嫁与奚王府定光奴

郎君。

公元一〇九七年　辽道宗寿昌三年
贾师训墓志

【志盖】大辽故相国武威贾公墓志铭

【概况及出处】该墓志 1949 年以前出土于河北省平泉县东北驿马图乡邢家沟。志石方形，边长 140 厘米，志文 56 行，行 56 字，正书。盖篆书"大辽故相国武威贾公墓志铭"12 字。墓志概况及志文参见向南：《辽代石刻文编》，河北教育出版社 1995 年版，第 476—483 页。志文同时参见陈述辑校：《全辽文》，中华书局 1982 年版，第 252—255 页；阎凤梧主编：《全辽金文》（上），山西古籍出版社 2002 年版，第 554—560 页。

【志文】故同中书门下平章事、致仕、赠侍中贾公墓志并序。

守太常少卿、前知临潢少尹、骑都尉、赐紫金鱼袋张可及奉敕葬。

朝散大夫、尚书吏部郎中、史馆修撰、赐紫金鱼袋杨□奉敕撰。

公讳师训[1]，字公范，其先出于周之同姓之国。春秋时，有贾季、贾华，代为名族。至两汉，谊、山、捐之、逵、琮之辈，以儒学政行发名于世。晋唐间，充、耽致位将相。其后有游仕于渤碣之间者，因籍为燕人，子孙相继，衣冠不绝。至公之七代祖曰梦殷，为卢龙军节度判官。卢龙君生道纪，为营州刺史、检校司空。司空生高祖曰去疑，先仕后唐，我大圣天皇时，奉使来贡，因留之。俾督工役，营上都，事业（毕），迁将作大匠。累拜始平军节度，加检校太师，赐号□□奉国保定功臣，后薨于镇。曾王父讳岩，乃太师之仲子也。朝廷以其才望为民所推服，诏起家继领始平军事。遂家于辽，入充辽滨县贾。王父□□□至显州观察判官。以公贵，赠彰国军节度、同中书门下平章事。王母沙氏，追封韩国太夫人。父讳冲，少力学有行，喜周施，体貌伟异。年十六□□皇帝幸显陵，见之，召人近侍。以太夫人在，恳丐归养。得请，竟终于家，赠昭义军节度、兼侍中。母沙氏，追封鲁国太夫人。夫人方有娠，有异僧见□□之曰："当生男，必大贵。"夫人阴志之，后果生公。七岁，能诵书作诗。十岁，皇考侍中以兄泳逼异籍，又欲夺其善分，愤不得已，将诉之官。公侍侧曰："富贵皆丈夫所力为，岂必系先业之有无也。愿大人亟与之"。侍中奇其言，恣兄所取。年十四，举进士，由乡解抵京师。丞相杜中令、驸马侍中刘公召□之。文成，更相称爱。将议闻上，以事龃龉遂寝。十九，试礼部，奏御。三十有五，登第。授秘省著作佐郎，调恩州军事判官。既至，有以盗马□□人者，人不之知。后为其主执之，逆官辩验，事连假主，假主惧不服。公乃潜捕其家牧儿，诘问得实，引质之，始伏其罪。京守闻其能，每有疑讼，付之辨析必白。丁太夫人忧，卒哭，充东京曲院使。营督公课，绰有余羡。时秤吏董猪儿得幸北枢密使乙信，怙势日索官钱二千，人莫敢御。公至即不与，猪儿憾公，累以恶言挑之。公不校，乃自以锤折齿诬公。公禁益切，遂止。服阕，授奉玄县令。改锦州永乐令。先是州帅以其家牛羊驼马，配县民畜牧，日恣隶仆视肥瘠，动撼入取钱物，甚为干扰。公至县，谙讽民使诉之。其始至者一二人，公叱左右逐出之。其次至者十数人，公又叱之不顾。其后得人三百告公，公遽署其状白州。州白其帅，帅惧，促收所俵家畜以还。仓卒之际，至有逋漏为贫民获者亦众，其帅竟不敢言。又朝廷下教，俾撤沿海罟。公承教曰："天生之物，所以资民食之不给也。民得渔取，所以济农力也。何害之有？"因缓其禁，而民既便之。入为大理寺丞，持法强固，不为权势沮夺。转太子洗马，补中京留守推官。在故侍中彭城刘公云之幕，日直其事，裨益旁午。后属乙信，代为居守。乙信自以前在枢极，权震天下，每行事专恣，一不顾利害。诸幕吏素惮，皆随所倡而曲和之。公独不从，乙信怒愤公曰："吾秉朝政，迫二十年，凡一奏议，虽天子为之逊接，汝安敢吾拒耶？"公起应之曰："公绾符籥，某在幕席，皆上命也。安得奉公之势而挠上之法耶？义固不可。"乙信知不能屈，辄从。乙信又以嬖人善骑射，署为境内巡检，公争之，不从。未已，乙信被召再入为枢密使。将行，寮属饯之都外，酒再行，公前跪，力白巡检事不便。乙信叹服，遽为之罢。朝廷知其才，召入枢府，为掾史，俾覆刑曹案簿。故宣政殿学士陈公觉素与执政不相能，平方被微谴，执政缘法将夺陈公翰林之官。乃潜召公属之，公不许，竟论如法。再岁，知大理寺正，加秘书丞。奉诏充高丽人使接伴，道出乾陵。故中书令李公仲禧，以当路权宠，构谪是镇。时其家亲旧，过门皆缩颈不敢视。公往复候谒献遗，一无所顾忌，李公默器之。徙同知永州军州事。既上，日夜经画民事利病。奏减其部，并邻道龙化、降圣等州岁供行在役调，计民功三十余万，奏课天下第一。上嘉之，就拜鸿胪少卿、知观察使事。寻诏按察河东路刑狱，闻有酋豪负势，诈良民五百口为部曲，数为官□为贱民心不厌而随反之。公伺得其情，乃召酋豪诘之，一言切中其病，语立塞、遂服，因籍其户还官。时同事萧龙虎叹服，至驿邸，易衣以谢。又人有以死辜被诬，为官吏所强榜者。将刑，公至。审之，见其状有枉。再治，果得辨而释者数十人。以奏簿至中京，属封册，皇子燕国王开宴，召授太常少卿、枢密都承旨。寻扈驾春水，诏委规度春、泰两州河隄，及诸官府课役，亦奏免数万工。俄充南朝正旦国信副使。比还，密侦宋人军国事宜，具□□闻。上阅之，不释手者数日。迁枢密直学士。大安二年，授枢密副使、右谏议大夫。曾奏事御所，有诏迁奚中其部所居汉民四百户。[2]宰相承诏趋出，公独侍，上间之，公前对曰："自松亭已北距黄河，其间泽、利、潭、榆、松山、北安数州千里之地，皆雹壤也。汉民杂居者半，今一部之民可徙，则数州之人尽可徙矣。然则恐非国家之利，亦如辽东旧为渤海之国，自汉民更居者众，讫今数世无患，愿陛下裁察。"上悟，其事遂止。又以素闻燕京留守府有□□□，凡都府事无巨细，必先阅之后行。其府置一局，诸事连外境，情涉谋叛者，悉收付之考劾，苟语一蹉跌，即置之孥戮，亦委是吏主之。虽□□□□□□已下，洎诸幕职，皆不与焉。以是吏得专肆膏腹，随所喜恶，为人祸福。开南之人，侧目以视。故不待鸠率，岁所馈与，甚于输官。公患之，□□□□□□语其事详熟□，以南北枢密院通事一人更代，尔后其弊浸息。是岁谷稼不登，四方交请赈复流亡穷饿之民。朝议以上心忧恻，不□□□□□，□力言之，事多见纳，故民被其赐者众。进礼部侍郎、参知政事。再扈莵眸，幸韶阳，开宴，上敕公进酒，顾左右曰："斯人政行，过于宋人。"□□□□□□□□后故相王籍，因诏驸马都尉，饮以卮酒。车驾回至凉径，拜刑部尚书、中书侍郎、平章事，加致主功臣。公在位，直亮不容人阿僻，遂为同列所忌。越□□□□□□□□□□威令大行，豪党惴惧，老奸宿盗，不待击逐而逸他境。未几，政声流闻。上遣使授尚书左仆射，移中京留守。将行，人皆拦道塞门，挽车马□□□□□□□□□□莫之能止。公俟夜间出，翌日号泣而随出界者数千百人。既在道，闻京中猾盗朋聚，民不安寝。公下车，即督有司尽索京中浮游丐食之民，□□□□□□□□□遣之，其老弱病疾不能自活者，尽送义仓给养，仍敕吏卒分部里巷游徼，人或被盗，俾偿其直。浃旬以来，开市清肃。是时畿内所属州县，会□□□□□□□□□能决者。公至府，促吏条别其事，随小大皆剖析之无留。又择高年有行之吏，与法官参掌宪律，席之座右，随簿所上，辄付谳之。一日之间，断□□□□□□□□□□□□邑大治。公以莅事，夙夜矻矻不自已，事不讫不饮食，以寝成疾，遂求还政。上闻，迁延久之。竟以公病重烦以事，遂许之。加同中书门下□□□□□□□□□至诞日，还中使赍物就第以赐。寿昌二年冬，薨于中京之里第，时年六十有五。讣闻，上嗟悼。诏赠侍中，谥曰靖懿。敕将作少□周□复□□□□□□□□□□□□□张可及监督葬事，皆官给其费。以次年四月十七日藏于京南劝农县西德山之阳。公为人刚果，峭直有大志。□□□矫矫自□□□□□□□□□□□□□□□□其善善恶恶，必使黑白灼晰乎其胸中。为政其始若小烦，卒治有裕如。治千里之地，有毛发之害，萌蘖虏□□□□□□□□□□□□□□□□□□□自固。公遽折之曰："吾岂能为一日之利，而贾诟笑于千载间耶？"其不自罔如此。又常谓所亲曰："吾起布衣，□□位公□□□□□□□□□□□□□□□□□□□□□□□。"时故相国太原王公言敷方篦枢务。国朝旧体，宰相阙，则多取人于参副之间。太原公以典贡举□□□□□□□□□□□□□□□□□□□无后人先已之意。又在永乐，尝与严州刺史挑企回，行视其州银冶之地。旁有水曰海□□□□□□□□□□□□□□□□□□□□□□□□维护也。夫人清河张氏，纯谨温裕，事公以顺，畜子孙以爱，□下以有法度。累封□□□□□□□□□□□□□□□□□□□□□□以干决闻。娶故乾州节度使韩晔女，早逝，生子中孙。再娶故侍中邢熙年次

女□□□□□□□□□□□□□□□□□□□□□□□□□□□□□□□□□□□□
□□□适将作少监、三司户部判官李君谦。其次适秘书郎周必庆（下缺）

（上缺）正匪权行，讫无所应。一有一无，皆政之病。公其挺生，（下
缺）□卢内定。沛焉矢之。法中于事，时无不宜。凡厥（下缺）□□烈烈，
百僚之师。柄任王国，未卒我施。（下缺）奸孽是夷。辇毂之下，阳春熙熙，
（下缺）善人已矣。爰敕有司（下缺）

（上缺）寿昌三年四月十九日甲（下缺）

【注释】

[1] 师训，即贾师训（1032—1096），辽道宗时期官员，正史中未见记载。

[2] 曾奏事御所，有诏迁奚中其部所居汉民四百户。对统辖区域内诸民族的迁
徙政策是辽廷采取统治的一项重要内容。因奚人的自身发展和辽廷的移民政策，奚
人聚居在辽中京地区，与汉、渤海、契丹等民族杂居。宋使路振经过中京之地曾见
"奚、汉民杂居益众"，宋绶称奚境"奚、契丹、汉人、渤海杂处之"。见贾敬颜：
《五代宋金元边疆行记十三种疏证稿》之《乘轺录》，中华书局 2004 年版，第 59 页；
（清）厉鹗：《辽史拾遗》卷 13《上契丹事》，商务印书馆 1936 年版，第 253 页。

公元一一〇一至一一二五年　辽天祚帝时期
耶律祺墓志

【概况及出处】该墓志 1993 年出土于内蒙古自治区赤峰市阿鲁科尔沁旗
罕王苏木古勒布胡硕嘎查东北裂缝山东麓的耶律祺家族墓地中。由于墓早期
被盗，汉文志石已碎成多块，无法通读，经首行拼对后出现了"耶律祺"等
字，据此确定为"耶律祺墓志"。因破损严重，另外还有"将军""同署"等
字无法连贯。志文阴刻，正书。现存 430 余字。墓志概况及拓片见盖之庸编
著：《内蒙古辽代石刻文研究》（增订本），内蒙古大学出版社 2007 年版，第
606—610 页。志文同时参见向南、张国庆、李宇峰辑注：《辽代石刻文续
编》，辽宁人民出版社 2010 年版，第 314—315 页。

【志文】

（残石第一块）

勤力……尽忠同德匡时翊圣推诚……、太师、兼中书令、行大……尹、尚父、于越、赵王、……致仕、……齐王、耶律祺[1]……中少监、充史……二百户，赐紫金鱼袋韩□撰……

夫……事上……危致命勇也，在险运奇……也。忠……六者，人臣不殁以勋贵，人臣之极也。是……王勋观其先臣者，而能托孤。齐……

（残石第二块）

忠如伊周，勇……之任责重而……步之内勇气……使、尚父、于越、……圣元皇……□王……

（残石第三块）

……可讨□乃……则党奔溃，……功臣护卫……都部署、同中……□贵之上……兼中书令。……□之近郊……圣嗣燕国王。……臆出千讨……帝大行顾……官□所王……国王……也……

（残石第四块）

……功成以……允之，拜守太师、尚父、……二十三日……薨于私第，享年七十□……谨以备礼发引而祭葬之，追赠齐王。……山也，先王薨，无子。取……

（残石第五块）

之女乃……男洛州刺史斡……次曰撒八，适奚王府[2]……之何哉呜呼！□时之杰，……三日□时葬于烈山之东。……清宁之初，以奋□□。……□□嗣君，七十受封王……两朝有……

【注释】

[1] 耶律祺，契丹族，正史中未见记载。

[2] 次曰撒八，适奚王府，指耶律祺之女撒八嫁与奚王府。

许国公墓志

【概况及出处】志长 63 厘米，宽 53 厘米，厚 8.5 厘米。材质为片状细砂岩，四壁饰缠枝牡丹纹饰，左上角位置有残损，其他位置亦有不同程度磨损，总体来说保存完好。志文为楷书，字径约 2 厘米，共 22 行，首行 29 字，余下 21 行字数不一，满行 22 字，共 428 字。墓志概况、志文参见赵薇：《唐山发现的辽代许国公墓志铭考释》，《文物鉴定与鉴赏》2018 年第 1 期。

【碑文】大辽故西政保义奉国功臣开府仪同三司兼中书令许国公墓志铭并序 /

公讳忠顺[1]，乃皇铗鲁主之胤也。其于祖父世家，已于 / 先大王墓铭焉，今不繁叙，但禄公之实尔。公自幼缀斑 / 龙墀，以接御膳，后历官资，被勤清慎，续为六节度奚 / 王，掌本管之务，刑绝泛滥，民□歌谣，无翼嘉名，遂达 / 宸黉。[2] 旋弛□诏，徵为殿前都点检诸行宫都部署，出入宫 / 掖，被度星霜，□冰雪之心，枹松筠之志，严查禁闱，高 / 卑整肃。皇上则知内然保谧，外阙抚绥，特赐异悬 /，判镇武定军节度。揔诸侯之职，殿天子之邦，悉枢密 / 之华资，贯纪纲之保任，处海内之膏壤，□云中之要冲，殊 / 异政于龚黄，出全勋于卫霍。惟臣之忠也守其节，君 / 之令也选其能。改授燕京统军，端居帷幄，肃静一方，不警 / 风烟，周环期岁。自念商山诲迹，知四皓之前踪，东门执别 /，效二疎之后进。乞闲□宁，挂冠就隐。于今季正月十七日 / 卒于私弟，年七十岁。天子闻之轸悼，移克奉敕，于七月十八日葬于白霫之西，附先茔之侧。呜呼！公之 / 平生勋业富寿，亦人伦之绝也，略而难周，遂为铭曰：

□□□芳，其清如水。遗万代方，芝兰芳馨。

□□□□，其平如砥。噫百年兮，保安始终。

□□□□，社稷栋梁。福承民兮，功其布常。

□□□□，思荣靡忒。敕封树兮，旌其令德。

□□□□年壬辰岁次朔，大镇国寺讲经沙门惠迪书，陈外儿刻。

【注释】

[1] 忠顺，即许忠顺，曾任六节度奚王、殿前都点检、镇武定军节度、燕京统军等官职。正史中无记载。

[2] 续为六节度奚王，掌本管之务，刑绝泛滥，民□歌谣，无翼嘉名，遂达宸黈。六节度奚王，辽初，奚族只有传统的五个部落，辽太祖、辽圣宗时期，经过辽廷的行政改编，组成奚六部，从而有六节度之说。

公元一一四〇年　南宋高宗绍兴十年
章綡墓志

【出处】志文参见（宋）孙觌：《鸿庆居士集》卷33《章綡墓志铭》，台湾商务印书馆发行文渊阁本《四库全书》（第1135册）1982年版，第12—20页。

【碑文】宋故左朝请大夫直龙图阁章公墓志铭

建安章氏自郇公以文学道德仕仁宗为宰相，声号显融，族大以蕃，异人辈出。事五朝，踵相蹑为将相，宠光禄大，为世闻宗，而徙平江者，尤称于天下。大丞相申公家州南，枢密秦公家州北，两第屹然，轮奂相望，为一州之甲，吴人号南北章以别之。秦公生七子，多知名。

公第三子讳綡[1]，字子上，为北章氏。通亮英敏，有大志，读书不治章句，属文辞，典丽有古风。秦公任子次及公，公推与其弟，而束手诣太学受业。食淡攻苦，穷日夜不息，然后挟所有从诸生校于有司。元祐二年，试国子监，中第一，遂收其科。学者尊其文，傅诵以为法。调河南府洛阳县主簿。时范忠宣公伊洛，一见待以国士，宾礼尉荐，僚吏莫敢望。于是故相韩公汝玉、中书侍郎范公子功、李公邦直，皆以文行荐于朝。就除京兆府府学教授。秦公帅泾原，奏充主管机宜文字。用举者，改宣德郎。

太上皇即位，推恩迁奉议郎、通判镇戎军。秦公治兵号名将，守边四年，城两州，筑九砦，生致两敌将，斥地数千里，威名隐然，边兵出塞远遁。将吏极一时之选，后多为显人，而幕府簿、尺籍、伍符、檄书、请奏，皆自公手出。秦公薨，太上皇临其丧，敕中贵人录尝为机宜者姓名以进。免丧召对，上顾而喜曰："名臣子，是尝佐其父者。他日谋帅，无以易卿也。"除密书省校书郎。

居亡何，以为转府西路转运判官。会五路漕臣分总边计，而公适当秦公旧治，手疏便宜数十条，钩考财用，为出入之要，窒奸偷，罢不急以纾县官馈送之费，皆有法。书上，而宰相方除不附己者，召公还，言者随攻之。出知湖州。言者不已，差主管西京崇福宫。未几，公弟綖以飞语闻，而章氏一网尽矣。

崇宁中，蔡京用事久，权震中外，彗出竟天，上感悟，免京就第，凡京所建为天下害，趣中书亟罢之。中书侍郎刘逵，秦公婿也，京怀之未发。他日，京复用，讽御史诬奏綖盗铸为奸利，以并中逵，于是诏开封尹李孝寿即吴中署狱，连逮千余人。敕州县发卒护送，钲鼓之声连昼夜不绝。捕系累月，瘦死数百人，考验无所得。京怒，逐孝寿，以尝建言御史萧服、沈畸代往，狱益急，卒不验。又逐御史，更用孙杰，必锻炼如章乃止。綖坐是除籍为民，徙海上，兄弟皆坐。非有理得罪公，又免官羁台州。岁余，上辨其诬，罢者皆复，复公故官，通判秀州实大观三年也。

已而又坐陕西漕事，夺三官。公移书当路，诋京曰："党朋交誉，相谓伊、周。蠢直不平，斥为莽草。"天下闻而壮之。四年，复召为校书郎，迁仓部员外郎，再迁起居舍人。宰相张商英言蔡京绍复熙宁、元丰法度，率矫诬为奸罔，非先帝本意，建请置局，号皇宋政典，择近臣范镗、刘拯纂集为书，黜其妄。诏公为编修官，御府出笔墨端溪砚以赐。后尝奏事，上追怀秦公，且问秦国夫人起居状，公顿首言："臣等幸因先人蒙记识，不幸屡遭逸廋，以见困蹶，负先臣余教。幼弟缤，臣母怜之，未尝一日相舍，中被诬陷，屏伏田里，母子无聊。陛下幸哀怜孤老舐犊之爱，加惠缤等，复还仕籍。臣昧死自言，罪万死。"上为动容，即日诏复缤官，而公终无一言自。

及秦国遇疾，移书驰告，而蔡京复相。同列有檄进者，怒京之怒，又中公以危语。会遭秦国丧，除吏部直注岷州长道县，而公亦病矣。以政和四年守本官致仕，逾年病间，即舍旁营一堂，号美荫，聚书万卷。凡国子、中秘所有皆具，集古今石刻千卷，手编秦公遗文四十卷、奏议三十卷。奏议者，泾原山川要害、行帅制胜、营陈出入之法，公以类分卷，每一事为序文识篇首，可备一览，而不果上。有所感遇，则为歌诗，音节平缓，无戚嗟留落不偶之叹。

八年，落致仕，以朝散郎知解州，转朝请郎、朝奉大夫。宣和二年，选部使者，去为均州。三年，提举两浙常平，未至，改提点刑狱，迁朝散大夫。妖人方腊称乱，东南新蹂于兵，诏升越州为安抚，进公直龙图阁、知越州，兼管浙东安抚司公事。公乐职嗜事，所莅有名迹。束缚奸吏，重足而立；爱养百姓，则惟恐伤之。解州神霄宫成，廉访使者刘伟病其隘，有改筑之意，公曰："吾民不可以重困。"即择日斋戒，设坛场，召官属行事祠下，会其徒入居之。事讫驿闻，伟意亦已。

房陵妇人越所部诉其子于均，公谢曰："房非吾治也。"又诉于转运使以属公。公召诣庭下，不以属吏，镌谕开晓，母子感悔，再拜称谢而去。秀州嘉兴富人高安与陈氏有故怨，闻方腊之乱，诬之为盗，聚群恶，操兵入其室尽歼之，以捕盗缴赏；平江长县陆氏，怙富横闾里，杀人应辄赇，吏执平人代已。公一阅，尽得其情状，取二人寘诸法，众欢以为神明。越新去乱，人情危惧，日三四惊；旁郡守将往往益兵自卫。公至，则延问吏民，燕集宾佐如平时。于是勇敢卒谋为变，公饬将吏指取，无一人脱者，一府大震。

左丞王安中帅燕山，求文武士于幕下，欲请公俱，宰相以公方抚越人，不听。五年，中贵人谭稹为宣抚使，又请公于上，朝廷不能夺，除公河东、河北、燕山渚路宣抚使司参谋官。磨勘转朝请大夫，加右文殿修撰，赐三品服。松亭关戍卒二千人号食粮军，四军之变，遂从奚人破景州。[2]稹怒，欲尽戮其孥。公曰："若尔，则人不复思汉矣。"稹悟而止。

时金人纳夏羌之请，割奚拓拔故地云中以北二千余里遗之，止以朔、武归我，夏人骎骎向朔州境上。稹次河东，诏稹发兵讨之，公言："两国通行，囊橐包藏甚深，未可轻动，第檄问金人可也。"而太上皇亲笔督战，至八九不已。公益持不可，曰："金人以我纳叛渝盟，藉为争端，若奉诏出师，误伤金人，边隙一开，则齮龁首用事者坟墓矣。今困竭天下尽于燕山，讫无善后之策，况议云中乎？”退而疏燕云决不可守之状，反复数千言，皆社稷安危之决，趋稹上之。稹读奏，大惊曰：“安得此不祥之言？”公曰：“择福莫若轻，盍以微罪行乎？”为稹论数日，稹不得已，摭取一二上之。书奏，稹罢，公落职送吏部，更命宣抚使童贯出师，遂败绩。师再出，而燕山七郡与朔、武皆不守，如公言。

其年会恩，上书告老，复直龙图阁致仕。七年正月乙未，以疾卒于家，享年六十四。

公少年负所学，不由勋阀，以文章自奋。一出试吏，即为范忠宣所器，天子记姓名，禁中以为可备将帅继秦公后，公亦慨然自任以当世之重。而孤立一意，众娼不容，将起辄仆，遂弃官老于家。宣和末，天下多故，诏起公再仕，而大将争欲引公自助。属时久安，军政大坏，而贪功生事之人方欲徒手搏数百万虎狼之众，以侥幸于万一试。公于是幡然投劾以归，卒亦无所就矣，命矣夫！

诸孤以其年葬公于临安县横溪塘头坞之原，公所自卜也。

曾祖频，故任尚书刑部郎中、侍御史知杂事，赠司徒；祖访，故任礼宾副使，赠太尉；父槩，故任资政殿学士、通议大夫、中太一宫使，赠太师秦国公，谥庄敏。母秦国太夫人和氏。公再娶皆王氏，文康公之曾孙。先配河南县君，今配太硕人。四子：男曰蒄、曰荷，并右朝奉郎；曰莱，右迪功郎、添差监临安府浙江税。女嫁晋陵觌。孙男女十七人：男曰潭，曰滑，曰澥，曰沩，曰浍，曰淖，曰汻，曰洋，曰渒，曰汭，曰洞，曰滂，曰濛。潭、滑，并右迪功郎；汻，右将仕郎。女适右宣义郎新秀州嘉兴县丞陈文蔚、进士何显祖，处者二人。

公性刚果，胸中无留事，与人交，明白洞达，乐为之尽。一言之出，终身可复。视财如粪土，赴人之急，不以在亡为辞。居官矫矫然，见义勇为，不计祸福，必达其志乃已。家无声妓之奉，未尝一日去书不读，尤尊王氏学。著书三十卷，醇深雅奥，发明经术居多。

呜呼！公之女择所从而归觌四年，而公殁矣。又七年，而公之女亦亡。

又八年，而觊铭公之墓。公之事可纪者众矣，非搢绅士大夫所共闻者皆不论著，故所著次于如此。铭曰：

韡韡章宗，维宋巨室。秦公有子，千夫之特。骥随地走，不可系羁。箭云追风，一抹万蹄。视天尺五，可阶而上。发论慨然，帝悦而向。权门众趋，操彗倚旁。矫矫介居，君子之刚。践艰乘危，初终若一。方愤而振，又以谗黜。孰愠孰怼，至神孰尸谓当乘除，以讫耄期。命也不祥，盖棺永已。魁名扬厉，表表逾伟。天定胜人，德远而兴。蔽芾如林，视此孙曾。

【注释】

[1] 綜，即章綜（1062—1125），北宋官员，字子上，章楶第三子。据《宋史》卷 328《章楶传》载，楶七子：縡、综、綜、绾、綎、繗、𬘫，縡、綜最知名。

[2] 松亭关戍卒二千人号食粮军，四军之变，遂从奚人破景州。《宋史》卷 22《徽宗本纪四》有宣和五年（1123）八月"萧幹破景州、蓟州，寇掠燕山，郭药师败之"的记载。萧幹，即奚族人，又名回离保，《金史》卷 67 有《奚王回离保传》。志文与文献所载应指同一件事。

公元一一四一年　金熙宗皇统元年
耶律氏墓志

【志盖】 大金漆水郡夫人耶律氏墓铭

【概况及出处】 该墓志 1998 年在北京市平谷区黄松峪乡鞑子坟村出土，现存于平谷区黑豆峪村碑林。志石长 97 厘米，宽 100 厘米。志盖篆题"大金漆水郡夫人耶律氏墓铭"。志文楷书 37 行，满行 35 字。墓志概况及志文参见北京市文物局编：《北京辽金史迹图志》下册，北京燕山出版社 2004 年版，第 182 页；周峰：《金代萧公建家族两方墓志铭考释》，《北京辽金文物研究》，北京燕山出版社 2005 年版，第 233—238 页。

【志文】 大金漆水郡夫人耶律氏墓志铭

承直郎、行台右司郎中刘长言撰。

从仕郎、滨州司法参军□世泽书。

儒林郎、前知济南□□□鈢篆盖。

皇统元年十二月乙酉，金紫光禄大夫、同知西京留守事萧公命子谦卜葬其正室故漆水郡夫人耶律氏[1]于蓟州渔阳县□□□乐山之原，礼也。前期，以门人徐庚所状夫人家世封寿治行之实，抵汴京请铭于行台右司郎中刘长言，将勒诸圹石，用图不朽。先是，金紫公尹济南，长言家山东，以所闻公之耆旧□□积累深厚，内助之美，所以来久。且夫人之葬，法应得铭。顾如鄙文洇涩弗振，惧无以称。□□□辞，乃据而论次，谨按：夫人耶律氏，曾门而上，累叶通显，号为世家。祖父蓄德，□□□以□□，而父更历藩翰，至平州节度使。母曰兰陵郡夫人萧氏，名讳具载别文。夫人□□淑灵，长益明悟，柔懿贞顺，奉亲笃孝。女工之事，不待姆诲，皆过绝人。及归夫家，以所事父母□□之尊章而能祗敬，夙夜勤劳匪懈。膳服温清，先意从事。岁时伏腊烝尝宾燕，率循仪法。肃□□□，中表称效之。平居以礼，承上以仁，接下乐善，周急无间疏戚。视人穷厄如己，致之至诚。恻□□□颜色，拯援调护，缀衣□食，无所吝啬，雅不妒忌，尤恶奢靡。皆得之自然，非如它人强勉为之。□□金紫公初受命治齐，与夫人谋，以属累众大，不可偕行。□□□有限，不足分赡。念有负郭之田，独可竭力以殖恒产。于是夫人留居，颛董家事。环堵之□□□风雨，然而规摹严整，其起居应□，皆有常度。服用简约而均节，区处必中条理。自亲戚故旧□□臧获僮隶，怀戴恩遇，感激劝向。事罔不治，讫无一人辄异言者。盖金紫公仕历小官，登□□□心，公家闺门之政，唯夫人是任。内外两得，协□□□，物论归美，时鲜俪焉。夫人少好学问，□□典教，藏书万卷，部居分别，各有伦次。每早起□□□诵佛经，日旰方食。已而，杂阅诸书，涉猎传记。或时评议古今得失，切当事理，闻者叹息，玩□□□，得所趣入。无何，被疾，迨属纩，神情不乱。以天眷二年冬十二月丙子薨于寝，寿六十有五。□□□躬履全德，来嫔右族，缛封受祉，安荣终身，惠爱浃于乡党，风猷蔼于士论。故殁之日，远近□□□彻行路，其贤智所立，不出壸闱，而动人如此，可不谓难能也哉。子男二人：谦，蚤服义训，今□□□将军，知滨州军州事。粘汉，未仕。谦娶刘氏，故节度使刘昉之女。孙男三人：建孙、公孙、昌孙，孙□□□尚幼，公孙幼而敏慧，夫人钟爱，殆为己子。维金紫志义许国，遽失宜家之助；而明威干蛊，襄事方衔陜□□□匪著遗范，何以慰其夫子。既备叙之，乃复系为铭诗，以伸敬仰之意，告后之人。其辞曰：

有来夫人，高明令淑。嫔于庆门，膺此多福。兰陵侃侃，位以德隆。繄有佽助，致我匪躬。温柔懿恭，内禀纯固。夫人之德，睟然天赋。文约简正，既利孔时。夫人之言，可复不欺。周旋中礼，俨其庄静。夫人之容，孰敢弗敬。上承下宇，翼家之兴。夫人之功，展也其成。漆水之封，夫贵受祉。上寿不究，胡尼之止。有郁新阡，纳幽斯奠。猗嗟夫人，后则不亡。

耿著刊。

【注释】

[1] 耶律氏（1075—1139），奚五帐族人、金紫光禄大夫、同知西京留守事萧公建之妻。有子萧谦。据《萧资茂墓志》载，萧资茂父为萧谦，可知萧资茂为耶律氏之孙，二者可相参证。正史中未见记载。

公元一一五一年　南宋高宗绍兴二十一年
杨震墓碑

【出处】 碑文参见（宋）刘一止：《苕溪集》卷48《墓碑》，台湾商务印书馆发行文渊阁本《四库全书》（第1132册）1982年版，第10—17页。而碑文自"星驰斛之"至"每从魏公"四百余字四库本出现讹误，今据清抄本移正。

【碑文】 宋故敦武郎知麟州建宁寨累赠太师秦国公杨公墓碑

杨氏望于关西，由汉魏隋唐以至国朝，世胄联延，列第分坊，博龟袭紫，人物门第之盛，莫与比伦。支分派别，散居四方。自公曾高而上，皆葬代郡，遂为代之崞县人。

公讳震[1]，字某，以明经上第，历保定、清源二县主簿。已而踰冠，恬养邱园，终承武郎，赐五品服。

讳日新者，公之曾大父也，年少有声，九上礼部，再举明法中第，历临晋、孟、太谷三县主簿。贤而有吏能，为忠宣范公所器。以宣德郎致仕，累赠太师、代国公。讳付臣者，公之大父也。公之考讳宗闵，少读书有志者，尝曰："吾祖居乡间，岁饥，发仓粟粒价速售，俾籴者自拣斗斛不问。相阳辟邑牵，延乡先生教授邑子。论者以为功利及人，宜自有后。吾意丈夫当以功名自见，章句之学不足以发身成业。"既而以材武绝伦试艺殿廷，出卫士右。仁宗皇帝伟之，补三班借职。历事五朝，名闻西北二边。建炎中，金人犯长安，守节以死，终武功大夫、贵州刺史、永兴军路马步军副都总管，累赠太师、魏国公。

公励于学，能文善书，精骑射，质貌魁伟，沈塞有谋，魏公在诸子中特奇之。既冠从戎，以斩馘功补三班差使，调河东经略司指教。遇其下有恩，且诲且勉，阅世中程者多，部刺史交荐之。秩满，改授庆州监酒。继授安边城巡检。太原帅薛嗣昌遣将自丰州宁远、保宁等寨进讨西夏，公隶岚石路军马来承庆，至爬沙流遇敌，斩首三百余级。进至倾吴堆盘，生擒酋长屈闹，复斩级二百，以功转三班借职。官制行，改承信郎。人有致馈于公者，公谢之，馈者曰："我辈愿效之，何嫌？"公曰："始吾父命之名，实慕汉安平侯。公以清白遗子孙，且曰：'尔勉之，无爽四知之戒。'自是我守此言，如获头目。今尔以无名之赐加吾，其可乎？"及代城，或裹金以烬，曰："微公，我辈无噍类。"公一无所受。

政和中，朝廷议复减底河，命河东师任熙明会合诸军，自晋宁、绥德两界，分诸将校，骁勇者咸在，公居迁中。贼据山为城，下瞰我师动息，辄为所得，诸将三却。寻募能土工者六城，师再进，角楼自堕，公率数辈拔剑先登，斩击千百人，大军乘胜平其城。上功第一，迁成忠郎。宣和初，河东帅奏公充平定军训练军马。三年，方腊盗据杭睦，朝廷姚平仲为都统制征之。公从折可存自浙东追击，至三界河镇，与贼遇，斩首八千余级。追袭至剡、上虞、天台、乐清四县，取韦羌、朝贤、六远三洞。至黄岩，贼帅吕师囊据断头山扼险拒我，前辄下石，死伤者众，累日不能进。可存问计安出，公以轻兵缘山背上，乘高鼓噪，矢石交发，贼大惊溃，复纵火自卫。公曰："机不可失也。"乃被重铠及裤褶，与敢死士履火突入，生得师囊，乃斩贼首三千余人。复有号余大翁者，以万众围永嘉踰月，公从平付、可存兼驿星驰斛之，且曰："太师贷胁从无知之民，不可以数计。"

师还，诸将请优加褒异，特进五阶，至脩武郎、叙迁敦武郎、知麟州建宁。户杂番汉，嚚讼难以理晓，公剖决曲当，上下悦服，主不忍欺。初，契丹骁将小鞠鞬奔于西戎，居清肃、河清军，招集散亡杂西北胡羌，众数万，破丰州，攻麟府城寨。魏公统领麟府路军马屡摧败之，尽得其父母妻子。

靖康初，金人围太原。冬十月，驱幽燕叛亡与夏人、奚人等，与大至建宁。[2]既合围，鞠鞬叩城语公曰："尔父夺吾偏头独建之居，又败釜灶山，掩我骨肉，吾忍死至今。尔举城降我，全汝躯命，不然皆斋粉矣。"时寨兵精锐悉从折可求死于交城之战，所余才老弱百数，众守勿坚。公毅然晓众曰："汝等父兄俱死于敌，于汝为仇，不待吾言而后喻也。上报国恩，下雪亲冤，在此时矣。"众乃听命，日夜奋励，缒城挠贼，斩获甚众。贼怒，济师急攻。阅旬，城中矢尽，公向麟府再拜诀曰："儿报国以身，不得复为孝子矣。"左右皆泣下，不忍仰视。顷之，城陷，公挥短兵力战，殁于阛阓，时十有八日也，年四十有四。二子死之，阖门俱陷于城。

初，魏公闻围建宁，曰："吾儿死矣，其忠劲类我。"已而果然。公熟古将方略，能洞敌情，每从魏公远徼出征，决策取胜，其功居多。志在立名，不苟求富贵。浙东贼平，所师奇其材，欲以子女通婚，公谢之。或曰："折氏求子，非子求折氏。"公曰："不然，吾祖皆以器业自奋，安能倚姻家幸进，取非偶之议？"尝自谓："吾平时所为，未尝有一事不可语人者。"其刻励坚正若此。建宁之祸，公之子存中从征河朔，独免于难，今为少傅、宁远军节度使、兼领殿前都指挥使职事、秦国公。累赠公之太师、秦国公。祖妣檀氏、雍氏，妣贾氏、刘氏。配董氏、继室张氏，俱赠秦国夫人。男四人，少傅其长也，居中、执中从父战殁，彦中未仕。女二人，长适乡贡进士王公宏，次未行。孙男三人：偰，左奉议郎、知太宗正丞；偊，左承奉郎；僄，右承事郎。孙女六人，长曰洞元，尝适右宣教郎、直秘阁、通判湖州军州事刘正卒。夫殁，弃俗为道士，年十九卒，诏赠冲妙炼师；余在室。少傅以某年某月某甲子葬公于吴兴武康县崇仁乡杨村翔凤山之麓,张夫人祔焉。

　　一日,偲以少傅公尝来请铭,某得公行实,读之三复慨叹。尝观韩愈为田洪正作庙铭,载志语曰:"维洪正父子继忠孝,予维宠嘉之,是以命汝愈铭。"文辞至今焜耀简册。今魏公与公挺身许国,出万死一生之计,英烈凛然,精爽如在,与日月争光可也。岂田氏父子所得比耶宜得一世名儒,发扬遗懿,闳大俊杰,与韩子相后先。而少傅属铭,乃逮不敏,非理所宜。既辞谢不获,则又惟念少傅身卫社稷,为世宾臣,南渡以来,首挫强敌,以宽主忧,幽闺妇女,皆能道之。祖孙三世勋德之茂,前古所无。及兹升平,帝眷有加,位列九棘,宠数优异,盖事之称,抑又知天之所以报公父子者在兹也。降及诸孙,俱励于学。偲以艺文取高第,兄弟彬彬,以切以磋,以光其宗,光大未艾,岂人力也哉!岂人力也哉!某诚固陋,然此而不铭,尚谁铭?铭曰:

　　岳岳惟公,慷慨即戎。沉毅伟杰,益习文业。急病逊夷,不见所难。与敌周旋,人后身先。爬沙减底,摧锋陷坚。义勇冠军,威名乃宣。东南承平,骤罹寇警。既蹂杭、睦,连城巷哭。公佐主帅,往靖东浙。披山剔洞,破其蚁结。维时黄严,别酋固拒。凭高下石,士卒反顾。公以轻骑,出贼之背。扬雄噪呼,贼大惊溃。乃被重铠,蹈火突入。生致渠魁,窘不得逸。逮居建宁,虏衔宿冤。搏虚广至,叩城有言:"尔父迫我,掩我骨肉。亟以城降,尚贷尔僇。"公曰:"此身惟国是许,不以膏血,为尔衅鼓。"于时寨兵,仅余老稚。感激听命,有死无二。人谁不死,公死何尤。有臣若斯,不为国羞。天监在下,报尔子孙。世公世师,有耀其门。我作铭诗,大书深刻。用俾厥厦,诏于罔极。

【注释】

　　[1] 震,即杨震,字子发,代州崞人。南宋将领,武功大夫、贵州刺史、永兴军路马步军副都总管杨宗闵之子,死于抗金战争中。《宋史》卷446《忠义一》中有传。

　　[2] 靖康初,金人围太原。冬十月,驱幽燕叛亡与夏人、奚人等,与大至建宁。《宋史》卷446《忠义一·杨震传》载:"靖康元年十月,太原陷,鞠鞯驱幽蓟

叛卒与夏人奚人围建宁。"与墓碑记载大体相当。

公元一一八九至一二〇八年　金章宗时期
蓟州葛山重修龙福院碑

【出处】 碑文作者为金章宗时人吕卿云，碑文参见阎凤梧主编：《全辽金文》（中），山西古籍出版社 2002 年版，第 2073—2075 页。

【碑文】 尔时释迦如来以胜善天人，生为刹利王子，初求出家时，居檀特山，又居象头山，同诸外道日食麻麦，经于六年，然后证无上果。自世尊以降，凡修道者，莫不先屏纷华，隐于山林，期造玄境。于是有鸟窠云巢木食涧饮之流，或发大慈悲，运大神力，建大功德，放大道场，使四众有所归依，学者有所栖止，此亦先达成道度人之意也。蓟州之东，有山曰葛山。昔唐初有智嘉禅师者，玉田人也，生而超异，幼慕空宗，恒诵妙法莲华经，洞究厥旨，又喜平治道途桥梁，不惮劳苦。师一日自叹曰："吾太区区生，岂若遁迹烟霞以休心乎？"于是仗锡云游，遍历林壑，将选胜地。至葛山之下，睹兹有大乘气象，裴回不忍去，乃穴岩以居。师一夕月下诵经，俄有钟声自半山来，师惊异曰："地固无寺，宁有此闻。"因寻声而往，才及山腹，见废寺故基，坏壁间有龙福院额，石泉数处，清浅可爱。诘旦，师结茅其上。方半载，忽夜有女子诣师作礼，师问曰："婆夷何来？"答曰："某实非人，蚕所化也，于此受诸苦恼不知纪极。比者吾师读诵圣教，某一心听受，是诸苦恼悉得解脱，且无以报德，将令左右五里，永绝蚕毒。"言既而灭，事果有验。由是远近归向，布施惟恐其后。乃因旧址，为起殿庑，俄成宝坊，得未曾有，及师示寂，居多名僧。大安间，有感禅师者，自东徂西，届于是院，喜其清幽而驻锡焉。师又居仙洞及醴泉院，即今大静寺是也，尝往来此三处。道宗闻其名，召至禁中，廷访移晷，仍赐紫方袍，加号寂照大师。师劳让数四，不获已而受之，退即敝褐，光而不耀。奚霫之人，旧号难化[1]，师将入其部，或患之，师谓曰："孔子不云乎？言忠信，行笃敬，虽蛮貊之邦行矣。"时院中有引辞法师及师之神足左录大师圆亭，皆得法眼，因谓曰：

"吾去后，汝二人协力住持。"辽帝重师所居，特敕有司，山门林麓，禁其樵苏。左录公门人善初、善元、善定继居之。天庆间，岁荒民饥，寇盗充斥，缁徒逃难解散，院宇为之一空。逮国朝肇兴，削平祸乱，慧日重光，元风复畅。初等三人，却返故山，见其爇焚之余惟存瓦砾，相顾悲泣，因谓曰："先师尝以此院传付我辈，不幸残毁，盍复修而崇起之?"乃共请檀那数十百人告之曰："夫教有时而废，亦有时而兴。汝等得脱兵厄，皆诸佛之所佑也。今欲经营遗绪，于意云何?"众闻是语已，皆大欢喜，踊跃赞叹。于是富者施其财，贫者输其力，智者计其用，巧者殚其工。期月之用，斩斩一新，制度轮奂，有加于初。正隆左录殊公，亦久其处，今在院同温法师者，俗姓毕氏，遵化人也，自幼出家，两以读经受具足戒都东施仁关观音院。尝请师为宗主，未及二载，厌其尘嚣，径归旧院，蕙席陶盂，冀终老焉。温师念兹院始创以迄于今数百年间，替而复隆，如是非一，不有文以序之，曷以信后人? 乃因余弟员一求纪其事，故不可拒。若夫佛道变化，罪福果报，已详见于瞿昙氏之书，兹可得而略也。第取温师所言外，一辞不赘。

【注释】

[1] 奚霫之人，旧号难化。奚霫之人，应指代生活在奚、霫地域的以奚族、霫诸部及其后裔为主体的人群。

下编　专题研究

一、奚族碑刻的价值评判

奚族碑刻作为记录奚族或奚人历史的载体，既具有自身的价值和意义，又是深入研究奚族历史的重要依据。通过对考古发掘新出现的碑刻和古籍中留存的碑刻资料的系统收集、梳理，可知在这些奚族碑刻中，有的内容可以填补奚族历史的缺略，有的可与文献史料相互参证，有的可以纠正文献史料中的误记，对奚族历史研究起到证明、补充、纠错的作用，具有珍贵的史料价值。因此，对奚族碑刻进行全面的梳理，给予客观、科学的评价十分必要，具有重要的研究意义与学术价值。

所收集、整理的奚族碑刻可以分为奚族碑刻和奚族相关碑刻两部分，共计83块，其中奚族碑刻21块，奚族相关碑刻62块。时间跨度为公元517年至1208年，共计691年的时间。奚族碑刻即碑刻主人为奚人者，一是碑刻中明确记载其主人为奚人；二是通过文献史料和相关碑刻资料得出其主人为奚人。奚族相关碑刻即与奚族或奚人直接相关者，情况有三：一是奚人的妻子或姻亲之碑刻；二是记载有"库莫奚""奚族""奚人"等字样的碑刻；三是记载有"奚""两蕃""两番""两藩""饶乐都督府"等字样的，且明确指代奚族或奚人的碑刻。

在21块奚族碑刻中，唐代的有16块，按篆刻时间排序为《奚国质子热瓖墓志》《李宝臣纪功碑》《李宝臣碑》《张孝忠山亭再茸记》《张茂昭功德碑》《张孝忠墓志》《张茂昭墓志》《张茂宣墓志》《李惟简墓志》《史孝章神道碑》《史孝章墓志》《张佑明墓志》《张亮墓志》《张锋墓志》《史宪忠碑》《张达墓志》；辽代4块，即《大王记结亲事碑》《萧福延墓志》《萧孝忠墓志》《萧京墓志》；金代 1 块，即《萧资茂墓志》。

在 62 块奚族相关碑刻中，北魏时期 1 块《元苌墓志》；唐代 42 块，按篆刻时间排序为《阙利啜碑》《臧怀亮神道碑》《阙特勤碑》《毗伽可汗碑》《白知礼墓志一》《白庆先墓志》《张守珪墓志》《白知礼墓志二》《裴仙先墓志》《刘思贤玄堂记》《李永定墓志》《刘元尚墓志》《郭英奇墓志》《张九龄神道碑》《天下放生池碑铭》《义葬墓志》《臧怀恪神道碑》《李楷洛神道碑》《李府君夫人张氏墓志》《南单德墓志》《王士林墓志》《彭君权殡志》《张仁宪神道碑》《张孝忠夫人神道碑》《张孝忠夫人墓志》《刘源墓志》《王士真墓志》《刘济墓志》《乌氏庙碑铭》《秦朝俭墓志》《李少赞夫妇墓志》《岐阳公主墓志》《陈君赏墓志》《崔垍墓志》《幽州纪圣功碑铭》《张锋夫人史氏墓志》《张锋妻史氏买地券》《华封舆墓志》《陈立行墓志》《陈谕墓志》《张建章墓志》《魏州故禅大德奖公塔碑》；辽代 15 块，即《李内贞墓志》《耶律琼神道碑》《耶律霞兹墓志》《耶律遂正墓志》《张哥墓志》《北大王墓志》《耶律庶几墓志》《萧阁妻耶律骨欲迷已墓志》《萧孝恭墓志》《耶律庆嗣墓志》《耶律智先墓志》《贾师训墓志》《耶律隆祐墓志》《耶律祺墓志》《许国公墓志》；南宋时期 2 块，《章綜墓志》和《杨震墓碑》；金代 2 块，《耶律氏墓志》和《蓟州葛山重修龙福院碑》。

下文对奚族碑刻和奚族相关碑刻以时期或某一家族、某一内容为依据进行具体分类，对各个碑刻的主要著录内容、所反映的奚族历史、史料价值等方面进行述论，以明确这些碑刻的史料价值和对奚族历史研究的意义。

（一）奚族碑刻

21 块奚族碑刻分布在唐、辽、金三个时期。可以分为六个方面进行论述：唐代《奚国质子热瓖墓志》；李宝臣家族碑刻；张孝忠家族碑刻；史孝章家族碑刻；辽代《大王记结亲事碑》《萧福延墓志》《萧孝忠墓志》《萧京墓志》；金代《萧资茂墓志》。

1. 唐代的《奚国质子热瓌墓志》

该墓志2005年出土于陕西省西安市西三环北石桥村唐墓①。刻于唐玄宗开元十八年（730）。志文主要记载了奚国质子热瓌在唐朝的爵位、族属来源、与唐朝的友好关系以及因病卒于开元十八年七月五日，同年七月二十日葬于昆明原等问题。据志文推算，热瓌享年25周岁，可知其生于唐中宗神龙元年（705）。墓志中明确记载热瓌的身份为奚族派遣至唐朝的质子，这是奚族质子的首次考古学发现。

质子是奚族与唐朝关系中的重要现象，产生于唐玄宗时期。唐玄宗实施了一系列积极的民族政策，如复置饶乐都督府，对奚族首领进行赏赐、册封、和亲，开设榷场、互市贸易等。奚族对唐朝有定期朝贡、派遣质子、随兵出征等义务。唐玄宗时期，奚唐关系以和平为主。奚族向唐派遣质子是依附唐朝，奉唐为宗主的表现，目的在于增强彼此的信任，密切彼此的关系。唐接纳奚族质子，并给予较高的官爵和待遇，是二者关系融洽的体现，也在一定程度上达到控制奚人，维持二者关系的目的。志文中诸如"占风入欵，已契前修""故能钦我明皇，归诚紫阙""遽参衣缨之列，早渐华质之风，沐浴圣恩，亦已旧矣"等词汇，表现了奚族归心于唐以及唐朝对周边诸族一视同仁的大国风范。志文还以归附西汉的匈奴降将金日磾和呼韩邪单于的事迹作为比对，以突显热瓌的归诚之心和唐廷对热瓌的认可之情。

通过爬梳较为零散、简略的文献史料，可知奚族质子共有五位②，其中未有热瓌其人。因此，《奚国质子热瓌墓志》的发现补充了文献记载的缺失，是研究奚族质子相关问题以及奚唐关系的重要依据，属于第一手史料，具有珍贵的史料价值，应该进行充分研究和利用。

---

① 参见张小丽：《西安市唐故奚质子热瓌墓》，《考古》2014年第10期。葛承雍《西安唐代奚族质子热瓌墓志解读》一文对墓志部分内容作了考释，见《考古》2014年第10期。

② 据研究，唐玄宗开元年间，共有五位奚族上层人物在唐廷做质子，即奚饶乐郡王李鲁苏时期的奴默俱、訾锁高和李日越；奚归义王李诗时期的属鹘留；未有明确的来唐时间的李如越。参见王丽娟：《入唐奚族质子及其反映的民族关系》，《内蒙古社会科学》2021年第3期。

2. 李宝臣家族碑刻

李宝臣为奚人，曾任唐成德军节度使。李宝臣家族碑刻有《李宝臣纪功碑》《李宝臣碑》《李惟简墓志》，三块碑刻均为出土碑刻。

《李宝臣纪功碑》，即《大唐清河郡王纪功载政之颂》碑，现位于河北省石家庄市正定县城燕赵大街西侧。刻立于唐永泰二年（766）。该碑主要记述了李宝臣的生平功绩，即其任恒（今河北省正定县）、定（今河北省定州市）、易（今河北省易县）、赵（今河北省赵县）、深（今河北省深州市）、冀（今河北省冀州市）六州刺史期间勤政爱民的事件。碑立之时（766），正值李宝臣当政。碑文不乏恭维、溢美之辞，因而有的研究者认为该碑的价值不大①。但就碑中所记载的李宝臣率领群众抵御自然灾害、减少战争破坏等事件均有明确的时间，可以反映一些历史事实。

据碑文所载，李宝臣在主政恒州期间，乾元元年（758），"滹沱会流，暨于城下，天雨淫降，鸿涌泄岸"，李宝臣发动民众修堤疏导，制止了滹沱河患，民众没有受到任何损失；李宝臣在恒州的第四年（760），夏季大旱，"涤涤甫田，百谷如焚"，李宝臣自己减膳食，勤于民政，当时黄河以北普遍遭受饥荒，民不聊生，唯独恒州年获丰收，百姓安居乐业；李宝臣在恒州的第七年（763），史朝义作乱，民众负担沉重，有人建议其增加民众赋税以壮大自己的势力，李宝臣没有采纳，而是实行"封征不赋"的政策，使人们免于苛税之苦。诚然，李宝臣作为地方节度使，割据一方，其采取的勤政爱民政策，积极发展生产，主要目的是提高自己的经济、军事实力，以扩大势力范围，维护割据统治。所以，对于碑文所记应该辩证地看待，抛却其中的阿谀之辞，采纳其中所反映的今属河北省六州之地所发生的天灾人祸等事件的记载，这对了解唐代河北及其周边地区的自然生态、社会状况、政治、军事等方面的情况提供了一些线索。

此外，《李宝臣纪功碑》气势恢宏，巍峨高大，通高7.11米，宽2.62米，

---

① 郭玲娣、樊瑞平、杜平：《唐李宝臣纪功碑考述》，《文物春秋》2005年第5期。

超出了其应有的规制①。这一僭越现象说明李宝臣割据势力强大，将唐廷规制置于不顾。这也是安史之乱后，唐朝藩镇割据情况和唐朝中后期政治中的重要特点之一，应该引起关注。

《李宝臣碑》于唐永泰二年（766）后立。现位于河北省石家庄市正定县隆兴寺御书楼前。主要记述了李宝臣的族属、经历以及在任期间的个别事迹。碑文中所记李宝臣"字为辅"为《旧唐书·李宝臣传》所不载；"世居柳城"为《旧唐书》《新唐书》《资治通鉴》等文献和《李宝臣纪功碑》所无。两《唐书·李宝臣传》明确称李宝臣为奚人②，而碑文不载其族属，或是以"世居柳城"相替代，或是刻意回避其奚族出身，这一现象在碑刻中较为常见，值得进一步研究。此外，碑文中的"导河除垫溺"是指李宝臣在任期间治理滹沲水患一事，与《李宝臣纪功碑》的记载相吻合。这一事件不见于文献记载，两碑相互印证，可补文献对于李宝臣事迹记载的缺略。总体而言，该碑对研究李宝臣其人、成德镇、唐代的地方割据势力等问题具有较高的史料价值。

《李惟简墓志》刻于唐宪宗元和十三年（818）。志主为李惟简（764—818），唐成德军节度使李宝臣第三子。《旧唐书》卷142、《新唐书》卷211有《李宝臣传附李惟简传》。志文记述了李惟简的家世、官职履历、妻室、子嗣以及忠于朝廷的事迹。志文称"太傅薨，公兄弟让嗣，公竟弃其家，自归京师"。得见德宗皇帝之后，深表忠心，德宗大为感动。李惟简获得封王，号"元从功臣""图其形御阁，而以神威将军居北军卫"的殊荣，并屡次立功、升迁。李惟简去世后，"上悼怆罢朝，遣郎中临吊，赠尚书左仆射"。与其父李宝臣的"名位既高，自擅一方，专贮异志"和其兄李惟岳"同谋拒命"的作为截然相反，李惟简是忠于唐廷的典范，这也是唐廷对其格外恩赏

---

① 据（北宋）王溥：《唐会要》卷38《葬》记载："碑碣之制，五品以上立碑，螭首龟趺，上高不过九尺。七品以上立碑，圭首方趺，趺上不过四尺。"上海古籍出版社2006年版，第809页。

② 据（后晋）刘昫等：《旧唐书》卷142《李宝臣传》称："李宝臣，范阳城旁奚族也。"中华书局1975年版，第3865页；（北宋）欧阳修、宋祁：《新唐书》卷211《李宝臣传》称："李宝臣字为辅，本范阳内属奚也。"中华书局1975年版，第5945页。

的原因。志文所载的李惟简去世后追赠"尚书左仆射"，两《唐书》作"尚书右仆射"①。志文所载的四子中，仅元本见载于两《唐书》。

李惟简身兼"夷狄"与藩镇子弟的特质，其对唐廷的向往和忠心是这一时期周边民族及地方势力与中央关系的典范，值得进一步研究。《李惟简墓志》是研究李惟简其人、李宝臣家族、唐代奚人以及唐中后期地方藩镇割据形势的第一手资料，应与两《唐书》之《李宝臣传附李惟简传》相互参证、补充进行研究。

3. 张孝忠家族碑刻

张孝忠为奚人，先后任唐成德军节度使、义武军节度使。张孝忠家族碑刻共有九块，其中出土碑刻有《张孝忠山亭再葺记》《张茂宣墓志》《张达墓志》《张佑明墓志》《张亮墓志》《张锋墓志》；传世碑文有《张孝忠墓志》《张茂昭功德碑》《张茂昭墓志》。

《张孝忠山亭再葺记》之碑刻高五尺一寸二分（约 1.75 米），宽三尺一寸五分（约 1.05 米）。现共存 828 字。篆额题"唐易州刺史张公山亭再葺记"12 字。碑文题"大唐光禄大夫、试太子宾客使、持节易州诸军事、兼易州刺史充高阳军使、兼御史中丞符阳郡王张公再葺池亭记。"王璠撰并行书。易州（治所在今河北省保定市易县）。"符阳郡王"之称同见于《新唐书·张孝忠传》②；《旧唐书·张孝忠传》作"范阳郡王"③；《王士林墓志》称"符阳王"。

该碑为张孝忠任易州刺史期间所立。主要记载了上谷之地的历史渊源、张孝忠的勤政爱民、当时的政治局势等方面，总体是对张孝忠的褒奖和赞扬之辞。如碑文所言"戊午岁，天作霪雨，害于粢盛，人多道殣，邑无遗堵"，张孝忠"躬问疾苦，坐不安席，志通邻好，忧人阻饥"，经过张孝忠的辛勤

---

① 《旧唐书》卷 142《李宝臣传附李惟简传》，第 3871 页；《新唐书》卷 211《李宝臣传附李惟简传》，第 5951 页。

② 《新唐书》卷 148《张孝忠传》，第 4768 页。

③ 《旧唐书》卷 141《张孝忠传》，第 3855 页。

治理，奖励耕织、轻徭薄赋，"比及三年，兵自戢，民自安，众自和，财自阜。然后散利薄征，缓刑宽疾"，易州呈现政治清明、人民安康的局面。同时记载了张孝忠在混乱的政治局势中，"智深天机，神与心计，而能力役焉。获斧斤（缺）利之泉，拔有害之木。"最终平叛战乱，功耀千古。碑文记载的"我故相国司空、赠太傅李公"即指李宝臣。该碑是了解唐代易州地区的自然环境、天灾人祸、政治局势以及李宝臣与张孝忠关系等问题的参考资料，可以与《张孝忠墓志》《李宝臣纪功碑》《李宝臣碑》、两《唐书·张孝忠传》、两《唐书·李宝臣传》等相关资料相互参证，综合研究。

《张孝忠墓志》刻于唐德宗贞元七年（791）。墓志记述了张孝忠之先祖、出身、活动地域、官职履历、死后荣宠、嗣子张茂昭等方面的内容。志文称"其先燕人"，用居地代替其族属，与两《唐书·张孝忠传》称其为奚族有所不同①。志文称自张孝忠"八代祖"就在北齐担任官职。曾祖靖曾任契丹乙失活部落节度使。其父谧，始"来朝上京"，颇受重用，终"拜开府仪同三司"。至张孝忠时期，任义武军节度使。"时三分恒阳之地，录功有差，而群帅侈心，或怀觖望，太行而东，疆场日骇，且有从约，皆为假王"。张孝忠对唐廷的忠心可嘉，"守正持重，玉立于磷缁之际，鸡鸣于风雨之中，静柯劲草，在我而已"。志文用大量的笔墨对时局进行描述，并突显出张孝忠对唐廷的忠义之情。在张孝忠去世之后，"德宗皇帝不视朝三日，册赠太傅，诏郎吏吊祠，礼赙有加。其后累赠太师，易曰'贞武'，追封上谷郡王"。志文仅记载嗣子张茂昭"以全才休绩，保大宣力，戴翼天子，抚征诸侯"，是藩镇子孙中忠于朝廷的代表，与李惟简的品行、经历有相似之处。

志文中还对当时的政治形势，李宝臣、王武俊、朱滔等人的事迹以及成德军有所涉及，是研究唐中后期地方势力的重要资料。总体而言，《张孝忠墓志》是研究张孝忠其人、张孝忠家族、唐代奚人的第一手资料，与《旧唐书》卷141、《新唐书》卷148之《张孝忠传》的史料价值同等重要，可

---

① 《旧唐书》卷141《张孝忠传》称其"本奚之种类"，第3854页；《新唐书》卷148《张孝忠传》称其"本奚种"，第4767页。

相互参证、补充。该墓志与《张孝忠夫人神道碑》《张孝忠夫人墓志》的相关记载可以充分结合，进行比对研究。

《张茂昭功德碑》作者与《张孝忠山亭再葺记》同，为王璿撰并行书，唐建中三年（782）立。原碑及碑文今已不见。宋代赵明诚撰，金文明校证的《金石录校证》上对此碑有所提及。据此纪功碑可知建中三年（782）时，张茂昭已经具有一定的势力和声望。由于碑文内容缺失，不具备参考价值。张茂昭作为张孝忠之嫡子，其事迹见于《旧唐书》卷 141《张孝忠附张茂昭传》《新唐书》卷 148《张孝忠附张茂昭传》和《张茂昭墓志》。

《张茂昭墓志》刻于唐宪宗元和六年（811）。张茂昭作为张孝忠之嫡子，也是《张孝忠墓志》里唯一提到的子嗣。志文记述了张茂昭的先祖、出身、家世、年少时期的事迹、官爵履历、妻室、子嗣等情况。志文称"其先燕人"，用居地代替其族属，与《张孝忠墓志》的写法一致。志文中称"九代祖奇，北齐右北平太守，因封其地，代袭王爵，违难出疆，雄于北方"以及对其曾祖逊和祖谥的追忆与《张孝忠墓志》同。墓志宣扬了张茂昭勤王立功、忠于朝廷的仁臣之心，并得到唐廷的重用和褒奖，履任要职。张茂昭去世后，"皇帝不视朝五日，册赠太师"。张茂昭出身于重要的地方势力集团，一心忠于朝廷，忠勇可嘉，是唐廷褒扬的典范，《旧唐书》评价其"忠梗有礼，明祸福大端，近代之贤侯也""茂昭知止，终以善胜"[①]。

《张茂昭墓志》是研究张茂昭其人、张孝忠家族、唐代奚人以及唐中后期地方藩镇割据形势的第一手资料，与两《唐书》之《张孝忠传附张茂昭传》的史料价值同等重要，应该相互参证、互为补充。

《张茂宣墓志》刻于唐元和九年（814）。现藏于陕西省西安市大唐西市博物馆，保存较为完整。据墓志，张茂宣是张孝忠第八子。其人不见于文献记载。志文记述了张茂宣的出身、品德、仕途、功绩等内容。志文称，张茂宣曾出使回鹘，"以三寸舌挫十万虏。虏于是屈膝受诏，遣使纳贡，来与公俱"，从而制止了回鹘对唐朝的敌对行为，修复了唐与回鹘的关系，完成了

---

① 《旧唐书》卷 141《张孝忠传附张茂昭传》，第 3863 页。

唐廷交付的重大使命。张茂宣去世后，唐廷"诏赠陕州大都督"。

两《唐书·张孝忠传》记张孝忠有子三人，茂昭、茂宗、茂和，《张孝忠墓志》仅记嫡子张茂昭一人，均未言张茂宣其人。张茂宣之名仅见于其母《张孝忠夫人神道碑》。因此，《张茂宣墓志》填补了文献对张孝忠家族记载的缺略，是研究张茂宣其人、张孝忠家族、唐代奚族将领、藩镇割据势力、唐与回鹘关系等问题的重要资料，具有较高的史料价值。

《张达墓志》于 1949 年后在河北省保定市定兴县高里易上村出土。现藏定兴县文物保管所。据墓志，张达为张孝忠之孙，张茂和之子。其人不见于文献记载。志文记述了张达的家世、出身、妻室、子嗣情况。志文中"轩辕之胤嗣，上谷之名家"的表述，体现其忽略奚族身份出身以及自我身份的认同。张茂和见载于两《唐书·张孝忠传》，元和中为"左武卫将军"①。志文称其为"皇任宁远将军、守左威卫大将军"。《张达墓志》是研究张孝忠家族的重要补充资料。

《张佑明墓志》1989 年出土于河北省保定市涞水县东明义乡东明义村的唐墓中。刻于唐开成五年（840）到会昌三年（843）之间。墓志记述了张佑明的出身、品行、官职、子嗣等问题。据墓志，张佑明为张孝忠之侄，张孝忠弟张庭光之子。张庭光、张佑明均为文献所不载。志文称张佑明"先夏后氏之胤，夏季失国而有阴山焉"，这种说法是古代墓志中较为常见的现象，反映了志主的身份认同和民族认同。志文所载"开元中全部归阙。建中中赐姓张，封上谷郡公。伯考讳孝忠，自易州牧国步多虞，藩臣背化，有诏除恒冀易定沧等五州观察处置等使，所向郡县，未不尅从"与《张孝忠墓志》《张茂宣墓志》、两《唐书·张孝忠》等记载相符。

文献中仅见张孝忠有两弟，名为张孝义和张孝节②。《张佑明墓志》为了解张孝忠家族的相关情况提供必要的资料依据，具有一定的参考价值。

① 《旧唐书》卷 141《张孝忠传附张茂和传》，3862 页；《新唐书》卷 148《张孝忠传附张茂和传》4770 页。

② 张孝义，《旧唐书》卷 141《张孝忠传》，第 3856 页；张孝节，见《旧唐书》卷 141《张孝忠传》，第 3855 页；《新唐书》卷 148《张孝忠传》，第 4768 页。

《张亮墓志》刻于唐宣宗大中元年（847）。据墓志，张亮为张庭光之孙，张英杰之子。张英杰、张亮均不见于文献。志文记述了张亮的家世、出身、品行、妻室、子嗣等情况。志文中"其先上谷人"以居地代替族属的写法与《张孝忠墓志》《张茂昭墓志》《张茂宣墓志》相一致。该墓志是研究张孝忠家族的重要补充资料。

《张锋墓志》刻于唐宣宗大中三年（849），出土于河北省唐县。据墓志，张锋为张庭光之曾孙、张英杰之孙、张政文之子。张庭光一系均未见载于文献。志文记述了张锋的家世、出身、品行、妻室、子嗣等情况。志文在追忆先祖时，也称"其先上谷人"。《张锋墓志》可与《张锋夫人史氏墓志》《张锋妻史氏买地券》进行比对研究。该墓志与《张佑明墓志》《张亮墓志》同等重要，是研究张孝忠弟张庭光家族的一手资料，充实了张孝忠家族的研究，也是研究唐代奚人相关问题的重要资料。

4. 史孝章家族碑刻

史孝章为奚人，唐魏博节度使史宪诚之子。史孝章家族碑刻有《史孝章神道碑》《史孝章墓志》《史宪忠碑》。《史孝章神道碑》《史孝章墓志》为出土碑刻，《史宪忠碑》为文献所载，但不见碑文的主要内容。

《史孝章神道碑》刻于唐文宗开成三年（838）。碑文记述了史孝章的出身、居地、家世、生平、官职履历、妻室、子嗣等情况。碑文在追溯史孝章家世时称"本北方之强，世雄朔野。其后因仕中国，遂为灵武建康人。"这与《旧唐书》称史宪诚"其先出于奚虏"[1]；《新唐书》称"其先奚也"[2] 直接记述其族属的说法不同。碑刻与文献史料对族属的不同书写成为史氏族源问题众说纷纭、莫衷一是的主要原因。碑文称史孝章"幼而聪悟，父母贤而加爱焉。及长，好学迁善，秀出侪辈，邺下诸儿，号为书生。"在众人蜂拥追求军功、军职的环境下，"公独昌言，愿效文职"，表明其自幼就善读诗书，

---

[1] 《旧唐书》卷 181《史宪诚传》，第 4685 页。

[2] 《新唐书》卷 210《史宪诚传》，第 5935 页。

知晓情理，与行伍出身的特质迥然有别。其后又因规劝其父亲史宪诚忠顺于朝廷，而被天子赞赏为"真孝子"，并得到擢升。史孝章虽为藩镇割据势力出身，但与其父史宪诚不同，表现出强烈的忠君观念，并深受皇帝嘉奖，世人称"史氏之宠光，古无有也"。在其去世后，"上闻而悼之，不视朝一日，赠尚书右仆射"。与《史孝章神道碑》同时期镌刻的有《史孝章墓志》。

《史孝章墓志》刻于唐文宗开成三年（838）。2004 年 6 月出土于河南省洛阳市孟津县朝阳镇张阳村，现藏洛阳师范学院。志文记述了史孝章的家世、出身、生平、官职履历、子嗣等情况。《史孝章墓志》与《史孝章神道碑》所记内容大致相当，主要体现的内容一是史孝章的忠君之心，二是皇帝对史孝章的嘉奖和恩宠。墓志在记述其出身时，较"神道碑"更为具体，称"蕃中人呼阿史那氏，即其苗蔓也"，这也是部分学者认为史孝章为粟特史氏人的主要依据。志文称"太尉愬索麾下诸将之子，署以亲事，俾卫前后。公挺然不群，请授文职。"也体现了史孝章的"重文"心理。据志文："季父金吾将军检校右散骑常侍宪忠，十起之哀，行路所感，一门之痛，骨肉倍加。"宪忠，即史宪诚之弟，史孝章之叔父，见《新唐书》卷 148《史孝章传附史宪忠传》，传世的还有《史宪忠碑》。

《史宪忠碑》，碑文称"赠司空史宪忠碑"，唐懿宗咸通三年（862）立。据《宝刻丛编》所存碑文仅知裴坦撰，李从海正书，叶泳篆额。该碑今或不存，不具备参考价值。

综上可见，《史孝章神道碑》与《史孝章墓志》《旧唐书》卷 181《史宪诚传附史孝章传》《新唐书》卷 148《史孝章传附史宪忠传》是研究史孝章其人、史孝章家族、唐代藩镇势力等问题的基本史料，具有重要的史料价值。同时，史孝章与李惟简、张茂昭在出身、性情、经历等方面存在一定的相似之处，可作比对研究。

5. 辽代的《大王记结亲事碑》《萧福延墓志》《萧孝忠墓志》《萧京墓志》，均为出土碑刻

《大王记结亲事碑》于 1974 年秋在内蒙古赤峰市宁城县存金沟乡喇嘛沟

门村出土，现藏内蒙古赤峰市宁城县辽中京博物馆。该碑刻于辽太祖天赞二年（923），是目前所见辽代石刻中时代最早者。该碑主要记载了奚王①家族聘女事4件、续聘事1件、求妇事9件，并对婚聘过程中将羊、牛、马、金腰带、较具银、衣服、绫彩等财物作为聘礼的数量进行了较为详细的阐述。同时，碑文还涉及到糜子、牛马、银锭、川锦、重绫、吴绫、衣服等物品之间的交换问题。

《大王记结亲事碑》是了解辽初奚族的婚姻状况，如结成婚姻的过程中男方要送给女方聘礼、女子死后，女方家族有续婚的义务；奚族社会中的经济交换情况；奚族与契丹联姻；奚王家族与皇族的关系等方面的第一手资料，具有珍贵的史料价值。另外，该碑用白话文刻写，所包含的大量方言为研究辽代奚人的语言提供了宝贵资料。

《萧福延墓志》1992年出土于河北省平泉县柳溪乡马架子村八旦沟自然村。墓志记述了奚王萧福延的生平事迹，即墓主人自辽重熙四年（1035）入仕至咸雍六年（1070）辞世，历任左千牛卫将军、镇国军节度使、永兴宫使、彰义军节度使、检校太傅、延庆宫使、崇德宫使、涿州军州事、宣徽使、奚王等重要职位，是辽道宗时期的勋贵大臣。萧福延其人未见《辽史》和《契丹国志》记载，该墓志的发现可与《欧阳修全集》《续资治通鉴长编》《宋史》《全辽文》《房山石经题记汇编》等文献的记载相互印证②，成为了解奚人萧福延、奚王世系、奚族世家大族等问题的重要资料。

《萧孝忠墓志》于1954年在辽宁省锦西县孤山村出土，现藏辽宁省锦州

---

① 据李义考证，该碑的主人可能是奚王勃鲁恩或者奚王胡损。见《辽代奚"大王记结亲事"碑》，《中国古都研究（第十八辑下册）——中国古都学会2001年年会暨赤峰辽王朝故都历史文化研讨会论文集》2001年版。

② 见（北宋）欧阳修：《欧阳修全集》，《内制集》卷5，中国书店1986年版，第646—657页；（南宋）李焘：《续资治通鉴长编》卷177，至和元年（1054）十二月乙卯条中有至宋的契丹使者萧福延，中华书局1992年版，第4298页；（元）脱脱等：《宋史》卷13《英宗纪》，中华书局1977年版，第254页；陈述辑校：《全辽文》卷8《萧福延造经题记》，中华书局1982年版，第181页；北京图书馆金石组编：《房山石经题记汇编》，书目文献出版社1987年版，第330页。

市博物馆。墓志主要记载了萧孝忠的婚姻及其子女情况。志文较为详细地记述了萧孝忠的五位夫人，其中有契丹人，也有汉人，说明辽代奚族与契丹和汉人之间均存在通婚现象。萧孝忠其人未见于辽代相关文献的记载，《萧孝忠墓志》为研究辽代奚人的历史增添了新的内容，尤其是了解辽代奚族贵族阶层生活状况和婚姻情况的重要资料，有较高的史料价值。该墓志同时刻有汉文字和契丹文字，为了解契丹历史和契丹文字增添了新的研究资料①。

《萧京墓志》刻于辽道宗大安八年（1092），藏于内蒙古赤峰市博物馆。志文记述了萧京的出身、家世、生平、官职履历、妻室、子嗣等情况。萧京为奚族，曾任奚王。据志文，萧京"白霫人也"，白霫，本为中国古代北方民族，《通典》卷199铁勒诸部之后有《白霫传》，《旧唐书》卷199下《铁勒传》中有白霫一支，《新唐书》卷217上《回鹘传上》铁勒诸部中有白霫一支，《新唐书》卷217下《回鹘传下》铁勒诸部之后有《白霫传》。此处之"白霫"指代地域，即奚人的主要聚居地区。志文称萧京"本实失王七代之孙，五帐之贵者"，祖父世代在辽朝担任重要官职。萧京"天赋聪敏，幼嗜文学"，自幼便表现出深厚的文化素养，至其成人则"威雄朔镇，名振宋邻"，声名远扬。在其担任武州刺史期间，"所决是非，躬览册制，法家不能舞其文，案吏不能诬其理"，得到朝廷的提拔和重用。萧京还曾出使南宋，回辽后得到褒奖，晋升为奚王。在其任奚王期间，"法确令下，风恬俗熙，千里地广，五年绩成"。

萧京其人未见《辽史》及其他正史的相关记载。（南宋）李焘《续资治通鉴长编》卷419宋哲宗元祐三年（1088）十二月丁卯条有萧京曾作为辽朝使臣前往宋朝贺正旦的记载，与志文的说法相符。因此，《萧京墓志》是填补辽代奚王及其家族的第一手资料，是研究辽宋关系的依据，具有重要的史

---

① 刘谦：《辽宁锦西西孤山出土的辽墓墓志》、阎万章：《锦西西孤山出土契丹文墓志研究》、雁羽：《锦西西孤山辽萧孝忠墓清理简报》等文章对该墓及墓志等相关问题进行了不同程度的说明和探讨。分别见著于《考古通讯》1956年第2期、《考古学报》1957年第2期、《考古》1960年第2期。爱新觉罗·乌拉熙春：《爱新觉罗恒煦先生与契丹大字'萧孝忠墓志'》对志文进行了考证，见《爱新觉罗·乌拉熙春女真契丹学研究》，松香堂书店2009年版，第277—284页。

料价值。

6. 金代的《萧资茂墓志》

该墓志 1998 年在北京市平谷区黄松峪乡轱子坟村出土，现存于平谷区黑豆峪村碑林。墓志主要记述了萧资茂的家世、品德、仕途及死因。志文称萧资茂为"奚族五帐族人"。奚族"五帐"也称"五部""五姓"。《辽史·营卫志下》称，辽初，奚为五部，"曰遥里，曰伯德，曰奥里，曰梅只，曰楚里。太祖尽降之，号五部奚"①。《资治通鉴》称："及阿保机为王，尤雄勇，五姓奚及七姓室韦、达靼咸役属之。"② 辽太祖时期，奚族的五个部落隶属于奚王府，受辽廷的间接管辖。萧资茂就是奚族五部族人。

据志文，萧资茂"皇曾祖讳勖，辽西京留守"，萧资茂的祖父萧公建为金代"京兆□□□□管致仕"（应该是"京兆府兵马都总管"），萧资茂的父亲萧谦"以□□军节度使致仕，系官荣禄大夫"，萧资茂本人曾任"达撒山行军谋克、孛谨"。金初，女真贵族对奚、渤海、契丹等族主要采取拉拢、安抚政策，并授以官职，从而稳固自己的统治。萧资茂家族自辽朝入金，在两朝担任官职，受到朝廷的重视，即是这种现象。该墓志是了解萧资茂本人、萧资茂家族情况、奚人在辽末金初的境遇等问题的重要资料。

综上所述，在现存的奚族碑刻中，有的碑刻属于研究奚族历史的第一手资料，具有珍贵的史料价值；有的碑刻可以与文献史料相互印证，也是研究奚族历史及相关问题的必备资料。这些资料具有证明、补充，甚至是纠正某一历史问题的作用，具有重要的参考和使用价值，应该给予充分地重视和研究。

---

① （元）脱脱等：《辽史》卷 33《营卫志下》，中华书局 1974 年版，第 387 页。

② （北宋）司马光编著，（元）胡三省音注：《资治通鉴》卷 266《后梁纪一》，中华书局 1956 年版，第 8678 页。

（二）奚族相关碑刻

奚族相关碑刻共计 62 块。为数较多，时间跨度大，分布在北魏、唐、辽、南宋、金五个历史时期，且所反映的奚族历史问题比较零散。

1. 北魏时期的《元苌墓志》

该墓志刻于北魏孝明帝熙平二年（517）。2003 年春出土于河南省济源市，现藏于河南省博物院。元苌（458—515），北魏宗室官员，平文皇帝拓跋郁律六世孙，松滋侯拓跋跋平之子。《魏书》卷 14《神元平文诸帝子孙列传》对其有记载。志文在记述元苌的功绩时称太和二十一年，"高祖孝文皇帝南讨江扬，从驾前驱，董帅前军，北讨高车，东征奚寇二道都将"。元苌东征奚族一事于正史中无载。据《魏书·库莫奚传》载，奚族于太和"二十二年，入寇安州，营、燕、幽三州兵数千人击走之"。所载时间大体相当，二者可相互印证。

志文称奚族为"奚寇"，将高车与奚族并称为"二道"，可以看作是北魏时期朝廷或官员对奚族的态度，也是北魏与奚族关系的一种体现。因此，该墓志是研究北魏与奚族关系的佐证资料。

2. 唐代的 42 块奚族相关碑刻

根据其主要内容，可以将 42 块碑刻分为四个方面进行探讨，即古突厥碑刻、奚人妻室碑刻、反映奚族与唐朝关系的碑刻、涉及唐代奚人状况的碑刻。

第一，古突厥碑刻，共 3 块，分别为《阙利啜碑》《阙特勤碑》《毗伽可汗碑》。详见表一：古突厥碑刻。

《阙利啜碑》所载阙利啜为第二突厥汗国达头部的高级将领，碑文主要记叙了阙利啜一生的武功。阙利啜其人在汉文文献中无记载，碑文记述了阙利啜参与的突厥对奚族的 5 次战斗。《阙特勤碑》所载的阙特勤为颉跌利施

表一：古突厥碑刻

序号	碑刻	碑主	篆刻时间	与奚族相关的资料
1	《阙利啜碑》	阙利啜	723—725 年	在对契丹、奚（tatabï）人进行的 5 次战斗中，（阙利）啜是其督察官、勇士和参谋官。
2	《阙特勤碑》	阙特勤	732 年	（作为）吊唁者从前面，从日出之方，有莫离（bÖkli）荒原人、唐人、吐蕃人、阿瓦尔（apar）人、拂林（purum）人、黠戛斯人、三姓骨利干人、三十姓鞑靼人、契丹人、奚（tatabï）人——这样多的人民前来吊唁；在右边（南方）唐人是敌人，在左边（北方）巴兹（baz）可汗及九姓乌古斯是敌人，黠戛斯、骨利干、三十姓鞑靼、契丹、奚，都是敌人；为了养育人民，北面反对乌古斯人民，东面反对契丹、奚人民，南面反对唐人，我出征了十二次……我作了战；作为吊唁者，udar 将军代表契丹、奚人民到来了。
3	《毗伽可汗碑》	毗伽可汗（默棘连）	735 年	（作为）吊唁者从前面，从日出之方，有莫离（bÖkli）荒原人、唐人、吐蕃人、阿瓦尔（apar）人、拂林（purum）人、黠戛斯人、三姓骨利干人、三十姓鞑靼人、契丹人、奚（tatabï）人——这样多的人民前来吊唁； 在右边（南方）唐人是敌人，在左边（北方）巴兹（baz）可汗及九姓乌古斯是敌人，黠戛斯、骨利干、三十姓鞑靼、契丹、奚，都是敌人；为了养育人民，我率领大军出征了十二次，北面反对乌古斯人民，东面反对契丹、奚人民，南面反对唐朝……我作了战； 奚人民归顺唐朝皇帝，当我三十九岁时，春天我出征奚；当我五十岁时，奚人民脱离契丹去……我消灭三万军，击溃一万军……奚人……

可汗（即骨咄禄）次子，716 年曾推翻默啜可汗之子匐俱的统治，让其兄默棘连做可汗（毗伽可汗）。碑文主要记述了阙特勤的赫赫战功。阙特勤其人在汉文文献中无记载，碑文记述了阙特勤去世后，奚等民众前来吊唁，突厥将奚族看作是敌人，阙特勤对奚族的多次战斗以及唐朝将军代表契丹、奚族吊唁之事。《毗伽可汗碑》的主人毗伽可汗为第二突厥汗国建立者颉跌利施

可汗之子，名默棘连，716—734 年在位。其事迹见载于《新唐书》卷 215 上《突厥传上》《新唐书》卷 215 下《突厥传下》。《毗伽可汗碑》涉及奚族之记述除了一部分与《阙特勤碑》相重复之外，还有四处与奚族相关，其中"奚人民归顺唐朝皇帝"应指李大酺附唐一事，据文献记载，开元四年（716）八月，奚族首领李大酺派遣奥苏梅落向唐请降，唐玄宗于奚地复置饶乐都督府①。另外三条资料在汉文文献未见直接可以印证的史料，是研究突厥与奚族关系的新资料。据汉文文献记载，毗伽可汗在位期间，对唐朝、奚族均有过战争，《新唐书·突厥传下》称，奚族曾随唐将出兵突厥，并捕捉突厥可汗默棘连②。

综上可知，《阙利啜碑》《阙特勤碑》《毗伽可汗碑》三块碑刻所载内容包含奚族与突厥、契丹以及这三个民族与唐朝之间的战和关系，是研究这一问题的重要资料。突厥自 6 世纪中叶逐渐强大起来，相继发动对周边民族的征服战争，奚族即是其征服的对象之一。《周书》卷 49《库莫奚传》载，奚曾"役属于突厥"；《通典》卷 200《边防十六·库莫奚》载，"突厥兴而臣属之"；载有突厥、奚专传的汉文文献也记述了突厥对奚族的征服活动③。因此，三块古突厥碑铭可以与汉文文献相互印证、填补文献记载的缺漏，是研究奚族与突厥关系的第一手资料，具有珍贵的史料价值，应该给予充分的解读与研究。

第二，奚人妻室碑刻，共 5 块，分别为《李府君夫人张氏墓志》《张孝忠夫人神道碑》《张孝忠夫人墓志》《张锋夫人史氏墓志》《张锋妻史氏买地券》。

《李府君夫人张氏墓志》1993 年出土于北京市房山区医院，现藏北京市文物研究所。刻于唐代宗大历十年（775）。据墓志记载，墓主人为李府君夫

---

① 详见《新唐书》卷 5《玄宗纪》《旧唐书》卷 199 下《奚传》《新唐书》卷 219《奚传》。

② 《新唐书》卷 215 下《突厥传下》，第 6052 页。

③ 见《周书》卷 50《突厥传》《隋书》卷 84《突厥传》《隋书》卷 84《奚传》《通典》卷 197《边防十三·突厥上》《通典》卷 200《边防十六·库莫奚》《旧唐书》卷 194 上《突厥传上》《新唐书》卷 215 下《突厥传下》《旧唐书》卷 199 下《奚传》《新唐书》卷 219《奚传》等文献。

人张氏，墓志以大量的笔墨赞扬了张氏的美德，主要内容包含张氏的出身、家世、品级、所享俸禄、张氏的儿子及其家族与唐朝的关系等情况。

　　志文称李府君卒于开元二十四年（736）十二月二日。生前任过的官职，有特进行左武卫大将军、归义都督府都督、上柱国、归义王、赠开府仪同三司等。"归义"带有归顺向化中央之意，"归义王"是唐授予边疆地区民族首领的爵位，以示对其归附行为的褒奖，是唐代羁縻边疆民族的重要手段，类似的封爵还有"归义郡王""归诚王""奉诚王""怀化王"等。查阅文献史料，唐代册封的归义王共有四位，按时间顺序分别为武德元年（618）八月的西突厥曷娑那可汗、贞观八年（634）的东突厥颉利可汗、开元二十年（732）的奚王李诗、天宝四年（745）的安国王屈底波①。四位归义王中唯有奚王李诗一人为唐朝赐姓李，从而排除其他三位归义王。再看李诗于开元二十年（732）归降唐朝，封为归义王，志文称李府君卒于开元二十四年（736），间隔四年，二者在时间上相符合。据《旧唐书·奚传》记载，李诗降唐后，唐朝"移其部落于幽州界安置"②。李府君夫妇墓所在的位置与唐代幽州的地理范围一致。所以，李府君应该是唐代奚族首领李诗，该墓志的主人即李诗的夫人张氏。王策认为，张氏是与李诗一起归唐的张琐高的族人③。文献中缺乏李诗归附唐朝之后的相关记载，对其家族的情况也未有涉及。该墓志成为了解李诗及其家族情况、奚族与唐朝关系的重要依据，具有珍贵的史料价值。

---

① 武德元年（618）八月，"以西突厥曷娑那可汗为归义王"。见《唐会要》卷94《西突厥》，第2006页；颉利可汗贞观八年（634）卒，"诏其国人葬之，从其俗礼，焚尸于灞水之东，赠归义王，谥曰荒"。见《旧唐书》卷194上《突厥传上》，第5160页；开元二十年（732），"信安王祎奉诏讨叛奚。奚酋长李诗、琐高等以其部落五千帐来降。诏封李诗为归义王、兼特进、左羽林军大将军同正"。见《旧唐书》卷199下《奚传》，第5356页；天宝四载（745）七月，"安国王屈底波遣使朝贡，遂封屈底波为归义王"。见（北宋）王钦若等编撰，周勋初等校订：《册府元龟》卷965《外臣部（十）·册封第三》，凤凰出版社2006年版，第11179页。

② 《旧唐书》卷199下《奚传》，第5356页。

③ 王策：《〈唐归义王李府君夫人清河张氏墓志〉考》，《北京文物与考古》（第六辑），民族出版社2004年版。

　　《张孝忠夫人神道碑》刻于唐德宗贞元十二年（796）。权德舆撰。据碑文，主人为张孝忠夫人谷氏。谷氏，《旧唐书》卷 141《张孝忠传》作昧谷氏，为李宝臣妻妹。碑文记述了谷氏的出身、家世、品行、张孝忠官爵、所享恩宠、子嗣、姻亲等内容。谷氏的四代祖那律曾任"皇朝谏议大夫、宏文馆学士""正直之道，播于清时"，至其父崇义累立战功，官至左金吾卫大将军兼殿中监，赠特进。谷氏即特进府君之第八女。可见谷氏出身勋贵，家世显赫。自张孝忠得到朝廷的重用之后，谷氏也得到封赐，"建中元年封魏郡夫人，三年进封邓国夫人"，可谓荣宠有加。关于谷氏的子嗣，碑文提到嗣子为茂昭，还有茂宏、茂宣、嗣雍、嗣庆、茂宗诸子。茂宗为幼子，"银青光禄大夫行光禄少卿员外置同正员驸马都尉"，尚唐德宗义章公主①。《张孝忠夫人墓志》提及茂昭、茂宗。《张孝忠墓志》仅提到嗣子茂昭一人，两《唐书》之《张孝忠传》记载为茂昭、茂宗、茂和。可比对研究。据碑文"夫人之兄从政"，谷从政，即张茂昭、李惟岳之舅。其事迹见于《旧唐书》卷 142《李宝臣传附李惟岳传》《新唐书》卷 211《李宝臣传附李惟岳传》。碑文称"故太尉中书令西平王、今太尉中书令琅琊王，夫人之姻也，纳征佐馂，焜燿于一时。"西平王，指李晟，琅琊王指王武俊，两《唐书》中有专传，均为唐中后期的重要人物。张孝忠家族与这两个家族的联姻亦表明他们在当时身份显赫、地位尊贵，这几个家族形成一个以联姻为纽带的关系网，是其关系密切的重要表现之一。

　　《张孝忠夫人墓志》刻于唐德宗贞元十二年（796）。志文内容相较《张孝忠夫人神道碑》有所减略，其所载部分与《神道碑》大体一致，仅个别表述有所区别。张孝忠夫人之《神道碑》和《墓志》是研究谷氏其人、谷氏家世、张孝忠家族、唐代奚人的重要资料，可与两《唐书》之《张孝忠传》等相关文献史料进行比对研究。

　　《张锋夫人史氏墓志》刻于唐宣宗大中元年（847）。墓志记述了史氏的出身、家世、夫婿、品行、子嗣等问题。志文将史氏的家世追溯至汉宣帝时

---

① 《旧唐书》卷 141《张孝忠传附张茂宗传》，第 3861 页。

期，由于立功而"世为边将，刺守藩郡"。其曾祖活动于唐开元年间，"名压夷戎"。"父论，才拔聪鉴，器载群俗，虽混沦藩府，雄图异出，起义武军入觐，迁右金吾大将军。缉戎有能，转泾源节度使、检校左散骑常侍兼御史大夫。临镇约法施惠，变民制礼，改乐兴教，囊智方启而殁，赠工部尚书。夫人尚书嫡女。"可知史氏出身世代官宦之家。志文中对史氏夫家的记述称"尚书善女柔仪，克配君子，自德上谷张公，属女公世，为霸国大夫，故以勋累相袭，冠盖为正。"夫人"享龄甲子两旬有七，会昌七年正月乙丑殁于军国里之私第"。与《张锋墓志》进行比对，是得出史氏为张锋夫人的重要依据。据《张锋墓志》的相关记载，"府君夫人史氏，泾源尚书论之长女也"，泾源尚书实即泾源节度使、工部尚书。夫人"享年二十有七。权厝北郊，近欲二载，坟土尚湿。府君□□年华方盛，□发□□不幸短命，以大中二年五月十三日，亦终于前里之私第，享年四十有一。"二者也存在部分不同之处，如志文称张锋的职位为"易定节度押衙知军暨都卫士"；《张锋墓志》无具体职位的记载。在对子女的记述方面也存在个别不同①。

《张锋妻史氏买地券》刻于唐宣宗大中元年（847）。是张锋夫人史氏购买葬地与卖主形成的购买合同。内容包括购买时间、用途、所购买地的具体方位，碑文称"千秋万岁，永无殃咎。百味□食诸□，采物共为□契"，并用"急急如律令"，表示该契约生效，必须执行。后附撰写人、镌刻人之名。该《买地券》较具特色，反映了唐代土地买卖和契约问题，具有较高的参考和研究价值。

张锋为张孝忠弟张庭光之曾孙，文献中不见张庭光家族的相关记载。《张锋夫人史氏墓志》《张锋妻史氏买地券》可与《张锋墓志》进行综合比对研究，填补了文献史料的空白，是了解张锋其人、史氏其人，张庭光家族的重要资料。

---

① 《张锋夫人史氏墓志》称"长子刘十……次子侯十一""女弟二人：侯五、侯六"；《张锋墓志》作"有男二人，长曰刘十，次刘十一""女一人，名曰侯五"。

第三，反映奚族与唐朝关系的碑刻，共 27 块，分别为《臧怀亮神道碑》《白知礼墓志一》《白知礼墓志二》《白庆先墓志》《张守珪墓志》《裴仙先墓志》《刘思贤玄堂记》《李永定墓志》《刘元尚墓志》《郭英奇墓志》《张九龄神道碑》《天下放生池碑铭》《义葬墓志》《臧怀恪神道碑》《李楷洛神道碑》《南单德墓志》《张仁宪神道碑》《刘源墓志》《刘济墓志》《乌氏庙碑铭》《秦朝俭墓志》《李少赞夫妇墓志》《幽州纪圣功碑铭》《华封舆墓志》《陈立行墓志》《张建章墓志》《魏州故禅大德奖公塔碑》。因碑刻数量多，不宜一一列举，特以表格形式展示，详见表二：涉及奚唐关系之碑刻。

表二：涉及奚唐关系之碑刻

序号	碑刻	碑主	篆刻时间	与奚族相关资料	备注
1	《臧怀亮神道碑》	臧怀亮	唐玄宗开元十八年（730）	往者奚霫诸蕃之诡信也，西属匈奴，南寇幽、蓟，乘间每钞，无虞亟和。公以兵数实多，藉用尤费，轻举则外患不解，大举则内攻更深，是以传阴符，移间谍，飞言以误其使，重赏以卖其邻。既伐硕交，且断右臂，所谓以武辟武，以夷攻夷，虽贾谊计然，晁错策得，无以尚也。	治奚
2	《白知礼墓志一》	白知礼	唐玄宗开元二十三年（735）	其年幽府破奚。	破奚
3	《白知礼墓志二》	白知礼	唐玄宗开元二十九年（741）	又奚霫背叛，实多侵掠，公授钺龚罚，群凶殄歼。	伐奚
4	《白庆先墓志》	白庆先	唐玄宗开元二十三年（735）	今年二月廿二日，使差给熟奚粮，奚叛遇害。	奚叛
5	《张守珪墓志》	张守珪	唐玄宗开元二十八年（740）	公始至幽府，□降奚叛亡，遂乃精选骁雄，分命追蹑。左萦右拂，斩首擒生。林胡奋气，由是遁迹。	伐奚
6	《裴仙先墓志》	裴仙先	唐玄宗天宝三年（744）	奚虏乞盟，戎王请好。	奚降

续表

序号	碑刻	碑主	篆刻时间	与奚族相关资料	备注
7	《刘思贤玄堂记》	刘思贤	唐玄宗天宝五年（746）	廿二载，公奉制往饶乐等城，宣慰熟奚。与幽府长史张守珪北逐戎虏，深入贼境，金甲耀日，霜戈蔽空。	治奚
8	《李永定墓志》	李永定	唐玄宗天宝十年（751）	八载二月，令充两蕃使薛泰下总管；二十七载，以卢龙塞下降奚内叛，节度使张守珪令公张皇陆师，斩刘枭孽，流血色水，僵尸满原；二十八载，节度使李适之差公领马骑讨袭，大破奚军，斩馘其君王，系虏其人众。	奚叛伐奚破奚
9	《刘元尚墓志》	刘元尚	唐玄宗天宝十三年（754）	奚首领屈突于侵扰候亭，搅乱军旅，公密奉纶诰，勒兵讨之，则知圣泽推贤，军容得士。	讨奚
10	《郭英奇墓志》	郭英奇	唐玄宗天宝十三年（754）	其年秋，领朔方战士于河东破奚，改授左内率。	破奚
11	《张九龄神道碑》	张九龄	唐肃宗至德二年（757）	幽州节度张公守珪缘降两番斩屈突干。	伐奚
12	《天下放生池碑铭》		唐肃宗乾元二年（759）	故得回纥、奚、霫、契丹、大食、盾蛮之属，扶服万里，决命而争先；朔方、河东、平卢、河西、陇右、安西、黔中、岭南、河南之师，虓阚五年，推锋而效死。	奚附
13	《义葬墓志》		唐代宗广德元年（763）	至天宝十五载，两蕃频□羌，禄山镇遏，范阳狂胡，不顾重恩，窃弄神器。	奚叛
14	《臧怀恪神道碑》	臧怀恪	唐代宗广德元年（763）	开元初尝游平卢，属奚室韦大下，公挺身与战，所向摧靡，繇是发名。	征奚
15	《李楷洛神道碑》	李楷洛	唐代宗大历三年（768）	载初中，两蕃不庭。	奚叛
16	《南单德墓志》	南单德	唐代宗大历十一年（776）	后属两蕃乱离，诏付爨祖汾阴公驱使。	奚叛

序号	碑刻	碑主	篆刻时间	与奚族相关资料	备注
17	《张仁宪神道碑》	张仁宪	唐德宗贞元四年（788）	兵部嗣子仲武，今幽州卢龙节度副大使、知节度使、两蕃经略卢龙军兼充招抚回鹘等使、银青光禄大夫、检校司空、同中书门下平章事、兼幽州大都督府长史、兰陵郡王、食邑三千户。	治奚
18	《刘源墓志》	刘源	唐宪宗元和二年（807）	属狂奚犯边，烽燧屡警，肆尔蛊毒，搔我邦人。	奚犯
19	《刘济墓志》	刘济	唐宪宗元和五年（810）	故幽州卢龙军节度副大使知节度事管内支度营田观察处置押奚契丹两番经略卢龙军等使开府仪同三司检校司徒兼中书令幽州大都督府长史上柱国彭城郡王赠太师刘公墓志铭并序。	治奚
20	《乌氏庙碑铭》	乌承玼	唐宪宗元和五年（810）	开元中，尚书管平卢先锋军，属破奚、契丹；从战捷禄，走可突于。	破奚
21	《秦朝俭墓志》	秦朝俭	唐宪宗元和十二年（817）	及整旅归藩，又征奚室围及拒吐蕃之犯河曲者，皆以丹诚累著，明效公议。	征奚
22	《李少赞夫妇墓志》	李少赞	唐文宗开成三年（838）	宝历元年，左仆射康公承恩出镇，慎择宾佐，以公才堪经务，筹可参戎，奏请公充两番判官，恭守斯职，炎凉再移，远夷感抚修之恩，踰海修朝献之礼，舟航继至，曾不阙时，从前已来，未有斯比。	治奚
23	《幽州纪圣功碑铭》	张仲武	唐武宗会昌五年（845）	先是奚、契丹皆有虏使，监护其国，责以岁遗，且为汉谍。	奚谍
24	《华封舆墓志》	华封舆	唐宣宗大中元年（847）	以参画功，转尚书职方郎，充幽州节度两番副使。	治奚
25	《陈立行墓志》	陈立行	唐宣宗大中十一年（857）	幽州押奚契丹两番副使中散大夫检校秘书少监摄御史大夫上柱国赐紫金鱼袋渔阳李俭撰。	治奚

续表

序号	碑刻	碑主	篆刻时间	与奚族相关资料	备注
26	《张建章墓志》	张建章	唐懿宗咸通八年（867）	志文一：唐幽州卢龙节度押奚契丹两蕃副使摄蓟州刺史正议大夫检校太子左庶子兼御史大夫上柱国赐紫金鱼袋安定张公墓志铭并序。志文二：唐故幽州卢龙节度押奚契丹两蕃副使摄蓟州刺史正议大夫检校太子左庶子兼御史大夫上柱国赐紫金鱼袋张公建章墓铭。	治奚
27	《魏州故禅大德奖公塔碑》	孔存奖	唐昭宗龙纪元年（889）	乾符二年，有幽州节度押两蕃副使检校秘书兼御史中丞赐紫金鱼袋董廓，及幽州临坛律大德沙门僧惟信，并涿州石经寺监寺律大德弘屿等，咸欲指陈盘岭，祈请北归。	治奚

通过对 27 块碑刻进行梳理可知，其反映的奚族与唐朝的关系主要包括唐朝针对奚族治理和管辖所设置的官职，奚族的叛乱、犯边，唐朝对奚族的征伐、平叛，奚族的归附几个方面。是探讨奚唐关系的重要参考资料，可与文献史料进行综合研究。

第四，涉及唐代奚人状况的碑刻，共 7 块，分别为《王士林墓志》《彭君权殡志》《王士真墓志》《岐阳公主墓志》《陈君赏墓志》《崔玽墓志》《陈谕墓志》。具体情况见表三：涉及唐代奚人状况之碑刻。

表三：涉及唐代奚人状况之碑刻

序号	碑刻	碑主	篆刻时间	与奚人相关资料	备注
1	《王士林墓志》	王士林	唐德宗建中三年（782）	后符阳王牧于易，移参谋于易上。	张孝忠
2	《彭君权殡志》	彭君权	唐德宗建中三年（782）	李惟岳以恒赵叛，有诏司徒讨逆。	李惟岳
3	《王士真墓志》	王士真	唐宪宗元和四年（809）	夫人魏国夫人李氏，故成德军节度使、尚书右仆射、同中书门下平章事宝臣之女，先公三岁而殁，今启而祔焉。	李宝臣

续表

序号	碑刻	碑主	篆刻时间	与奚人相关资料	备注
4	《岐阳公主墓志》	岐阳公主	唐文宗开成三年后（838）	当贞元时，德宗行姑息之政，王武俊、王士真、张孝忠子联为国婿。	张孝忠
5	《陈君赏墓志》	陈君赏	唐武宗会昌二年（842）	公之祢出张氏，谓茂昭，为舅，易定节度使。	张茂昭
6	《崔垍墓志》	崔垍	唐武宗会昌四年（844）	时本卫大将军张茂宗署引驾仗判官，授河南府洛阳县尉，转河南县丞。	张茂宗
7	《陈谕墓志》	陈谕	唐宣宗大中十一年（857）	祖妣汧国夫人上谷张氏。	张孝忠

通过上表可知，这 7 块碑刻所载内容涉及到唐代奚人张孝忠及其子张茂昭、张茂宗和李宝臣及其子李惟岳。这些资料看似零散，但也可以作为参证资料，与两《唐书》中张孝忠、张茂昭、李宝臣传及其墓志等基本史料进行综合考察，从而对一些具体问题作深入地研究。

3.辽代的 15 块奚族相关碑刻

根据 15 块碑刻的主要内容，可以分为两个方面进行探讨：第一，反映辽代奚族状况的碑刻；第二，涉及奚族与契丹联姻的碑刻。

第一，反映辽代奚族状况的碑刻，共 6 块，即《李内贞墓志》《耶律琮神道碑》《张哥墓志》《耶律庶几墓志》《贾师训墓志》《许国公墓志》。详见表四：反映辽代奚族状况之碑刻。

表四：反映辽代奚族状况之碑刻

序号	碑刻	碑主	篆刻时间	与奚族相关资料	备注
1	《李内贞墓志》	李内贞	辽景宗保宁十年（978）	长子瓒，金紫崇禄大夫、检校司空、南奚界都提纪使兼御史大夫。	奚官
2	《耶律琮神道碑》	耶律琮	辽景宗保宁十一年（979）	授推忠奉国功臣、昭武军节度、利巴等州观察处置等使、特进、检校太傅、兼涿州刺史、西南面招安巡检使、契丹、奚、渤海、汉儿兵马都□□、漆水郡开国伯，食邑七百户。	奚军

续表

序号	碑刻	碑主	篆刻时间	与奚族相关资料	备注
3	《张哥墓志》	张哥	辽兴宗重熙四年（1035）	南瞻部州、大契丹国、奚王府挞揽、母呵长管具劣男太保张哥墓至（志）一竭（碣）。	奚官
4	《耶律庶几墓志》	耶律庶几	辽道宗清宁五年（1059）	重熙八年，耶律庶几任奚王监军。	奚官
5	《贾师训墓志》	贾师训	辽道宗寿昌三年（1097）	曾奏事御所，有诏迁奚中其部所居汉民四百户。	迁奚
6	《许国公墓志》	许忠顺	无确切纪年	续为六节度奚王，掌本管之务，刑绝泛滥，民□歌谣，无翼嘉名，遂达宸黈；于七月十八日葬于白雪之西，附先茔之侧。	奚官

通过表四可知，6块碑刻所反映的奚族历史主要有辽代奚王府的官职、奚军、辽朝对奚人的迁徙等问题。可以与辽代其他碑刻和《辽史》等文献进行比对研究，对研究辽代奚族历史具有一定的参考价值。

第二，涉及奚族与契丹联姻的碑刻，共10块，分别为《耶律庶几墓志》《耶律霞兹墓志》《耶律遂正墓志》《北大王墓志》《萧阁妻耶律骨欲迷已墓志》《萧孝恭墓志》《耶律庆嗣墓志》《耶律智先墓志》《耶律隆祐墓志》《耶律祺墓志》。详见表五：涉及奚族与契丹联姻之碑刻。

表五：涉及奚族与契丹联姻之碑刻

序号	碑刻	碑主	篆刻时间	奚族与契丹联姻的资料
1	《耶律隆祐墓志》	耶律隆祐	辽圣宗统和二十九年（1011）	女适奚王府相之息也。
2	《耶律霞兹墓志》	耶律霞兹	辽圣宗太平元年（1021）	公夫人萧氏，奚国王越宁长妹也。
3	《耶律遂正墓志》	耶律遂正	辽圣宗太平七年（1027）	生八女：长曰，适奚太师为夫人，先亡。
4	《北大王墓志》	耶律万辛	辽兴宗重熙十年（1041）	又娶得索胡驸马、袅胡公主孙，奚王、西南面都招讨大王、何你乙林免之小女中哥。

续表

序号	碑刻	碑主	篆刻时间	奚族与契丹联姻的资料
5	《耶律庶几墓志》	耶律庶几	辽道宗清宁五年（1059）	惯宁相公求得神得奚王女蒲里不夫人；蒲里不夫人故□求得挞么奚王儿查鲁太保女，名骨欲夫人；第二个女□□夫人，娉与孙里古奚王褋什褋奴相□为妇。
6	《萧闍妻耶律骨欲迷已墓志》	耶律骨欲迷已	辽道宗咸雍五年（1069）	有妹二人：仲适西北路招讨使、前奚王男萧相公。
7	《萧孝恭墓志》	萧孝恭	辽道宗大康七年（1081）	宰相女三人：长曰都哥，适故奚王府监军太尉耶律讳桂。
8	《耶律庆嗣墓志》	耶律庆嗣	辽道宗大安十年（1094）	次曰迪辇夫人，适故尚父、奚王萧福善男，右祗候郎君详稳忠信。
9	《耶律智先墓志》	耶律智先	辽道宗大安十年（1094）	公姊妹五人，长曰□□□□□□□□□□□□□适奚王帐定光奴郎君。
10	《耶律祺墓志》	耶律祺	辽天祚帝时期（1101—1125）	次曰撒八 230，适奚王府。

　　奚族与契丹的联姻是二者关系的重要内容。契丹贵族为了得到奚族的支持，在相继征服奚族部落以后，就制定了与奚族联姻的政策，这在《辽史》《契丹国志》等文献中均体现。如《金史·奚王回离保传》称，奚族"有五王族，世与辽人为昏（婚）"①。但最直观、最具体的事例则来源于这些碑刻资料。因此，以上碑刻资料是研究奚族与契丹联姻关系的第一手资料，具有珍贵的史料价值。

4. 南宋时期的《章綡墓志》《杨震墓碑》

　　《章綡墓志》刻于南宋高宗绍兴十年（1140）。章綡（1062—1125）是

---

① （元）脱脱等：《金史》卷 67《奚王回离保传》，中华书局 1975 年版，第 1587 页。

北宋官员，章楶第三子。据《宋史》卷 328《章楶传》载，楶七子：綜、综、綜、绾、綖、繢、缜，綜、综最知名。据志文"松亭关戍卒二千人号食粮军，四军之变，遂从奚人破景州。"此事可与文献记载相对应，据《宋史》卷 22《徽宗本纪四》，宣和五年（1123）八月，"萧幹破景州、蓟州，寇掠燕山，郭药师败之"①。萧幹是奚族人，又名回离保，曾建立奚族政权，《金史》卷 67 有《奚王回离保传》。该墓志是了解奚族与北宋关系的重要资料。

《杨震墓碑》刻于南宋高宗绍兴二十一年（1151）。杨震是南宋将领，武功大夫、贵州刺史、永兴军路马步军副都总管杨宗闵之子，死于抗金战争中。《宋史》卷 446《忠义一》中有传。据碑文"靖康初，金人围太原。冬十月，驱幽燕叛亡与夏人、奚人等，与大至建宁。"《宋史》卷 446《忠义一·杨震传》亦载："靖康元年十月，太原陷，鞠辇驱幽蓟叛卒与夏人奚人围建宁。"② 墓碑与文献记载大体相当，是研究金代对奚人的政策、金代奚人处境的重要资料。

5. 金代的《耶律氏墓志》《蓟州葛山重修龙福院碑》

《耶律氏墓志》于 1998 年在北京市平谷区黄松峪乡鞑子坟村出土，现存北京市平谷区黑豆峪村碑林。金皇统元年（1141）刻石。志文称，耶律氏是"金紫光禄大夫、同知西京留守事萧公"之妻，有子名谦。据《萧资茂墓志》载，萧资茂父名谦，祖父名公建，可知耶律氏的丈夫名萧公建。耶律氏生于辽道宗大康元年（1075），卒于天眷二年（1139）十二月。志文记述了耶律氏的家世，耶律氏温柔贤惠、知书达理、勤俭持家的良好品德及其丈夫萧公建和子孙们的仕途情况。

据志文，耶律氏"曾门而上，累叶通显，号为世家。祖父蓄德，□□□以□□，而父更历藩翰，至平州节度使"。耶律氏家族是辽代的名门望族，

---

① （元）脱脱等：《宋史》卷 22《徽宗本纪四》，中华书局 1977 年版，第 412 页。

② 《宋史》卷 446《忠义一·杨震传》，第 13167 页。

耶律氏其父官至平州节度使。平州（今河北省卢龙县）军号为辽兴军，有辽一代，担任平州（辽兴军）节度使的都是辽代的权贵家族。据周峰考证，耶律氏很可能是掌握辽朝大权的著名汉人韩知古的后代，韩高十也就是耶律高十之女。耶律氏的世袭如下：韩知古—韩匡嗣—韩德凝—韩郭三—韩高十—耶律氏①。《耶律氏墓志》可补《金史》对萧公建家族的缺载，是了解耶律氏其人、萧公建家族的重要资料，并为研究金代奚人的社会地位提供了重要的史料依据。

《蓟州葛山重修龙福院碑》刻于金章宗时期（1189—1208）。碑文称"奚霫之人，旧号难化，师将入其部，或患之，师谓曰：'孔子不云乎？言忠信，行笃敬，虽蛮貊之邦行矣。'"霫，中国古代北方民族，见《通典》卷200《边防十六·霫》《旧唐书》卷199下《霫传》。奚、霫经常一起出现在文献或碑刻之中。如唐代《臧怀亮神道碑》称"往者奚霫诸蕃之诡信也，西属匈奴，南寇幽蓟，乘间每钞，无虞亚和"；《白知礼墓志（二）》称"又奚霫背叛，实多侵掠，公授钺龚罚，群凶殄歼"。辽代《萧福延墓志》记载："咸雍元年，以霫诸部地方千余里，□□十万，风俗豪滑，尤为难治，朝廷议择勋戚以专统□。册公为奚王，逮至治所，军靖□□□境之闻欢声一振。"《贾师训墓志》载"自松亭已北距黄河，其间泽、利、潭、榆、松山、北安数州千里之地，皆霫壤也。"综上可见，此奚霫之人，应指代生活在奚、霫地域的以奚族、霫诸部及其后裔为主体的人群。

通过对奚族相关碑刻的整理和归纳以及对碑刻所反映的奚族历史进行总结和探究，可知这些碑刻中的部分内容为文献史料和奚族碑刻中所不载，具有重要的参考价值。他们与奚族碑刻具有同等的史料价值和研究意义，可相互参证，比对研究。从而对奚族历史中的一些未被关注到的或是难以得到明确解答的问题作进一步地解读和认识。

随着考古学的不断发展，考古技术的逐渐提高，应该会有更多与奚族

---

① 周峰：《金代萧公建家族两方墓志铭考释》，《北京辽金文物研究》，北京燕山出版社 2005年版。

相关的碑刻资料被发现和证实，奚族碑刻将成为一个值得学术界关注的问题。奚族碑刻除了其本身所具备的"碑刻"的属性和价值外，作为第一手资料或佐证材料，可为奚族历史的研究开辟一条行之有效的途径。总之，在全面掌握和科学使用奚族碑刻资料基础上的奚族历史研究将更加系统和深入。

二、唐代奚人的华夏认同与
融入统一多民族国家

唐代奚人墓志体现的华夏认同可以分为唐朝官方对奚人的华夏认同和奚人的自我华夏认同，记述形式为奚人族属黄帝后裔或以墓志主人先祖所居地域代替其族属。墓志中体现的奚人族属认同与文献所载奚族为东胡系民族、源出宇文鲜卑存在明显不同。这种差异性书写缘于奚族融入唐朝统一多民族国家及"不外于中华"的历史事实。奚人的族属华夏认同证实奚族是唐朝统一多民族国家中的一员，是唐朝多民族交融汇聚的深刻体现。

（一）唐朝对奚人的华夏认同及
奚族融入统一多民族国家

唐朝官方对奚人的华夏认同，主要是指唐朝对奚族质子热瓌的华夏认同，称其为轩辕黄帝之后裔。这一族属认同体现了唐朝"天下一家"的治国理念和奚族归心于唐、融入唐朝统一多民族国家的历史事实。

1. 唐朝对奚人的华夏认同

《奚国质子热瓌墓志》[①]（下文统一作《热瓌墓志》）将热瓌族属记述为："原夫轩丘有子，朔垂分王，代雄辽碣，厥胤繁昌。"据《史记》记载"黄帝

---

① 参见张小丽《西安市唐故奚质子热瓌墓》，《考古》2014 年第 10 期。

居轩辕之丘"①，墓志此句文意当以"轩丘"指黄帝，即认为热瓃所属的奚族祖先为轩辕黄帝之子。志文中明确指出热瓃为"奚国"质子。关于奚族的族源，文献史料中有明确记载，奚族与契丹同源出自宇文鲜卑②，族属中国古代东胡系民族，为中国古代北方民族中的一支。

《热瓃墓志》未标记书写者，为唐朝官方著作局所作可能性较大。据《唐六典》"秘书省著作局"条记载，该机构设有著作郎一职，"掌修撰碑志、祝文、祭文，与佐郎分判局事"③。因此，将热瓃先祖族属追溯为轩辕黄帝之子、认同为华夏后裔，并称奚族为"大唐故奚"的一系列说法是唐朝官方对热瓃族属的重新构建和定性。

依据墓志，热瓃为奚族派遣至唐朝的质子，是奚族留驻于统一王朝的代表。在墓志资料与文献史料的记载中，奚族先后向唐朝派遣了六位质子，均是首领子弟，出身贵族阶层④。可见，在唐朝与奚族之间持续性的交往中，双方的关系是友好和融洽的。在这种情况下，唐朝官方将奚族质子热瓃认同为轩辕黄帝后裔。这种华夏认同说明奚族已经融入了唐朝统一多民族国家，并且双方具有了公认的同源关系。

2. 唐朝的华夷一家理念与奚族融入统一多民族国家

唐朝是中国古代统一多民族国家形成的重要时期，其开放性、包容性与开拓性促成了民族交融的高潮。唐朝因地制宜的管理策略不仅有利于巩固统一多民族国家的稳定，也加速了周边民族向唐朝聚拢的进程，为统一多民族国家和中华民族多元一体格局的形成与发展做出了重要贡献。《热瓃墓志》反映出来的族属华夏认同，体现的深层次内涵即唐朝华夷一家的民族理念和奚族已融入唐朝大一统体制之中的历史事实。

奚族最初见载于《魏书》，北朝时期，以今内蒙古西拉木伦河流域

---

① （汉）司马迁：《史记》卷1《五帝本纪》，中华书局1959年版，第10页。
② 详见《魏书·库莫奚传》《周书·库莫奚传》《隋书·奚传》的相关记载。
③ 见（唐）李林甫等撰，陈仲夫点校：《唐六典》卷10，中华书局2014年版，第302页。
④ 参见王丽娟：《入唐奚族质子及其反映的民族关系》，《内蒙古社会科学》2021年第5期。

为主要活动地域，有五个主体部落①。奚族经常在突厥与北魏、东魏、西
魏、北齐、隋等中原王朝之间衡量各方的实力而来回摇摆，依附于更为强
大的一方。隋代，奚族以部落联盟的形式统辖各部，联盟首领是最高的政
治军事长官②。这一时期，突厥强盛，奚族依附于突厥，受突厥的羁属和
压制③。

　　到了唐太宗时期，唐朝国力逐渐提升，唐太宗及其统治阶层核心秉持
开明的民族理念，实施了积极的民族政策，统一多民族国家进一步形成与
发展。唐太宗有言："自古皆贵中华，贱夷、狄，朕独爱之如一，故其种落
皆依朕如父母"④，并形象地指出唐朝与周边民族的关系，"中国，根干也；四
夷，枝叶也"⑤。唐太宗视华夷为一家，比拟华夷为根干与枝叶的一体性，拉
近了周边民族与唐朝的关系，加速了各民族向唐朝的汇聚融合，呈现出"绝
域君长，皆来朝贡，九夷重译，相望于道"⑥ 的局面。周边民族纷纷向唐朝
聚拢，政治上归附，经济上互通有无，文化上相互交融，唐太宗也因此被周
边民族尊称为"天可汗"⑦。唐朝逐渐形成天下大治、边境稳定、四海归一的
和谐景象。

　　在华夷一家的民族治理理念下，唐朝在周边民族地区设置羁縻府州进
行经略与管辖。据文献记载，贞观四年（630），唐朝平定东突厥后，就如何
安置东突厥的降户，李大亮上书言："其自竖立称藩附庸者，请羁縻受之，

---

① 北朝后期，奚族有五部，（唐）令狐德棻：《周书》卷49《库莫奚传》称："一曰辱纥主，二曰莫贺弗，三曰契箇，四曰木昆，五曰室得。每部置俟斤一人。有阿会氏者，最为豪帅，五部皆受其节度。"中华书局1971年版，第899页。

② 隋代，奚族有五部，（唐）魏徵：《隋书》卷84《奚传》称："一曰辱纥王，二曰莫贺弗，三曰契箇，四曰木昆，五曰室得。每部俟斤一人为其帅。""有阿会氏，五部中为盛，诸部皆归之。"中华书局1973年版，第1881页。

③ 据《周书》卷49《库莫奚传》记载，库莫奚曾"役属于突厥"，第899页。（唐）杜佑：《通典》卷200《边防十六·库莫奚》："突厥兴而臣属之。"中华书局1988年版，第5484页。

④ （北宋）司马光：《资治通鉴》卷198《唐纪十四》，中华书局1956年版，第6247页。

⑤ 《资治通鉴》卷195《唐纪十一》，第6149页。

⑥ 谢保成：《贞观政要集校》卷5，中华书局2021年版，第362页。

⑦ （后晋）刘昫：《旧唐书》卷3《太宗纪下》，中华书局1975年版，第39页。

使居塞外，必畏威怀德，永为蕃臣，盖行虚惠，而收实福矣"①。于是，在唐廷中针对这一问题展开了一场争论，最后唐太宗采纳了温彦博的建议，"全其部落，顺其土俗，以实空虚之地，使为中国扞蔽"，并以此作为建置羁縻府州的基本方针，推行到周边民族地区②。唐朝在奚境设立的羁縻府州是饶乐都督府，奚族也正是在这一时期归附于唐，融入到唐朝统一多民族国家进程之中的。

据《新唐书·奚传》记载，奚族自贞观三年（629）始，"阅十七岁，凡四朝贡"③。贞观四年（630），东突厥政权灭亡，奚族彻底摆脱了突厥的控制，"营州都督薛万淑遣契丹酋长贪没折说谕东北诸夷，奚、霫、室韦等十余部皆内附"④。奚族归附之后，与唐朝保持较为和平的关系。至贞观二十二年（648），奚"酋长可度者率其所部内属，乃置饶乐都督府，以可度者为右领军兼饶乐都督，封楼烦县公，赐姓李氏"⑤。《新唐书·奚传》同载，贞观二十二年（648），奚族首领"可度者内附，帝为置饶乐都督府，拜可度者使持节六州诸军事、饶乐都督，封楼烦县公，赐李氏。以阿会部为弱水州，处和部为祁黎州，奥失部为洛瓌州，度稽部为太鲁州，元俟折部为渴野州，各以酋领辱纥主为刺史，隶饶乐府"⑥。饶乐都督府依照"全其部落，顺其土俗"的原则建立，"贡赋版籍，多不上户部"⑦，饶乐都督对奚族事务拥有直接管辖权。奚人的部落结构、社会组织与文化风俗也因此得以保留下来。自此，奚境正式归入唐朝的统治范围，奚族加入到唐朝统一多民族国家之中。

据文献记载，饶乐都督府的初置时间至迟可以追溯到武德五年（622）。据《旧唐书·地理志二》记载："武德五年，分饶乐郡都督府奚部落置，隶

---

① 《旧唐书》卷 62《李大亮传》，第 2389 页。

② 《资治通鉴》卷 193《唐纪九》，第 6076 页。

③ 《新唐书》卷 219《奚传》，第 6173 页。

④ 《资治通鉴》卷 193《唐纪九》，第 6082 页。

⑤ 《旧唐书》卷 199 下《奚传》，第 5354 页。

⑥ （北宋）欧阳修：《新唐书》卷 219《奚传》，中华书局 1975 年版，第 6173—6174 页。

⑦ 《新唐书》卷 43 下《地理志七下》，第 1119 页。

营州都督。"① 《资治通鉴》也有"崇州，奚州也，武德五年，分饶乐都督府之可汗部置"② 的说法。因此，贞观二十二年应为饶乐都督府的复置时间。但是武德五年饶乐都督府建置后，未见奚族朝贡或由饶乐都督所主导与唐朝的友好往来，据此可以推测此时的饶乐都督府并未起到实质的作用。另据《新唐书》的两处记载，武德六年（624）、武德七年（625），奚族即有过犯边行为③。因此《旧唐书·高祖纪》和两《唐书·奚传》中也未对武德时期的饶乐都督府有明确的记载。

贞观二十二年，饶乐都督府复置后，唐朝与奚族的关系以和平为主，奚族定期向唐朝朝贡。据《唐会要·奚》称，自羁縻府州设立后，奚族每岁朝贡，"或岁中三至"④。到了武则天执政时期，奚族实力逐渐发展壮大，成为唐朝北部边疆的重要势力，与契丹并称"两蕃"⑤，一度成为唐朝北部边疆的隐患。万岁通天元年（696），奚与契丹一同反唐，攻陷营州，唐廷通过突厥默啜可汗的协助才瓦解奚与契丹联军⑥。在这次战乱中，突厥获得了唐廷的大量财物，还在战争中收罗了奚、契丹等民族的众多降者，奚再次处于突厥的羁属之下。饶乐都督府失去了实际作用。

到了唐玄宗时期，唐朝出现了盛世局面，加之唐玄宗注重对边疆的经略，实施了一系列行之有效的民族政策⑦，周边民族纷至沓来，又一次开启了多民族向心于唐的高潮。开元四年（716）六月，唐伐突厥，"大武军子将郝灵佺杀突厥默啜"⑧，突厥汗国衰弱，无力对奚族进行干预和控制。同年八月，奚族首领李大酺即派遣大臣奥苏梅落向唐请降，玄宗"诏复立其地为饶

---

① 《旧唐书》卷 39《地理志二》，第 1523 页。

② 《资治通鉴》卷 205《唐纪二十一》，第 6508 页。

③ 武德六年（623）五月癸卯，叛将高开道"以奚寇幽州，长史王说败之"。《新唐书》卷 1《高祖纪》，第 16 页。武德七年（624）八月，颉利与突利两位可汗共同出兵，与唐军对垒幽州。《资治通鉴》卷 191《唐纪七》，第 5991 页。

④ （宋）王溥：《唐会要》卷 96，上海古籍出版社 2006 年版，第 2037 页。

⑤ 《旧唐书》卷 199 下《奚传》，第 5354 页。

⑥ 《资治通鉴》卷 205《唐纪二十一》，第 6510 页。

⑦ 参见王丽娟：《论唐玄宗对奚的民族政策》，《中央民族大学学报》2014 年第 2 期。

⑧ 《新唐书》卷 5《玄宗纪》，第 125 页。

乐州，封大辅为饶乐郡王，仍拜左金吾员外大将军、饶乐州都督"①。开元五年（717），唐玄宗于柳城（今辽宁省朝阳市）复置营州都督府②，并于同年在营州置平卢军使，开元七年（719）升平卢军使为平卢军节度使，经略河北支度、管内诸蕃及营田等使，兼领安东都护及营、辽、燕三州③，以更有效地统辖奚族。

　　唐玄宗时期的饶乐都督要接受唐朝的册封，并有定期向唐廷朝贡、保卫唐边境安全、听从唐朝军事调遣等义务，双方的往来频次达到新的高度。据《旧唐书·奚传》称，奚族频繁遣使来朝，并贡献特产物质，由于来朝人数较多，唐朝不得已"遣数百人至幽州，则选其酋渠三五十人赴阙，引见于麟德殿，赐以金帛遣还，余皆驻而馆之，率为常也"④。双方经济往来也较为频繁，《旧唐书·舆服志》称，开元、天宝中，奚车"渐至京城"⑤，充盈在长安城的街道。唐朝为加强互通有无的经济联系，还在边境地区设置榷场，与奚族互通有无。唐玄宗还与饶乐都督进行三次和亲，出嫁奚族的有固安公主⑥、东光公主⑦、宜芳公主⑧。和亲公主巩固了双方的友好关系，也促进了多

_____

① 关于饶乐都督府的建置时间，文献记载不一，据《旧唐书》卷199下《奚传》载，开元三年（715），李大辅"遣其大臣粤苏梅落来请降，诏复立其地为饶乐州，封大辅为饶乐郡王，仍拜左金吾员外大将军、饶乐州都督。"第5355页；《新唐书》卷5《玄宗纪》载，开元四年（716）八月辛未，"奚、契丹降。"第125页；《新唐书》卷219《奚传》载，开元二年（714），李大酺"使奥苏梅落丏降，封饶乐郡王，左金吾卫大将军、饶乐都督。"第6174页。综合相关史料及开元四年（716）六月突厥默啜兵败被杀的史实，开元四年（716）八月辛未为饶乐都督府的建置时间最为可信。
② 《旧唐书》卷199下《奚传》，第5355页。
③ 《新唐书》卷66《方镇三》，第1832—1833页。
④ 《旧唐书》卷199下《奚传》，第5356页。
⑤ 《旧唐书》卷45《舆服志》，第1957页。
⑥ 唐奚的第一次和亲即开元五年（717）三月丁巳，唐玄宗"以辛景初女封为固安县主，妻于奚首领饶乐郡王大酺"。《旧唐书》卷8《玄宗纪》，第177页。
⑦ 第二次和亲为开元十年（722），奚王李大酺死，其弟李鲁苏入朝，袭其兄职位，"仍以固安公主为妻"，但因固安公主"与嫡母未和，递相论告"，玄宗诏令其离婚，"复以成安公主之女韦氏为东光公主"妻鲁苏。《旧唐书》卷199下《奚传》，第5355页。
⑧ 第三次和亲发生于天宝四年（745）三月，玄宗以宗室女杨氏为宜芳公主适库莫奚首领怀信王、饶乐都督李延宠。《新唐书》卷219《奚传》，第6175页。

民族之间的血液交融与文化交融。唐代诗人陈陶对此有生动地表述："自从贵主和亲后，一半胡风似汉家。"①

综上可知，饶乐都督府的建置具有重要的意义和影响。一是实现了唐朝对奚族的统辖，稳定了北部边境，巩固了统一多民族国家，并为多民族之间的和平交往提供了必要保障。二是唐朝与奚族在经济上的互通有无完善了彼此的经济结构，对于优化奚族经济模式和推动奚族社会的发展具有重要作用。三是和亲、质子等往来促进了多民族之间文化上的相互认可和交融。概言之，饶乐都督府的建置是奚族归附唐朝的重要标志，实现了唐朝与奚族在政治、经济、文化等多个维度、深层次的交往交流交融，推动了奚族更快地融入到唐朝大一统体制之中，成为统一多民族国家的一部分。

在唐朝与奚族多层面、多渠道友好往来的氛围下，奚族还定期选派贵族子弟前往唐朝为质子。他们长期在唐朝生活、担任官职，既是奚族派驻唐朝的政治代表，拉近和巩固了双方的关系，也是促进多民族之间思想文化传播的使者。从文献记载来看，周边民族入唐质子在唐廷享受较高的待遇，一般被称作"宿卫"②，跟随皇帝左右。热瓌就是活动在唐朝的奚族质子。据《热瓌墓志》记载，热瓌因病卒于开元十八年（730）七月五日，同年七月二十日葬于昆明原（今陕西省西安市昆明路），享年26岁。据此，可知其生于唐中宗神龙元年（705）。热瓌生前在唐官职为右威卫将军、员外置宿卫。右威卫将军为从三品官爵③，属于地位较高的品级。"员外官"指法定数额之外的官职人员，主要授予对象和范围时有变化，唐朝周边各族首领或部落核心人物是被授予这一官职的主要群体④。热瓌在唐朝生活、为官，死后葬于长安城。

据考古发掘资料显示，热瓌墓的规制较高，为长斜坡墓道单室砖墓，

① （清）彭定求：《全唐诗》卷746《陇西行四首》，中华书局1999年版，第8579页。

② 《旧唐书》卷194上《突厥传上》，第5163页。

③ 《旧唐书》卷44《职官志三》，第1900页。

④ 详见《通典》卷19《职官志一》，《旧唐书》卷42《职官志一》，《唐会要》卷67《员外官》，《新唐书》卷46《百官志一》。

墓向 180 度，由墓道、封门、甬道、墓室等组成。墓室平面近方形，四壁外弧，砖砌，顶部已被破坏，依同类墓的结构推测为穹隆顶。地面横向错缝平铺条砖。四壁涂抹有白灰，东壁脱落的白灰面上有红彩印迹，原当有壁画。墓室长宽均为 3.55—3.95 米。且出土一百余件残存的陶器、瓷器等随葬品①。从热瓌墓的规制和随葬品看，热瓌死后受到唐朝的较高礼遇。

关于热瓌来唐的具体时间，《热瓌墓志》和文献史料中均无记载，但从热瓌的生卒年可知他主要活动在唐玄宗时期。从唐玄宗时期唐朝的综合国力及唐朝与奚族的关系等综合因素考虑，热瓌是开元三年（715）饶乐都督府复置之后，奚族派遣至唐朝的贵族子弟有较大的可能。从"大唐故奚质子右威卫将军热瓌墓志铭"这一名称中可知，"大唐"是统一体，蕴含多元；"奚"属"大唐"，是多元中的一元，"大唐"与"奚"是不可分割的整体。如此看来，墓志在追溯热瓌族属时，以"原夫轩丘有子，朔垂分王，代雄辽碣，厥胤繁昌"之文，将奚族归于轩辕黄帝一系也是顺理成章的了。而"已契前修，故能钦我皇明，归诚□紫阙""遽参衣缨之列，早渐华质之风，沐浴□圣恩"等描述，表明了双方相互认可、亲如一家、和谐与共的关系。志文并以金日磾、呼韩邪故事相比拟，显示了热瓌对唐朝的倾慕之情和忠心耿耿；"轩后之胤，称雄塞墦，巍巍碣石，森森辽川，藉彼灵秀，诞兹忠贤，弃矛甲于天外，为爪牙于□阙前"，表述了唐朝与奚族的渊源及休戚与共的关系，阐释了奚族对唐朝的归附之心和忠心之志以及对唐朝经略边疆发挥的重要作用。

综合唐朝与奚族的历史渊源和友好往来，可知在唐朝官方立场和官员的意识里，奚族已经是唐朝大一统体制中的一部分，热瓌也已不是"外族"，而是来源于轩辕黄帝后裔的同族。唐朝官方对热瓌的华夏认同和热瓌死后所享有的荣宠，也可以说明热瓌在唐朝的作为得到了充分认可。因此，《热瓌墓志》将热瓌定为轩辕黄帝后裔，不是空穴来风，而是唐朝天下一家民族理念的深刻体现和奚族已经融入唐朝统一多民族国家历史事实的真实写照。

---

① 关于热瓌墓详情，详见张小丽：《西安市唐故奚质子热瓌墓》，《考古》2014 年第 10 期。

（二）奚人的华夏认同及其"不外于中华"史证

奚人的华夏认同大体有两种情况：一是认同墓志主人为黄帝后裔；二是以墓志主人先祖所居地望冠其族属，实质上也是一种华夏认同。奚人的华夏认同，主要缘于其家族世代在中原王朝任官、生活、忠于朝廷、与皇族通婚等因素，数代人浸润于中原文化之中，耳濡目染，逐渐模糊，甚至失去了"奚族"的特征和属性，从而在方方面面体现了其"不外于中华"的历史事实。

1. 奚人的华夏认同

《张佑明墓志》[1]《张达墓志》[2] 明确记载志主为黄帝后裔，前者称其祖先为"夏后氏之胤"，后者在追述先祖时称为"轩辕之胤嗣"，均将自己的祖源追溯至华夏。《李宝臣碑》[3]《张孝忠墓志》[4]《张茂昭墓志》[5]《张茂宣墓志》[6]《张亮墓志》[7]《张锋墓志》[8] 以先祖所居地望替代其族属，《李宝臣碑》称其先祖"世居柳城"，《张孝忠墓志》《张茂昭墓志》《张茂宣墓志》称"其先燕人"，《张亮墓志》《张锋墓志》称"其先上谷人"。

《张孝忠墓志》《张茂昭墓志》《张茂宣墓志》《张亮墓志》《张锋墓志》《张

---

[1]　参见朱学武：《河北涞水唐墓清理简报》，《文物春秋》，1997 年第 2 期。

[2]　参见中国文物研究所、河北省文物研究所编：《新中国出土墓志》河北（壹）上册，文物出版社 2004 年版，第 142 页。

[3]　参见（清）陆继辉：《八琼室金石补正续编》卷 32，《续修四库全书·史部金石类》第 900 册，上海古籍出版社 2002 年版，第 145 页。

[4]　参见郭广伟点校：《权德舆诗文集》卷 11，上海古籍出版社 2008 年版，第 183—188 页。

[5]　参见郭广伟点校：《权德舆诗文集》卷 21，第 321—325 页。

[6]　参见李宗俊、周正：《唐张茂宣墓志考释》，《中国边疆史地研究》，2015 年第 4 期。

[7]　参见孙兰凤、胡海帆主编：《隋唐五代墓志汇编》北京大学卷第二册，天津古籍出版社 1992 年版，第 112 页。

[8]　参见孟繁峰、刘超英主编：《隋唐五代墓志汇编》河北卷，天津古籍出版社 1991 年版，第 109 页。

佑明墓志》《张达墓志》等 7 块碑刻为张孝忠家族墓志。其中具体关系，可以在这些碑刻中找到直接证据，据《张孝忠墓志》记载："嗣子今司空同中书门下平章事延德郡王茂昭"。《张茂昭墓志》载："父孝忠，皇义武军节度易定等州观察处置等使、检校司空同中书门下平章事、上谷郡王，赠太师，谥曰贞武。"《张茂宣墓志》载："烈考孝忠，义武军节度使、检校司空、同中书门下平章事、赠太师、谥曰贞武。"《张达墓志》载："祖孝忠，皇任义武军节度使、开府仪同三司、检校司空、同平章事、上谷郡王，赠太师。考茂和，皇任宁远将军、守左威卫大将军。"《张孝忠夫人神道碑》同载："嗣子茂昭，义武军节度、易定等州观察处置等使。起复左金吾卫上将军、检校工部尚书、定州刺史兼御史大夫、延德郡王。……茂宣，舒王府长史。"《张孝忠夫人墓志》亦载："嗣子今义武军节度、易定等州观察处置等使、工部尚书、易州刺史兼御史大夫、延德郡王茂昭。"此外，相关文献史料也记载了张孝忠的子嗣问题，两《唐书》之《张孝忠传》记载张孝忠有子"茂昭、茂宗、茂和"[1]。《张佑明墓志》载："伯考讳孝忠，自易州牧国步多虞，藩臣背化，有诏除恒冀易定沧等五州观察处置等使，所向郡县，未不克从。皇考讳庭光，寻除易州刺史。"《张亮墓志》载："皇祖庭光，易州刺史兼御史大夫。"《张锋墓志》载："曾祖庭光。"综上可知，张孝忠家族成员可以分为两系，张孝忠一系包括其子张茂昭和张茂宣，张茂宣之子张达；张孝忠弟张庭光一系，包括其子张佑明，张佑明之子张亮，张亮之子张锋。

关于李宝臣、张孝忠的族属问题，可以在两《唐书》中找到直接记载。《旧唐书·李宝臣传》称其为"范阳城旁奚族"[2]；《新唐书·李宝臣传》称其："本范阳内属奚。"[3]《旧唐书·张孝忠传》称其："本奚之种类。曾祖靖、祖逊，代乙失活部落酋帅"[4]；《新唐书·张孝忠传》称其："本

① 《旧唐书》卷 141《张孝忠传》，第 3858 页；（北宋）欧阳修、宋祁：《新唐书》卷 148《张孝忠传》，中华书局 1975 年版，第 4769 页。
② 《旧唐书》卷 142《李宝臣传》，第 3865 页。
③ 《新唐书》卷 211《李宝臣传》，第 5945 页。
④ 《旧唐书》卷 141《张孝忠传》，第 3854 页。

奚种，世为乙失活酋长。"①《旧唐书》《新唐书》在记载李宝臣与张孝忠族属的表述上有所差异，但是可以充分证实李宝臣、张孝忠家族均为奚族后裔。

以上墓志无论是将族属追溯至华夏还是以地域代替其族属，均不同形式地回避或遮掩了志主的族属问题，与两《唐书》明确记载的李氏为"奚族"、张氏为"奚种"存在明显不同。第一类认同"夏后氏之胤"或"轩辕之胤嗣"，与《热瓌墓志》的表述相似，就是要归宗于华夏始祖，以示与中原王朝的同源同系。第二类认同涉及"柳城""燕""上谷"等中原政权名称及其所设建置名称，表明奚族已经接受中原文化，采纳中原人祖先认同的表述方式，其本质是对华夏的认同。需要说明的是，无论是哪种方式的华夏认同，均是奚人墓志中的实在体现，没有受到胁迫、强制和遭到非议、歧视的记载，这可以从一个侧面说明，迁入内地的奚族已经较为普遍地接受了华夏认同的观念，并以不同的形式有所体现。其深刻的内涵即伴随着奚族归入唐朝统一多民族国家，奚人也已经融入唐朝大家庭。

2. 奚人"不外于中华"史证

奚人墓志表明了其华夏认同，更多的具体史实则可以证明奚族的华夏认同有其必然的历史逻辑。从墓志和文献记载可知，李宝臣、张孝忠家族成员世代在中原王朝为官，到了唐代，李宝臣、张孝忠更成为唐廷倚重的藩镇将领。这从一个角度印证了奚族上层人物及其群体在唐朝统治体系中的重要地位和作用，也从另一角度实证了奚族等北方诸族与中原地区各族交往交流交融的长期性、持续性和深入性。

李宝臣家族

李宝臣（718—781）在唐朝的主要官职为成德军节度使，而其祖辈早已担任唐朝重要官职。《李宝臣碑》称其"世居柳城，……曾祖素皇左骁卫大将军。"开元五年（717），唐玄宗于柳城（今辽宁省朝阳市）复置营

---

① 《新唐书》卷148《张孝忠传》，第4767页。

州都督府[①]，并于同年在营州（今辽宁省朝阳市）置平卢军使，于开元七年（719）升平卢军使为平卢军节度使，经略河北支度、管内诸蕃及营田等使，兼领安东都护及营、辽、燕三州，以更有效地监管和控制奚人[②]。从碑文来看，李宝臣曾祖已迁居营州，并任唐"左骁卫大将军"[③]，执掌宫廷警卫，属正三品[④]。若按约20年为一代人算，李宝臣曾祖在650年左右就在唐朝担任重要官职。李宝臣祖父名越，为"左金吾卫大将军"，父名佶，为"左武卫大将军"[⑤]，均为唐朝正三品官爵[⑥]。李宝臣父祖能够取得朝廷的正三品官职，说明李宝臣家族在唐朝北方经略中的重要地位和独特作用。

到了李宝臣时期，李氏一族进一步发扬光大。《李宝臣碑》称其"幼有志气，又多敏悟量"，并"为名将张锁高所重"，《旧唐书·李宝臣传》也称，李宝臣最初为范阳将张锁高的假子，名张忠志。后被安禄山认作假子，名安忠志，随安史叛军作乱[⑦]。《李宝臣碑》载"上爱其财"，指天宝年间，李宝臣随安禄山入朝，玄宗颇为赏识，曾被留为射生子弟，可以出入禁中[⑧]。安禄山死后，安史集团陷入困境，李宝臣献章归国，唐肃宗因授恒州刺史。及史思明势大，又伪授李宝臣为工部尚书、恒州刺史、恒赵节度使，统众三万守常山[⑨]。史思明败后，李宝臣不听史朝义之命令，以恒、赵、深、易、定五州归降唐朝[⑩]。唐因授李宝臣开府仪同三司、检校礼部尚书、恒州刺史，实封二百户，仍旧为节度使。乃以恒州为成德军，赐姓名为李宝臣[⑪]。史朝义被唐平定之后，李宝臣"遂有恒、定、易、赵、深、冀六州地，马五千，

① 《旧唐书》卷199下《奚传》，第5355页。
② 《新唐书》卷66《方镇三》，第1832—1833页。
③ 《新唐书》卷75下《宰相世系五下》称李宝臣曾祖"素，左骁卫大将军"。第3450页。
④ 《旧唐书》卷44《职官志三》，第1899页。
⑤ 《新唐书》卷75下《宰相世系五下》，第3450页。
⑥ 《旧唐书》卷44《职官志三》，第1899—1901页。
⑦ 《旧唐书》卷142《李宝臣传》，第3865页。
⑧ 《旧唐书》卷142《李宝臣传》，第3865页。
⑨ 《旧唐书》卷142《李宝臣传》，第3865页。
⑩ 《新唐书》卷211《李宝臣传》，第5946页。
⑪ 《旧唐书》卷142《李宝臣传》，第3866页。

步卒五万，财用丰衍，益招来亡命，雄冠山东"①，"后又得沧州，……当时勇冠河朔诸帅"②。据《旧唐书·程日华传》载："初，李宝臣授恒州节度，吞削藩邻，有恒、冀、深、赵、易、定、沧、德等八州"③。其势力范围日渐扩充壮大。从相关记载可知，李宝臣曾几易其主，几易其姓名④，可见其经历复杂，最终发展成为唐朝重要的藩镇势力，并为唐廷倚重。

《李宝臣纪功碑》所记为其任恒、定、易、赵、深、冀等六州节度使期间的功绩。碑立之时（766）正值李宝臣当政，碑文不乏恭维、溢美之辞。且该碑气势恢宏，巍峨高大，通高 7.11 米，宽 2.62 米。据《唐会要·葬》记载："碑碣之制，五品以上立碑，螭首龟趺上，高不过九尺。七品以上立碑，圭首方趺，趺上不过四尺。"⑤该碑超出了唐代碑制的限制，在礼制上的僭越现象亦说明李宝臣割据一方，位高权重，置朝廷礼法于不顾。综合李宝臣在任期间的种种作为及其与唐廷的关系，其与唐朝很多蕃将一样，对唐廷心怀异志，是唐代藩镇割据形态的一个体现。

至李宝臣年老位高，更是"自擅一方，专贮异志"，至建中二年（781）春，李宝臣因相信妖人谶语"言宝臣终有天位"，喝下妖人下毒的汤，而身亡⑥。李宝臣死后，唐德宗"废朝三日，册赠太保"⑦。废朝，也称辍朝、罢朝、不视朝、不视事，主要是指国君对于重要人物的去世悼念或因某一特殊事件而停止临朝听政的一种礼仪。废朝天数因人因事不同而不等，唐朝文献

① 《新唐书》卷 211《李宝臣传》，第 5946 页。

② 《旧唐书》卷 142《李宝臣传》，第 3866 页。

③ 《旧唐书》卷 143《程日华传》，第 3904 页。

④ 《资治通鉴》对李宝臣的几次赐姓名情况有清晰的记载，唐代宗宝应元年（762）十一月，丁酉，"以张忠志为成德军节度使，统恒、赵、深、定、易五州，赐姓李，名宝臣"；大历十三年（778）八月，乙亥，"成德节度使李宝臣请复姓张，许之"；大历十四年（779）三月，辛酉，"成德节度使张宝臣既请复姓，又不自安，更请赐姓；夏，四月，癸未，复赐姓李"。见《资治通鉴》卷 222《唐纪三十八》，第 7136 页；卷 225《唐纪四十一》，第 7252 页；卷 225《唐纪四十一》，第 7256 页。

⑤ 《唐会要》卷 38《葬》，第 809 页。

⑥ 《旧唐书》卷 142《李宝臣传》，第 3866—3868 页。

⑦ 《旧唐书》卷 142《李宝臣传》，3868 页。

中对唐代废朝制度有明确的记载①。唐德宗在李宝臣死后的废朝行为，说明唐廷对李宝臣的态度是宽容和礼遇的。《旧唐书·李宝臣传》对其评价为："宝臣以七州自给，军用殷积，招集亡命之徒，缮阅兵仗，与薛嵩、田承嗣、李正己、梁崇义等连结姻娅，互为表里，意在以土地传付子孙，不禀朝旨，自补官吏，不输王赋。"②

成德镇自宝应元年（762）十一月正式成立至 781 年，李宝臣在成德军节度使之位共计 19 年。关于成德镇的性质或类型，张国刚《唐代藩镇研究》认为，成德镇与魏博、卢龙等藩镇同属于割据型藩镇③。

李宝臣有三子"惟岳、惟诚、惟简"④。李惟岳"为行军司马，三军推为留后，仍遣使上表求袭父任，朝旨不允"，遂叛变。后被王武俊诛杀⑤。《新唐书·班宏传》载，"李宝臣死，子惟岳匿丧求节度"⑥，提出李惟岳匿丧之事。《资治通鉴》的记载更为翔实，及李宝臣死，"孔目官胡震，家僮王他奴劝惟岳匿丧二十余日，诈为宝臣表，求令惟岳继袭，上不许；……惟岳厚赂宏，宏不受，还报。惟岳乃发丧，自为留后，使将佐共奏求旄节，上又不许"⑦。李惟岳的匿丧行为首先表现为作为人子的十恶中不孝的罪名⑧，深层次即是李惟岳不服从唐廷，藩镇与唐廷较量、博弈的一种体现。李惟诚也曾"以父荫为殿中丞，累迁至检校户部员外郎"⑨。

① 见《大唐开元礼》卷 3《序例》下《杂制》《唐会要》卷 25《辍朝杂录》《旧唐书》卷 25《礼仪志五》《新唐书》卷 13《礼乐志三》《新唐书》卷 14《礼乐志四》《通典·开元礼纂类》等文献的相关记载。

② 《旧唐书》卷 142《李宝臣传》，第 3866 页。李宝臣与藩镇大族联姻的史实在《王士真墓志》中也有记载，王士真是王武俊的长子，志文称："夫人魏国夫人李氏，故成德军节度使、尚书右仆射、同中书门下平章事宝臣之女"。

③ 张国刚：《唐代藩镇研究》，湖南教育出版社 1987 年版，第 83 页。

④ 《旧唐书》卷 142《李宝臣传》，3868 页。

⑤ 《旧唐书》卷 142《李宝臣传附李惟岳传》，第 3868—3870 页。

⑥ 《新唐书》卷 149《班宏传》，第 4802 页。

⑦ 《资治通鉴》卷 226《唐纪四十二》，第 7292 页。

⑧ 据《唐律疏议》记载，匿父母丧首先构成常赦所不原的十恶之不孝，继而有详细惩处制度。见刘俊文：《唐律疏议笺解》卷 10《匿父母夫丧》，中华书局 1996 年版，第 799 页。

⑨ 《旧唐书》卷 142《李宝臣传附李惟诚传》，第 3870 页。

　　李惟简的事迹除两《唐书》之外，还见于《李惟简墓志》。据墓志记载，李惟简与其父兄时常叛变朝廷的做法不同，是一心忠于朝廷的典范。在其父兄死后，李惟简冲出重重险阻，拜见德宗，"德宗嘉之，用为禁军将"，并得到重用，任御史中丞、得"元从功臣"之号、武安郡王、御史大夫，累迁神威大将军，加工刑二曹尚书、天威统军，又改户部尚书、金吾大将军。后为凤翔、陇州节度使、户部尚书兼凤翔尹等职。《李惟简墓志》载其四子，元孙、元质、元立、元本也均被授予官爵。其子李元本轻薄无行，尝出入襄阳公主府第，驸马张克礼不胜其忿，"上表陈闻，乃召主幽于禁中"，因"元本功臣之后，得减死，杖六十，流象州"①。可以看出李宝臣之后，李惟简继续得到唐廷的重用，唐廷对其后人也较为宽容。

　　值得注意的是，李宝臣作为安史集团将领，在史思明败后，不听史朝义命令，率五州部众归附于唐，减轻了唐廷剿灭安史叛军的压力，顺应了民心，也因此得到朝廷的嘉奖和重用。虽然李宝臣在任成德军节度使期间，对朝廷有过反叛行动，但其在安史叛乱的关键节点审时度势，重新归顺了朝廷。李宝臣三子李惟简则是一心忠于朝廷的典范。李宝臣死后，各方势力交织，冲突不断。据《李惟简墓志》记载，"公竟弃其家，自归京师。及兄死家覆，有司设防守。德宗如奉天，守卒出公，即驰归，与母韩国夫人郑氏拜诀，属家徒随走所幸，道与贼遇，七斗乃至"，李惟简冲出重重险阻，得见德宗，德宗曰："卿有母，可随我耶？"李惟简曰："臣以死从卫。"之后得到重用，并得"元从功臣"之号。李惟简死后，"上悼怆罢朝，遣郎中临吊，赠尚书左仆射"②。韩愈为李惟简撰写志文曰："太傅功在史氏纪，仆射以孤童囚羁京师，卒能以忠为节自显，取爵位，立名绩，使天下拭目观，父母与荣焉。既忠又孝，法宜铭。"由此可见，李宝臣家族自其曾祖时期就已经在唐朝担任重要官职，并世代传袭。其家族与唐廷是一体的，是心向朝廷和忠

---

① 《旧唐书》卷 142《李宝臣传附李惟简传》，第 3871 页。

② 关于李惟简死后被追赠的官爵，文献与墓志记载有差异，据《旧唐书》卷 142《李宝臣传附李惟简传》《新唐书》卷 211《李宝臣附李惟简传》，李惟简死后，"赠尚书右仆射"。第 3871 页、第 5951 页。

于朝廷的。

张孝忠家族

张孝忠（730—791）是李宝臣之后，成德镇的掌权者。《张孝忠墓志》称张孝忠"八代祖奇，北齐右北平太守，封右北平王，齐季丧乱，实开边隙，代有长技，轶于外区。曾王父靖，乙失活部落节度使。王父逊，部落刺史。父谧，早袭先职，来朝上京。星环北极，输君长之赘币，鹏变南溟，发边关之导译。拜开府仪同三司，他日以公之勤，累赠至户部尚书。"张孝忠之子《张茂昭墓志》《张茂宣墓志》对其家世的记述与《张孝忠墓志》大体一致。张孝忠之侄《张佑明墓志》也称"公之先祖乙失活，开元中全部归阙"。另据《旧唐书·张孝忠传》载，张孝忠"曾祖靖、祖逊，代乙失活部落酋帅"[1]；《新唐书·张孝忠传》称其"世为乙失活酋长"[2]。由此可见，张孝忠之八代祖奇在北齐时期就任右北平太守，封右北平王。王父逊所任部落刺史，即乙失活部落刺史。乙失活为契丹部落，据《新五代史·契丹传》记载，唐代契丹"其部族之大者曰大贺氏，后分为八部，其一曰伹皆利部，二曰乙室活部，三曰实活部，四曰纳尾部，五曰频没部，六曰内会鸡部，七曰集解部，八曰奚嗢部"[3]。《旧唐书·张孝忠传》中言张孝忠祖逊"代"乙失活部落酋帅，"代"字即可表示不是契丹人出任契丹部落刺史之意，也就是说，唐代官方史家所知的张孝忠祖上就是奚人，曾任契丹部落刺史一职。张孝忠父谧曾来朝上京，拜开府仪同三司，从一品官爵[4]。

至张孝忠时期，其家族在唐朝显赫一时。《张孝忠墓志》称其"雄姿正志，沈毅英达……年未弱冠，入侍明庭，才为异伦，射必命中……迁御史中丞，封范阳郡王[5]，寻拜易州刺史，加太子宾客……转兵部尚书、易州刺史、

---

① 《旧唐书》卷141《张孝忠传》，第3854页。
② 《新唐书》卷148《张孝忠传》，第4767页。
③ 《新五代史》卷72《契丹传》，第886页。
④ 《旧唐书》卷42《职官志一》，第1791页。
⑤ 关于张孝忠曾任"范阳郡王"一职，在不同的碑刻资料和文献史料中有所差异。《旧唐书·张孝忠传》作"范阳郡王"；《张孝忠山亭再茸记》《新唐书·张孝忠传》称"符阳郡王"；《王士林墓志》称"符阳王"。

易定沧等州节度观察使，锡军号曰'义武'"。据《旧唐书·张孝忠传》记载，张孝忠曾为安禄山偏将，"破九姓突厥，先登陷阵，以功授果毅折冲"，后入李宝臣门下，累立战功，"授左领军郎将，累加左金吾卫将军同正、试殿中监，仍赐名孝忠，历飞狐、高阳二军使"，建中二年（781），李宝臣死，其子李惟岳叛乱，张孝忠投向朝廷，被授为成德军节度使。建中三年（782）二月，唐廷"以孝忠检校兵部尚书，为义武军节度、易定沧等州观察等使"①。自此，张孝忠成为唐廷倚重的地方将领。

张孝忠自受封以来，一直忠于唐廷，坚决反对与有反叛朝廷行为的朱滔、王武俊集团。唐廷对张孝忠家族也给予赏赐和礼遇，据《张孝忠夫人墓志》②记载，张孝忠夫人于"建中元年封魏郡夫人，三年进封邓国夫人"。见于《张孝忠夫人神道碑》《张孝忠夫人墓志》及相关文献的记载，德宗将义章公主下嫁张孝忠子张茂宗③。皇室与张孝忠家族的联姻，进一步提高了其家族的政治地位，拉近了双方的关系，也使其更加忠心于唐廷。《岐阳公主墓志》也称："当贞元时，德宗行姑息之政，王武俊、王士真、张孝忠子联为国婿。"④同时，张孝忠家族还与李宝臣、朱滔、李晟、王武俊等藩镇势力联姻。《旧唐书·张孝忠传》载，"李宝臣以孝忠谨重骁勇，甚委信之，以妻妹昧谷氏妻焉"；张孝忠"以其子茂和聘（朱）滔之女"；张孝忠"以女妻（李）晟子凭"⑤。《张孝忠夫人神道碑》载："故太尉中书令西平王、今太尉中书令琅琊王，夫人之姻也，纳征佐馈，焜燿于一时。"指张孝忠家族与李晟和王武俊家族之间的姻亲关系。这种联姻一方面达成了张孝忠建立联盟打击敌对势力的目的，同时也壮大了自己的实力。

---

① 《旧唐书》卷141《张孝忠传》，第3854—3857页。
② 关于张孝忠夫人之姓氏，碑刻资料与文献史料存在差异，《张孝忠夫人神道碑》和《张孝忠夫人墓志》称之为"谷氏"。《旧唐书·张孝忠传》称之为"昧谷氏"。
③ 《旧唐书》卷141《张孝忠传附张茂宗传》，第3861页。
④ 具体指王武俊子王士平尚唐德宗女义阳公主；王士真子王承系尚唐顺宗之女虢国公主；张孝忠子张茂宗尚唐德宗女义章公主。见《旧唐书》卷142《王武俊传附王士平传》《新唐书》卷83《公主传》《旧唐书》卷141《张孝忠传附张茂宗传》及其他相关碑刻资料。
⑤ 《旧唐书》卷141《张孝忠传》，第3855、3856、3857页。

据《张孝忠墓志》，贞元七年（791），张孝忠去世，"德宗皇帝不视朝三日，册赠太傅，诏郎吏吊祠，礼赙有加。其后累赠太师，易曰贞武，追封上谷郡王"。《旧唐书·张孝忠传》给予张孝忠较为中肯的评价："玄宗一失其势，横流莫救，地分于群盗，身播于九夷。河朔二十余州，竟为盗穴，诸田凶险，不近物情。而弘正、孝忠，颇达人臣之节。"①

张孝忠的后人多得唐廷重用，最为显赫者为张茂昭。《张孝忠墓志》子嗣中仅记张茂昭一人，"嗣子今司空同中书门下平章事延德郡王茂昭，以全才休绩，保大宣力，戴翼天子，抚征诸侯"。张茂昭"幼有志气，好儒书"②，《张茂昭墓志》称"惟公承太傅、贞武之遗烈，受严凝温厚之全性，戴翼其代，抚征其人，戎容山立，盛气玉色，英风义声，辉耀光明，调鼎七岁，秉圭三觐，爰立于明廷，考终于会朝，卓尔拔乎伦类，沛然满乎观听。"张孝忠死后，张茂昭被朝廷委以重任。贞元二十年（804），张茂昭入朝觐见，德宗感叹"恨见卿之晚"，赏赐厚重，并将襄阳公主③下嫁张茂昭之子张克礼。张茂昭历任德宗、顺宗、宪宗三朝，对朝廷忠贞不二，深得朝廷信任和赏识。张茂昭死后，宪宗"不视朝五日，册赠太师"。史评曰："自安史

---

① 《旧唐书》卷141《张孝忠传》，第3863页。
② 《旧唐书》卷141《张孝忠附张茂昭传》，第3858页。
③ 襄阳公主，即晋康郡主，德宗之孙女，顺宗之女。晋康郡主后晋封为襄阳公主。关于晋康郡主后晋封之事可以文献史料中找到线索，据《新唐书》卷83《诸帝公主传》载："汉阳公主名畅，庄宪皇后所生。始封德阳郡主。下嫁郭鏦。辞归第，涕泣不自胜，德宗曰：'儿有不足邪?'对曰：'思相离，无他恨也。'帝亦泣，顾太子曰：'真而子也。'永贞元年，与诸公主皆进封。"第3665页。此外，据《新唐书·诸帝公主》记载，顺宗十一女之"襄阳公主，始封晋康县主。下嫁张孝忠子克礼"（第3666页）。"晋康县主"，与《旧唐书·张孝忠附张茂昭传》《新唐书·张孝忠附张茂昭传》中所记"晋康郡主"不同。据《旧唐书》卷41《地理志四》："康州，隋信安郡之端溪县。……天宝元年，改为晋康郡。乾元元年，复为康州。旧领县四……晋康，隋安遂县。至德二年，改为晋康县。"（第1718—1719页）。可见，天宝元年（742），有晋康郡，至德二年（757），始有晋康县之称，乾元元年后，晋康郡之称已不存在。因此，《旧唐书》记为"晋康郡主"是没有关注到这一变化的结果，《新唐书》之"晋康县主"较为可靠。关于"下嫁张孝忠子克礼"的说法，属误记。通过相关碑刻和《旧唐书》的记载可知，襄阳公主下嫁张孝忠之孙、张茂昭之子张克礼。

之乱，两河藩帅多阻命自固，父死子代；唯茂昭表请举族还朝，邻藩累遣游客间说，茂昭志意坚决，拜表求代者数四。"①王寿南在《唐代藩镇与中央关系之研究》中，将易定镇节度使对唐政府的态度分为三种：恭顺、跋扈、叛逆，认为张孝忠、张茂昭父子对唐政府都是恭顺的②。

除了张茂昭之外，据《张孝忠夫人神道碑》《张孝忠夫人墓志》《张茂宣墓志》《张达墓志》等碑刻资料和两《唐书》的相关记载，可知张孝忠之子茂宏、茂宣、嗣雍、嗣庆、茂宗、茂和等，以及《张茂昭墓志》中所载张茂昭诸子克让、克恭、克礼、克俭、克从、克勤、克正等也均享有官爵和较为优容的待遇。此外，通过《张佑明墓志》可知张佑明为张孝忠侄，张孝忠弟张庭光③之子，也以张孝忠之荣光，在唐朝地方担任官职。

此外，见于文献记载，张孝忠、张茂昭、张茂宗均在唐长安城有私人宅第，他们中的一部分就在这里去世。据《张孝忠夫人神道碑》记载：夫人"终安仁里私第。"《唐两京城坊考》卷二《西京·外城郭·万年县·安仁坊》条也称："义成军节度使、同中书门下平章事、上谷郡王张孝忠宅。"④《张茂昭墓志》载："太尉兼中书令延德郡王自河中来朝。明年春二月景子，发疡薨于京师务本里第。"《唐两京城坊考》卷二《西京·外城郭·万年县·务本坊》条同载："河中节度使、兼中书令、延德郡王张茂昭宅。"⑤《唐两京城坊考》卷三《西京·外城郭·万年县·大宁坊》条："义章公主宅。"德宗第三女降张茂宗，赐第⑥。

通过对李宝臣、张孝忠家世的追溯和其在唐朝扮演的角色、政治势力、唐廷给予的礼遇与荣宠、家族成员对唐廷的忠心等方面进行的论述可以得

---

① 《旧唐书》卷141《张孝忠附张茂昭传》，第3859页。
② 王寿南：《唐代藩镇与中央关系之研究》，大化书局1978年版，726页。
③ 张庭光不见文献记载。文献仅载张孝忠有两弟，张孝义和张孝节。张孝义，见《旧唐书》卷141《张孝忠传》，第3656页；张孝节，见《旧唐书》卷141《张孝忠传》，第3655页、《新唐书》卷148《张孝忠传》，第4768页。
④ （清）徐松撰，张穆校补：《唐两京城坊考》，中华书局1985年版，第37页。
⑤ （清）徐松撰，张穆校补：《唐两京城坊考》，第40页。
⑥ （清）徐松撰，张穆校补：《唐两京城坊考》，第72页。

出如下结论：其一，李宝臣、张孝忠家族世代在中原地方或朝廷为官，一度担任要职，势力雄厚，为朝廷所倚重。他们是唐朝中央到地方官职体系中的一部分，与唐朝其他蕃将或官员已经没有本质区别，未体现其"奚族"的特质。其二，唐皇室与张孝忠家族的联姻提高了其家族的政治地位和社会声望，密切了双方关系，促进了不同民族间在血缘上的交融，也说明唐廷并未把张孝忠家族看作"他族"或"异类"，而是与自己融为一体，合为一家的姻亲家族。其三，李宝臣、张孝忠家族与唐廷的关系、与其他藩镇势力之间的政治、姻亲关系，成为唐朝中后期政治中的重要特点之一，政治性是其主要特征，并未体现出明显的民族性特征。其四，有不少奚人在京城有自己的宅第，并在此生活，直到去世。说明这些奚人以唐长安为家，与汉族等其他官僚长期生活在一起，侵染在同样的地缘文化之中。可以说李宝臣、张孝忠家族无论是其从先世入朝的时间、还是其自身在唐朝的政治地位，抑或是在唐皇室的认可等方面，均与中原汉族官员没有明显的区别。因此，他们将自己定义为黄帝后裔或是没有强调其"夷狄"出身亦是情理之中或是可以理解的事情了。

概言之，奚人的华夏认同充分说明，无论是入唐奚族质子，还是奚人家族均已经融入唐朝的政治、经济、社会、文化体系之中，与其他各民族合同为一家。墓志作为记述历史事迹的载体，蕴含着当时社会的价值取向和道德观念，具有传播和教化意义。墓志中所蕴含的奚人华夏认同，表明了奚人对唐朝的归向之心和唐朝非汉族人群对中原文化的价值取向和文化认同。奚人的华夏认同是唐朝对周边民族凝聚力和周边民族对唐朝向心力的具体体现，是周边民族融入"大一统"国家的生动案例，也是对中华民族多元一体格局形成发展的深刻阐释。

三、奚族质子及其体现的时代
背景和民族关系

由于文献史料和碑刻资料的匮乏，奚族质子是长期未引起关注的问题。《奚国质子热瓌墓志》（后文统一作《热瓌墓志》）的公布，为这一问题的解答提供了直接证据。深入解读《热瓌墓志》并结合相关碑刻资料和文献史料，对唐代奚族质子的人数、入唐时间、身份、在唐处境和际遇等问题进行考察和论述，进而总结来唐奚族质子的规律和特征，探讨其中所隐含的时代背景、奚族与唐及突厥之间的民族关系问题。

（一）文献史料和碑刻资料中的奚族质子

唐太宗时期，唐朝政局逐渐稳定，国力提升。唐朝制定了一系列有利于民族关系和谐发展的政策，与周边民族的往来逐渐增多。这些往来涉及政治、军事、经济、文化等多个方面，周边民族向唐朝派遣质子的现象是其中的重要内容之一。入唐为质的均为这些民族的贵族子弟，他们在唐廷享有较高的待遇，称谓作"宿卫"。文献史料中有"选其酋首，遣居宿卫"[1] 之说。《册府元龟》也记述了质子的宿卫身份[2]。唐玄宗开元十年（722）闰五月戊

---

[1] 见（后晋）刘昫等：《旧唐书》卷194上《突厥传上》，中华书局1975年版，第5163页。

[2] 据《册府元龟》记载："夫四夷称臣，纳子为质，其来久矣。自汉氏建元之后，穷兵黩武，开拓提封，北逐匈奴，南诛闽粤，由是百蛮慑伏，厥角稽颡，或内向而请吏，或遣子于宿卫。"见（北宋）王钦若等编撰，周勋初等校订：《册府元龟》卷996《外臣部（四十一）·纳质》，凤凰出版社2006年版，第11527—11528页。

寅，有"敕诸番充质宿卫子弟，并放还国"①之事。宿卫的主要职责是在皇宫里值宿，保护皇帝的安全②。在唐朝宫殿的宿卫之中，少数民族人数众多，这也是唐朝民族关系的一项重要内容。入唐质子除了担任宫禁宿卫之职外，有的还被授予其他官爵，还有部分质子在唐廷学习中原文化，甚至能够精通中原礼法和治国之道，如《唐会要》称来唐诸族仕子"服改毡裘，语兼中夏。明习汉法，睹衣冠之仪；目击朝章，知经国之要。窥成败于图史，察安危于古今，识边塞之盈虚，知山川之险易"③。

　　在唐朝积极的民族政策下，尤其是唐太宗和唐玄宗两个时期，各民族与唐朝往来频繁，铁勒、突厥、吐蕃、契丹、新罗、奚等民族，都将子弟或贵族送往唐朝，或学习中原文化、或主动入"质"。客观而言，唐朝通过质子可以洞察周边民族对唐的亲疏远近和叛服动向，从而有效地控制分布于边疆的各民族，但其更重要的内涵则在于唐朝将各民族和其活动地域从行政管理上纳入了大一统的体系之中，促进了多民族之间在政治、经济、文化、姻亲等多种层面上的交往交流和交融。通过系统梳理文献史料和碑刻资料，可以确定的奚族质子共有六位，均在唐玄宗时期来唐。按其来唐时的奚族首领为划分依据，可以分为三个时期进行探讨，即饶乐郡王李鲁苏时期、归义王李诗时期以及未有明确的来唐时间的奚族质子，进而对这几位质子的身份、在唐的官爵、个人事迹和结局等问题做具体考察。

① 见《旧唐书》卷8《玄宗纪上》，第183页。《唐大诏令集》记载了唐玄宗敕令："今外蕃侍子久在京师，虽威惠之，及自远毕归，而羁旅之意，重迁斯在。宜命所司勘会诸蕃充质宿卫子弟等，量放还国，契丹及奚延通质子，并即停追，前令已蕃首领等、幽州且住交替者，即旋去。"见（北宋）宋敏求编：《唐大诏令集》卷128《放诸蕃质子各还本国敕》，商务印书馆1959年版，第689页。《册府元龟·外臣部·纳质》将此敕令记在开元二年（714）闰五月戊寅，与《旧唐书》和《册府元龟·帝王部·来远》相抵牾，应为编者之误，不足为据。

② 《唐律疏议》曰："宿卫者，谓大将军以下，卫士以上，以次当上，宿卫宫殿。"见（唐）长孙无忌等撰，刘俊文点校《唐律疏议笺解》卷7《卫禁律》，中华书局1996年版，第562页。

③ （北宋）王溥：《唐会要》卷56《省号下》，上海古籍出版社2006年版，第1133页。

1. 饶乐郡王李鲁苏时期的入唐质子

唐玄宗开元年间，李鲁苏任饶乐郡王，先后遣送奴默俱、聋锁高和李日越三位质子来唐。文献中明确记载来唐朝时间最早的奚族质子为奴默俱和聋锁高。据《册府元龟》称，开元十年（722）七月丙子，"奚遣其兄奴默俱及聋锁高来朝，皆授将军，赐紫袍银钿带金鱼袋，留宿卫"[①]。此事距开元十年（722）夏四月丁酉，唐玄宗封"奚首领饶乐都督李鲁苏为饶乐郡王"[②] 不到三个月的时间。对于奚族遣派的质子，唐朝方面只提"来朝"和"留宿卫"，回避为"质"。这种说法从一个角度反映出唐朝并未刻意强调质子的标签和属性，应该是双方共同的认可。

奴默俱和聋锁高是李鲁苏之兄，二人同时"来朝"，说明唐朝对奚族担任"宿卫"的人数并无绝对的限制。而且，唐廷授予二人"将军"官职，但没有具体说明是哪个级别。若从担任"宿卫"来分析，应当是颇有身份的。唐朝"掌宫禁宿卫"的有十六卫，有上将军（从二品）、大将军（正三品）、将军（从三品）。对于奚族担任"宿卫"者，即使是从三品的将军，地位已属不低。《旧唐书·舆服志》就有"三品已上服紫"[③] 的说法，"银钿带"和"金鱼袋"是唐朝官员服饰上的装饰，是彰显身份和等级的重要标识，也用于皇帝对臣子的赏赐[④]。通过唐廷赏赐的"紫袍银钿带金鱼袋"可知，二人的将军官职为正三品或从三品。

继奴默俱和聋锁高之后的奚族质子是李日越。据《册府元龟》载，开元十一年（723）四月己未，"奚首领李日越等来朝，授员外折冲，留宿卫"[⑤]。此时的饶乐郡王还是李鲁苏，而从派遣奚族部落首领李日越入唐为"质"可知，奚族很注重对入唐担任"宿卫"的人选。依照饶乐都督府下设

---

① （北宋）王钦若等编撰，周勋初等校订：《册府元龟》卷 975《外臣部（二十）·褒异第二》，第 11281 页。

② 《旧唐书》卷 8《玄宗纪上》，第 183 页。

③ 《旧唐书》卷 45《舆服志》，第 1952 页。

④ 唐代银饰和鱼袋的佩戴有具体规制，详见《旧唐书》卷 45《舆服志》，第 1954 页。

⑤ 《册府元龟》卷 975《外臣部（二十）·褒异第二》，第 11281 页。

州的设置①，部落首领就是州级统领，级别仅次于李鲁苏。"员外官"是唐代的一种官职形式，指法定数额之外的官职人员，主要授予对象和范围时有变化，周边少数民族首领或部落核心人物是被授予这一官职的主要群体②。"折冲府"为唐府兵制的基层军府组织，分上、中、下三等。上府折冲都尉，正第四品上阶，中府折冲都尉，从第四品下阶，下府折冲都尉，正第五品下阶，均为三品以下③。该条史料只言"折冲"，未详具体等级和职位。从李日越的"员外折冲"官爵来看，其在唐朝的官职级品低于奴默俱和聋锁高。

　　李日越再现于史，已是唐天宝年间。据《新唐书·奚传》记载，在安禄山任范阳节度使期间，"诛其君李日越"④。据此，奚首领李日越是被安禄山所杀。然而，对于此事《资治通鉴》则载为天宝十三年（754）夏四月癸巳，"安禄山奏击奚破之，虏其王李日越"⑤，与《新唐书》的"诛杀"不同。通过查阅《册府元龟》《新唐书》《资治通鉴》的相关记载可得知，李日越此后在唐朝还有很多活动，因此，《新唐书·奚传》所云"诛其君李日越"是与史不符的。也有研究者根据这个误记认为："天宝十三年（754），安禄山击破奚族，杀其王李日月。"⑥这里认可《新唐书》的错误说法，认为李日越

---

①　据（北宋）欧阳修、宋祁：《新唐书》卷219《奚传》记载，奚族首领"可度者内附，帝为置饶乐都督府，拜可度者使持节六州诸军事、饶乐都督，封楼烦县公，赐李氏。以阿会部为弱水州，处和部为祁黎州，奥失部为洛瑰州，度稽部为太鲁州，元俟折部为渴野州，各以酋领辱纥主为刺史，隶饶乐府"。中华书局1975年版，第6173—6174页。另据《新唐书》卷43下《地理志七下》记载，在饶乐都督府的统一管辖下，在奚境设置九州，即鲜州、崇州、顺化州、归义州、弱水州、祁黎州、洛瑰州、太鲁州、渴野州。第1126页。可知在饶乐都督府之下，分别以奚族的五个部落阿会部、处和部、奥失部、度稽部、元俟折部设置弱水州、祁黎州、洛瑰州、太鲁州、渴野州，五州各置有刺史一职，归饶乐都督管辖。其后又增至到九个州。

②　详见《通典》卷19《职官志一》，《旧唐书》卷42《职官志一》，《唐会要》卷67《员外官》，《新唐书》卷46《百官志一》。

③　详见《旧唐书》卷42《职官志一》，第1793—1795页。

④　《新唐书》卷219《奚传》第6175页。

⑤　（北宋）司马光编著，（元）胡三省音注：《资治通鉴》卷217《唐纪三十三》，中华书局1956年版，第6926页。

⑥　孟广耀：《安史之乱中的奚族》，《社会科学战线》1985年第3期。

被杀，且将李日越误作李日月。按《新唐书》《资治通鉴》的相关记载，确有李日月其人，也是奚人，曾参与朱泚叛乱，后被唐将浑瑊所杀，死于建中四年（783）①。

通过李日越被安禄山俘获可知，他于723年充质，后来又返回奚境担任了奚族首领，统领奚军与唐交战，并于754年兵败被安禄山所俘。至于李日越何时结束质子身份回到奚地，据其活动的历史线索可以大体框定在723—754年，大约31年的时间里。其具体细节和内在原因，因文献史料缺载，尚无法进行更为翔实的考证。

文献未载李日越被俘后唐廷作如何处理，可以检索到的是其被俘后大约五年的乾元二年（759）十月，有"李日越投降，授特进兼右金吾卫大将军，员外置同正"②一事。这里所说的李日越投降，当即《新唐书·李光弼传》所载，李日越在史思明叛军被剿过程中，审时度势，向唐将李光弼请降后得到唐廷"表授特进，兼右金吾大将军"③，并获免于追究行为过失的待遇。对此，《资治通鉴》亦载，乾元二年（759）冬十月丁巳，"以李日越为右金吾大将军"④。对于李日越降唐后被授的官职，不同文献史料的记载稍有差异，《册府元龟》为"特进兼右金吾卫大将军，员外置同正"；《新唐书》为"特进兼右金吾大将军"；《资治通鉴》为"右金吾大将军"。对此，《资治通鉴》考异认为，授特进的不是李日越，而是同其一起投降的高晖⑤，且所载之事依据实录而来，有明确的史源。综合比对三种史料，《资治通鉴》的说法较为可信，即李日越所授官职为右金吾大将军。右金吾大将军为正三品⑥，其

---

① 李日月史迹，见《新唐书》卷225中《逆臣中·朱泚传》，第6444—6445页；《资治通鉴》卷228《唐纪四十四》，第7367页。
② 《册府元龟》卷164《帝王部·招怀第二》，第1830页。
③ 《新唐书》卷136《李光弼传》，第4588页。
④ 《资治通鉴》卷221《唐纪三十七》，第7088页。
⑤ 《资治通鉴》卷221《唐纪三十七》《考异》曰："《新传》曰：'上元元年，光弼降贼将高晖、李日越。'按此月己亥，高庭晖授特进，疑即高晖也。丁巳，李日越又授特进。是此月皆已降。新传误。"第7085页。
⑥ 《旧唐书》卷42《职官志一》，第1791页。

执掌仍然与"宿卫"有关，符合唐朝对奚族"宿卫"品级的安排。

　　据文献史料记载，奚人是安史集团的重要组成部分，也曾在安史之乱中大大地削弱了自己的实力。在安禄山任范阳节度使期间，负责奚、契丹等族事务，为了得到朝廷信任和封赏，对奚人实行既打击又安抚、拉拢的策略，手下聚集了许多奚族骑兵①。可以推测，李日越被安禄山俘虏后，加入了安史集团，参与了安史之乱，并成为史思明麾下的重要力量。

　　李日越在降唐后，为唐朝稳定政局立有军功。据《新唐书·吐蕃传上》记载，广德元年（763），吐蕃大举进犯，此前与李日越一同降唐的高晖也叛唐助乱，"导虏入长安，立广武王承宏为帝，改元，擅作赦令，署官吏"。至郭子仪入长安平乱，"高晖东奔至潼关，守将李日越杀之。吐蕃留京师十五日乃走，天子还京"。永泰元年（765），吐蕃请和②。同年八月，仆固怀恩诱吐蕃、回纥、党项、羌等反，京师震恐，唐代宗下诏亲征，安布各路将领，命"李日越屯盩厔"③。可见，在这两次平乱中，李日越受到唐廷重用，忠于唐朝，在抵御吐蕃犯唐和平定仆固怀恩叛唐事件中起到了重要作用。

　　将以上史实连缀起来可以得出大致脉络，李日越于 723 年来唐充"质"，后返回奚境；754 年，李日越被安禄山俘虏，加入安史叛乱集团，成为史思明部下；759 年，降唐，为右金吾大将军，在唐平叛的过程中立有战功。文献记述虽然简略，却也大体勾勒出李日越曲折的人生经历。

---

① 《新唐书》和《资治通鉴》对安禄山和奚人的关系多有涉及。据《新唐书》卷 219《奚传》称，安禄山为邀宠朝廷，"诡边功，数与虏斗，盛饰俘以献"。第 6175 页。《资治通鉴》卷 216《唐纪三十二》载，安禄山还曾"屡诱奚、契丹，为设会，饮以莨菪酒，醉而阬之，动数千人，函其酋长之首以献，前后数四"。第 6900 页。《资治通鉴》卷 216《唐纪三十二》载："禄山养同罗、奚、契丹降者八千余人，谓之'曳落河'。曳落河者，胡言壮士也。及家僮百余人，皆骁勇善战，一可当百。"第 6905 页。

② 《新唐书》卷 216 上《吐蕃传上》，第 6087—6088 页。

③ 见《旧唐书》卷 120《郭子仪传》，第 3461 页。盩厔，陕西县名，今作周至。

2. 归义王李诗时期的奚族质子

李诗①任奚归义王期间，派遣属鹃留入唐充"质"。据《旧唐书·奚传》记载，开元二十年（732），唐玄宗"诏封李诗为归义王兼特进、左羽林军大将军同正，仍充归义州都督，赐物十万段，移其部落于幽州界安置"②。开元二十一年（733）四月壬戌，"奚首领属鹃留来朝，授果毅，赐绢四十匹，留宿卫"③。此时为奚王李诗受封的第二年。属鹃留以奚族部落首领的身份入朝，受封折冲府"果毅"官职。上、中、下折冲府果毅的等级分别为从第五品下阶、正第六品上阶和从第六品下阶④。属鹃留在唐所任官爵在从第五品下阶至从第六品下阶之间，与之前三位质子奴默俱、聋锁高、李日越的官爵相比，职位不高。唐廷赐绢的规格，可对照《旧唐书·职官志二》的相关记载，"正冬之会，称束帛有差者，皆赐绢，五品已上五匹，六品已下三匹，命妇视其夫、子"⑤。正冬之会，五品以上的官员赐绢五匹，通过比对可知，唐廷对属鹃留"赐绢四十匹"属为数不少的赏赐。文献对属鹃留的其他事迹无所载。

3. 未有明确来唐时间的奚族质子

李如越和热瓓的来唐时间未有明确记载，只知其去世时间。据《册府元龟》载，开元十六年（728）二月庚午，"奚质子右领军卫将军李如越卒，制赠左骁卫大将军，官造灵舆，给迎还奚"⑥。李如越来唐做质子的时间和身份文献缺载，只知他在唐朝担任的是从三品"右领军卫将军"，于728年二

---

① 据考证，《李府君夫人张氏墓志》即李诗夫人之墓志。1993年出土于北京市房山区医院，现藏北京市文物研究所。刻于唐代宗大历十年（775）。志文对李诗的官职、后代，李诗与唐朝的关系等问题有所记载，是了解李诗相关问题的重要资料。参见本书上编"奚族相关碑刻"之《李府君夫人张氏墓志》；王策：《〈唐归义王李府君夫人清河张氏墓志〉考》，《北京文物与考古》（第六辑），民族出版社2004年版。

② 《旧唐书》卷199下《奚传》，第5356页。

③ 《册府元龟》卷975《外臣部（二十）·褒异第二》，第11282页。

④ 详见《旧唐书》卷42《职官志一》，第1795—1797页。

⑤ 《旧唐书》卷43《职官志二》，第1828页。

⑥ 《册府元龟》卷975《外臣部（二十）·褒异第二》，第11451页。

月去世，追赠的"左骁卫大将军"为正三品①。唐廷为李如越加封，由从三品升为正三品，并"官造灵舆"，"迎还"奚族，可以推测他在唐期间的行为得到了唐统治者的认可，因此给予厚待和礼遇；也能说明李如越是奚族较高级别的人物，如何对待他，可在一定程度上影响唐朝与奚族的关系。至于李如越的入质时间，可以通过唐授予他的"右领军卫将军"一职作出大致推断。据《旧唐书·职官一》和《唐会要·十二卫》记载，"左右领军卫"一职屡经变化，自唐高祖设立，龙朔二年（662）二月改为左右戎卫，咸亨元年（670）十二月复为左右领军卫，光宅元年（684）改为左右玉钤卫，神龙元年（705）又改为左右领军卫②。因此至少可以确定，李如越来唐时间为神龙元年（705）之后。

热瓌其人，文献史料中没有任何记载，根据出土的《热瓌墓志》③（志盖刻"大唐故奚质子右威卫将军热瓌墓志铭"）可知其质子身份和简略事迹。墓志刻于开元十八年（730）。志文内容显示，热瓌因病卒于开元十八年（730）七月五日，同年七月二十日葬于昆明原（今陕西省西安市昆明路），享年25周岁。据此，知其生于705年。唐朝授予热瓌官职为"右威卫将军、员外置宿卫"。右威卫将军为从三品官爵④，符合以往唐朝对奚族质子拜授的级别；员外置宿卫，说明热瓌也具备宿卫的身份，只是属于正式宿卫之外、不占固定名额的人员。墓志共计255字，用浓重的笔墨对奚族与唐朝的友好往来给予肯定，包含大量描述唐朝大国风范、四方来朝、一视同仁的词句，诸如"占风入款，已契前修""故能钦我皇明，归诚□紫阙""遽参衣缨之列，早渐华质之风，沐浴圣恩，亦已旧矣"等。墓志还以西汉的归附降将金日磾和呼韩邪的事迹作为比对，以突显热瓌的归诚之心。

据热瓌墓的考古发掘资料显示，其墓葬的规制较高，为长斜坡墓道单

---

① 《新唐书》卷49上《百官志四上》，第1279页。
② 详见《旧唐书》卷42《职官志一》，第1786—1789页；《唐会要》卷71《十二卫》，第1519页。
③ 相关研究见张小丽：《西安市唐故奚质子热瓌墓》，《考古》2014年第10期；葛承雍：《西安唐代奚族质子热瓌墓志解读》，《考古》2014年第10期。
④ 《新唐书》卷49上《百官志四上》，第1279页。

室砖墓，墓向 180 度，由墓道、封门、甬道、墓室等组成。墓室平面近方形，四壁外弧，砖砌，顶部已被破坏，依同类墓的结构推测为穹隆顶。地面横向错缝平铺条砖。四壁涂抹有白灰，东壁脱落的白灰面上有红彩印迹，原当有壁画。墓室长宽均为 3.55—3.95 米。且出土一百余件残存的陶器、瓷器等随葬品①。从这些考古资料显示来看，热瓌在唐朝的行为得到了唐廷的认可，在其去世后，得到唐廷的厚待。通过热瓌生前的职位和死后的待遇推测，他的身份属于奚族部落首领的上层人物②。热瓌葬于唐朝境内，并在墓葬规制上得到较高的荣宠，说明奚族与唐朝的关系较为融洽，也是唐朝对周边民族平等友好和亲如一家的直接体现。

综上所述，唐玄宗开元年间，共有六位奚族上层人物在唐廷做质子，分别为奚饶乐郡王李鲁苏时期的奴䫀俱、聟锁高和李日越；奚归义王李诗时期的属鹘留；未有明确的来唐时间的李如越和热瓌。他们的身份在文献表述上有所区别，有的是饶乐郡王亲属，有的是奚族首领，有的未明确身份，但从其在唐所受官职和礼遇以及去世后所享的荣宠来看，均可以认定他们都是奚族贵族或统治阶层的核心人物。不过唐廷授予这些质子的官职和品阶还是有所区别的，一般来讲，在奚族社会的地位高，对奚唐关系影响大，入唐做质子时的官职、品级和待遇相应就高，反之亦然。

（二）奚族质子反映的时代背景和民族关系

从词义来看，"质"，即将某物作为抵押品进行抵押，从而达成某种目的③。其最初成因是为了获取对方的信任，而进行的自我制约。"人质"的本

---

① 关于热瓌墓详情，详见张小丽：《西安市唐故奚质子热瓌墓》，《考古》2014 年第 10 期。

② 关于唐代墓葬规制，详见齐东方：《试论西安地区唐代墓葬的等级制度》，见《纪念北京大学考古专业三十周年论文集》，文物出版社 1990 年版；程义：《关中地区唐代墓葬研究》，文物出版社 2012 年版。

③ 《说文解字》言："质，以物相赘。"许慎解曰："赘，以物质钱，从敖贝。赘者，犹放贝当复取之也。"见（汉）许慎撰，桂馥注：《说文解字义证》卷 24，中华书局 1987 年版，第 695 页。

义是以人作为抵押品，来完成某种使命。其主要目的是以人作为抵押品去结交、维护与他国和他政权的关系。因此，一般而言，遣派质子一方的地位显然是比较低的。就奚族派遣质子入唐而言，不是历史的偶然，有其特定的时代背景，能够反映出当时的政治局势，并对其时奚族与唐、突厥之间的关系有所认知。

1. 奚族质子产生的时代背景

自唐太宗时期，唐朝国力渐趋强盛，唐太宗主张对国内各民族一视同仁，提出了"自古皆贵中华，贱夷、狄，朕独爱之如一"①的观点。采取魏徵"偃革兴文，布德施惠，中国既安，远人自服"的治国方略，遂形成了四海安宁、天下大治、边境稳定的统一局面，致使"绝域君长，皆来朝贡，九夷重译，相望于道"②。在唐太宗开明、宽厚、仁爱的民族政策下，周边民族纷至沓来，尊唐太宗为"天可汗"③。奚族也是前来朝贡的民族之一。据《新唐书·奚传》记载，奚族自贞观三年（629）始，"阅十七岁，凡四朝贡"④。至贞观四年（630），东突厥政权灭亡，"营州都督薛万淑遣契丹酋长贪没折说谕东北诸夷，奚、霫、室韦等十余部皆内附"⑤。内附的奚人听从唐廷的调

① 《资治通鉴》卷198《唐纪十四》，第6247页。
② （唐）吴兢撰，谢保成集校：《贞观政要集校》卷5《论诚信第十七》，中华书局2003年版，第290页。关于中原政权对待周边民族的政策，春秋战国时期已有先例。晋悼公和大臣魏绛曾讨论如何对待山戎事，魏绛坚持"请和诸戎"，并认为："和戎有五利焉：戎狄荐居，贵货易土，土可贾焉，一也。边鄙不耸，民狎其野，穑人成功，二也。戎狄事晋，四邻振动，诸侯威怀，三也。以德绥戎，师徒不勤，甲兵不顿，四也。鉴于后羿，而用德度，远至迩安，五也。"晋悼公最终接受了魏绛的建议，达到了"和诸戎狄以正诸华"的效果。魏绛的民族思想和民族政策在当时是很有见地，并对后来的君主起到好的借鉴作用。见（清）洪亮吉撰，李解民点校：《春秋左传诂》卷12《襄公四年》，中华书局1987年版，第501页。
③ 据《旧唐书》卷3《本纪第三》记载，贞观四年（630）夏四月丁酉，"御顺天门，军吏执颉利以献捷。自是西北诸蕃咸请上尊号为'天可汗'，于是降玺书册命其君长，则兼称之"。第39—40页。
④ 《新唐书》卷219《奚传》，第6173页。
⑤ 《资治通鉴》卷193《唐纪九》，第6082页。

遣，参与唐朝的军事行动。如贞观十五年（641），薛延陀攻打突厥，唐太宗"诏营州都督张俭统所部与奚、霫、契丹乘其东"①。贞观十八年（644）七月甲申，唐征高丽，太宗下诏命营州都督张俭等"帅幽、营二都督兵及契丹、奚、靺鞨先击辽东以观其势"。同年十二月，唐太宗再次下诏，命契丹藩长于句折，奚族藩长苏支各率其众，进军辽阳，以切断高丽的归路。在此战役的过程中，奚人作战勇敢，大酋苏支因从战有功，受到唐太宗的嘉奖②。

贞观二十二年（648），奚族正式有效地纳入唐朝所置的羁縻府州的统辖之下③。据《旧唐书·奚传》记载，奚族部落联盟长可突者率其所部内属，唐于其地设置饶乐都督府，唐以可突者为右领军兼饶乐都督，封楼烦县公，赐姓李氏④。饶乐都督府依照"全其部落，顺其土俗"的原则建立，《新唐书·地理志七下》称其"贡赋版籍，多不上户部"⑤，饶乐都督对奚人事务拥有直接管辖权和具体处理权。饶乐都督府作为奚族与唐朝往来的主要载

---

① 《新唐书》卷 217 下《回鹘下》，第 6135 页。

② 《资治通鉴》卷 197《唐纪十三》，第 6209 页、第 6215 页。据《旧唐书》卷 83《张俭传》记载，唐太宗亲征高句丽时，派遣营州都督兼护东夷校尉张俭"率蕃兵先行抄掠"，其后又任张俭为"行军总管，兼领诸蕃骑卒，为六军前锋"。第 2776 页。这里的"蕃兵"和"诸蕃骑卒"，即是太宗在《命张俭等征高丽诏》中命张俭等"率幽、营二都督府兵马及契丹、奚、靺鞨，往辽东问罪"的契丹、奚和靺鞨人。见（清）董诰等编：《全唐文》卷 7《命张俭等征高丽诏》，中华书局 1983 年版，第 85—86 页。

③ 关于唐代羁縻府州的设立，据《旧唐书》卷 39《地理志二》"崇州"条载："武德五年，分饶乐郡都督府置崇州、鲜州，处奚可汗部落，隶营州都督。""鲜州"条载："武德五年，分饶乐郡都督府奚部落置，隶营州都督。"第 1522—1523 页。《新唐书》卷 43 下《地理志七下》与《旧唐书》的记载相一致。由此可知饶乐都督府的建置不晚于武德五年（623）。但此时的饶乐都督府并未起到真正的作用。关于唐太宗时期羁縻府州的建置，据《旧唐书》卷 62《李大亮传》《旧唐书》卷 61《温大雅传附温彦博传》等文献记载，贞观四年（630），唐朝平定东突厥后，就如何安置东突厥的降户，李大亮上书言："其自竖立称藩附庸者，请羁縻受之，使居塞外，必畏威怀德，永为藩臣，盖行虚惠，而收实福矣。"于是，在唐廷中针对这一问题展开了一场争论，最后唐太宗采纳了温彦博的建议，"全其部落，得为捍蔽，又不离其土俗，因而抚之，一则实空虚之地，二则示无猜之心"。并以此作为建置羁縻府州的基本方针，推行到周边各个少数民族地区。第 2388—2389 页、第 2361 页。

④ 《旧唐书》卷 199 下《奚传》，第 5354 页。

⑤ 《新唐书》卷 43 下《地理志七下》，第 1119 页。

体，在饶乐都督的率领下定期向唐朝朝贡①，开启了双方频繁友好的往来局面。总体而言，唐太宗时期，饶乐都督府开创了唐朝对奚族间接、有效地管辖，奚唐关系以和平为主。自此至唐末，奚族与唐朝的往来因具体情势时疏时密，但从未中断。饶乐都督府的这种羁縻管理形式的意义还在于他使得奚族的部落结构、社会组织与文化风俗得以保留和传承下来。

通过以上论述可知，从当时的环境和政治局势来看，唐朝作为中原王朝，无论在政治、军事、经济基础上，还是开明的民族政策上，均有着较为雄厚的势力和强大的影响力。周边民族积极向唐朝靠拢既是唐朝号召力、凝聚力的体现，又是周边民族寻求庇护、谋求发展的必然需求。奚族也不例外，作为一个相对弱小的北方民族而言，只有寻找时机、切合实际地向唐朝靠拢，才能在复杂的局势下求得生存和发展。自贞观二十二年（648），唐朝于奚境置"饶乐都督府"，至722年始有入唐奚族质子见诸于史。在约74年的时间里，奚族是否有质子入唐，无从查证。但是奚族不失时机地向唐朝表达归附之心，定期朝贡，还有随军出征等行为，表明其向往于唐、归心于唐的根基已经奠定，双方的友好情结已经沉积在双方关系之中。因此，至唐玄宗时期，双方呈现更为频繁、友好的交往，包括奚族向唐派遣质子就是历史发展的必然了。

2. 奚族质子体现了奚唐的友好关系

奚族向唐朝派遣质子发生在唐玄宗时期。这与玄宗时期唐朝的国力和民族政策相关。唐玄宗即位之初即重视与周边民族的关系问题，在综合国力提升的基础之上，着力对周边事务的经略，制定了行之有效的民族政策。大体而言，唐玄宗对奚族实施的政策，主要包括复置饶乐都督府②、和亲、册

---

① 《旧唐书》卷199下《奚传》《新唐书》卷219《奚传》《册府元龟》卷970《外臣部（十五）·朝贡第三》等文献中有奚族在唐太宗时期前来朝贡的相关记载。

② 文献中关于唐玄宗复置饶乐都督府的时间记载不一，《旧唐书·奚传》为"开元三年（715）"；《新唐书·玄宗纪》为"开元四年（716）八月辛未"，《资治通鉴》《册府元龟》《新唐书·契丹传》与《新唐书·玄宗纪》同；《新唐书·奚传》为"开元二年（714）"。通过分析可知，唐于开元四年（716）六月讨伐突厥得胜，突厥失去对奚的控制能力，才使得奚人向唐朝靠拢，且《新唐书·玄宗纪》记载的时间较为精确，应有可靠的史料来源。因此，唐玄宗复置饶乐都督府的时间应为开元四年（716）八月辛未。

封、赏赐、互市、供给等。这些政策是唐玄宗时期奚唐关系和平友好的主要因素。

据《新唐书·玄宗纪》记载，开元四年（716）六月，唐伐突厥，"大武军子将郝灵佺杀突厥默啜"①，突厥政权衰弱，无力对奚族进行干预和控制。面对突厥渐衰而唐渐盛的局势，同年八月，奚首领李大酺②派遣大臣奥苏梅落向唐请降，唐玄宗"诏复立其地为饶乐州，封大酺为饶乐郡王，仍拜左金吾员外大将军、饶乐州都督"③。开元五年（717），唐玄宗复置营州都督府④，并于同年置平卢军使，于开元七年（719）升平卢军使为平卢军节度，经略河北支度、管内诸蕃及营田等使，兼领安东都护及营、辽、燕三州⑤。通过这些行政建置，唐朝更为有效地监管和控制奚族。

为了进一步巩固、密切与饶乐都督的关系，唐玄宗曾先后三次册封宗室女为"公主"与饶乐都督和亲⑥，和亲的实现对唐朝和奚族而言均有利益。在唐玄宗看来，和亲能够加强与奚族的血亲联系，密切二者的关系，形成"亲如一家"的氛围。对奚族首领而言，通过和亲成为大国之婿，对其树立威严、统辖本民族诸部落大有裨益。唐玄宗还多次对饶乐都督府的上层人物

---

① 《新唐书》卷5《玄宗纪》，第125页。
② 李大酺，《旧唐书·奚传》称为"李大辅"，在《通典·库莫奚》《唐会要·奚》《新唐书·奚传》等文献中称为"李大酺"。此统一作"李大酺"。
③ 《旧唐书》卷199下《奚传》，第5355页。
④ 《旧唐书》卷199下《奚传》，第5355页。
⑤ 《新唐书》卷66《方镇三》，第1832—1833页。《臧怀恪神道碑》也称："开元初尝游平卢，属奚室韦大下。"
⑥ 唐朝三次将宗室女和亲奚族首领。第一次和亲即开元五年（717）三月丁巳，唐玄宗"以辛景初女封为固安县主，妻于奚首领饶乐郡王大酺"。见《旧唐书》卷8《玄宗纪上》，第177页。第二次和亲为开元十年（722），奚王李大酺死，其弟李鲁苏入朝，袭其兄职位，"仍以固安公主为妻"，但因固安公主"与嫡母未和，递相论告"，玄宗诏令其离婚，"复以成安公主之女韦氏为东光公主"妻鲁苏。见《旧唐书》卷199下《奚传》，第5355页。据《唐会要》卷6《和蕃公主》载：固安公主因"嫡母嫉主荣宠，乃上言云主是庶生，请别以所生主嫁鲁苏。上怒，乃令离婚"。第86—87页。第三次和亲发生于天宝四年（745）三月，玄宗"封外孙杨氏女为宜芳公主，出降奚饶乐都督李延宠"。见《旧唐书》卷9《玄宗纪下》，第219页。

进行封赏①，接受官爵的奚人数量超过以往的任何一个时期。唐玄宗主要想通过册封的方式达到"四方诸国，以我为君"的政治目的②，奚族贵族得到唐朝的官爵也是其靠近乃至于融入中原王朝的体现。

唐玄宗时期，唐朝在营州、幽州与奚人的交界处设有互市场所。据记载，开元四年（716），"奚使乞于西市货易"，玄宗许之③，这应为唐奚设市贸易之始。开元五年（717），营州都督府复置后，都督宋庆礼"集商胡立邸肆。不数年，仓廥充，居人蕃辑"④。随着唐奚互市的规模不断扩大，营州地区在二十年内出现"部落不耸，安农互商，金帛山积"⑤的景象。至天宝年间，互市依旧存在，时任平卢衙前兵马使的杨燕奇曾"世掌诸蕃互市"⑥。幽州节度使辖内还设有掌管边贸物品定价的"互市牙郎"⑦一职，安禄山、史思明均任过此职⑧。这一职位的出现也是唐奚贸易繁荣的重要标志。通过互市，中原的棉纺织品、农副产品、日常生活用品等运往奚地，奚人的畜牧业、手工业产品来到中原。互市增强了双方在经济层面上的往来，也进一步增进了彼此的了解、拉近了彼此的关系。

值得一提的是，唐玄宗时期的《白庆先墓志》和《刘思贤玄堂记》对奚族事务的记载。据《白庆先墓志》称开元二十三年（735）二月廿二日，

① 详见《册府元龟》卷975《外臣部（二十）·褒异第二》的相关记载。
② 中原王朝希望通过"复加以侯王之号，申之封拜之宠，……持节封建，以震乎威灵"，在周边民族政权"告终称嗣"之时，对其"抚封世及"，则"必俟文告之命，乃定君臣之位"。同时，在中原王朝统治者看来，通过对周边民族首领的册封能够达到"革彼犷悍，被之声教"的目的。见《册府元龟》卷963《外臣部（八）·册封第一》，第11156页。
③ 《册府元龟》卷999《外臣部（四十四）·互市》，第11562页。
④ 《新唐书》卷130《宋庆礼传》，第4494页。
⑤ （清）董诰等编：《全唐文》卷352樊衡《为幽州长史薛楚玉破契丹露布》，第3569页。
⑥ 马其昶：《韩昌黎文集校注》卷6《清边郡王杨燕奇碑文》，上海古籍出版社1986年版，第356页。
⑦ 《资治通鉴》卷214《唐纪三十》胡三省注"互市牙郎"曰："南北物价，定于其口，而后相与贸易。"第6817页。
⑧ 据《旧唐书》卷200上《安禄山传》称，安禄山"及长，解六蕃语，为互市牙郎"。第5367页；《旧唐书》卷200上《史思明传》称，史思明"解六蕃语，与禄山同为互市牙郎"。第5376页。

"使差给熟奚粮"；《刘思贤玄堂记》称天宝五年（746），"公奉制往饶乐等城，宣慰熟奚"。据此可知，唐玄宗时期奚族诸部落有"生""熟"之分，唐朝对"熟奚"有供给行为。关于唐代奚族的"生""熟"划分应该与奚族诸部落与唐朝的地缘关系、亲疏远近、重要程度等方面相关。

综上可见，唐玄宗时期，尤其是开元年间，奚族与唐朝之间在政治、经济、文化等多方面的往来均达到了前所未有的繁盛局面。据《旧唐书·礼仪三》记载，开元十三年（725），唐玄宗大行礼仪，戎狄夷蛮羌胡朝献之国，如突厥颉利发，契丹、奚等王，都参与其中①。奚族还曾随唐将出兵突厥，并俘获突厥可汗默棘连②，也曾随唐出兵讨契丹③。

因此，可以得出的结论是在奚族与唐朝友好往来的氛围下，奚族派遣质子入唐是双方关系融洽的反映。在目前可以考察到的六位质子之史实中，看不出有唐朝强迫奚族为"质"的迹象，除了热瓌无证外，其他都是奚族主动派遣亲贵或部落首领入唐。唐朝拜授给奚族质子官爵的级别较高，基本是正三品和从三品，而且多为武职，在皇帝近身担任"宿卫"，在质子叛而复降或去世后，也能享受荣宠。这种现象应当是在双方友好、互信的前提下产生的。

从奚族质子的入唐时间看，每当一位新受封的饶乐郡王就任，都要于同年或第二年向唐朝派出"宿卫"，这似乎已是双方上层联络、交往的固定程序之一。如果质子的性质等同于一般意义上的"抵押品"，在许多方面就会得不到尊重。而被遣往唐朝的奚族质子，在朝廷之上公开的称呼是"宿卫"，职官、待遇也非唐朝一般官员可比。事实上，奚族也的确被唐朝纳入到了多元一体框架之中，这在《热瓌墓志》的内容中就有明确体现。志盖阴刻"大唐故奚质子右威卫将军热瓌墓志铭"，可知"大唐"与"奚"的叙述

---

① 《旧唐书》卷23《礼仪三》，第900页。

② 《新唐书》卷215下《突厥传下》，第6052页。

③ 据《旧唐书》卷103《郭知运传附郭英杰传》记载，开元二十一年（733），"幽州长史薛楚玉遣英杰及裨将吴克勤、乌知义、罗守忠等率精骑万人及降奚之众以讨契丹，屯兵于榆关之外；契丹首领可突干引突厥之众拒战于都山之下"。第3190页。

形式表明二者是不可分割的整体。志文中的"原夫轩丘有子，朔垂分王，代雄辽碣，厥胤繁昌"，也将奚族同归于轩辕黄帝一系，是中原王朝体系的一部分。"已契前修，故能钦我皇明，归诚□紫阙"，"钦"在这里的意思当为"敬奉"，反映出双方的和谐、无争。"遽参衣缨之列，早渐华质之风，沐浴□圣恩"，虽有以上对下之感，但遣词用字并无贬低、排斥、蔑视之意。加之后文与金日磾、呼韩邪的比较之语，更是隐含着认可与友好的气氛。志文最后，仅用"轩后之胤，称雄塞壖，巍巍碣石，森森辽川，藉彼灵秀，诞兹忠贤，弃矛甲于天外，为爪牙于□阙前"寥寥数语，道出了唐朝与奚族休戚与共的历史渊源。墓志的书写具有深刻的内涵，该墓志的作者应为唐代官方著作局，其内容不是简单的叙事和程式化的书写，而是唐代官方对奚族和对双方关系认知的深刻体现。

此外，从唐廷对李如越和热瓌去世后的具体作为来看，唐朝对奚族质子的政策较为优容。考察二人去世的时间节点可知，李如越和热瓌的去世时间分别为开元十六年（728）二月和开元十八年（730）七月，前者为奚唐的和平时期，后者正逢开元十八年（730）五月契丹与奚族的叛乱。但唐廷对二人并未有明显的区别对待。再如，李日越曾参与了安史叛乱，在其投降后，唐廷仍然给予官爵，并委以重任。

以上的史实均可以说明一个问题，即在唐玄宗复置饶乐都督府、和亲、册封、赏赐、互市、供给等一系列积极的民族政策的实施下，和平往来是奚族与唐朝关系的主旋律。而在此期间奚族向唐朝派遣质子的行为也是双方友好、互信的重要内容和体现。

3. 奚族质子体现的奚族与突厥的关系

从奚族质子的时代背景中，还可以了解奚族与突厥之间的关系，其中又交织着奚族与唐朝、唐朝与突厥之间的关系。突厥最早见于《周书》，公元 6 世纪兴起于今中国新疆东北部一带，至 8 世纪中叶衰落。奚族曾役属于突厥建立的政权，一度成为隋唐边境的重要威胁。古代突厥碑铭是研究奚与突厥关系的重要资料，比对发现，突厥碑铭与汉文文献所记奚族首次被突厥征服的时间不同。通过比对分析，可以推定其大体时间。

公元552年，突厥部落首领土门击灭柔然，自号伊利可汗，突厥由是立国。

《阙特勤碑》和《毗伽可汗碑》称，突厥建国后，周边分布着莫离（bükli）荒原人、唐（tabɣač）人、吐蕃（tüpüt）人、阿瓦尔（apar）人、拂林（purum）人、黠戛斯（qïrqïz）人、三姓骨利干（üč qurïqan）人、三十姓鞑靼（otuz tatar）人、契丹（qïtañ）人、奚（tatabï）人等。建国之初，伊利可汗（两碑铭作 bumïn qaɣan）和室点密可汗①（伊利可汗之弟，两碑铭作 ištämi qaɣan）就发动了对周边民族的征服战争。碑铭称，突厥"四方皆是敌人。他们率军征战，取得了所有四方的人民，全都征服了（他们）。使有头的顿首臣服，有膝的屈膝投降。并使他们住在东方直到兴安岭，西方直到铁门（关）的地方"。伊利可汗和室点密可汗去世后，"（作为）吊唁者从前面，从日出之方，有莫离（bükli）荒原人、唐人、吐蕃人、阿尔瓦（apar）人、拂林（purum）人、黠戛斯人、三姓骨利干人、三十姓鞑靼人、契丹人、奚（tatabï）人——这样多的人民前来吊唁"。由此可知，古突厥碑铭所记在伊利可汗时期，即552年到553年，奚族被突厥征服。

汉文文献中奚族被突厥征服的记载首见于《周书·库莫奚传》之奚族曾"役属于突厥"②，未言具体时间。《通典·库莫奚》亦称："突厥兴而臣属之。"③《周书·突厥传》称木杆可汗"威服塞外诸国"④，其意为木杆可汗（伊利可汗之子）时期，即公元553年到572年之间，周边民族被突厥征服。不难发现，古突厥碑铭与汉文文献所记奚族首次被突厥征服的时间有异。那么究竟哪种文献的记载更为可信呢？可以从以下几个方面进行考察。

其一，从史料形成的时间和史料来源看，《阙特勤碑》和《毗伽可汗

---

① 对于室点密称可汗，汉文史料有具体记载，作"室点密从单于统领十大首领，有兵十万众，往平西域诸胡国，自为可汗，号十姓部落，世统其众"，《旧唐书》卷194下《突厥传下》，第5188页。

② 《周书》卷49《库莫奚传》，第899页。

③ 《通典》卷200《边防十六·库莫奚》，第5484页。

④ 《周书》卷50《突厥传》，第909页。

碑》分别成于 732 年和 735 年，与 552 到 553 年在位的伊利可汗时期已相距近二百年。其史料来源应该是突厥汗国宫廷记录或突厥人口耳相传的历史。据《周书》记载，突厥"其书字类胡"①，据此判断，古突厥文有可能创制于前汗国时期，进而言之，伊利汗国时期突厥征服奚族的记载可能是当时的记录。但目前发现的古突厥文资料均属于东突厥后汗国时期（682—744），可以确定，古突厥文至晚在东突厥后汗国时期已经创制并使用。毗伽可汗晚于伊利可汗时代近二百年，《阙特勤碑》和《毗伽可汗碑》关于伊利汗国时期征服奚族的内容来自突厥人口述和传承的可能性更大。《周书》于 629 年至 636 年间撰成，是记载北周宇文氏建立的周朝（557—581）的纪传体史书，所记历史与前突厥汗国早期时间相当。《周书·突厥传》有多次突厥遣使朝贡的记载②，相关内容的最初来源应是突厥使者提供给朝廷史官而记录下来的内容。因此，就奚族首次被突厥征服的时间看来，《周书》所记的木杆可汗时期更为可信。

其二，从史料内容看，《阙特勤碑》和《毗伽可汗碑》为突厥人所书，有关突厥建国初期的部分是对伊利可汗等人的追忆，其行文用词不免存在颂扬、夸张和绝对之处，诸如伊利可汗"取得了所有四方的人民""使有头的顿首臣服""有膝的屈膝投降"等，并不一定完全符合历史事实，亦即伊利可汗时期不可能完全征服四邻各族。汉文史料的相关记载也可以证明这一认识。据《周书·突厥传》记载，魏废帝元年（552）正月，"土门遂自号伊利可汗……土门死……二年（553）三月，科罗遣使献马五万匹。科罗死，弟俟斤立，号木杆可汗"③。又《资治通鉴》记载，世祖孝元皇帝下承圣二年（553）二月，"突厥伊利可汗卒"④。可知伊利可汗于 552 年正月称汗到

---

① 《周书》卷 50《突厥传》，第 910 页。
② 《周书》卷 50《突厥传》载，明帝二年（558），突厥"俟斤遣使来献方物"；保定元年（561），"遣使贡其方物"；保定三年（563），"遣使来献"；天和二年（567），"遣使来献"；天和四年（569），"遣使献马"；建德二年（573），"遣使献马"；大象二年（580），"遣使奉献"，第 910—912 页。
③ 《周书》卷 50《突厥传》，第 909 页。
④ 《资治通鉴》卷 165《梁纪二十一》，第 5097 页。

553 年二月去世，在位时间仅为一年零一个月。伊利可汗在如此短的时间内征服周边民族是与史不符的。到了木杆可汗时期，突厥立国数年，国力有所增强，木杆本人"性刚暴，务于征伐"①。所以，奚等周边民族在木杆可汗时期被突厥征服更切合实际。

综上可以得出结论，汉文文献对奚族被突厥征服的记载更接近史实，因此，奚首次被突厥征服的时间应为木杆可汗时期，即公元 553 年到 572 年之间。据《周书·突厥传》记载，木杆可汗"西破嚈哒，东走契丹，北并契骨，威服塞外诸国。其地东自辽海以西，西至西海万里，南自沙漠以北，北至北海五六千里，皆属焉"②。《资治通鉴·梁纪二十二》将该条史料记在敬皇帝绍泰元年（555）③，即宋代史臣认为突厥木杆可汗于 555 年最终征服了周边民族。据此可以断定，奚族首次被突厥征服应在公元 553 年到 555 年之间。也就是说，自 6 世纪中叶始，奚族即处于突厥的役属之下，在此期间，奚族也与北齐、西魏等中原政权保持着以朝贡为主的或多或少的联系。

隋朝建立后，曾对突厥所征服的诸部落采取离间政策并有力地分裂了突厥联盟。这是源于包括奚族在内的突厥联盟内部存在着深刻的矛盾，如隋文帝下讨突厥诏所言：在突厥的统治下，"东夷诸国，尽挟私仇，西戎群长，皆有宿怨。突厥之北，契丹之徒，切齿磨牙，常伺其便……部落之下，尽异纯民，千种万类，仇敌怨偶，泣血拊心，衔悲积恨"④。可见，突厥在依靠武力征服北方诸民族之后，又对其进行残酷的镇压和统治。被征服的诸民族与突厥之间积怨很深，矛盾尖锐。所以，面对隋朝利益诱惑，奚族转而助隋来削弱突厥的实力，并逐渐远离突厥。隋末唐初，中原局势混乱，突厥势力大增。而此时的奚族，依旧处于部落联盟的社会状态，没有丰富的物质基础，亦没能够建立自己的政权，依旧处于突厥的控制之中。颉利可汗时期，突厥

---

① 《周书》卷 50《突厥传》第 909 页。《资治通鉴》卷 165《梁纪二十一》称木杆"状貌奇异，性刚勇，多智略，善用兵，邻国畏之"。第 5097 页。

② 《周书》卷 50《突厥传》，第 909 页。

③ 《资治通鉴》卷 166《梁纪二十二》，第 5140 页。

④ 《隋书》卷 84《突厥传》，第 1866—1867 页。

"以为突利可汗，牙直幽州之北，管奚、霫等数十部"①。颉利可汗在管辖奚、霫等数十部期间，"征税无度，诸部多怨之"②。这说明奚族受突厥的压迫和剥削，二者之间矛盾很大。

唐太宗时期，局势开始转变，贞观四年（630），东突厥政权灭亡。唐太宗实施了一系列卓有成效的民族政策。奚族摆脱突厥的控制，向唐朝靠拢。至贞观二十二年（648）唐朝于奚境设置饶乐都督府，正式将奚族纳入行政管理体制之中。自饶乐都督府建置之后，奚族与突厥在一段时期内没有直接的交往。但是，一旦唐政局不稳，疏于对边境的管辖，突厥就会联合奚族发动对唐边境的侵扰。如上所述，奚族派遣质子是在李鲁苏任饶乐郡王时期和李诗任归义王时期。李鲁苏前任的奚族首领为李大酺，当时正值唐朝武则天执政后期至中宗、睿宗当政期间，政局不稳，对边疆控制力减弱。而此时突厥的默啜自立为可汗，拥兵征讨诸部，"攻讨契丹，部众大溃，尽获其家口，默啜自此兵众渐盛"③。突厥的盛极一时，对唐朝和奚造成了程度不同的威胁。如调露年间（679—680），突厥骚扰唐边境，并"诱扇奚、契丹侵掠州县，其后奚、羯胡又与桑乾突厥同反"④。在唐无力制止的情况下，奚族又役属于突厥。据《旧唐书·奚传》记载，自万岁通天元年（696），"奚众管属突厥"⑤。《旧唐书·突厥传上》也称，自神功（697）之后，奚与契丹均"常受其征役"⑥。因突厥对奚族的胁迫和控制，致使奚唐关系呈现紧张状态。为防备奚族进犯，唐于神龙三年（707）令沧州刺史姜师度"于蓟州之北，涨水为沟"⑦。景云元年（710）十二月和先天元年（712）十一月，奚族骑兵曾两次犯塞，进掠渔阳。唐朝发兵十二万击奚，左羽林将军、检校幽州大都督孙佺及副将周以悌为奚王李大酺所擒，"送于突厥默啜，并遇

---

① 《通典》卷197《边防十三·突厥传上》，第5412页。
② 《旧唐书》卷194上《突厥传上》，第5160页。
③ 《旧唐书》卷194上《突厥传上》，第5168页。
④ 《旧唐书》卷93《唐休璟传》，第2978页。
⑤ 《旧唐书》卷199下《奚传》，第5354页。
⑥ 《旧唐书》卷194上《突厥传上》，第5172页。
⑦ 《旧唐书》卷49《食货志下》，第2113页。

害"①。据此可知，李大酺②任奚族首领期间，奚族役属于突厥。同时，随着奚族实力逐渐增强，与契丹并称为"两蕃"③，成为唐朝边疆经略的重要负担。不难看出，奚族与突厥的关系因具体局势不同而在不断变化之中，尤其是唐朝不同时期在国力、政局、政策等方面的差异是影响二者关系的重要因素。

唐玄宗即位之后，注重边疆管控，实施了积极有效的民族政策，情势逐渐转变。至开元四年（716）六月，唐将杀突厥默啜，突厥势衰。八月，奚族首领李大酺请降，复置饶乐都督府，奚族开始脱离突厥，归附于唐。通过以上史实可知，李大酺任奚族首领时期，突厥强盛，奚族管属于突厥，并受其征役。在突厥因唐朝的打击而衰弱之后，奚族便适时归降于唐，接受唐朝羁縻府州的管辖。开元八年（720），李大酺死。李大酺死后，其弟李鲁苏袭其职位。开元十年（722），李鲁苏入朝，唐玄宗令其为饶乐郡王，仍以和亲李大酺的固安公主为妻，后因固安公主"与嫡母未和，递相论告"，玄宗诏令其离婚，"复以成安公主之女韦氏为东光公主"妻鲁苏④。奴默俱和聋锁高为开元十年（722）七月来唐充质，其时为李鲁苏在开元十年（722）夏四月被唐册封为饶乐郡王的三个月之后。李日越开元十一年（723）四月来唐则是李鲁苏任饶乐郡王的一年之后。查阅文献可知，李鲁苏时期，奚族已经脱离了突厥的控制，而是在唐玄宗开明的民族政策下，积极向唐朝靠拢，着力经营与唐朝的关系。

这种和平的局面维持了八年。开元十八年（730），"契丹王李邵固遣可突于入贡，同平章事李元纮不礼焉"，后"可突于弑邵固，帅其国人并胁奚众叛降突厥"⑤。《张守珪墓志》《白知礼墓志一》《白知礼墓志二》《刘元尚墓志》《张九龄神道碑》对奚族叛逃的事件也有所涉及。面对混乱的局势，"鲁

---

① 《旧唐书》卷199下《奚传》，第5355页。
② 李大酺，文献中也作李大辅，本书除直接引用外，统一作李大酺。
③ 《旧唐书》卷199下《奚传》，第5354页。
④ 《旧唐书》卷199下《奚传》，第5355页。
⑤ 《资治通鉴》卷213《唐纪二十九》，第6789页。

苏不能制，走投榆关，东光公主奔归平卢军"①。开元二十年（732），唐信安王祎在对奚族的战争中得胜，"奚酋长李诗、琐高等以其部落五千帐来降。诏封李诗为归义王兼特进、左羽林军大将军同正，仍充归义州都督"②。属鹃留开元二十一年（733）四月来唐即是李诗归降于唐的次年。

然而突厥登利可汗即位后，对奚族发动战争，一定程度上影响了奚唐之间的正常往来。开元二十三年（735），突厥击奚，唐玄宗指示唐将乌知义说："两蕃既已归我，突厥仍敢患边，此其不顺，诚可残灭。适闻契丹及奚等，并力合谋，同破凶丑；卿亦继进，相与成功"③，唐朝联合奚和契丹，并力作战，突厥以失败告终。又开元二十四年（736），突厥再次击奚，奚族损失惨重，势力大减，再次役属于突厥。直到登利可汗后期，突厥内部矛盾深化，疏忽对周边民族的控制，奚族才得以亲近于唐朝。自此至唐末，奚唐往来未曾中断，也未再遣送质子。

综上可见，奚族受突厥的役属是建立在突厥实力雄厚、军事强大的基础之上。这种武力征服必然存在矛盾，且突厥把奚人当做奴隶来对待，如毗伽可汗默棘连曾对唐袁振说："奚、契丹，我奴而役也"④。所以，一旦突厥衰弱，奚族便趁机与中原王朝取得联系，试图摆脱突厥的控制。奚族的这种外交策略，源于其自身实力弱小，亦是其在两个强大政权之间求得自保的必然选择。同时，在奚族与突厥关系的发展变化中，中原王朝成为影响二者关系的重要因素。隋唐王朝均不失时机地拉近与奚族的关系，从而疏远了奚族与突厥的关系。总的来说，奚族曾役属于突厥，但一直在不失时机地脱离突厥，为成为中原王朝的一部分而积极向中原王朝靠拢，尤其体现了向唐朝的归附之心。

通过对李大酺、李鲁苏、李诗三个时期，奚族、唐朝、突厥三方关系

---

① 《旧唐书》卷199下《奚传》，第5356页。
② 《旧唐书》卷199下《奚传》，第5356页。
③ （唐）张九龄撰，熊飞校注：《张九龄集校注》卷9《勅平卢（节度）使乌知义书》，中华书局2008年版，第563页。
④ 《新唐书》卷215下《突厥传下》，第6053页。

的梳理，可以得出一个大致规律，即唐朝边疆管控无力，突厥强大之际，奚族会役属于突厥；唐朝国力强盛，突厥衰弱，奚族会适时归降，摆脱突厥的控制。归降的奚族首领，接受唐朝羁縻府州的管辖、封爵、赐姓、和亲。为换取唐廷的信任，加强彼此的关系，表达对唐的忠诚和归顺之决心，奚族首领要在短时间内向唐廷输送质子。李大酺时期未见文献明确记载输送质子，李鲁苏袭爵的同年输送质子2位、次年1位，李诗于归降的次年输送质子1位。李如越和热瓌的来唐时间缺载，通过以上所示的充"质"规律，二人来唐时间为李大酺归降（开元四年八月辛未）之后的同年或次年，存在很大的可能性。

由此可见，奚族质子的输送与当时的政治局势和奚唐、奚突关系息息相关。突厥的一度强大曾成为奚族归向唐朝的阻碍，不可否认的是，一旦突厥衰弱，奚族就不失时机地向唐朝靠拢。在突厥影响奚唐交好的问题上，唐朝始终是将奚族看作自己国家和民众的一部分，对于破坏这种友好关系的突厥给予坚决的打击。唐玄宗的诏书就明确地说明了这一点："两蕃既已归我，突厥仍敢患边，此其不顺，诚可残灭。"①

对于奚族质子而言，其主要职责是践行和完成本民族交托的使命，取得唐廷信任，巩固和增进双方关系。他们有的客死他乡，有的叛而复降，有的湮没于史，其个人情感和体悟是无从知晓的。可以肯定的是，这些质子在唐朝生活，担任官职，必然能够学习到唐的文化，感受到唐的思想，且有机会与同在唐朝为官或充质的其他民族人物进行交往、交流，从而增进了自己的汉文化水平和对其他民族、文化的认识。返回奚境的质子，也必然会把这些思想、文化带回到本民族，逐步传播、渗透到统治阶层，乃至普通民众，从而促进多民族之间的往来。

总体来看，奚族派遣质子入唐，可以有力地证明奚族接受唐朝的羁縻统治，是唐朝行政体系中的一部分，体现了奚族的归附之心；也体现了唐朝

---

① （唐）张九龄撰，熊飞校注：《张九龄集校注》卷9《勅平卢（节度）使乌知义书》，第563页。

作为在中国历史上有重要影响的中原王朝，具有强大的凝聚力和感召力，其民族政策具有正确性和可借鉴性。质子所体现的奚族与唐朝的关系是这一时期周边民族与唐朝友好往来的一个具体展现，是中国古代多民族国家形成过程中的一个不可忽视的细节。

四、以多民族通婚为主要特征的
奚人的婚姻状况

婚姻是文化习俗的重要组成部分。文献史料对奚人的婚姻状况的相关记载较为匮乏，且分布零散。充分结合碑刻资料，综合分析相关史料，可对唐代至辽代奚人的婚姻状况有所认识。总体而言，奚人的婚姻状况主要包括以下几个特征：多民族之间的通婚、一夫多妻、在婚姻形成的过程中男方要向女方赠送聘礼以及续婚、收继婚等方面，而多民族之间的通婚这一特征最为明显。

（一）多民族之间的通婚

一个民族在其发展壮大的过程中，必然与其他政权或民族发生联系，进行政治、经济、文化等多方面程度不同的往来。为了各自的利益而增进双方关系，联姻成为一种重要的交往方式和政治手段。奚族上层贵族很早就与唐朝统治者建立了联姻关系，并与其他民族通婚。唐代的奚人家族也与以汉族为主体的其他民族存在通婚关系。进入辽代后，契丹人、汉人是奚人通婚的主要对象。

奚族与唐朝皇室的联姻始于开元五年（717），唐玄宗曾先后三次封宗室女为公主嫁奚族首领。这种联姻，也被称为和亲。和亲是中原王朝与周边民族较为常见的关系之一，自汉高祖刘邦有之。唐代的和亲始于唐高祖时期，太宗时期频繁实践，加强了与周边民族的联系。唐朝与奚族的和亲

共有三次，均发生于唐玄宗时期。据《旧唐书·玄宗纪》记载，开元五年
（717）三月丁巳，唐玄宗"以辛景初女封为固安县主，妻于奚首领饶乐郡王
大酺"①。开元十年（722），李大酺死，其弟李鲁苏入朝，袭其兄职位，仍以
固安公主为妻。后因固安公主"与嫡母未和，递相论告"，玄宗诏令其离婚，
"复以成安公主之女韦氏为东光公主"妻李鲁苏②。天宝四年（745）三月，
玄宗"封外孙杨氏女为宜芳公主，出降奚饶乐都督李延宠"③。分析这三次和
亲，大体可以发现四个问题：第一，和亲公主所嫁的李大酺、李鲁苏、李延
宠均为奚族的最高首领，即奚王或者饶乐都督；第二，和亲公主均不是皇帝
的亲生女儿，而是封宗亲之女为公主以出嫁。其中固安公主本为玄宗的从外
甥女④；东光公主为玄宗的外甥女，即唐中宗第八女成安公主与韦捷之女⑤；
宜芳公主也为宗室之女。第三，和亲至奚族的公主遵守奚人收继婚和续婚习
俗。如固安公主在李大酺死后又嫁李鲁苏；固安公主离婚之后，东光公主续
嫁李鲁苏。第四，在奚族与唐朝关系紧张的情况下，和亲公主的命运不由自
己掌控，甚至成为二者之间博弈的牺牲品。如契丹胁奚众并附突厥之时，李
鲁苏不能制，奔榆关，东光公主奔平庐以求自保⑥；宜芳公主则因安禄山对
奚族的迫害，被李延宠所杀⑦。

　　唐玄宗在位四十余年的时间里，与奚族的和亲共有三次，这对笼络奚
族首领、加强对奚族上层的监督、改善双方的关系起到重要作用。如固安
公主因觉察到奚族牙官塞默羯谋叛，"置酒诱杀之"，从而避免了唐奚冲突，
"帝嘉其功，赐主累万"⑧。和亲的实现对唐朝和奚族而言均有利益。在唐玄

① （后晋）刘昫等：《旧唐书》卷 8《玄宗纪》，中华书局 1975 年版，第 177 页。
② 《旧唐书》卷 199 下《奚传》，第 5355 页。
③ 《旧唐书》卷 9《玄宗纪下》，第 219 页。
④ 《旧唐书》卷 199 下《奚传》，第 5355 页。
⑤ （北宋）欧阳修、宋祁：《新唐书》卷 83《诸帝公主传》，中华书局 1975 年版，第 3655 页。
⑥ 《新唐书》卷 219《奚传》，第 6175 页。
⑦ （北宋）司马光编著，（元）胡三省音注：《资治通鉴》卷 215《唐纪三十一》载："安禄
　山欲以边功市宠，数侵掠奚、契丹；奚、契丹各杀公主以叛。"中华书局 1956 年版，第
　6868 页。
⑧ 《新唐书》卷 219《奚传》，第 6174 页。

宗看来，和亲能够加强与奚族的血亲联系，营造亲如一家的氛围，使双方的关系更为密切。对奚族首领而言，能够成为唐朝之婿，对其树立威严、统辖本民族诸部落、在周边民族中立足均具有重要意义。除了与唐朝的联姻之外，奚族首领与回纥也有联姻关系，据《新唐书·朱滔传》记载"回纥以女妻奚王"①。不可否认，奚族与唐朝、回纥之间的联姻是双方拉近关系的一种策略，更多关注的是政治意义。但联姻使得多民族之间的血液相互渗透，在增进彼此关系的同时，促进了多民族之间的融合是不可争辩的历史事实。

唐朝时期，部分奚人自祖上就世代在中原地区生活，在朝为官，家世显赫。这些奚人（主要包括张孝忠、李宝臣、史宪诚家族）的婚姻状况也是我们要了解的内容。据《张孝忠夫人神道碑》《张孝忠夫人墓志》《张茂昭墓志》及两《唐书》的相关史料记载，唐皇室与奚人张孝忠家族有过两次联姻，第一次为唐德宗义章公主下嫁张孝忠子张茂宗②；第二次为唐顺宗襄阳公主下嫁张茂昭之子张克礼。《岐阳公主墓志》也称："当贞元时，德宗行姑息之政，王武俊、王士真、张孝忠子联为国婿。"③联姻一方面体现了唐皇室对奚人张孝忠的重视程度，在君臣关系之外又加入了姻亲关系，进一步密切了彼此的关系；另一方面也通过此荣宠提高了张孝忠家族的社会地位，使其更加效忠唐廷。另外，如《岐阳公主墓志》所言，皇室与这些家族的联姻是"德宗行姑息之政"的一种表现，也是当时政治局势的主要特征之一。

奚人世家大族之间及其与汉、契丹、高丽、回纥等其他民族进行联姻也是较为常见的。如张孝忠家族与奚人李宝臣，汉人朱滔、李晟、李固烈，契丹人王武俊等家族均有联姻关系。据《旧唐书·张孝忠传》载，"李宝臣以孝忠谨重骁勇，甚委信之，以妻妹昧谷氏妻焉"；张孝忠"以其子茂和聘

---

① 《新唐书》卷212《朱滔传》，第5972页。
② 《旧唐书》卷141《张孝忠传附张茂宗传》，第3860页。
③ 具体指王武俊子王士平尚唐德宗女义阳公主；王士真子王承系尚唐顺宗之女虢国公主；张孝忠子张茂宗尚唐顺宗女义章公主。见《旧唐书》卷142《王武俊传附王士平传》，《新唐书》卷83《公主传》，《旧唐书》卷141《张孝忠传附张茂宗传》及其他相关碑刻资料。

（朱）滔之女"；张孝忠"以女妻（李）晟子凭"①；张孝忠还有一女嫁陈恒②。另据《张孝忠夫人神道碑》载："故太尉中书令西平王、今太尉中书令琅琊王，夫人之姻也，纳征佐馈，焜燿于一时。"指张孝忠家族与李晟和王武俊家族之间的姻亲关系。《张茂昭墓志》载："夫人卫国夫人李氏，沧州刺史兼御史中丞陵川郡王固烈之女。"据《旧唐书·李宝臣传》记载，奚人李宝臣家族也与汉人薛嵩、田承嗣、梁崇义，高丽人李正己存在联姻关系③。李宝臣弟李宝正"娶承嗣女"④；李固烈为李惟岳"妻兄"⑤；李惟诚"同母妹嫁李正己子纳"⑥。《李惟简墓志》称："夫人博陵郡崔氏，河阳尉镐之孙，大理评事可观之女。"关于史宪诚家族的婚姻关系所载不多，《旧唐书·史宪诚传》记称其与李全略为婚家⑦；《史孝章墓志》称"公之始婚太原王氏，故镇州节度使庭凑之爱女"，即史孝章娶王庭凑之女。李全略，民族不详，曾事王武俊⑧。王庭凑，也作王廷凑，回纥人⑨。

通过以上论述不难发现，奚人家族的联姻除了是不同民族之间的联姻之外，更多体现的是政治势力之间的关系网络，政治联姻是其婚姻状况的主要特征。联姻成了他们彼此制约、壮大势力的重要途径。通过联姻达到建立、巩固关系、形成"利益共同体"的目的。关于这几个家族后人的婚姻状况，仅在部分碑刻中见到张孝忠后人的相关记载。如《张茂宣墓志》载其妻"南阳郡夫人许氏"；《张佑明墓志》载"夫人北平田氏"；《张达墓志》载"夫

---

① 《旧唐书》卷141《张孝忠传》，第3855、3856、3857页。
② 据《陈君赏墓志》记载："公之祢讳楚，以武略显，为易定节度使。……公之祖讳恒，以军功累官至检校工部尚书、御史大夫、易州刺史。……公之祢出张氏，谓茂昭，为舅，易定节度使。"另据《旧唐书》卷141《张孝忠传附陈楚传》载："陈楚者，定州人，茂昭之甥。"第3862页。
③ 《旧唐书》卷142《李宝臣传》，第3865—3870页。
④ 《旧唐书》卷142《李宝臣传》，第3866页。
⑤ 《旧唐书》卷141《张孝忠传》，第3857页。
⑥ 《旧唐书》卷142《李宝臣附李惟诚传》，第3870页。
⑦ 《旧唐书》卷181《史宪诚传》，第4686页。
⑧ 详见《旧唐书》卷143《李全略传》，第3906页。
⑨ 详见《旧唐书》卷142《王廷凑传》，第3884—3888页。

人彭城刘氏";《张锋墓志》称"府君夫人史氏，泾源尚书论之长女"。与张孝忠时期相比，其后人的权势和政治影响大大减弱，体现为政治联系的姻亲关系现象也不再明显，联姻对象均为家世较为平常的汉家女。

至唐朝末年，契丹逐渐强大，奚族诸部落相继被契丹征服。奚族归降契丹后，辽太祖耶律阿保机遵循"各安旧风，狃习劳事"①的原则，在奚人聚居区设立奚王府。奚王府的政治地位较高，与南大王府、北大王府和乙室王府并为辽廷的四大王府。奚王府位于辽中京大定府（今内蒙古赤峰市宁城县大明城）附近，其最高首领为奚王，管辖奚族的主体部落，即辽初的奚族五部落，伯德部、楚里部、奥里部、遥里部和梅只部和阿保机所设立的堕瑰部。辽代的奚族作为一支重要的政治势力不容忽视，契丹统治者为取得奚族贵族阶层的支持和辅佐，给予奚人"拟于国族"②的待遇，并制定了与之通婚政策。据《金史·奚王回离保传》记载，奚"有五王族，世与辽人为昏（婚）"③。辽朝皇帝还会将公主嫁与奚族首领，据《辽史·公主表》，辽圣宗之女下嫁奚王萧高九④。奚族与契丹的联姻主要体现在碑刻资料之中，具体可以分为两个方面进行考察：奚族女子嫁与契丹男子和奚族男子娶契丹女子。

第一，奚族女子嫁与契丹男子。在目前所见最早的奚人碑刻《大王记结亲事碑》中明确地记载了奚王家族安祖哥女与"契丹素舍利⑤"通婚一事。《耶律霞兹墓志》载："公夫人萧氏，奚国王越宁长妹也。"《北大王墓志》记述了北大王万辛在妻子去世之后娶"奚王、西南面都招讨大王、何你乙林免之小女中哥"。《耶律氏墓志铭》也记载耶律氏的母亲为奚族"兰陵郡夫人萧氏"。《耶律庶几墓志》载耶律庶几的父亲惯宁相公"求得神得奚王女蒲里不夫人，生得大儿查阿钵"；"蒲里不夫人故，□求得挞里么奚王儿查鲁太保

---

① （元）脱脱等：《辽史》卷32《营卫志中》，中华书局1974年版，第377页。
② 《辽史》卷45《百官志一》，第711页。
③ （元）脱脱等：《金史》卷67《奚王回离保传》，中华书局1975年版，第1587页。
④ 《辽史》卷65《公主表》，第1006页。
⑤ 舍利，契丹官名。据《辽史》卷116《国语解》称："契丹豪民要裹头巾者，纳牛驼十头，马百匹，乃给官名曰舍利。后遂为诸帐官，以郎君系之。"第1536页。

女，名骨欲夫人，生得大儿监你钵郎君。"

第二，奚族男子娶契丹女子。通过现存碑铭资料，可知奚族男子娶契丹女子的事例所见最多，是辽代奚人婚姻状况的主要特点。据《耶律隆祐墓志》载，耶律隆祐之女"适奚王府相之息也"。《耶律遂正墓志》载耶律遂正之长女"适奚太师为夫人"。《萧闇妻耶律骨欲迷已墓志》载，耶律骨欲迷已有妹二人，"仲适西北路招讨使、前奚王男萧相公"。《耶律庶几墓志》载耶律惯宁的"第二个女□□夫人，聘与孙里古奚王襐什襐奴相□为妇"。《萧福延墓志》记奚人萧福延的母亲是契丹人"耶律氏，□襄城郡主"；萧福延的妻子"出华茂之族，挺雍和之□"，为漆水耶律氏皇族。《萧孝恭墓志》载，萧孝恭的姊妹都哥"适故奚王府监军太尉耶律讳桂"，耶律讳桂为"大圣皇帝亲第（弟）大内相之孙也"。《耶律庆嗣墓志》载，耶律庆嗣次妹迪辇夫人"适故尚父、奚王萧善男、右祇侯郎君详稳忠信"。《耶律智先墓志》载："公姊妹五人，长曰□□□□□□□□□□□□□□□适奚王帐定光奴郎君。"《耶律祺墓志》所存文字不多，但从"次曰撒八，适奚王府"中也可以推测是耶律祺之女嫁与奚王府的事例。除了碑刻资料外，《新五代史·奚传》记载契丹女舍利逐不鲁的姐姐嫁西奚[1]首领扫刺（李绍威）[2]。

有辽一代，契丹贵族为了稳固与奚族的关系，在世代与奚人为婚的政策下，奚契两族频繁通婚。诚如恩格斯所言："对于骑士或男爵，像对于王公一样，结婚是一种政治行为，是一种借新的联姻来扩大自己势力的机会；起决定作用的是家族的利益，而决不是个人的意愿。"[3]

除了与契丹贵族通婚，奚族世家大族可以娶他族女子。据《萧孝忠墓

①　据《五代会要·奚》《新唐书·奚传》《新五代史·奚传》等文献记载，自唐朝末年，契丹逐渐强大，对相邻的奚人施压，部分奚人不堪压迫，在首领去诸的率领下，西徙妫州，奚族分为东奚与西奚两部分。至辽太宗时期，天显十二年（937）正月，"遣国舅安端发奚西部民各还本土"，西奚回到辽本土。见《辽史》卷3《太宗纪上》，第40页。

②　（北宋）欧阳修撰，（北宋）徐无党注：《新五代史》卷74《奚传》，中华书局1974年版，第909页。

③　[德] 弗·恩格斯：《家庭、私有制和国家的起源》，《马克思恩格斯选集》（第四卷），人民出版社2012年版，第89页。

志》记载，曾任男乣宁军大师、静江军节度使的萧孝忠，他的第五位妻子即汉族"小娘子苏哥"，她为萧孝忠生有一女，名石婆。对于大多数奚人而言，应该是以族内婚为主。随着辽代境内多民族杂居状态逐渐形成和多民族交往融合的渐趋频繁，辽代的婚姻制度有所改变。据余靖《契丹官仪》记载，契丹、渤海、奚、汉"四姓杂居，旧不通婚，谋臣韩绍芳献议，乃许婚焉"①。自此，奚人族内婚的形式应该逐渐被打破。但是，宋使苏辙于宋元佑四年（1089）出使辽朝，路过奚境时称："燕俗嗟犹在，婚姻未许连"②。可见，在奚族的普通民众中，多民族通婚的现象并不多见，应该还是盛行族内婚。

综上所述，奚族上层人物或贵族早在唐代就与唐皇室及汉、契丹、高丽、回纥等民族存在联姻关系。辽代，奚族与契丹成为辽朝制度所规定的两个固定的联姻集团，通婚频繁。需要注意的是，这里提到的多民族通婚的婚姻状况大都是奚族的贵族或世家大族与其他民族上层人物的联姻，对于奚族的普通民众而言，缺乏相关记载，应该还是以传统的族内婚为主。

（二）一夫多妻

一夫多妻，即一个男子同时娶几个女子为妻的婚姻形式。一夫多妻的婚姻形式有其深厚的历史渊源。自人类进入阶级社会以来，财产私有制产生，随着财产的聚集和社会发展的需求，一夫一妻制产生并流行。而贵族阶层因势力庞大、家业殷实、财物雄厚则普遍实行一夫多妻制。在中国古代社会，一夫多妻的婚姻形式较为常见，匈奴、突厥、契丹、蒙古等北方民族的首领或贵族也是一夫多妻制的婚姻形式。如匈奴的呼韩邪单于有"颛渠阏氏""大阏氏"以及其他阏氏等诸多妻子，后来与西汉和亲，又迎娶王昭君，被封为"宁胡阏氏"。据《汉书·陈汤传》称，呼韩邪之兄郅支单于"乃被

① 曾枣庄，刘琳等点校：《全宋文》卷572《契丹官仪》，上海辞书出版社2006年版，第106页。

② （北宋）苏辙著，曾枣庄，马德富点校：《栾城集》，上海古籍出版社1987年版，第397页。

甲在楼上，诸阏氏夫人数十皆以弓射外人"①。可见，郅支单于妻子众多，多达数十位。《汉书·匈奴传下》称乌珠留单于即位后，"以第二阏氏子乐为左贤王，以第五阏氏子舆为右贤王"，"师古曰：'此二人皆乌珠留之弟也。第二阏氏，即上所谓大阏氏也。第五阏氏，亦呼韩邪单于之阏氏。'"② 也体现了匈奴单于多妻的现象。突厥首领都六有十位妻子③。《阙特勤碑》也这样写道："（否则）我母可敦及诸小母、诸姊妹、诸媳、诸公主，活着的将沦为女婢，死去的将遗尸于住地和路上"。这表明阙特勤本人有许多妻子。一夫多妻在契丹贵族中普遍存在。宋使路振《乘轺录》记载，耶律隆绪之弟耶律隆庆，"其调度之物，悉侈于隆绪。尝岁籍民女，躬自拣择，其尤者为王妃，次者为妾媵"④。耶律隆庆依仗是皇帝的弟弟，奢侈无度，他亲自挑选女子成为自己的妻子，并分优劣定等级。辽代的官吏及富家大族皆"有小妇、侍婢"⑤。蒙古族也存在一夫多妻制，成吉思汗的父亲也速该有两位夫人，成吉思汗也有孛儿帖、也遂、忽兰等几位夫人。出使蒙古的宋人徐霆也称蒙古贵族"一夫有数十妻，或百余妻"⑥。

　　一夫多妻的婚姻特征在奚族贵族或世家大族中也所有体现。如前文所述，唐玄宗曾三次册封宗室女与奚族首领和亲，文献中未记载在迎娶和亲公主之前，这三位奚族首领的婚姻情况，若按历史上同类的事件进行考察，他们应该是有包括本民族在内的几位妻子。张孝忠、李宝臣家族也存在一夫多妻的现象。综合《张孝忠墓志》和两《唐书》相关史料，可知张孝忠共有七子五女。而《张孝忠夫人神道碑》载有子茂昭、茂宏、茂宣、茂宗、嗣雍、嗣庆六人。说明张孝忠除其夫人谷氏之外，还有其他妻子。据《旧唐书·李宝臣传》记载，李宝臣有三子"惟岳、惟诚、惟简"⑦，惟诚为"惟岳

---

① （东汉）班固：《汉书》卷70《陈汤传》，中华书局1962年版，第3014页。

② 《汉书》卷94下《匈奴传下》，第3810页。

③ （唐）李延寿：《北史》卷99《突厥传》，中华书局1974年版，第3286页。

④ 贾敬颜：《五代宋金元人边疆行记十三种疏证稿》，中华书局2004年版，第44页。

⑤ 洪皓：《松漠纪闻》，中华书局1985年版，第5页。

⑥ 王国维：《黑鞑事略笺证》，《王国维遗书》（第13册），上海古籍书店1983年版，第23页。

⑦ 《旧唐书》卷141《李宝臣传》，第3868页。

异母兄，以父荫为殿中丞，累迁至检校户部员外郎。好儒书理道，宝臣爱之，委以军事；性谦厚，以惟岳嫡嗣，让而不受"①，可知惟岳为嫡子，惟诚非正妻所生。据《旧唐书·李宝臣传附李惟岳传》记载："惟岳舅谷从政"②，另据《旧唐书·张孝忠传》载李宝臣"以妻妹昧谷氏妻焉"③，再结合《张孝忠夫人神道碑》《张孝忠夫人墓志》称夫人姓"谷氏"可以得知，李宝臣正妻与张孝忠夫人谷氏为姊妹关系。《旧唐书·张孝忠传》之"昧谷氏"应为"谷氏"之讹误。此外，据《琅琊郡王夫人墓志》记载："夫人则上柱国府君之第九女也。天资丽容，神假攸伎，举中音律，动谐威仪，由是笄年从我成德节度、尚书左仆射、陇西王。"④ 成德节度、尚书左仆射、陇西王即指李宝臣。由此可知，李宝臣还有夫人王氏。据墓志，王氏"有子一人，试左领军卫仓曹参军曰辅□"，为《李宝臣碑》和两《唐书·李宝臣传》所不载。

　　奚族贵族在辽代拥有较高的社会地位，奚王府拥有对本民族事务较为独立的自主权，奚王家族或奚族世家大族在辽廷中担任重要官职，他们在占有重要政治地位的同时，有着雄厚的经济基础⑤。因此，辽代奚族上层社会应该与契丹贵族一样存在一夫多妻的婚姻形式。据《萧孝忠墓志》记载，萧孝忠的身份为"南赡部州、大辽国锦州界内胡僧山西廿里北撒里比部落、奚王府东太师所管、刺史位烈虎衙内孙铁林军厢主男、乾宁军火师、静江军节度使"，并不是很显赫的官职，在前两位妻子去世之后，又有包括契丹族、汉族的三位妻子。

　　诚然，一夫多妻的婚姻生活要求一个男人有大量的财力和物力作保证。中外学者对此有过较为经典的论述，如约翰·普兰诺·加宾尼所言："每一个男人，能供养多少妻子，就可以娶多少妻子，一个人有一百个妻子，另

---

①　《旧唐书》卷 141《李宝臣传附李惟诚传》，第 3870 页。

②　《旧唐书》卷 141《李宝臣传附李惟岳传》，第 3869 页。

③　《旧唐书》卷 142《张孝忠传》，第 3855 页。

④　周绍良、赵超主编：《唐代墓志汇编续集》，上海古籍出版社 2001 年版，第 706 页。

⑤　王善军《世家大族与辽代社会》一书对这一问题有较为详细的论述，人民出版社 2008 年版，第 73—79 页。

有人有五十个，还有人有十个——一个人多些，另一个少些。"① 多桑《蒙古史》也称："其人妻妾之数，任其娶取。能赡养若干人，即娶若干人。"② 《柏朗嘉宾蒙古行纪》也有相似的说法："在娶妻纳室方面，每个人都可以拥有他们可以维持其生活的妻妾数目，某人娶纳一百人，某人五十名、某人十人，多少各有所异。"③ 对此，恩格斯有过精辟的论断："事实上，一夫多妻制显然是奴隶制度的产物，并且限于个别占据特殊地位的人物。在闪米特人的家长制家庭中，只有家长本人，至多还有他的几个儿子，过着多妻制的生活，其余的人都以一人一妻为满足。现在整个东方还是如此；多妻制是富人和显贵人物的特权，多妻主要是用购买女奴隶的方法取得的；人民大众都是过着专偶制的生活"④。以此可以推测，在奚人的婚姻状况中，一夫多妻的婚姻形式只存在于奚族贵族、世家大族或是财力雄厚的家族，对于奚族的下层社会或普通民众，应该是以一夫一妻的婚姻形式为主。

（三）聘　礼

聘礼指在婚姻形成的过程中，男家要给女家送去财礼。这一婚姻习俗在中国古代社会中普遍存在，在乌桓、高车、勿吉、突厥、女真、蒙古等北方民族中也多有体现，其聘礼多是与其生产、生活习俗密切相关的马、牛、羊等畜牧业产品。据《三国志·乌丸传》记载，乌桓人"送马、牛、羊以为聘娶之礼"⑤。《魏书·高车传》载高车人"婚姻用牛马纳聘以为荣。结言既定，男党营车阑马，令女党恣取，上马祖乘出阑，马主立于阑外，振手惊

---

① [英] 道森编，吕浦译，周良宵注：《出使蒙古记》之约翰·普兰诺·加宾尼著《蒙古史》，中国社会科学出版社 1983 年版，第 8 页。
② [瑞典] 多桑著，冯承钧译：《蒙古史》，中华书局 1962 年版，第 29 页。
③ [意] 柏朗嘉宾、[法] 鲁布鲁克著，耿昇、何高济译：《柏朗嘉宾蒙古行纪　鲁布鲁克东行纪》，中华书局 2013 年版，第 26 页。
④ [德] 弗·恩格斯：《家庭、私有制和国家的起源》，《马克思恩格斯选集》（第四卷），第 70 页。
⑤ （晋）陈寿：《三国志》卷 30《乌丸传》，中华书局 1959 年版，第 832 页。

马，不坠者即取之，坠则更取，数满乃止"①。勿吉人"将嫁娶，男以毛羽插女头，女和则持归，然后致礼聘之"②。突厥人也有送聘礼的习俗，男女盛装会集在死者的葬礼上，如果"男有悦爱于女者，归即遣人娉问"③。女真始祖函普也曾以"青牛为聘礼"④纳完颜部之女。蒙古族也有聘礼的习俗，也速该将铁木真送去弘吉剌部特薛禅家中，结为亲家之后，也速该将带来的一匹从马作为聘礼留给特薛禅⑤。多桑《蒙古史》称，蒙古人"欲娶女者，以约定家畜之数若干献之于女家两亲"⑥。13世纪出使蒙古的西方传教士鲁不鲁乞曾把这种聘礼形式称为婚姻中的买卖："至于他们的婚姻，您必须知道，在那里，一个人如果不购买妻子，他就不能有妻子。因此，有的时候，姑娘们早已过了结婚年龄，可是还没有出嫁，因为她们的父母总是把她们留在家里，直至把她们卖了。"⑦

在奚人的婚姻嫁娶中，也存在聘礼习俗，男家要付给女家大量的羊、马、牛、衣服、绢帛、彩绫、金银等物品作为聘礼。这在奚《大王结亲记事碑》中有较为翔实的记述。该碑记述了奚王家族在历次聘女的过程中，均得到男方家的聘礼。如穪兔下聘女，得羊马牛数头；聘安祖哥女与契丹素舍利，得诸物；聘女掘劣，得羊牛马头数匹；聘穪兔女挠回折与袍都夷离己⑧，得羊六百口、牛马六十头匹；聘啮遏者女与如乎礼太糯羊，得羊五百、牛马五十头匹，合与伊硬软物，衣服绫彩并还足，一无欠少。同样，在奚王家族求妇的过程中，也要送一定的财物给女方作为聘礼。如求妇于阿束忽处，下聘礼羊五百口，牛马五十头匹；□□□□□□于袍古舍利处，下聘礼羊三百

①　（北齐）魏收：《魏书》卷 103《高车传》，中华书局 1974 年版，第 2307 页。

②　（唐）房玄龄等：《晋书》卷 97《肃慎氏》，中华书局 1974 年版，第 2535 页。

③　（唐）令狐德棻：《周书》卷 50《突厥传》，中华书局 1971 年版，第 910 页。

④　（元）脱脱等：《金史》卷 1《世纪》，中华书局 1975 年版，第 2 页。

⑤　乌兰校勘：《元朝秘史》卷 1，中华书局 2012 年版，第 24 页。

⑥　[瑞典] 多桑著，冯承钧译：《蒙古史》，第 29 页。

⑦　[英] 道森编，吕浦译，周良霄注：《出使蒙古记》之《鲁不鲁乞东游记》，第 121 页。

⑧　夷离己，即夷离堇，《辽史》卷 116《国语解》称其为"统军马大官。会同初，改为大王"。第 1534 页。

口、牛马卅头匹，欠金腰带一，较具二，衣服一十件；□□□□□□于□□舍利处，下聘礼却羊三百口，牛马卅头匹[1]。通过这些记载可知，在奚人的婚姻习俗中，一桩婚姻的形成所涉及的聘礼少则羊、马、牛数头，多则羊、马、牛数百头，还有衣服绫彩、金腰带等金银细软。聘礼种类、数量"一无欠少"则说明聘礼有较为严格的要求。

聘礼的产生有其深刻的历史根源，是人类社会发展到特定阶段的必然产物。从现实意义来讲，男方给女方聘礼的主要原因应是男方以财物的方式对女方家丧失一名成年女子劳动力的一种补偿。当然，这种以种类繁多、数量较大的财物作为聘礼的婚俗应只存在于上层社会或富家、贵族之中，对于普通民众而言，只是以少量的牲畜或物品象征性地作为聘礼。

（四）续　婚

在奚族的婚姻中，存在续婚习俗。续婚，也被称作续亲[2]、连带婚[3]。续婚主要包括姊亡妹续和姑亡侄续两种形式。

《萧孝忠墓志》中所言萧孝忠的第二个妻子即为"琴弦续断"。《耶律庶几墓志铭》记载，耶律惯宁与奚王女蒲里夫人为夫妻，在蒲里夫人死后，耶律惯宁又"求得挞里磨奚王儿查鲁太保女"，为"姑亡侄续"。奚《大王结亲记事碑》中也明确记载，该家族与娄呵阿"作亲"，先聘女掘劣，并作字据。女掘劣死，因家中没有女儿续亲，其弟褥叱合便将自己的女儿续与娄呵阿家。可见，一桩婚姻的形成要作字据，以为契约。在续婚习俗的约束下，嫁出去的女儿死后没有女儿再嫁，可以让弟弟的女儿来尽续亲义务。

续婚存在一定的不合理之处，曾作为婚姻制度上的陋习被禁止。据《辽史·太宗纪下》记载，会同三年（940）十一月，辽太宗"除姊亡妹续之

---

[1]　向南、张国庆、李宇锋辑注：《辽代石刻文续编》，辽宁人民出版社2010年版，第1—2页。

[2]　陈鹏：《中国婚姻史稿》，中华书局1990年版，第173页。

[3]　[日] 岛田正郎著，何天明译：《辽代契丹人的婚姻》，《蒙古学信息》2004年第3期。

法"①。但是风俗已久，更易实难，终辽一代，姊亡妹续的婚姻形式仍普遍存在。如《萧袍鲁墓志》称，萧袍鲁"次娶耶律氏，北大王帐，故静江军节度使陈家奴女，以为继室，亦早亡。续娶次夫人妹"②。又《马直温妻张馆墓志》记载，枢哥"适殿中少监、大理寺知正耶律筠……省哥续适姊夫鸿胪少卿、北面主事耶律筠"③。到了蒙元时期，续婚习俗依然存在。如成吉思汗的妹妹和女儿先后嫁孛突，《元史·孛秃传》称："皇妹茭，复妻以皇女火臣别吉。"④ 解放前，一些少数民族地区也留存续婚现象，如鄂伦春族，"妻子死亡，妻子之妹可以嫁给姐夫"；维吾尔族在"妻子死后，丈夫可娶妻子的姐妹为妻室"；景颇族男子"婚后妻子死了，还可续娶其次女、幼女"⑤。

　　续婚作为一种婚姻习俗，不能简单地评判其优劣，有其特定的因素。一则源于劳动力在当时社会生产、生活中占有重要地位，妻子的死亡，造成男方家庭劳动力的损失。二是男子在娶妻过程中付出了大量财物，要求女方家再送一名女子作为对男方家劳动力以及财物损失的补偿。同时，联姻作为维系两个家族关系的重要纽带，两个联姻家族不想因女子的死亡而断绝关系，从而通过续婚以继续保持联姻关系。

　　除了以上几个主要方面之外，在奚人的婚姻状况中，也较为注重联姻家族的门当户对。《大王结亲记事碑》记载奚王家族的女子嫁给契丹贵族"舍利"。该碑还明确记载，娄呵阿欲"求女苏乎酌"，奚王不同意，娄呵阿便违背自己的心愿，娶奥渠吕，并"拈鼻子"（不情愿）与女方家族形成婚契。从中不难发现世家大族对自己的婚姻没有完全的自主权，必须得到奚王认可，甚至受奚王控制。据此也可以推测，奚人的婚姻状况与中国古代社会的其他民族一样，存在着浓厚的政治色彩。就其个人而言，对于自己的婚

---

① 《辽史》卷4《太宗纪下》，第49页。
② 《萧袍鲁墓志》刻于大安六年（1090），1965年出土于辽宁省法库县柏家沟乡前山村。详见向南：《辽代石刻文编》，河北教育出版社1995年版，第423—425页。
③ 《马直温妻张馆墓志》刻于天庆三年（1113），1979年出土于北京大兴县京开公路西红门段东侧。向南：《辽代石刻文编》，第633—635页。
④ （明）宋濂等：《元史》卷118《孛秃传》，中华书局1976年版，第2921页。
⑤ 严汝娴：《中国少数民族婚姻家庭》，中国妇女出版社1986年版，第71、134、352页。

姻，很难有自主权，也不会形成以完全自由或自愿为基础的婚姻。

　　奚族也存在收继婚。收继婚也称继庶母婚、异辈婚，即一个女子在其丈夫死后转嫁给亡夫的兄弟或非亲生的丈夫的儿子。收继婚是中国古代北方民族中一个比较典型的婚俗，在匈奴、稽胡、乌桓、突厥、回纥、契丹、蒙古等诸多民族中均有体现。据《史记·匈奴列传》记载，匈奴人其"父死，妻其后母；兄弟死，皆取其妻妻之"①。《汉书·匈奴传》载，王昭君在西汉元帝竟宁元年（前33）出嫁匈奴，成为呼韩邪单于的阏氏。建始二年（前31），呼韩邪单于死，王昭君按照匈奴的婚姻习俗，嫁给新即位的单于复株絫若鞮单于（雕陶莫皋）②。与匈奴同种的稽胡也有收继婚俗，《周书·稽胡传》称："兄弟死，皆纳其妻。"③乌桓"俗妻后母，报寡嫂，死则归其故夫"④。柔然也有收继婚，柔然可汗豆仑死后，其叔父那盖之子伏图收继豆仑之妻候吕陵氏，并生有生丑奴、阿那瓌等六人⑤。突厥的收继婚俗在《周书·突厥传》中有所记载，即"父〔兄〕伯叔死者，子弟及侄等妻其后母、世叔母及嫂，唯尊者不得下淫"⑥。突厥的收继婚范围有所扩大，不仅仅是收继"寡嫂"和"后母"，"伯叔死"，侄子有收继其"世叔母"的现象。突厥的收继婚还明确指出了收继原则，即"尊者不得下淫"，也就是说，这种收继婚只能是晚辈收继死去丈夫的长辈妇女。回纥的收继婚也是晚辈收继长辈，如吐迷度为其侄乌纥所杀，其后，"乌纥蒸其叔母"⑦。契丹的收继婚也较为盛行，契丹建国后，收继婚的习俗依然存在。据《耶律庶几墓志》载："惯宁相公故大儿求哥，其继母骨欲夫人宿卧，生得女一个，名阿僧娘子，长得儿一个，名迭剌将军。"⑧《秦晋国妃墓志》亦载，秦晋国王耶律隆庆死

---

①　（西汉）司马迁：《史记》卷110《匈奴列传》，中华书局1959年版，第2879页。

②　《汉书》卷94下《匈奴传下》，第3806—3807页。

③　《周书》卷49《稽胡传》，第897页。

④　（南朝宋）范晔：《后汉书》卷90《乌桓鲜卑列传》，中华书局1965年版，第2979页。

⑤　《北史》卷98《蠕蠕传》，第3258页。

⑥　《周书》卷50《突厥传》，第910页。

⑦　《旧唐书》卷195《回纥传》，第5197页。

⑧　向南：《辽代石刻文编》，第295—296页。

后，夫人秦晋国妃萧氏在辽圣宗的主持下嫁隆庆儿子耶律宗政①。收继婚俗在蒙古族社会也同样流行。约翰·普兰诺·加宾尼在记述蒙古人的婚姻时说："甚至在他们的父亲去世以后，可以同父亲的妻子结婚；弟弟也可以在哥哥去世以后同他的妻子结婚，或者，另一个较年轻的亲戚也视为当然可以娶她。"②直到元代，收继婚一直存在于蒙古人的婚姻习俗中。元文宗曾下诏令称："诸人非其本俗，敢有弟收其嫂、子收庶母者，坐罪。"③从这一记载可知，诏令禁止本无收继婚习俗的人有收继婚行为，并采取一定的惩罚措施，这也说明了蒙古人在元代依旧实行收继婚，且实行这种婚俗的人很多，可能存在于多个民族之中。

　　奚人收继婚最为典型的事例就是唐朝以固安公主和亲的奚王李大酺死，其弟李鲁苏"仍以固安公主为妻"④。可知奚人有收继婚的习俗，出嫁奚族的唐朝公主也顺应了这一习俗⑤。对于收继婚的具体事宜，如众多兄弟或子侄收继寡嫂或寡母（伯叔母）的先后顺序、收继者所具备的条件、被收继者的意愿等问题，文献中没有明确的记载。推测应该是根据当时的具体情况而定，收继者的个人意愿、政治地位、军事能力，被收继者的家庭背景、财富状况以及家族或部族内部掌权者的态度取向等方面都是收继婚形成中的重要因素。收继婚是北方民族重要的婚姻习俗，即使是中原王朝和亲过去的宗室女或宫女也不得不遵循这一传统。收继婚与北方民族的生产生活方式密切相关，这一婚姻习俗除了将死去丈夫的妇女收继之外，更重要的是对其财产和

---

① 向南：《辽代石刻文编》，第340—341页。

② ［英］道森编，吕浦译，周良宵注：《出使蒙古记》之约翰·普兰诺·加宾尼著《蒙古史》，第8页。

③ 《元史》卷34《文宗纪三》，第767页。

④ 《旧唐书》卷199下《奚传》，第5355页。

⑤ 中原政权在与周边民族和亲的过程中，和亲女子均遵循对方的收继婚习俗，如王昭君在匈奴呼韩邪单于死后，嫁给其子复株累单于（《后汉书·南匈奴列传》）；隋文帝时期的宗室女义成公主先嫁给突厥启民可汗，后依次嫁他的儿子始毕可汗、处罗可汗、颉利可汗三人（《隋书·突厥传》《资治通鉴·隋纪六》）；唐玄宗时期的永乐公主，嫁契丹松漠郡王李失活，李失活死后，永乐公主又嫁其弟李婆固（《唐会要·和蕃公主》）。兹不一一枚举。

部众的继承。这反映了财富和部众对北方民族的重要性。

另外，在中国古代北方民族中还存在婚前私通、服役婚、抢婚等婚姻习俗或特征。婚前私通即结婚之前发生性行为的习俗。据文献记载，稽胡、乌桓、鲜卑、突厥等北方民族均有这种婚姻习俗。服役婚是指男子在婚前或婚后住在妻子家劳动一段时间，然后携妻子回归自己家庭的婚姻习俗。乌桓、铁勒、室韦、蒙古等民族都有服役婚俗。抢婚的事例在蒙古民族中较为多见。奚族与这些民族或是族源相同、地域相近，或是生产、生活习俗大体相当，或是有着深厚的历史渊源、相互影响，应该也存在类似的婚姻习俗。由于缺乏碑刻资料和文献史料的相关记载，无法具体考察。

婚姻状况是奚族社会形态的主要构成部分。奚人的婚姻状况在唐代至辽代的不同历史时期有其不同的表现形式，这既是不同历史发展阶段奚族社会生活的反映，也是奚族文化内涵的体现。奚人特定的婚姻状况源于民族文化受特定历史时代的制约及地域、社会、生活环境等多种因素的影响。总体而言，多民族之间的相互通婚是奚人婚姻状况的主要特征。在奚族与其他政权或民族联姻的过程中，除了在血缘上的交融外，还增进了各民族之间的认识和了解，促进了多民族之间的交往、交流和融合，最终形成"你中有我，我中有你"的中国古代多民族共同发展的历史格局。

附　录

附录一　奚族碑刻名录

（一）奚族碑刻

奚国质子热瓌墓志

（公元七三〇年　唐玄宗开元十八年）

李宝臣纪功碑

（公元七六六年　唐代宗永泰二年）

李宝臣碑

（公元七八一年　唐德宗建中二年）

张孝忠山亭再葺记

（公元七八一年　唐德宗建中二年）

张茂昭功德碑

（公元七八二年　唐德宗建中三年）

张孝忠墓志

（公元七九一年　唐德宗贞元七年）

张茂昭墓志

（公元八一一年　唐宪宗元和六年）

张茂宣墓志

（公元八一四年　唐宪宗元和九年）

李惟简墓志

（公元八一八年　唐宪宗元和十三年）

史孝章神道碑

（公元八三八年　唐文宗开成三年）

史孝章墓志

（公元八三八年　唐文宗开成三年）

张佑明墓志

（公元八四三年　唐武宗会昌三年）

张亮墓志

（公元八四七年　唐宣宗大中元年）

张锋墓志

（公元八四九年　唐宣宗大中三年）

史宪忠碑

（公元八六二年　唐懿宗咸通三年）

张达墓志

（公元八八三年　唐僖宗中和三年）

大王记结亲事碑

（公元九二三年　辽太祖天赞二年）

萧福延墓志

（公元一〇七〇年　辽道宗咸雍六年）

萧孝忠墓志

（公元一〇八九年　辽道宗大安五年）

萧京墓志

（公元一〇九二年　辽道宗大安八年）

萧资茂墓志

（公元一一八五年　金世宗大定二十五年）

（二）奚族相关碑刻

元苌墓志

（公元五一七年　北魏孝明帝熙平二年）

阙利啜碑

（公元七二三至七二五年　唐玄宗开元十一至十三年）

臧怀亮神道碑

（公元七三〇年　唐玄宗开元十八年）

阙特勤碑

（公元七三二年　唐玄宗开元二十年）

毗伽可汗碑

（公元七三五年　唐玄宗开元二十三年）

白知礼墓志一

（公元七三五年　唐玄宗开元二十三年）

白庆先墓志

（公元七三五年　唐玄宗开元二十三年）

张守珪墓志

（公元七四〇年　唐玄宗开元二十八年）

白知礼墓志二

（公元七四一年　唐玄宗开元二十九年）

裴仙先墓志

（公元七四四年　唐玄宗天宝三年）

刘思贤玄堂记

（公元七四六年　唐玄宗天宝五年）

李永定墓志

（公元七五一年　唐玄宗天宝十年）

刘元尚墓志

（公元七五四年　唐玄宗天宝十三年）

郭英奇墓志

（公元七五四年　唐玄宗天宝十三年）

张九龄神道碑

（公元七五七年　唐肃宗至德二年）

天下放生池碑铭

（公元七五九年　唐肃宗乾元二年）

义葬墓志

（公元七六三年　唐代宗广德元年）

臧怀恪神道碑

（公元七六三年　唐代宗广德元年）

李楷洛神道碑

（公元七六八年　唐代宗大历三年）

李府君夫人张氏墓志

（公元七七五年　唐代宗大历十年）

南单德墓志

（公元七七六年　唐代宗大历十一年）

王士林墓志

（公元七八二年　唐德宗建中三年）

彭君权殡志

（公元七八二年　唐德宗建中三年）

张仁宪神道碑

（公元七八八年　唐德宗贞元四年）

张孝忠夫人神道碑

（公元七九六年　唐德宗贞元十二年）

张孝忠夫人墓志

（公元七九六年　唐德宗贞元十二年）

刘源墓志

（公元八〇七年　唐宪宗元和二年）

王士真墓志

（公元八〇九年　唐宪宗元和四年）

刘济墓志

（公元八一〇年　唐宪宗元和五年）

乌氏庙碑铭

（公元八一〇年　唐宪宗元和五年）

秦朝俭墓志

（公元八一七年　唐宪宗元和十二年）

李少赞夫妇墓志

（公元八三八年　唐文宗开成三年）

岐阳公主墓志

（公元八三八年后　唐文宗开成三年后）

陈君赏墓志

（公元八四二年　唐武宗会昌二年）

崔垍墓志

（公元八四四年　唐武宗会昌四年）

幽州纪圣功碑铭

（公元八四五年　唐武宗会昌五年）

张锋夫人史氏墓志

（公元八四七年　唐宣宗大中元年）

张锋妻史氏买地券

（公元八四七年　唐宣宗大中元年）

华封舆墓志

（公元八四七年　唐宣宗大中元年）

陈立行墓志

（公元八五七年　唐宣宗大中十一年）

陈谕墓志

（公元八五七年　唐宣宗大中十一年）

张建章墓志

（公元八六七年　唐懿宗咸通八年）

魏州故禅大德奖公塔碑

（公元八八九年　唐昭宗龙纪元年）

李内贞墓志

（公元九七八年　辽景宗保宁十年）

耶律琮神道碑

（公元九七九年　辽景宗保宁十一年）

耶律隆祐墓志

（公元一〇一一年　辽圣宗统和二十九年）

耶律霞兹墓志

（公元一〇二一年　辽圣宗太平元年）

耶律遂正墓志

（公元一〇二七年　辽圣宗太平七年）

张哥墓志

（公元一〇三五年　辽兴宗重熙四年）

北大王墓志

（公元一〇四一年　辽兴宗重熙十年）

耶律庶几墓志

（公元一〇五九年　辽道宗清宁五年）

萧阁妻耶律骨欲迷已墓志

（公元一〇六九年　辽道宗咸雍五年）

萧孝恭墓志

（公元一〇八一年　辽道宗大康七年）

耶律庆嗣墓志

（公元一〇九四年　辽道宗大安十年）

耶律智先墓志

（公元一〇九四年　辽道宗大安十年）

贾师训墓志

（公元一〇九七年　辽道宗寿昌三年）

耶律祺墓志

（公元一一〇一至一一二五年　辽天祚帝时期）

许国公墓志

（无确切纪年）

章綜墓志

（公元一一四〇年　南宋高宗绍兴十年）

耶律氏墓志

（公元一一四一年　金熙宗皇统元年）

杨震墓碑

（公元一一五一年　南宋高宗绍兴二十一年）

蓟州葛山重修龙福院碑

（公元一一八九至一二〇八年　金章宗时期）

附录二 奚族碑刻汇总表

序号	碑刻名称	碑刻主人	篆刻时间	朝代	皇帝年号	作者	字数	收录情况
1	奚国质子热瓌墓志	热瓌（705—730）	730年	唐朝	玄宗开元十八年	著作局	共计255字	张小丽：《西安市唐故奚质子热瓌墓》，《考古》2014年第10期；葛承雍：《西安唐代奚族质子热瓌墓志解读》，《考古》2014年第10期。
2	李宝臣纪功碑	李宝臣（718—781）	766年	唐朝	代宗永泰二年	王佑	现存1007字	（清）董诰等编：《全唐文》卷440，中华书局1983年版，第4483—4485页；孙映逵等点校：《全唐文》第3册，山西教育出版社2002年版，2658—2659页。
3	李宝臣碑	李宝臣	781年	唐朝	德宗建中二年	王缙	现存186字	（清）陆继辉：《八琼室金石补正续编》卷32，见《续修四库全书·史部金石类》第900册，上海古籍出版社2002年版，第145页；冯金忠、陈瑞青：《唐成德军节度使李宝臣残碑考释》，《中国历史文物》2009年第4期。
4	张孝忠山亭再葺记	张孝忠（730—791）	781年	唐朝	德宗建中二年	王璿	现存828字	（清）陆曾祥编：《八琼室金石补正》卷65，文海出版社1974年版，第5048—5055页；孙映逵等点校：《全唐文》第7册《唐文续拾》，山西教育出版社2002年版，6697页；国家图书馆善本金石组编：《隋唐五代石刻文献全编》第1册，北京图书馆出版社2003年版，第463—465页。

续表

序号	碑刻名称	碑刻主人	篆刻时间	朝代	皇帝年号	作者	字数	收录情况
5	张茂昭功德碑	张茂昭（762—811）	782年	唐朝	德宗建中三年	王璘	今不见	（宋）赵明诚撰，金文明校证：《金石录校证》上，中华书局2019年版，165页。
6	张孝忠墓志	张孝忠	791年	唐朝	德宗贞元七年	权德舆	共计1956字	郭广伟点校：《权德舆诗文集》卷11，上海古籍出版社2008年版，第183—188页；（宋）李昉等编：《文苑英华》卷874，中华书局1966年版，第4610—4612页；（清）董诰等编：《全唐文》卷496，中华书局1983年版，第5057—5060页；孙映逵等点校：《全唐文》第4册，山西教育出版社2002年版，2997—2998页。
7	张茂昭墓志	张茂昭（762—811）	811年	唐朝	宪宗元和六年	权德舆	共计1590字	郭广伟点校：《权德舆诗文集》卷21，上海古籍出版社2008年版，第321—325页；（清）董诰等编：《全唐文》卷505，中华书局1983年版，第5140—5142页；孙映逵等点校：《全唐文》第4册，山西教育出版社2002年版，3044—3045页。
8	张茂宣墓志	张茂宣（769—814）	814年	唐朝	宪宗元和九年	窦克良	现存794字	李宗俊、周正：《唐张茂宣墓志考释》，《中国边疆史地研究》2015年第4期；[日]村井恭子：《大唐西市博物馆新藏唐张茂宣墓志考》，见董劭伟主编：《中华历史与传统文化研究论丛》第2辑，中国社会科学出版社2016年版。
9	李惟简墓志	李惟简（764—818）	818年	唐朝	宪宗元和十三年	韩愈	共计832字	马其昶校注，马茂元整理：《韩昌黎文集校注》，上海古籍出版社1986年版，第462—466页；刘真伦、岳珍校注：《韩愈文集汇校笺注》，中华书局2010年版，2133—2135页；（清）董诰等编：《全唐文》卷565，中华书局1983年版，第5720—5721页；孙映逵等点校：《全唐文》第4册，山西教育出版社2002年版，3378页。

序号	碑刻名称	碑刻主人	篆刻时间	朝代	皇帝年号	作者	字数	收录情况
10	史孝章神道碑	史孝章（800—838）	838年	唐朝	文宗开成三年	刘禹锡	共计1511字	陶敏、陶红雨校注：《刘禹锡全集编年校注》，中华书局2019年版，第2125—2136页；（清）董诰等编：《全唐文》卷609，中华书局1983年版，第6153—6155页。孙映逵等点校：《全唐文》第4册，山西教育出版社2002年版，3635—3636页。
11	史孝章墓志	史孝章	838年	唐朝	文宗开成三年	李景先	共计1785字	郭茂育、赵振华：《唐史孝章墓志研究》，《中国边疆史地研究》2007年第4期；退之：《唐史孝章墓志》，《书法》2017年第4期。
12	张佑明墓志	张佑明（791—843）	843年	唐朝	武宗会昌三年	不详	共计481字	朱学武：《河北涞水唐墓清理简报》，《文物春秋》1997年第2期；周铮：《张佑明墓志考辨》，《文物春秋》1999年第6期；吴钢主编：《全唐文补遗》第7辑，三秦出版社2000年版，第414—415页。
13	张亮墓志	张亮（787—847）	847年	唐朝	宣宗大中元年	上官蒙	共计970字	孙兰凤、胡海帆主编：《隋唐五代墓志汇编》北京大学卷第二册，天津古籍出版社1992年版，第112页；周绍良、赵超：《唐代墓志汇编》大中006，上海古籍出版社1992年版，第2256—2257页；吴钢主编：《全唐文补遗》第4辑，三秦出版社1997年版，第178—179页。
14	张锋墓志	张锋（809—849）	849年	唐朝	宣宗大中三年	陈轩	现存959字	孟繁峰、刘超英主编：《隋唐五代墓志汇编》河北卷，天津古籍出版社1991年版，第109页；周绍良、赵超：《唐代墓志汇编》大中026，上海古籍出版社1992年版，第2270—2271页；吴钢主编：《全唐文补遗》第4辑，三秦出版社1997年版，第183—185页。

序号	碑刻名称	碑刻主人	篆刻时间	朝代	皇帝年号	作者	字数	收录情况
15	史宪忠碑	史宪忠（862）	862年	唐朝	懿宗咸通三年	裴坦	现存29字	（宋）陈思纂辑：《宝刻丛编》，《石刻史料新编》第一辑，第二十四册，第18234页。
16	张达墓志	张达（811—883）	883年	唐朝	僖宗中和三年	不详	共计378字	中国文物研究所，河北省文物研究所编：《新中国出土墓志》河北壹上册，文物出版社2004年版，第142页。
17	大王记结亲事碑	奚大王	923年	辽朝	太祖天赞二年	不详	共计897字	李义：《辽代奚族"大王记结亲事"碑》，《中国古都研究（第十八辑下册）——中国古都学会2001年年会暨赤峰辽王朝故都历史文化研讨会论文集》，2001年版；李义：《内蒙古宁城县发现辽代〈大王记结亲事〉碑》，《考古》2003年第4期；向南等：《辽代石刻文续编》，辽宁人民出版社2010年版，第1—2页。
18	萧福延墓志	萧福延（1016—1070）	1070年	辽朝	道宗咸雍六年	杜公谓	现存777字	张守义：《平泉县马架子发现的辽代墓志》，《文物春秋》2006年第3期；向南等：《辽代石刻文续编》，辽宁人民出版社2010年版，第131—132页。
19	萧孝忠墓志	萧孝忠（？—1089）	1089年	辽朝	道宗大安五年	不详	共计228字	刘谦：《辽宁锦西西孤山出土的辽墓墓志》，《考古通讯》1956年第2期；陈述辑校：《全辽文》卷9，中华书局1982年版，第232—233页；向南：《辽代石刻文编》，河北教育出版社1995年版，第416—417页；阎凤梧编著：《全辽金文》上，山西古籍出版社2002年版，第858页。
20	萧京墓志	萧京（1024—1092）	1092年	辽朝	道宗大安八年	王正臣	现存785字	任爱君、任笑羽：《辽代奚王萧京墓志铭京墓志铭文释读》，《辽宁师范大学学报》2020年第5期。

序号	碑刻名称	碑刻主人	篆刻时间	朝代	皇帝年号	作者	字数	收录情况
21	萧资茂墓志	萧资茂（？—1185）	1185年	金朝	世宗大定二十五年	耶律履	现存259字	北京市文物局编：《北京辽金史迹图志》下册，北京燕山出版社2004年版，第205页；周峰：《金代萧公建家族两方墓志铭考释》，《北京辽金文物研究》，燕山出版社2005年版。

附录三　奚族相关碑刻汇总表

序号	碑刻名称	碑刻主人	篆刻时间	朝代	皇帝年号	作者	收录情况
1	元苌墓志	元苌	517年	北魏	孝明帝熙平二年		刘莲香、蔡运章:《北魏元苌墓志考略》,《中国历史文物》2006年第2期;宫万松、宫万瑜:《济源出土的北魏宗室元苌墓志铭考释》,《中原文物》2011年第5期。
2	阙利啜碑	阙利啜	723—725年	唐代	玄宗开元十一至十三年		耿世民:《古代突厥文碑铭研究》,中央民族大学出版社2005年版,第177—182页。
3	臧怀亮神道碑	臧怀亮	730年	唐代	玄宗开元十八年	李邕	(清)董诰等编:《全唐文》卷265《李邕·臧怀亮神道碑》,中华书局1983年版,第2691—2694页;(清)董诰等编,孙映逵等点校:《全唐文》265《李邕·臧怀亮神道碑》,山西教育出版社2002年版,第1601—1602页。
4	阙特勤碑	阙特勤	732年	唐代	玄宗开元二十年		耿世民:《古代突厥文碑铭研究》,中央民族大学出版社2005年版,第115—137页。
5	毗伽可汗碑	毗伽可汗	735年	唐代	玄宗开元二十三年		耿世民:《古代突厥文碑铭研究》,中央民族大学出版社2005年版,第148—173页。
6	白知礼墓志一	白知礼	735年	唐代	玄宗开元二十三年		河南省文物研究所、河南省洛阳地区文管处编:《千唐志斋藏志》,文物出版社1984年版,第746页;周绍良主编:《唐代墓志汇编》(开元四一五),上海古籍出版社1992年版,第1442—1443页。

续表

序号	碑刻名称	碑刻主人	篆刻时间	朝代	皇帝年号	作者	收录情况
7	白庆先墓志	白庆先	735 年	唐代	玄宗开元二十三年		周绍良主编:《唐代墓志汇编》(开元四一七),上海古籍出版社 1992 年版,第 1444—1445 页。
8	张守珪墓志	张守珪	740 年	唐代	玄宗开元二十八年	达奚珣	陈长安主编:《隋唐五代墓志汇编》(洛阳卷第十册),天津古籍出版社 1991 年版,第 190 页;吴建华:《唐张守□墓志考辨及有关史实摭拾》,《中原文物》1997 年第 2 期;吴钢主编:《全唐文补遗》(第六辑),三秦出版社 1999 年版,第 62—63 页。
9	白知礼墓志二	白知礼	741 年	唐代	玄宗开元二十九年		河南省文物研究所、河南省洛阳地区文管处编:《千唐志斋藏志》,文物出版社 1984 年版,第 789 页;周绍良主编:《唐代墓志汇编》(开元五二九),上海古籍出版社 1992 年版,第 1519—1520 页。
10	裴仙先墓志	裴仙先	744 年	唐代	玄宗天宝三年		葛承雍、李颖科:《西安新发现唐裴仙先墓志考述》,荣新江主编:《唐研究》第五卷,北京大学出版社 1999 年版,第 453—462 页;周绍良主编:《全唐文新编》第 5 部第 2 册(总第 19 册),吉林文史出版社 2000 年版,第 13038—13040 页。
11	刘思贤玄堂记	刘思贤	746 年	唐代	玄宗天宝五年		胡戟、荣新江主编:《大唐西市博物馆藏墓志》,北京大学出版社 2012 年版,第 552—553 页。
12	李永定墓志	李永定	751 年	唐代	玄宗天宝十年		张宁、傅洋等主编:《隋唐五代墓志汇编》(北京卷附辽宁卷第一册),天津古籍出版社 1991 年版,第 194 页;周绍良、赵超主编:《唐代墓志汇编续集》(天宝〇七三),上海古籍出版社 2001 年版,第 634—636 页;鲁晓帆:《唐李永定墓志考释》,《首都博物馆丛刊》1994 年第 9 辑。

序号	碑刻名称	碑刻主人	篆刻时间	朝代	皇帝年号	作者	收录情况
13	刘元尚墓志	刘元尚	754年	唐代	玄宗天宝十三年	窦忻	（清）董诰等编：《全唐文》卷403《许子真·刘元尚墓志铭》，中华书局1983年版，第4118页；周绍良主编：《唐代墓志汇编》（天宝二五三），上海古籍出版社1992年版，第1707—1708页；（清）董诰等编，孙映逵等点校：《全唐文》卷403《许子真·刘元尚墓志铭》，山西教育出版社2002年版，第2439页。
14	郭英奇墓志	郭英奇	754年	唐代	玄宗天宝十三年		吴钢主编：《全唐文补遗》（第六辑），三秦出版社1999年版，第83—84页；周绍良主编：《全唐文新编》第2部第2册（总第6册），吉林文史出版社2000年版，第3439—3440页。
15	张九龄神道碑	张九龄	757年	唐代	肃宗至德二年		（清）董诰等编：《全唐文》卷440《徐浩·张九龄神道碑》，中华书局1983年版，第4489—4492页；（清）董诰等编，孙映逵等点校：《全唐文》卷440《徐浩·张九龄神道碑》，山西教育出版社2002年版，第2661—2662页。
16	天下放生池碑铭		759年	唐代	肃宗乾元二年	颜真卿	（清）董诰等编：《全唐文》卷339《颜真卿四·天下放生池碑铭》，中华书局1983年版，第3434—3435页；（清）董诰等编，孙映逵等点校：《全唐文》卷339《颜真卿四·天下放生池碑铭》，山西教育出版社2002年版，第2040—2041页。
17	义葬墓志		763年	唐代	代宗广德元年		赖非主编：《山东石刻分类全集》第5卷《历代墓志》，青岛出版社2013年版，第142页。
18	臧怀恪神道碑	臧怀恪	763年	唐代	代宗广德元年	颜真卿	（清）董诰等编：《全唐文》卷342《颜真卿七·臧怀恪神道碑》，中华书局1983年版，第3467—3469页；（清）董诰等编，孙映逵等点校：《全唐文》卷342《颜真卿七·臧怀恪神道碑》，山西教育出版社2002年版，第2058—2059页。

续表

序号	碑刻名称	碑刻主人	篆刻时间	朝代	皇帝年号	作者	收录情况
19	李楷洛神道碑	李楷洛	768 年	唐代	代宗大历三年		（清）董浩等编：《全唐文》卷 422《杨炎二·李楷洛神道碑》，中华书局 1983 年版，第 4308—4310 页；（清）董诰等编，孙映逵等点校：《全唐文》卷 422《杨炎二·李楷洛神道碑》，山西教育出版社 2002 年版，第 2555—2556 页。
20	李府君夫人张氏墓志	张氏	775 年	唐代	代宗大历十年	薛晕	王策：《〈唐归义王李府君夫人清河张氏墓志〉考》，《北京文物与考古》（第六辑），民族出版社 2004 年版，第 167—192 页。
21	南单德墓志	南单德	776 年	唐代	代宗大历十一年	薛夔	楼正豪：《新见唐高句丽遗民〈南单德墓志铭〉考释》，《西部考古》（第 8 辑），科学出版社 2015 年版，第 185—193 页。
22	王士林墓志	王士林	782 年	唐代	德宗建中三年		周绍良主编：《唐代墓志汇编》（建中〇一四），上海古籍出版社 1992 年版，1830—1831 页。
23	彭君权殡志	彭君权	782 年	唐代	德宗建中三年	王谏	（清）董浩等编：《全唐文》卷 439《王谏·彭君权殡志铭》，中华书局 1983 年版，第 4481 页；（清）董诰等编，孙映逵等点校：《全唐文》卷 439《王谏·彭君权殡志铭》，山西教育出版社 2002 年版，第 2656—2657 页。
24	张仁宪神道碑	张仁宪	788 年	唐代	德宗贞元四年	李俭	（清）董诰等编：《全唐文》卷 788《李俭·张仁宪神道碑》，中华书局 1983 年版，第 8246—8248 页；（清）董诰等编，孙映逵等点校：《全唐文》卷 788《李俭·张仁宪神道碑》，山西教育出版社 2002 年版，第 4858—4859 页。
25	张孝忠夫人神道碑	谷氏	796 年	唐代	德宗贞元十二年	权德舆	（唐）权德舆撰，郭广伟校点：《权德舆诗文集》，上海古籍出版社 2008 年版，第 288—291 页；（宋）李昉等编：《文苑英华》卷 934《碑》，中华书局 1966 年版，第 4916—4917 页；（清）董诰等编：《全唐文》卷 501《权德舆十九·张孝忠夫人

续表

序号	碑刻名称	碑刻主人	篆刻时间	朝代	皇帝年号	作者	收录情况
							神道碑》，中华书局 1983 年版，第 5102—5103 页；（清）董诰等编，孙映逵等点校：《全唐文》卷 501《权德舆十九·张孝忠夫人神道碑》，山西教育出版社 2002 年版，第 3022—3023 页。
26	张孝忠夫人墓志	谷氏	796 年	唐代	德宗贞元十二年	权德舆	（唐）权德舆撰，郭广伟校点：《权德舆诗文集》，上海古籍出版社 2008 年版，第 411—413 页；（宋）李昉等编：《文苑英华》卷 967《志》，中华书局 1966 年版，第 5085—5086 页。
27	刘源墓志	刘源	807 年	唐代	宪宗元和二年	豆卢次章	赵力光主编：《西安碑林博物馆新藏墓志续编》，陕西师范大学出版社 2014 年版，第 453—456 页。
28	王士真墓志	王士真	809 年	唐代	宪宗元和四年	李序	冯金忠、赵生泉：《河北正定出土唐成德节度使王士真墓志初探》，《中国国家博物馆馆刊》2013 年第 5 期。
29	刘济墓志	刘济	810 年	唐代	宪宗元和五年	权德舆	（清）董诰等编：《全唐文》卷 505《权德舆二十三·刘济墓志》，中华书局 1983 年版，第 5138—5140 页；（清）董诰等编，孙映逵等点校：《全唐文》卷 505《权德舆二十三·刘济墓志》，山西教育出版社 2002 年版，第 3043—3044 页。
30	乌氏庙碑铭	乌承玭	810 年	唐代	宪宗元和五年	韩愈	（清）董诰等编：《全唐文》卷 561《韩愈十五·乌氏庙碑铭》，中华书局 1983 年版，第 5682—5683 页；（清）董诰等编，孙映逵等点校：《全唐文》卷 561《韩愈十五·乌氏庙碑铭》，山西教育出版社 2002 年版，第 3357 页。
31	秦朝俭墓志	秦朝俭	817 年	唐代	宪宗元和十二年	裴询	王仁波主编：《隋唐五代墓志汇编》（陕西卷第二册），天津古籍出版社 1991 年版，第 48 页；周绍良、赵超等主编：《唐代墓志汇编续集》（元和〇六七），上海古籍出版社 2001 年版，第 848—849 页。

续表

序号	碑刻名称	碑刻主人	篆刻时间	朝代	皇帝年号	作者	收录情况
32	李少赞夫妇墓志	李少赞夫妇	838年	唐代	文宗开成三年	赵弘嗣	张维慎、耿晨：《唐〈李少赞墓志〉考释》，西安碑林博物馆编：《碑林集刊》（十一），陕西人民美术出版社2005年版，第58—64页。
33	岐阳公主墓志	岐阳公主	838年后	唐代	文宗开成三年后	杜牧	（清）董诰等编：《全唐文》卷756《杜牧·唐故岐阳公主墓志铭》，中华书局1983年版，第7838—7840页；（清）董诰等编，孙映逵等点校：《全唐文》卷756《杜牧·唐故岐阳公主墓志铭》，山西教育出版社2002年版，第4618—4619页。
34	陈君赏墓志	陈君赏	842年	唐代	武宗会昌二年	崔黯	杨作龙、赵水森等编著：《洛阳新出土墓志释录》，北京图书馆出版社2004年版，第199—200页。
35	崔坦墓志	崔坦	844年	唐代	武宗会昌四年	裴行镒	北京大学图书馆金石组胡海帆、汤燕、陶诚编：《北京大学图书馆藏历代墓志拓片目录》，上海古籍出版社2013年版，第693页；赵君平、赵文成编：《秦晋豫新出墓志蒐佚》（第四册），国家图书馆出版社2012年版，第985—986页。
36	幽州纪圣功碑铭	张仲武	845年	唐代	武宗会昌五年	李德裕	（清）董诰等编：《全唐文》卷711《李德裕十六·幽州纪圣功碑铭》，中华书局1983年版，第7300—7302页；（清）董诰等编，孙映逵等点校：《全唐文》卷711《李德裕十六·幽州纪圣功碑铭》，山西教育出版社2002年版，第4307—4308页。
37	张锋夫人史氏墓志	史氏	847年	唐代	宣宗大中元年	徐观	孙兰凤、胡海帆主编：《隋唐五代墓志汇编》（北京大学卷第二册），天津古籍出版社1992年版，第111页；周绍良主编：《唐代墓志汇编》（大中〇〇五），上海古籍出版社1992年版，第2255—2256页；吴钢主编：《全唐文补遗》（第四辑），三秦出版社1997年版，第177页。

续表

序号	碑刻名称	碑刻主人	篆刻时间	朝代	皇帝年号	作者	收录情况
38	张锋妻史氏买地券	史氏	847 年	唐代	宣宗大中元年		吴钢主编：《全唐文补遗》（第七辑），三秦出版社 2000 年版，第 415 页。
39	华封舆墓志	华封舆	847 年	唐代	宣宗大中元年	郇伯	中国文物研究所、北京石刻艺术博物馆编：《新中国出土墓志》北京卷（一）上册，文物出版社 2003 年版，第 29 页。
40	陈立行墓志	陈立行	857 年	唐代	宣宗大中十一年	李俭	周绍良主编：《唐代墓志汇编》（大中一二九），上海古籍出版社 1992 年版，第 2352 页。
41	陈谕墓志	陈谕	857 年	唐代	宣宗大中十一年		陈长安主编：《隋唐五代墓志汇编》（洛阳卷第十四册），天津古籍出版社 1991 年版，第 73 页；周绍良主编：《唐代墓志汇编》（大中一三三），上海古籍出版社 1992 年版，第 2355 页；吴钢主编：《全唐文补遗》（第二辑），三秦出版社 1995 年版，第 582 页。
42	张建章墓志	张建章	867 年	唐代	懿宗咸通八年	某珪	志文一参见周绍良主编：《唐代墓志汇编》（中和〇〇七），上海古籍出版社 1992 年版，第 2510—2511 页。志文二参见周绍良主编：《唐代墓志汇编》（中和〇〇七），上海古籍出版社 1992 年版，第 2511—2512 页。
43	魏州故禅大德奖公塔碑	孔存奖	889 年	唐代	昭宗龙纪元年	公乘亿	（清）董诰等编：《全唐文》卷 813《公乘亿·魏州故禅大德奖公塔碑》，中华书局 1983 年版，第 8558—8560 页；（清）董诰等编，孙映逵等点校：《全唐文》卷 813《公乘亿·魏州故禅大德奖公塔碑》，山西教育出版社 2002 年版，第 5040—5041 页。
44	李内贞墓志	李内贞	978 年	辽代	景宗保宁十年		陈述辑校：《全辽文》，中华书局 1982 年版，第 86—87 页；向南：《辽代石刻文编》，河北教育出版社 1995 年版，第 53—55 页；阎凤梧主编：《全辽金文》（上），山西古籍出版社 2002 年版，第 837—838 页。

续表

序号	碑刻名称	碑刻主人	篆刻时间	朝代	皇帝年号	作者	收录情况
45	耶律琮神道碑	耶律琮	979年	辽代	景宗保宁十一年	郭青	盖之庸编著:《内蒙古辽代石刻文研究》(增订本),内蒙古大学出版社2007年版,第58—66页;陈述辑校:《全辽文》,中华书局1982年版,第84—86页;向南:《辽代石刻文编》,河北教育出版社1995年版,第56—59页;阎凤梧主编:《全辽金文》(上),山西古籍出版社2002年版,第70—74页;向南、张国庆、李宇峰辑注:《辽代石刻文续编》,辽宁人民出版社2010年版,第340—344页。
46	耶律隆祐墓志	耶律隆祐	1011年	辽代	圣宗统和二十九年	李可举	盖之庸编著:《内蒙古辽代石刻文研究》(增订本),内蒙古大学出版社2007年版,第129—135页;向南、张国庆、李宇峰辑注:《辽代石刻文续编》,辽宁人民出版社2010年版,第51—53页。
47	耶律霞兹墓志	耶律霞兹	1021年	辽代	圣宗太平元年		向南、张国庆、李宇峰辑注:《辽代石刻文续编》,辽宁人民出版社2010年版,第60—61页。
48	耶律遂正墓志	耶律遂正	1027年	辽代	圣宗太平七年		盖之庸编著:《内蒙古辽代石刻文研究》(增订本),内蒙古大学出版社2007年版,第141—148页;向南、张国庆、李宇峰辑注:《辽代石刻文续编》,辽宁人民出版社2010年版,第68—70页。
49	张哥墓志	张哥	1035年	辽代	兴宗重熙四年		向南:《辽代石刻文编》,河北教育出版社1995年版,第200页;陈述辑校:《全辽文》,中华书局1982年版,第147页;阎凤梧编著:《全辽金文》(上),山西古籍出版社2002年版,第850—851页。
50	北大王墓志	耶律万辛	1041年	辽代	兴宗重熙十年		盖之庸编著:《内蒙古辽代石刻文研究》(增订本),内蒙古大学出版社2007年版,第292—296页;陈述辑校:《全辽文》,中华书局1982年版,第153—154页;向南:《辽代石刻文编》,河北教育出版社1995年版,第223—224页。

序号	碑刻名称	碑刻主人	篆刻时间	朝代	皇帝年号	作者	收录情况
51	耶律庶几墓志	耶律庶几	1051年	辽代	道宗清宁五年		向南：《辽代石刻文编》，河北教育出版社1995年版，第294—297页；阎凤梧主编：《全辽金文》（上），山西古籍出版社2002年版，第855—857页。
52	萧闇妻耶律骨欲迷已墓志	耶律骨欲迷已	1069年	辽代	道宗咸雍五年	张少微	盖之庸编著：《内蒙古辽代石刻文研究（增订本）》，内蒙古大学出版社2007年版，第318—323页；向南、张国庆、李宇峰辑注：《辽代石刻文续编》，辽宁人民出版社2010年版，第126—128页。
53	萧孝恭墓志	萧孝恭	1081年	辽代	道宗大康七年	陈芮	盖之庸编著：《内蒙古辽代石刻文研究》（增订本），内蒙古大学出版社2007年版，第416—420页；向南、张国庆、李宇峰辑注：《辽代石刻文续编》，辽宁人民出版社2010年版，第169—171页。
54	耶律庆嗣墓志	耶律庆嗣	1094年	辽代	道宗大安十年	赵孝严	向南：《辽代石刻文编》，河北教育出版社1995年版，第456—459页，阎凤梧编著：《全辽金文》（上），山西古籍出版社2002年版，第454—456页。
55	耶律智先墓志	耶律智先	1094年	辽代	道宗大安十年	赵孝严	向南、张国庆、李宇峰辑注：《辽代石刻文续编》，辽宁人民出版社2010年版，第222—223页。
56	贾师训墓志	贾师训	1097年	辽代	道宗寿昌三年		向南：《辽代石刻文编》，河北教育出版社1995年版，第476—483页；陈述辑校：《全辽文》，中华书局1982年版，第252—255页；阎凤梧主编：《全辽金文》（上），山西古籍出版社2002年版，第554—560页。
57	耶律祺墓志	耶律祺	1101—1125年	辽代	天祚帝时期		盖之庸编著：《内蒙古辽代石刻文研究》（增订本），内蒙古大学出版社2007年版，第606—610页；向南、张国庆、李宇峰辑注：《辽代石刻文续编》，辽宁人民出版社2010年版，第314—315页。

续表

序号	碑刻名称	碑刻主人	篆刻时间	朝代	皇帝年号	作者	收录情况
58	许国公墓志			辽代			赵薇:《唐山发现的辽代许国公墓志铭考释》,《文物鉴定与鉴赏》2018 年第 1 期。
59	章綡墓志	章綡	1140 年	南宋	高宗绍兴十年		(宋)孙觌:《鸿庆居士集》卷 33《章綡墓志铭》,台湾商务印书馆发行文渊阁本《四库全书》(第 1135 册)1982 年版,第 12—20 页。
60	耶律氏墓志	耶律氏	1141 年	金代	熙宗皇统元年	刘长言	北京市文物局编:《北京辽金史迹图志》下册,北京燕山出版社 2004 年版,第 182 页;周峰:《金代萧公建家族两方墓志铭考释》,北京辽金城垣博物馆编:《北京辽金文物研究》,北京燕山出版社 2005 年版,第 233—238 页。
61	杨震墓碑	杨震	1151 年	南宋	高宗绍兴二十一年		(宋)刘一止:《苕溪集》卷 48《墓碑》,台湾商务印书馆发行文渊阁本《四库全书》(第 1132 册)1982 年版,第 10—17 页。
62	蓟州葛山重修龙福院碑		1189—1208 年	金代	章宗时期	吕卿云	阎凤梧主编:《全辽金文》(中),山西古籍出版社 2002 年版,第 2073—2075 页。

附录四　李宝臣家族世系图①

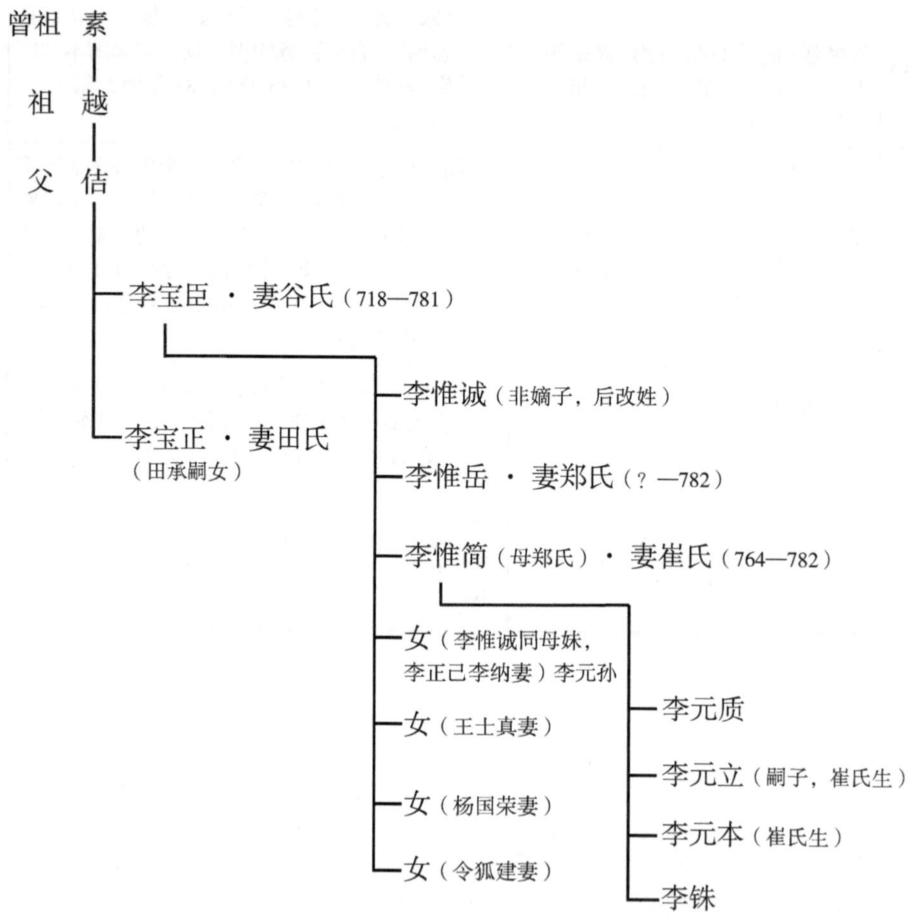
曾祖 素
祖 越
父 佶
李宝臣 · 妻谷氏（718—781）
李惟诚（非嫡子，后改姓）
李宝正 · 妻田氏
（田承嗣女）
李惟岳 · 妻郑氏（？—782）
李惟简（母郑氏）· 妻崔氏（764—782）
女（李惟诚同母妹，
李正己李纳妻）李元孙
李元质
女（王士真妻）
李元立（嗣子，崔氏生）
女（杨国荣妻）
李元本（崔氏生）
女（令狐建妻）
李铢

① 本图依据以下碑刻资料与文献史料：《李宝臣碑》《李宝臣记功碑》《李惟简墓志》《王士真墓志》《旧唐书·李宝臣传》《旧唐书·张孝忠传》《旧唐书·李宝臣附李惟诚传》《旧唐书·李宝臣附李惟岳传》《旧唐书·李宝臣附李惟简传》《旧唐书·令狐彰传附令狐建传》《新唐书·李宝臣传》《新唐书·王武俊传》《新唐书·李宝臣传附李惟诚传》《新唐书·李宝臣传附李惟诚传》《新唐书·李宝臣传附李惟岳传》《新唐书·李宝臣传附李惟简传》《新唐书·宰相世袭五下·柳城李氏》《资治通鉴·唐纪四十三》。

附录五　张孝忠家族世系图①

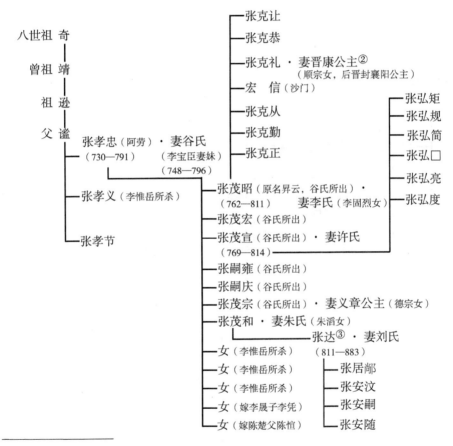

八世祖　奇

曾祖　靖

祖　逊

父　谧

张孝忠（阿劳）· 妻谷氏
（730—791）　（李宝臣妻妹）
　　　　　　（748—796）

张孝义（李惟岳所杀）

张孝节

张克让

张克恭

张克礼 · 妻晋康公主②
　　　　（顺宗女，后晋封襄阳公主）

宏　信（沙门）

张克从

张克勤

张克正

张茂昭（原名昇云，谷氏所出）·
（762—811）　　妻李氏（李固烈女）

张茂宏（谷氏所出）

张茂宣（谷氏所出）· 妻许氏
（769—814）

张嗣雍（谷氏所出）

张嗣庆（谷氏所出）

张茂宗（谷氏所出）· 妻义章公主（德宗女）

张茂和 · 妻朱氏（朱滔女）

张达③ · 妻刘氏
（811—883）

女（李惟岳所杀）

女（李惟岳所杀）

女（李惟岳所杀）

女（嫁李晟子李凭）

女（嫁陈楚父陈恒）

张弘矩

张弘规

张弘简

张弘□

张弘亮

张弘度

张居郇

张安汶

张安嗣

张安随

---

① 本图依据以下碑刻资料与文献史料：《张孝忠墓志》《张孝忠夫人神道碑铭》《张茂昭墓志》《张茂宣墓志》《张达墓志》《陈君赏墓志》《旧唐书·张孝忠传》《旧唐书·张孝忠传附张茂昭传》《旧唐书·张孝忠传附张茂宗传》《旧唐书·张孝忠传附张茂和传》《旧唐书·张孝忠传附陈楚传》《旧唐书·李宝臣传附李元本传》《新唐书·张孝忠传》《新唐书·张孝忠传附张茂昭传》《新唐书·张孝忠传附张茂宗传》《新唐书·张孝忠传附张茂和传》《新唐书·张孝忠传附陈楚传》《新唐书·诸帝公主传·德宗十一女传》《新唐书·诸帝公主传·顺宗十一女传》。

② 《新唐书·诸帝公主传·顺宗十一女》作"晋康县主"，《张孝忠附张茂昭传》作"晋康郡主"。

③ 张达共有七子，三子早夭。

附录六　张庭光家族世系图[①]

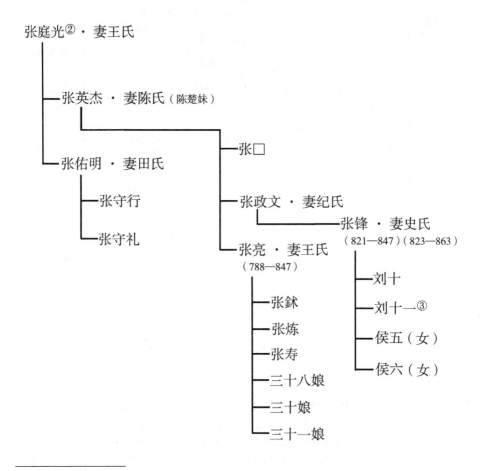

---

① 本图依据以下碑刻资料与文献史料：《张佑明墓志》《张亮墓志》《张锋墓志》《张锋夫人史氏墓志》《新唐书·张孝忠传附陈楚传》。
② 《张亮墓志》作"张英杰"，《张锋墓志》作"张英竭"。
③ 《张锋墓志》作"刘十一"，史氏墓志作"侯十一"。

附录七　史宪诚家族世系图①

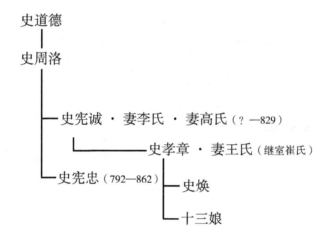

---

①　本图依据以下碑刻资料与文献史料：《史宪忠碑》《史孝章神道碑》《史宪章墓志》《旧唐书书·史宪诚传》《旧唐书·史宪诚传附史孝章传》《新唐书·史宪诚传》《新唐书·史孝章传》。

附录八 李宝臣、张孝忠家族姻亲关系图①

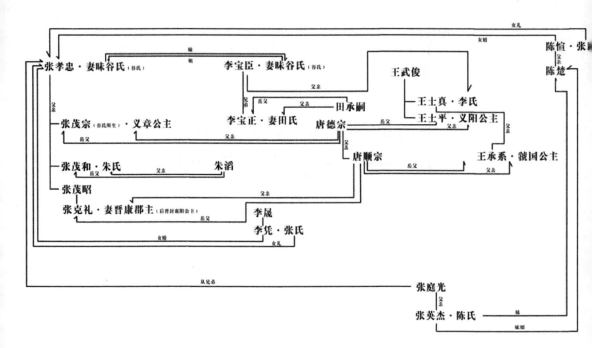

---

① 本图依据以下碑刻资料与文献史料:《张孝忠墓志》《张茂昭墓志》《张孝忠夫人神道碑铭》《陈君赏墓志》《李宝臣碑》《李宝臣记功碑》《王士真墓志》《张亮墓志》《张锋墓志》《旧唐书·张孝忠传》《旧唐书·张孝忠传附张茂昭传》《旧唐书·张孝忠传附张茂宗传》《旧唐书·张孝忠传附张茂和传》《旧唐书·张孝忠传附陈楚传》《旧唐书·李宝臣传附李元本传》《旧唐书·李宝臣传》《旧唐书·王武俊传》《旧唐书·王武俊传附王士平传》《旧唐书·王武俊传附王士真传》《新唐书·张孝忠传》《新唐书·张孝忠传附张茂宗传》《新唐书·张孝忠传附张茂和传》《新唐书·张孝忠传附陈楚传》《新唐书·诸帝公主传·德宗十一女传》《新唐书·诸帝公主传》《新唐书·李宝臣传》《新唐书·王武俊传》《新唐书·王武俊传附王士真传》《新唐书·王武俊传附王士平传》。

参 考 文 献

一、史料

（西汉）司马迁：《史记》，中华书局 1959 年版。

（东汉）班固：《汉书》，中华书局 1962 年版。

（西晋）陈寿：《三国志》，中华书局 1959 年版。

（南朝宋）范晔：《后汉书》，中华书局 1965 年版。

（北齐）魏收：《魏书》，中华书局 1974 年版。

（唐）李百药：《北齐书》，中华书局 1972 年版。

（唐）房玄龄等：《晋书》，中华书局 1974 年版。

（唐）魏徵、令狐德棻：《隋书》，中华书局 1973 年版。

（唐）令狐德棻等：《周书》，中华书局 1971 年版。

（唐）李延寿：《北史》，中华书局 1974 年版。

（唐）李延寿：《南史》，中华书局 1975 年版。

（唐）长孙无忌等撰，刘俊文点校：《唐律疏议》，中华书局 1983 年版。

（唐）李林甫等撰，陈仲夫点校：《唐六典》，中华书局 1992 年版。

（唐）杜佑撰，王文锦、王永兴、刘俊文、徐庭云、谢方点校：《通典》，中华书局 1988 年版。

（唐）权德舆撰，郭广伟校点：《权德舆诗文集》，上海古籍出版社 2008 年版。

（唐）林宝撰，岑仲勉校记：《元和姓纂》，中华书局 1994 年版。

（唐）韩愈撰，马其昶校注，马茂元整理：《韩昌黎文集校注》，上海古籍出版社

1986 年版。

（唐）韩愈著，阎琦校注：《韩昌黎文集注释》，三秦出版社 2004 年版。

（唐）韩愈著，刘真伦、岳珍校注：《韩愈文集汇校笺注》，中华书局 2010 年版。

（唐）刘禹锡著，陶敏、陶红雨校注：《刘禹锡全集编年校注》，中华书局 2019 年版。

（唐）姚汝能撰，曾贻芬点校：《安禄山事迹》，上海古籍出版社 1983 年版。

（后晋）刘昫等：《旧唐书》，中华书局 1975 年版。

（北宋）薛居正等：《旧五代史》，中华书局 1976 年版。

（北宋）王溥：《唐会要》，上海古籍出版社 2006 年版。

（北宋）王溥：《五代会要》，上海古籍出版社 1978 年版。

（北宋）李昉等编：《文苑英华》，中华书局 1966 年版。

（北宋）杨亿：《武夷新集》，福建人民出版社 2007 年版。

（北宋）范仲淹著，李勇先、王蓉贵校点：《范仲淹全集》，四川大学出版社 2007 年版。

（北宋）刘一止：《苕溪集》，台湾商务印书馆发行文渊阁本《四库全书》（第 1132 册）1982 年版。

（北宋）孙觌：《鸿庆居士集》，台湾商务印书馆发行文渊阁本《四库全书》（第 1135 册）1982 年版。

（北宋）王钦若等编撰，周勋初等校订：《册府元龟》，凤凰出版社 2006 年版。

（北宋）欧阳修、宋祁：《新唐书》，中华书局 1975 年版。

（北宋）欧阳修撰，（北宋）徐无党注：《新五代史》，中华书局 1974 年版。

（北宋）范镇撰，汝沛点校：《东斋记事》，中华书局 1980 年版。

（北宋）司马光编著，（元）胡三省音注：《资治通鉴》，中华书局 1956 年版。

（北宋）宋敏求编：《唐大诏令集》，商务印书馆 1959 年版。

（北宋）宋敏求编：《唐大诏令集》，中华书局 2008 年版。

（北宋）赵明诚撰，金文明校证：《金石录校证》，广西师范大学出版社 2005 年版。

（北宋）赵明诚撰，金文明校证：《金石录校证》，中华书局 2019 年版。

（南宋）洪皓撰，翟立伟等标注：《松漠纪闻》，吉林文史出版社 1986 年版。

（南宋）李焘：《续资治通鉴长编》，中华书局 1992 年版。

（南宋）袁枢：《通鉴纪事本末》，中华书局 1964 年版。

（南宋）叶隆礼：《契丹国志》，上海古籍出版社 1985 年版。

（南宋）陈思纂辑：《宝刻丛编》，新文丰出版公司编辑部编：《石刻史料新编》（第一辑第二十四册），新文丰出版股份有限公司 1977 年版。

（元）脱脱等：《宋史》，中华书局 1977 年版。

（元）脱脱等：《辽史》，中华书局 1974 年版。

（元）脱脱等：《金史》，中华书局 1975 年版。

（元）黄溍：《金华黄先生文集》，北京图书馆出版社 2005 年版。

（明）宋濂：《元史》，中华书局 1976 年版。

（明）陶宗仪编：《古刻丛钞（二种）》，商务印书馆 1936 年版。

（清）纪昀、陆锡熊、孙士毅等：《钦定四库全书总目（整理本）》，中华书局 1997 年版。

（清）王昶辑：《金石萃编》，中国书店 1985 年版。

（清）钱大昕：《潜研堂金石文跋尾》，载陈文和主编：《嘉定钱大昕全集》，江苏古籍出版社 1997 年版。

（清）吴镐：《汉魏六朝唐代志墓金石例》，中华书局 1985 年版。

（清）董诰等编：《全唐文》，中华书局 1983 年版。

（清）董诰等编，孙映逵等点校：《全唐文》，山西教育出版社 2002 年版。

（清）徐松撰，（清）张穆校补，方岩点校：《唐两京城坊考》，中华书局 1985 年版。

（清）陆增祥：《八琼室金石补正》，文海出版社 1974 年版。

（清）陆增祥：《八琼室金石祛伪》，载《石刻史料新编》（第 1 辑），新文丰出版股份有限公司 1982 年版。

（清）陆增祥：《八琼室金石补正》，文物出版社 1985 年版。

（清）陆增祥：《八琼室金石补正》，上海古籍出版社 2020 年版。

（清）孙星衍、（清）汤毓倬原纂，偃师市志编纂委员会点校：《偃师县志：清乾隆五十四年》，中州古籍出版社 2002 年版。

二、专著

唐长孺：《魏晋南北朝史论丛》，生活·读书·新知三联书店 1955 年版。

赵万里：《汉魏南北朝墓志集释》，科学出版社 1956 年版。

马长寿：《乌桓与鲜卑》，上海人民出版社 1962 年版。

马长寿：《北狄与匈奴》，生活·读书·新知三联书店 1962 年版。

周一良：《魏晋南北朝史论集》，中华书局 1963 年版。

朱剑心：《金石学》，台北：台湾商务印书馆 1968 年版。

吴廷燮：《唐方镇年表》，中华书局 1980 年版。

陈述辑校：《全辽文》，中华书局 1982 年版。

陈寅恪：《唐代政治史述论稿》，上海古籍出版社 1982 年版。

谭其骧主编：《中国历史地图集》，中国地图出版社 1982 年版。

王国维：《王国维遗书》，上海古籍书店 1983 年版。

周伟洲：《敕勒与柔然》，上海人民出版社 1983 年版。

吴文治编：《韩愈资料汇编》，中华书局 1983 年版。

毛汉光：《唐代墓志铭汇编附考》（全 18 册），台湾商务印书馆 1984—1994 年版。

河南省文物研究所、河南省洛阳地区文管处编：《千唐志斋藏志》，文物出版社 1984
年版。

洪皓：《松漠纪闻》，中华书局 1985 年版。

陈述：《契丹政治史稿》，人民出版社 1986 年版。

章群：《唐代蕃将研究》，联经出版事业公司 1986 年版。

严汝娴：《中国少数民族婚姻家庭》，中国妇女出版社 1986 年版。

胡朴安：《中华全国风俗志》，河北人民出版社 1986 年版。

北京图书馆金石组编：《北京图书馆藏中国历代石刻拓本汇编》，中州古籍出版社
1989 年版。

翁独健主编：《中国民族关系史纲要》，中国社会科学出版社 1990 年版。

陈鹏：《中国婚姻史稿》，中华书局 1990 年版。

辛德勇：《隋唐两京丛考》，三秦出版社 1991 年版。

张宁、傅洋、赵超、吴树平主编：《隋唐五代墓志汇编》（北京卷附辽宁卷第 1 册），天津古籍出版社 1991 年版。

王仁波主编：《隋唐五代墓志汇编》（陕西卷第 2 册），天津古籍出版社 1991 年版。

陈长安主编：《隋唐五代墓志汇编》（洛阳卷第 10 册），天津古籍出版社 1991 年版。

陈长安主编：《隋唐五代墓志汇编》（洛阳卷第 14 册），天津古籍出版社 1991 年版。

孟繁峰、刘超英主编：《隋唐五代墓志汇编》（河北卷），天津古籍出版社 1991 年版。

赵超：《汉魏南北朝墓志汇编》，天津古籍出版社 1992 年版。

周绍良主编：《唐代墓志汇编》，上海古籍出版社 1992 年版。

孙兰凤、胡海帆主编：《隋唐五代墓志汇编》（北京大学卷第 2 册），天津古籍出版社 1992 年版。

郑晓云：《文化认同论》，中国社会科学出版社 1992 年版。

郑晓云：《文化认同与文化变迁》，中国社会科学出版社 1992 年版。

陈垣：《陈援菴先生全集》，新文丰出版股份有限公司 1993 年版。

陈连庆：《中国古代少数民族姓氏研究——秦汉魏晋南北朝少数民族姓氏研究》，吉林文史出版社 1993 年版。

周清澍主编：《内蒙古历史地理》，内蒙古大学出版社 1994 年版。

向南：《辽代石刻文编》，河北教育出版社 1995 年版。

吴钢主编：《全唐文补遗》（第 2 辑），三秦出版社 1995 年版。

赵超：《中国古代石刻概论》，文物出版社 1997 年版。

陈国灿、刘健明主编：《〈全唐文〉职官丛考》，武汉大学出版社 1997 年版。

吴钢主编：《全唐文补遗》（第 4 辑），三秦出版社 1997 年版。

黄永年：《唐代史事考释》，联经出版社 1998 年版。

张久和：《原蒙古人的历史：室韦—达怛研究》，高等教育出版社 1998 年版。

黎虎：《汉唐外交制度史》，兰州大学出版社 1998 年版。

刘统：《唐朝羁縻府州研究》，西北大学出版社 1998 年版。

芮传明：《古突厥碑铭研究》，上海古籍出版社 1998 年版。

吴玉贵：《突厥汗国与隋唐关系史研究》，中国社会科学出版社 1998 年版。

李修生主编：《全元文》（13），江苏古籍出版社 1999 年版。

吴钢主编：《全唐文补遗》（第 6 辑），三秦出版社 1999 年版。

吴钢主编：《全唐文补遗》（第 7 辑），三秦出版社 2000 年版。

周绍良主编：《全唐文新编》第 2 部第 2 册（总第 6 册），吉林文史出版社 2000 年版。

周绍良主编：《全唐文新编》第 5 部第 2 册（总第 19 册），吉林文史出版社 2000 年版。

亦邻真：《亦邻真蒙古学文集》，内蒙古人民出版社 2001 年版。

周绍良、赵超主编：《唐代墓志汇编续集》，上海古籍出版社 2001 年版。

盖之庸编著：《内蒙古辽代石刻文研究》，内蒙古大学出版社 2002 年版。

阎凤梧主编：《全辽金文》，山西古籍出版社 2002 年版。

罗维明：《中古墓志词语研究》，暨南大学出版社 2003 年版。

赵超：《古代墓志通论》，紫禁城出版社 2003 年版。

国家图书馆善本金石组编：《隋唐五代石刻文献全编》（一），北京图书馆出版社 2003 年版。

北京市文物局编：《北京辽金史迹图志》上册，北京燕山出版社 2003 年版。

李鸿宾：《唐朝中央集权与民族关系—以北方区域为线索》，民族出版社 2003 年版。

岑仲勉：《金石论丛》，中华书局 2004 年版。

黄永年：《六至九世纪中国政治史》，上海书店出版社 2004 年版。

贾敬颜：《五代宋金元人边疆行记十三种疏证稿》，中华书局 2004 年版。

吴钢主编：《全唐文补遗》（第 1—9 辑），三秦出版社 1994—2007 年版。

李修生主编：《全元文》（30），凤凰出版社 2004 年版。

陈尚君辑校：《全唐文补编》，中华书局 2005 年版。

北京市文物局编：《北京辽金史迹图志》下册，北京燕山出版社 2004 年版。

中国文物研究所、河北省文物研究所编：《新中国出土墓志》河北（壹）上册，文物出版社 2004 年版。

杨作龙、赵水森等编著：《洛阳新出土墓志释录》，北京图书馆出版社 2004 年版。

耿世民：《古代突厥文碑铭研究》，中央民族大学出版社 2005 年版。

罗新、叶炜：《新出魏晋南北朝墓志疏证》，中华书局 2005 年版。

艾冲：《唐代都督府研究——兼论总管府·都督府·节度司之关系》，西安地图出版社 2005 年版。

李大龙：《汉唐藩属体制研究》，中国社会科学出版社 2006 年版。

曾良：《隋唐出土墓志文字研究及整理》，齐鲁书社 2007 年版。

林幹：《中国古代北方民族通论》，内蒙古人民出版社 2007 年版。

林幹：《中国古代北方民族史新论》，内蒙古人民出版社 2007 年版。

姚薇元：《北朝胡姓考（修订本）》，中华书局 2007 年版。

崔明德：《中国古代和亲通史》，人民出版社 2007 年版。

盖之庸：《内蒙古辽代石刻文研究》（增订本），内蒙古大学出版社 2007 年版。

张海生编著：《宁武名胜诗文选》，山西古籍出版社 2007 年版。

赵超：《汉魏南北朝墓志汇编》，天津古籍出版社 2008 年版。

姚美玲：《唐代墓志词汇研究》，华东师范大学出版社 2008 年版。

王明珂：《游牧者的抉择：面对汉帝国的北亚游牧部族》，广西师范大学出版社 2008
年版。

程章灿：《古刻新诠》，中华书局 2009 年版。

毛远明：《碑刻文献学通论》，中华书局 2009 年版。

李慧、王晓勇：《唐碑汉刻的文化视野》，人民出版社 2009 年版。

罗新：《中古北族名号研究》，北京大学出版社 2009 年版。

向南、张国庆、李宇锋辑注：《辽代石刻文续编》，辽宁人民出版社 2010 年版。

张国刚：《唐代藩镇研究》，中国人民大学出版社 2010 年版。

万军杰：《唐代女性的生前与卒后——围绕墓志资料展开的若干探讨》，天津古籍出
版社 2010 年版。

西安市长安博物馆编：《长安新出墓志》，文物出版社 2011 年版。

荣新江主编：《唐研究》（第 17 卷，中古碑志与社会文化研究专号），北京大学出版
社 2011 年版。

马驰：《唐代蕃将》，三秦出版社 2011 年版。

胡戟、荣新江主编：《大唐西市博物馆藏墓志》，北京大学出版社 2012 年版。

赵君平、赵文成编：《秦晋豫新出墓志蒐佚》（第 4 册），国家图书馆出版社 2012
年版。

杨向奎：《唐代墓志义例研究》，岳麓书社 2013 年版。

北京大学图书馆金石组胡海帆、汤燕、陶诚编：《北京大学图书馆藏历代墓志拓片目录》，上海古籍出版社 2013 年版。

赵力光主编：《西安碑林博物馆新藏墓志续编》，陕西师范大学出版社 2014 年版。

陈爽：《出土墓志所见中古谱牒研究》，学林出版社 2015 年版。

杜建录：《党项西夏碑石整理研究》，上海古籍出版社 2015 年版。

魏宏利：《北朝碑志文研究》，中国社会科学出版社 2016 年版。

文洪武主编：《三晋石刻大全（运城市临猗县卷）》，三晋出版社 2016 年版。

毕德广：《奚族文化研究》，科学出版社 2016 年版。

杨向奎：《中国古代墓志义例研究》，中国社会科学出版社 2018 年版。

李鸿宾：《墓志所见唐朝的胡汉关系与文化认同问题》，中华书局 2019 年版。

魏坚：《大漠朔风——魏坚北方考古文选·历史卷》，科学出版社 2020 年版。

张久和、刘国祥主编：《中国古代北方民族史》（十卷本），科学出版社 2021 年版。

［日］白鸟库吉：《东胡民族考》，方壮猷译，商务印书馆 1934 年版。

［日］白鸟库吉：《匈奴民族考》，何健民译，中华书局 1939 年版。

［伊朗］志费尼：《世界征服者史》，何高济译，内蒙古人民出版社 1980 年版。

［波斯］拉施特主编：《史集》（第 1 卷第 1 分册），余大钧、周建奇译，商务印书馆 1983 年版。

［英］道森编：《出使蒙古记》，吕浦译，中国社会科学出版社 1983 年版。

［日］爱宕松男：《契丹古代史研究》，邢复礼译，内蒙古人民出版社 1988 年版。

［日］内田吟风等：《北方民族史与蒙古史译文集》，余大钧译，云南人民出版社 2003 年版。

［日］谷川道雄：《隋唐帝国形成史论》，李济沧译，上海古籍出版社 2004 年版。

［美］拉铁摩尔：《中国的亚洲内陆边疆》，唐晓峰译，江苏人民出版社 2005 年版。

［日］岛田正郎：《大契丹国——辽代社会史研究》，何天明译，内蒙古人民出版社 2007 年版。

［美］狄宇宙：《古代中国与其强邻：东亚历史上游牧力量的兴起》，贺严、高书文译，中国社会科学出版社 2010 年版。

［美］费正清编：《中国的世界秩序——传统中国的对外关系》，杜继东译，中国社

会科学出版社 2010 年版。

［日］谷川道雄主编：《魏晋南北朝隋唐史学的基本问题》，李凭等译，中华书局 2010 年版。

［美］巴菲尔德：《危险的边疆：游牧帝国与中国》，袁剑译，江苏人民出版社 2011 年版。

［德］弗·恩格斯：《家庭、私有制和国家的起源》，《马克思恩格斯选集》（第四卷），人民出版社 2012 年版。

［日］前田正名：《平城历史地理学研究》，李凭、孙耀、孙蕾译，上海古籍出版社 2012 年版。

［日］杉山正明：《游牧民的世界史》，黄美蓉译，中华工商联合出版社 2014 年版。

［日］石见清裕：《唐代的民族、外交与墓志》，王博译，西北大学出版社 2019 年版。

［日］石见清裕著，胡鸿译：《唐代北方问题与国际秩序》，复旦大学出版社 2019 年版。

［日］藤田豊八：《東西交涉史の研究》，荻原星文館 1943 年版。

［日］護雅夫：《古代トルコ民族史研究Ⅰ》，山川出版社 1967 年版。

［日］白鳥庫吉：《白鳥庫吉全集》第 4—5 卷，岩波書店 1970 年版。

［日］護雅夫：《古代遊牧帝国》，中央公論社 1976 年版。

［日］護雅夫：《古代トルコ民族史研究Ⅱ》，山川出版社 1992 年版。

［日］護雅夫：《古代トルコ民族史研究Ⅲ》，山川出版社 1997 年版。

三、论文

周一良：《北朝的民族问题与民族政策》，《燕京学报》1950 年第 39 期。

于省吾：《殷代的奚奴》，《东北人民大学人文科学学报》1956 年第 1 期。

刘谦：《辽宁锦西西孤山出土的辽墓墓志》，《考古通讯》1956 年第 2 期。

傅乐成：《唐代夷夏观念之演变》，《大陆杂志》1962 年 25 卷 8 期。

亦邻真：《中国北方民族与蒙古族族源》，《内蒙古大学学报》1979 年第 3—4 期。

韩国磐：《唐末五代的藩镇割据》，载韩国磐《隋唐五代史论集》，生活·读书·新知三联书店 1979 年版。

陈寅恪:《论唐代之蕃将与府兵》,载陈寅恪《金明馆丛稿初编》,上海古籍出版社1980年版。

杨志玖:《试论唐代藩镇割据的社会基础》,《历史教学》1980年第6期。

岑家梧:《辽代契丹和汉族及其他民族的经济文化联系》,《历史研究》1981年第1期。

黄永年:《论安史之乱的平定和河北藩镇的重建》,载中国古代史论丛编委会:《中国古代史论丛》(1981年第1辑),福建人民出版社1981年版。

黄永年:《唐代河北藩镇与奚契丹》,载中国古代史论丛编委会:《中国古代史论丛》(1982年第2辑),福建人民出版社1982年版。

赵超:《墓志溯源》,载中华书局编辑部编:《文史》(第21辑),中华书局1983年版。

张博泉:《"别种"刍议》,《社会科学战线》1983年第4期。

杨若薇:《奚族及其历史的发展》,《历史教学》1983年第7期。

樊文礼:《试论唐河朔三镇内外矛盾的发展演变》,《内蒙古大学学报》1983年第4期。

冯继钦:《有关奚族族源的两个问题》,《求是学刊》1984年第1期。

周伟洲:《唐代六胡州与"康待宾之乱"》,《民族研究》1988年第3期。

崔明德:《唐与契丹、奚和亲公主考述》,《西北民族大学学报》1988年第3期。

张久和:《东胡系各族综观》,《内蒙古大学学报》1990年第2期。

樊子林、刘友恒、秦造垣:《唐卢琊郡王夫人墓志考》,《考古与文物》1991年第5期。

李鸿宾:《史道德族属及中国境内的昭武九姓》,《中央民族学院学报》1992年第3期。

林沄:《关于中国对匈奴族源的考古学研究》,《草原文物》1993年第1—2期。

冯继钦:《奚族文化刍议》,《社会科学辑刊》1993年第1期。

佟柱臣:《中国古代北方民族游牧经济起源及其物质文化比较》,《社会科学战线》1993年第3期。

谭其骧:《唐代羁縻州述论》,载谭其骧:《长水集续编》,人民出版社1994年版。

朱泓:《人种学上的匈奴、鲜卑与契丹》,《北方文物》1994年第2期。

鲁晓帆:《唐李永定墓志考释》,《首都博物馆丛刊》1994年第9辑。

张广达:《唐代六胡州等地的昭武九姓》,载张广达:《西域史地丛稿初编》,上海古籍出版社1995年版。

李鸿宾:《论唐代宫廷内外的胡人侍卫——从何文哲墓志铭谈起》,《中央民族大学学报》1996 年第 6 期。

耿慧玲:《金石学历史析论》,台湾中国文化大学史学研究所博士学位论文,1997 年。

吴建华:《唐张守□墓志考辨及有关史实摭拾》,《中原文物》1997 年第 2 期。

朱学武:《河北涞水唐墓清理简报》,《文物春秋》1997 年第 2 期。

黄永年:《唐代河北藩镇与奚契丹》,载黄永年:《唐代史事考释》,联经出版社 1998 年版。

陈文豪:《魏晋南北朝墓志铭研究》,台湾政治大学中国文学研究所博士学位论文,1998 年。

马驰:《唐幽州境侨治羁縻州与河朔藩镇割据》,载荣新江主编:《唐研究》(第 4 卷),北京大学出版社 1998 年版。

谢宝富:《北朝婚龄考》,《中国史研究》1998 年第 1 期。

张国刚:《唐代禁卫军考略》,《南开学报》1999 年第 6 期。

葛承雍、李颖科:《西安新发现唐裴仙先墓志考述》,荣新江主编:《唐研究》(第五卷),北京大学出版社 1999 年版。

周铮:《张佑明墓志考辨》,《文物春秋》1999 年第 6 期。

朱振宏:《唐代羁縻府州研究》,《中正历史学刊》2000 年第 3 期。

崔明德:《试论安史乱军的民族构成及其民族关系》,《中国边疆史地研究》2001 年第 3 期。

李义:《辽代奚"大王记结亲事"碑》,《中国古都研究(第十八辑下册)——中国古都学会 2001 年年会暨赤峰辽王朝故都历史文化研讨会论文集》2001 年版。

毛汉光:《魏博二百年史论》,载毛汉光:《中国中古政治史论》,上海书店出版社 2002 年版。

黄清发:《唐代墓志文研究》,复旦大学博士学位论文,2002 年。

程尼娜:《论唐代中央政权对契丹、奚人地区的羁縻统治》,《吉林大学社会科学学报》2002 年第 6 期。

杜林渊:《从出土墓志谈唐与吐谷浑的和亲关系》,《考古》2002 年第 8 期。

黎虎:《唐代的押蕃使》,《文史》2002 年第 2 期。

李义:《内蒙古宁城县发现辽代〈大王记结亲事〉碑》,《考古》2003 年第 4 期。

王策：《〈唐归义王李府君夫人清河张氏墓志〉考》，北京市文物研究所编：《北京文物与考古》（第 6 辑），民族出版社 2004 年版。

周峰：《金代萧公建家族两方墓志铭考释》，北京辽金城垣博物馆编：《北京辽金文物研究》，北京燕山出版社 2005 年版。

郭玲娣、樊瑞平、杜平：《唐李宝臣纪功碑考述》，《文物春秋》2005 年第 5 期。

朱振宏：《隋唐与东突厥互动关系之研究（581—630）》，中正大学历史学研究所博士学位论文，2005 年。

黄震：《略论唐人自撰墓志》，《长江学术》2006 年第 1 期。

陈尚君：《唐代的亡妻与亡妾墓志》，《中华文史论丛》2006 年第 2 期。

陆扬：《从墓志的史料分析走向墓志的史学分析——以〈新出魏晋南北朝墓志疏证〉为中心》，《中华文史论丛》2006 年第 4 期。

齐东方：《唐代的丧葬观念习俗与礼仪制度》，《考古学报》2006 年第 1 期。

苏航：《唐代北方内附蕃部研究》，北京大学博士学位论文，2006 年。

张守义：《平泉县马架子发现的辽代墓志》，《文物春秋》2006 年第 3 期。

刘莲香、蔡运章：《北魏元长墓志考略》，《中国历史文物》2006 年第 2 期。

郭茂育、赵振华：《唐〈史孝章墓志〉研究》，《中国边疆史地研究》2007 年第 4 期。

赵海丽：《北朝墓志文献研究》，山东大学博士学位论文，2007 年。

荣新江：《何谓胡人》，载樊英峰主编：《乾陵文化研究》（四），三秦出版社 2008 年版。

冯金忠、陈瑞青：《唐成德军节度使李宝臣残碑考释》，《中国历史文物》2009 年第 4 期。

爱新觉罗乌拉熙春：《爱新觉罗恒煦先生與契丹大字"萧孝忠墓志"》，

爱新觉罗乌拉熙春：《爱新觉罗乌拉熙春女真契丹学研究》，松香堂书店 2009 年版。

罗新：《从民族的起源研究转向族群的认同考察——民族史族源研究的新发展》，载《中国社会科学学术前沿（2008—2009）》，社会科学文献出版社 2009 年版。

张宝成：《民族认同研究述评》，《前沿》2010 年第 11 期。

江波：《唐代墓志撰书人及相关文化问题研究》，吉林大学博士学位论文，2010 年。

宫万松、宫万瑜：《济源出土的北魏宗室元长墓志铭考释》，《中原文物》2011 年第

5 期。

　　李鸿宾：《唐朝的地缘政治与族群关系》，《人文杂志》2011 年第 2 期。

　　孟国栋：《新出石刻与唐文创作研究》，浙江大学博士学位论文，2012 年。

　　冯金忠、赵生泉：《河北正定出土唐成德节度使王士真墓志初探》，《中国国家博物馆馆刊》2013 年第 5 期。

　　刘浦江：《南北朝的历史遗产与隋唐时代的正统论》，《文史》2013 年第 2 期。

　　张小丽：《西安市唐故奚质子热瓌墓》，《考古》2014 年第 10 期。

　　葛承雍：《西安唐代奚族质子热瓌墓志解读》，《考古》2014 年第 10 期。

　　李宗俊、周正：《唐张茂宣墓志考释》，《中国边疆史地研究》2015 年第 4 期。

　　彭国忠：《从纸上到石上：墓志铭的生产过程》，《安徽大学学报》2016 年第 3 期。

　　马强：《大动乱时期的士庶遭际与记忆——基于涉及安史之乱出土唐人墓志的分析》，《陕西师范大学学报》2016 年第 4 期。

　　退之：《唐史孝章墓志》，《书法》2017 年第 4 期。

　　赵薇：《唐山发现的辽代许国公墓志铭考释》，《文物鉴定与鉴赏》2018 年第 1 期。

　　任爱君、任笑羽：《辽代奚王萧京墓志铭文释读》，《辽宁师范大学学报》2020 年第 5 期。

　　［日］内田吟风撰：《乌桓、鲜卑的习俗》，李步嘉摘译，《民族译丛》1985 年第 1 期。

　　［日］堀敏一撰：《藩镇亲卫军的权力结构》，索介然译，载刘俊文主编：《日本学者研究中国史论著选译》第 4 卷《六朝隋唐》，中华书局 1992 年版。

　　［日］西嶋定生撰：《东亚世界的形成》，高明士译，载刘俊文主编《日本学者研究中国史论著选译》第 2 卷《专论》，中华书局 1993 年版。

　　［日］妹尾達彦：《唐長安城の官人居住地》，《東洋史研究》第 55 卷第 2 號、1996 年。

　　［日］岛田正郎撰，何天明编译：《辽代的部族制度》，《蒙古学信息》2000 年第 3—4 期、2001 年第 1—3 期。

　　［日］岛田正郎撰，何天明编译：《辽代契丹人的婚姻》，《蒙古学信息》2004 年第 3 期。

　　［日］村井恭子：《东亚国际关系中的唐朝北边政策研究》，北京师范大学博士学位论文，2008 年。

［日］川本芳昭：《论胡族国家》，载谷川道雄主编《魏晋南北朝隋唐史学的基本问题》，中华书局 2010 年版。

［日］高濑奈津子：《唐代宦官墓志的修辞特点》，载《新汉时代，与世界的沟通／战争与和平——第 16 届韩中教育文化论坛暨第 4 届世界汉语修辞学会年会论文集》2014年版。

［日］村井恭子：《大唐西市博物馆新藏唐〈张茂宣墓志〉考》，董劭伟主编《中华历史与传统文化研究论丛》（第 2 辑），中国社会科学出版社 2016 年版。

［日］森部丰：『唐代奚・契丹史研究と石刻史料』、『関西大学東西学術研究所紀要』、第 49 卷、2016 年。